CONCOURS
ENM
2023

Vous pouvez contacter la Prépa ISP :
18 Rue de Varenne, 75007 Paris
Téléphone : 01 42 22 30 60
ou par mail : contact@prepa-isp.fr

Suivez-nous sur www.gualino.fr

Contactez-nous gualino@lextenso.fr

1, Parvis de La Défense
92044 Paris La Défense Cedex
EAN 9782297176866
ISSN 5496-526X

FONCTION PUBLIQUE

PRÉPA CONCOURS

CATÉGORIE A

CONCOURS
ENM
2023

25 sujets d'Annales et sujets originaux

Pour s'entraîner et se préparer avec efficacité aux épreuves d'admissibilité des concours de l'ENM

PREPA ISP

Gualino un savoir-faire de Lextenso

FONCTION PUBLIQUE

PRÉPA CONCOURS

Une nouvelle collection dédiée à l'univers de la Fonction publique (État, Territoriale, Hospitalière).

Quatre thématiques de publication :

- par concours (pour préparer un concours dans son ensemble) ;
- par type d'épreuves (avec des éléments de méthode) ;
- par matière (les connaissances qu'il faut avoir sur la matière) ;
- par thématique d'évolution à prendre en compte pour la préparation des concours comme pour l'exercice de son activité.

Avant-propos

Présentation

La publication de cet ouvrage est toujours un événement pour les candidats aux concours de l'ENM, d'autant plus que les concours de l'ENM ont été réformés en 2020 et que la situation sanitaire a compliqué les choses au cours des deux dernières années. Il est le fruit d'un partenariat éditorial entre la Prépa ISP et Lextenso/Gualino, deux signatures de référence pour les étudiants en droit.

L'ouvrage présenté part d'un constat réalisé par les enseignants de l'ISP depuis plus de trente-cinq ans. Année après année, d'excellents étudiants issus de l'Université ou d'un IEP échouent aux concours de la magistrature alors que d'autres, *a priori* moins bons élèves, sont brillamment reçus. Plus surprenant encore, ceux qui fournissent la plus grande quantité de travail n'obtiennent pas toujours le résultat qu'ils escomptaient, faute de disposer d'une méthode efficace.

En effet, **il n'y a pas de continuité entre le cursus juridique universitaire et l'admission aux concours de l'ENM**. Dans la réalité, le candidat admis à l'ENM est celui qui sait **décoder le logiciel des concours de l'ENM**, celui qui en détient les clés, c'est-à-dire les exigences spécifiques de chacune des épreuves d'admissibilité.

1. Comprendre les exigences des concours ENM

Ces clés sont au nombre de deux :

La première clé consiste à intégrer l'idée que les concours de l'ENM ne sont pas un examen universitaire mais un concours administratif.

Autrement dit, il s'agit de concours destinés à recruter des professionnels qui appartiennent à un corps particulier.

Cette dimension majeure du concours apparaît, de manière très affirmée, dès le choix des sujets par le jury. En particulier dans les épreuves de composition (dissertations de droit civil, de droit pénal et de culture générale), ces sujets sont souvent des thèmes transversaux (par exemple, la dissertation de droit civil en 2012 s'intitulait « *Le juge au cœur du procès civil* », sujet qui appelait un traitement au-delà de la seule procédure civile). **Dans toutes les épreuves, il s'agit de dégager des lignes de problématiques et de raisonnement globales, exigeant d'articuler des éléments cohérents issus de pans de cours parfois très éloignés les uns des autres.**

En matière de **notation**, le primat est donné aux candidats qui démontrent leur capacité à **construire une démarche cohérente** et à **l'exprimer d'une façon qui semble évidente et fluide** au lecteur/correcteur de la copie. Cette capacité pèse davantage que la précision et le degré de technicité des connaissances. Une telle dominante peut surprendre au sortir de l'Université, mais elle est **une constante des concours administratifs**, et ce pour au moins deux raisons :

- d'une part, ce type de concours vise à recruter des professionnels qui joueront un rôle dans les institutions, et, en l'espèce, un rôle de représentation et d'incarnation de l'autorité judiciaire. On attend donc d'eux qu'ils sachent exprimer la cohérence du système juridique, de ses règles et de ses pratiques. Pour illustration, en culture générale, ils devront exposer une certaine vision de l'état général de la France contemporaine ainsi qu'une compréhension d'ensemble du modèle de la société démocratique et de la justice ;
- d'autre part, les concours de la fonction publique visent à recruter des professionnels qui auront une carrière longue, pouvant parfois durer plus de quarante ans. Au-delà des connaissances très pointues et immédiatement opérationnelles, l'enjeu est donc de s'assurer que les candidats ont des repères suffisamment larges ainsi que des capacités de raisonnement personnel très solides. Ils doivent pouvoir s'adapter à des fonctions extrêmement diverses (du civil au pénal, du siège au parquet, voire pourront être appelés à des fonctions institutionnelles).

Ils doivent être capables de faire face aux évolutions tant du droit que de l'organisation judiciaire qui ne manqueront pas d'intervenir au cours des prochaines années et décennies.

Ces considérations, propres aux concours administratifs, ne s'arrêtent pas au stade de la confection des sujets ; elles s'étendent aussi à **la façon dont ils sont corrigés**. Le caractère professionnel de ces concours est particulièrement affirmé puisque **les copies ne sont pas corrigées par des enseignants universitaires mais par des magistrats en fonction**. De la première à la dernière ligne de votre copie, des questions vont revenir sans cesse à l'esprit du correcteur :

- *ce candidat est-il un magistrat en puissance ?*
- *son analyse, son expression, sa capacité de démons-tration sont-elles celles d'un magistrat ?*
- *sa vision de la société est-elle compatible avec celle de la Justice ?*
- *sa maîtrise de la langue (orthographe, vocabulaire, syntaxe, grammaire) est-elle correcte ?*
- *son style est-il suffisamment sobre, susceptible d'être celui de l'autorité judiciaire qui s'exprime ?*

La seconde clé réside dans la compréhension de ce qui fait la spécificité du concours de l'ENM, par rapport aux autres concours administratifs.

L'expérience de l'ISP est ici particulièrement bienvenue dans la mesure où nous préparons à un grand nombre de concours, ce qui nous a permis, par exemple, de relever **qu'un même sujet de droit pénal ne se traite pas de la même façon si on veut réussir le concours de l'ENM, le concours de commissaire de police ou celui de directeur des services de greffe judiciaires**. Chaque concours présente ses particularités propres. Plus encore, au sein d'un concours déterminé, chacune des épreuves présente elle aussi des exigences spécifiques.

Ignorer l'ensemble des attentes propres à chaque concours et à chaque épreuve revient à prendre le risque d'être disqualifié dès l'introduction, l'exposé de la problématique ou l'annonce du plan.

Il est, en revanche, une conviction à laquelle l'équipe de l'ISP a abouti : **le candidat qui maîtrise les spécificités d'une épreuve de l'ENM dispose effectivement des codes pour affronter cette épreuve, quel que soit le sujet proposé le jour J.**

Autrement dit, on sait ou on ne sait pas rédiger une dissertation ou un cas pratique de droit civil pour l'ENM, et si on sait le faire, on a toutes les chances de réussir quel que soit le sujet proposé dans cette matière. La méthode pédagogique utilisée par l'ISP consiste donc à comprendre et surtout à bien mettre en œuvre les exigences propres à chacune des matières. Le contenu de cet ouvrage en donne l'illustration puisqu'au-delà de la diversité des sujets corrigés, le lecteur attentif saura retrouver **des constantes méthodologiques incontournables**.

Ces impératifs méthodologiques s'imposent d'ailleurs au candidat dès la lecture du sujet.

Se préparer au concours de l'ENM, c'est être capable de comprendre derrière le sujet apparent quel est en fait le sujet caché. Ainsi, en culture générale, le candidat ne doit jamais perdre de vue que l'interrogation réelle posée par le jury porte toujours sur « ***la société française contemporaine*** » et le thème proposé. La société française est comme un « terme fantôme » ; même lorsque l'on ne le voit pas, il est là. À titre d'illustration, le sujet de 2015 « *La fin de la violence ?* » devait immédiatement être interprété comme posant l'interrogation suivante : « *Comment la question / l'utopie / l'objectif de la fin de la violence se traduit concrètement dans notre société contemporaine ?* ». Le sujet réel est donc souvent un sujet plus précis que le sujet apparent.

L'affirmation ne vaut pas seulement pour l'épreuve de culture générale, mais bien pour l'ensemble des épreuves d'admissibilité, notamment depuis la réforme des concours en 2020.

2. Comprendre la réforme des trois concours de l'ENM

La réforme de 2020 impose désormais de distinguer au titre des épreuves entre le premier concours, d'un côté, et le deuxième et le troisième concours de l'autre.

Pour le **premier concours**, les candidats seront soumis à **5 épreuves** : une **composition de culture générale** d'une durée de 5h (coefficient 4), une **composition en droit civil/procédure civile ou en droit pénal/ procédure pénale** (au choix du jury) d'une durée de 5h (coefficient 4), un **cas pratique en droit civil/ procédure civile ou en droit pénal/ procédure pénale** (sur la matière non retenue par le jury au titre de l'épreuve de composition) d'une durée de 3h (coefficient 4), une **note de synthèse** d'une durée de 5h (coefficient 3) et, enfin, une **épreuve composée de deux questions en droit public** d'une durée de 3h (coefficient 2).

Pour les **deuxième et troisième concours**, les candidats ne sont soumis qu'à **4 épreuves** (oui, le concours est facilité pour ces candidats) : une **composition de culture générale** d'une durée de 5h (coefficient 4), un **cas pratique en droit civil/procédure civile** d'une durée de 3h (coefficient 4), un **cas pratique en droit pénal/procédure pénale** d'une durée de 3h (coefficient 4), et, enfin, une **note de synthèse** d'une durée de 5h (coefficient 3).

Disons un mot de chacune des épreuves des nouveaux concours de l'ENM :

– **concernant l'épreuve de culture générale**, elle porte sur une composition de connaissance et compréhension du monde contemporain. L'épreuve est plus technique qu'il n'y paraît comme cela a déjà été mentionné.

Il ne s'agit pas de partir dans toutes les directions, mais bien d'expliquer comment la société française contemporaine (celle issue de 1789) pose, envisage, accueille ou traite le problème considéré. Reste que si ce rapport à la société française doit être le cadre de compréhension des sujets de culture générale à l'ENM, il n'est pas non plus interdit de faire preuve de souplesse. Ainsi, les comparaisons ou les similitudes avec d'autres sociétés comparables (les sociétés occidentales, démocratiques) sont les bienvenues, surtout lorsque la dimension européenne est incontournable comme prolongement de la question posée à la société française. Pour preuve, le sujet du concours 2021 était « Les normes, protection ou frein ? », tandis que le sujet du concours 2022 était plus transversal et international encore « Consensus et compromis » ;

– en **droit civil**, l'épreuve de composition (uniquement pour les premiers concours et encore si le jury en décide ainsi) se distingue d'une dissertation universitaire ou même d'une dissertation donnée dans le cadre d'un autre concours administratif en ce que tous les sujets de dissertation de droit civil ENM comprennent également un « *terme-fantôme* ».

Ce « *terme-fantôme* » est « ***le juge en droit civil*** », comme « *la société française contemporaine* » l'est en culture générale. Autrement dit, lorsque le sujet est « *L'exécution du jugement civil* » en 2016 ou « *La loyauté de la preuve dans le procès civil* » en 2017, il convient de les lire respectivement ainsi : « *Le juge et l'exécution du jugement civil* » et « *Le juge et la loyauté de la preuve en droit civil* ». Encore, en 2018, le sujet « *La contractualisation du droit des couples et ses limites* » imposait au candidat d'apprécier la position du juge à l'égard de ce mouvement, notamment dans ses conséquences, par exemple, la déjudiciarisation du divorce.

Parfois, le jury, en peine de voir les étudiants se rappeler qu'ils passent un concours professionnel et qu'ils se destinent à devenir magistrat, prend le soin de le souligner avec force comme cela a été le cas en 2014 avec le sujet « *Le juge et l'intangibilité contractuelle* ».

Autrement dit, **le prisme du juge commande tant à la problématique qu'au plan de la dissertation en cause**. Il est nécessaire ainsi pour le candidat de réaliser une démonstration mais aussi un tri dans ses connaissances pour cibler les difficultés qui se posent au quotidien pour le magistrat, pour dérouler un raisonnement qui serait celui du juge. Ce dernier point est essentiel comme on le constate à propos de la dissertation donnée lors des concours 2020 sur le sujet « *La relativité de l'autorité de la chose jugée* ». En 2022, le rôle du juge comme la recherche d'un équilibre judiciaire est au cœur du sujet « Les tiers et le contrat ».

Pour le cas pratique de droit civil, la technique judiciaire est au cœur de l'épreuve. Il faut s'attendre à des questions ouvertes comme à des questions fermées, à des questions de droit substantiel comme à des développements procéduraux. Particulièrement sur ces derniers, le candidat ne devra pas se comporter comme un étudiant d'Université, même très bon, puisqu'il devra singer la rédaction employée par le juge sur les questions de compétence ;

– **en droit pénal**, eu égard à la technicité de la matière, la principale difficulté, qu'il s'agisse de la composition ou du cas pratique se trouve dans la compréhension précise du sujet. Le droit pénal et la procédure pénale ne laissent aucune place aux hésitations et incertitudes terminologiques et juridiques. Concernant plus précisément la dissertation de droit pénal (seulement pour les candidats du premier concours si le jury en décide ainsi), là aussi, le sujet réel doit être recherché derrière le sujet apparent. Le « *terme-fantôme* » de l'épreuve de pénal est « ***les libertés fondamentales*** ». Le libellé du sujet doit toujours être entendu comme s'il était précédé des mots « *Les libertés fondamentales et…* ». L'enjeu est de savoir en quoi ces libertés sont affectées par le sujet considéré ou l'affecte. Par exemple, en 2018, lorsque le sujet proposé est « *L'intention dans les infractions d'atteintes à l'honneur* », doit être envisagée la conciliation judiciaire des libertés, et notamment de la liberté d'expression, avec l'ordre public et le respect d'autrui. Concernant le cas pratique, l'épreuve de droit pénal et de procédure pénale se révèle difficile à deux égards : d'une part, elle est particulièrement exigeante du point de vue de la rigueur qui commande à la matière et à l'œuvre magistrale ; d'autre part, et surtout, le candidat sera confronté à de véritables cas, comme en 2022, lesquels posent des difficultés concrètes, exposant celui qui doit trancher à des incertitudes, des discussions dans l'analyse des faits et des preuves ;

– **concernant la note de synthèse**, elle était jusqu'à présent une épreuve d'admission. Elle devient plus logiquement une épreuve d'admissibilité. Deux observations doivent immédiatement être réalisées : d'un côté, l'on n'apprend pas à l'université au cours du cursus à réaliser des notes de synthèse, sinon de manière incertaine dans les IEJ ; de l'autre, la note de synthèse pour les concours de l'ENM ne saurait se confondre avec, par exemple, la note de synthèse pour le CRFPA. La note de synthèse de l'ENM est particulière, dans son format, dans sa structure et même dans le choix des sujets. En 2021, la note de synthèse portait ainsi sur un sujet éminemment pratique et contemporain « Le principe de dignité de la personne et les conditions de détention » ;

– **enfin, concernant l'épreuve de droit public**, laquelle ne concerne au titre de l'admissibilité que les candidats au premier concours, elle propose deux questions (cumulatives). Assurément, l'épreuve se voudra plus complexe et exigeante que l'ancienne épreuve présentée sous la forme de trois ou quatre QRC (questions à réponses courtes). Autrement dit, la nouvelle épreuve de droit public invite les candidats à réaliser deux « mini-dissertations » en 3h. Dans le présent ouvrage sera proposée la relecture des questions d'annales sous l'angle du nouveau concours pour permettre un entraînement optimal.

Il ne suffit pas de connaître son « *cours* », il faut encore être capable de **construire un propos logique**, qui nécessite tout particulièrement la maîtrise des **fondements** et de **l'actualité** des thèmes de l'interrogation. C'est au candidat de faire preuve de synthèse et de clarté pour exposer ces deux pans majeurs de la réponse.

Rappelons enfin que les questions de droit public n'échappent pas à l'obligation de recherche du « *terme-fantôme* ». Il s'agira plutôt ici de comprendre que, derrière la question apparente, se cachent deux sous-questions : « *Quels sont les principes, les fondements du sujet ?* » et « *Quelle est son actualité ?* ».

Le traitement de ces deux aspects ne constitue pas nécessairement le plan des développements, mais le jury doit impérativement trouver une réponse à chacun d'eux dans le contenu de la copie.

3. S'entraîner avec des annales corrigées et des sujets originaux

Le présent ouvrage révèle **comment utiliser les deux clés d'analyse à l'aune de sujets proposés dans chacune des épreuves d'admissibilité des concours de l'ENM** des dernières années et de sujets originaux (dissertations, cas pratiques).

Ces sujets sont actualisés à la fois au regard de l'évolution des concours (réforme 2020) et de l'évolution du droit.

La correction de ces sujets montre l'importance de la méthodologie, propre au concours et à chacun de ses exercices, que l'étudiant doit mettre en œuvre.

La maîtrise de cette méthodologie particulière est essentielle et ne peut naître que d'un entraînement constant et répété. **Le candidat à l'ENM doit s'entraîner, s'entraîner et encore s'entraîner**.

Pour ce faire, les corrigés de cet ouvrage vous offrent le résultat idéal de la mise en œuvre de cette méthode. Observez années après années, l'évolution des exigences des concours et entraînez vous sur des sujets originaux spécialement créés pour cet ouvrage par la Prépa ISP. N'hésitez pas à vous confronter à la difficulté : vous devez vous tester sur les exercices proposés. Une fois que vous vous y êtes essayé, lisez les corrigés et comparez !

Julie HABERMAN

Présidente de Prépa ISP

Sommaire

Partie 1 ANNALES CONCOURS ENM 2022

Partie 2 ANNALES CONCOURS ENM 2021

Partie 3 ANNALES CONCOURS ENM 2020

Partie 4 SUJETS COMPLÉMENTAIRES

ANNALES CONCOURS 2022

COMPOSITION : CONSENSUS ET COMPROMIS

Dans le *Gorgias* de Platon, Socrate affirme « *je suis quelqu'un qui est content d'être réfuté.* » Loin d'une conception autoritaire du savoir, le philosophe professe que l'on atteint bien mieux la vérité lorsque chacun délaisse ses convictions les plus assurées. Si ni le consensus ni le compromis ne sont explicitement visés par le philosophe, reste qu'il nous invite à une forme d'humilité et à faire un pas vers l'autre par le dialogue.

Le dictionnaire de l'Académie française définit le consensus comme un « *accord exprès ou tacite établi entre les membres d'un groupe, d'un parti, d'une conférence diplomatique, sur l'action à mener, la politique à suivre.* » L'étymologie latine permet d'enrichir notre compréhension du terme puisqu'il réunit le préfixe « *cum* » qui signifie avec ou ensemble, et « *sensus* » qui signifie « la faculté de sentir », « sens ». Le consensus suppose donc une communauté de sentiment, un univers de sens partagé – ce qui n'est pas sans interroger notre situation politique, tant il semble aujourd'hui impossible de parvenir à une forme de consensus social. Le système du consensus porte l'idée selon laquelle le conflit doit être éliminé ; il cherche par la discussion et la persuasion à effacer l'adversité et l'altérité des opinions, à dégager non une opinion majoritaire, mais une opinion commune à tous sans exception. Les opinions contraires qui subsistent sont refoulées et les désaccords restants étouffés.

Tantôt valorisé pour son caractère pacificateur, le consensus est paré de peu de vertus lorsqu'il devient « mou » ou synonyme de plus petit dénominateur commun. En pareils cas, l'objectif d'apaisement passe avant la poursuite de l'intérêt commun, qui peut supposer une prise de décision forte et tranchée.

Le dictionnaire de l'Académie française définit le compromis comme une « *transaction par laquelle deux parties se font des concessions mutuelles* ». Contrairement à la logique du consensus, le compromis ne vise donc pas à résoudre le conflit mais à le rendre soutenable, en permettant à chacun d'obtenir des concessions. Il ne s'agit pas de parvenir à un accord plein entre toutes les parties, mais d'aboutir à une position médiane, selon l'idée que l'on ne peut avoir raison tout seul. Le compromis implique donc de reconnaître l'autre comme partenaire et non pas seulement comme adversaire. En droit, le compromis désigne une convention – donc un accord – par laquelle deux ou plusieurs personnes décident de soumettre un litige à des arbitres ; le compromis renvoie donc à un régime procédural permettant d'y parvenir.

Il faut cependant noter la proximité du terme avec la « compromission », dont la connotation négative le rapproche de la lâcheté ou d'un machiavélisme mut par le seul l'intérêt. Ainsi, pour les philosophies d'inspiration révolutionnaire, l'idée même de compromis est insoutenable car elle conduit à transiger avec ses opposants et, ce faisant, à trahir ses convictions dont il faut maintenir la pureté.

Le consensus et le compromis sont nécessaires à la vie en société, qui met en présence des individus et des groupes aux intérêts, représentations et désirs contradictoires. À partir de cette position de dissensus originelle, les institutions chargées de la régulation collective, qu'il s'agisse de la politique, de l'école, ou plus largement des sources d'autorité (famille, religion, corps intermédiaires…), ont la tâche de produire du consensus et du compromis afin d'assurer la nécessaire pacification de la vie sociale. En effet, leur poursuite privilégie une approche non violente des rapports humains qui permet de réguler ou d'euphémiser les conflits individuels et collectifs.

D'un point de vue politique, les deux termes sont inséparables de la démocratie libérale, qui promet l'avènement d'un monde pacifié, dans lequel les clivages et conflits se règlent par des procédures rationnelles fondées sur le respect du droit et des libertés fondamentales. Ces procédures organisent la délibération collective, qui nécessite souvent des compromis entre les forces politiques en présence, et dont le résultat bénéficie d'un consensus, si ce n'est sur son contenu (l'opposition est en désaccord avec la politique poursuivie par le gouvernement), du moins sur sa légitimité (la décision démocratique est reconnue et respectée par les opposants). La démocratie repose ainsi sur l'acceptation par la minorité de la loi de la majorité.

Au-delà de procédures décisionnelles ouvertes à tous, la démocratie porte en son cœur une éthique propre valorisant la recherche du consensus et du compromis au sein d'un espace où les volontés s'expriment par le dialogue et la discussion – dont l'exemple typique est le Parlement – plutôt que par la violence. Ainsi que l'écrit le philosophe Frédéric Worms dans *Les Maladies chroniques de la démocratie* (2017), la démocratie est une « *aspiration morale et sociale qui naît du refus de la violence intérieure entre les êtres humains ; de la violence qui surgit de l'intérieur des sociétés, des relations et des groupes* ». Autrement dit, la démocratie n'est pas seulement une forme institutionnelle organisant le « *pouvoir du peuple, par le peuple, pour le peuple* » (Abraham Lincoln) mais un affect particulier, un projet porté par des valeurs.

Cependant, l'on pourrait aisément arguer que le consensus et le compromis sont des faux-semblants ; qu'ils constituent la voie vers le reniement d'un idéal de justice supérieur. En effet, la valeur qui leur est spontanément attachée cède face au constat de l'irréductible diversité de désirs humains luttant pour s'imposer aux autres. De ce point de vue, les doctrines révolutionnaires inspirées du marxisme affirment que l'accord sur les valeurs au sein d'une société donnée se fait toujours au profit des plus forts, des dominants, des possédants. C'est aujourd'hui une critique couramment faite au jeu électoral que de n'être qu'une illusion, une tromperie qui ne permet pas la véritable représentation des intérêts populaires – et la raison pour laquelle le mouvement des Gilets jaunes réclamait l'instauration d'un « référendum d'initiative citoyenne ».

Pis, ni le consensus ni le compromis n'offrent de garantie quant au respect du bien commun : la majorité peut parfaitement être gagnée par un fanatisme unanime et destructeur, ce dont témoigne l'histoire des régimes totalitaires au XXe siècle. De la même manière, l'expression de « consensus scientifique » est trompeuse puisque la vérité n'a rien à voir avec le nombre de gens qu'elle persuade. Pour s'en convaincre, il suffit de songer aux anciennes cosmologies qui, jusqu'aux travaux de Copernic et de Galilée, affirmaient sans sourciller que la Terre était le centre fixe de l'univers. Dans notre contexte, il est désormais courant de constater le recul des croyances partagées au profit d'une exacerbation des antagonismes particulièrement prégnante sur les réseaux sociaux. Donald Trump ne défendait-il pas les *alternative facts* depuis la Maison blanche ?

Si nous valorisons collectivement le consensus et le compromis qui sont au cœur de notre système politique, les discours anti-démocratiques dénonçant son « consensus mou » autant que les compromissions du jeu politique semblent bien gagner en importance. Derrière ces phénomènes, nous pouvons déceler une crise de notre « vivre-ensemble ». Comment l'expliquer ?

Nous verrons, dans un premier temps, que les principes cardinaux de la société démocratique que sont le consensus et le compromis sont largement contestés (I), avant d'aborder, dans un second temps, les raisons de la crise de notre capacité à élaborer un socle de valeurs communes (II).

I - La démocratie : une éthique du consensus et du compromis contestée

La démocratie, dans la mesure où elle est fondée sur le principe du consentement de tous au pouvoir, se doit d'organiser des procédures susceptibles de produire du consensus et du compromis (A). Ces valeurs sont cependant largement contestées (B).

A - LE COMPROMIS DÉMOCRATIQUE

La société démocratique est une société particulière car elle est fondée sur la philosophie contractualiste des XVIIe et XVIIIe siècles : elle résulte d'un accord de volontés entre des individus libres et égaux (Thomas Hobbes, Jean-Jacques Rousseau). La démocratie entend donc fonder le pouvoir sur le consentement des Hommes plutôt que sur l'usage de la force. Ainsi que le rappelle Bernard Manin dans ses *Principes du gouvernement représentatif* (1995), l'institution électorale est l'incarnation politique du principe selon lequel toute autorité légitime dérive du consensus de ceux sur qui elle est exercée. En effet, « *la conception moderne du droit naturel repose sur l'idée que tous les êtres humains ont en commun un élément essentiel d'égalité, qu'on le nomme liberté, raison ou conscience morale. La théorie moderne du droit naturel reconnaît que de multiples inégalités de force, de talent, de vertu ou de richesse séparent les êtres humains, mais son principe central est qu'aucune de ces inégalités ne confère par elle-même le droit de gouverner les autres et de leur imposer sa volonté.* »

La logique démocratique s'oppose donc aux sociétés anciennes ou prémodernes, qui se concevaient comme un ordre naturel prescrivant la place de chacun au sein d'une organisation inégalitaire. Par exemple, dans la société d'Ancien régime, les fins bonnes et souhaitables que devait poursuivre la société étaient celles livrées par la parole de Dieu. Nulle place, dès lors, pour le débat puisque le consensus de la collectivité sur les valeurs à défendre était imposé et non débattu.

La société démocratique, dans la mesure où elle pose comme principe la liberté des Hommes, nécessite la constitution d'un espace politique au sein duquel les volontés s'expriment et se confrontent ; un espace du dialogue et de la délibération sans lequel les conflits ne pourraient être résolus, dont le meilleur exemple est l'institution parlementaire.

C'est dans ses *Vues sur les moyens d'exécution dont les représentants de la France pourront disposer en 1789* que l'abbé Sieyès présente ses réflexions sur le rôle central de la discussion : si elle ne constitue pas en elle-même un principe de décision, elle doit remplir cette fonction spécifique de la production de l'accord et du consentement dans un référentiel politique privé de toute référence transcendante susceptible d'imposer une vérité (la nature, la religion, la tradition). Ainsi, une mesure quelconque ne peut acquérir une valeur de décision que si elle a emporté le consentement de la majorité à l'issue d'une discussion ou d'un échange argumentatif.

Dans ses *Principes du gouvernement représentatif* (1995), Bernard Manin interprète ainsi le rôle des assemblées comme « *la conséquence d'une croyance préalable et plus fondamentale aux vertus de la discussion par une instance collective et au principe du gouvernement par la vérité. Selon cette interprétation, la structure des croyances justifiant le gouvernement représentatif défini comme régime d'assemblée aurait été la suivante : la vérité devant faire la loi et la discussion étant par ailleurs le moyen le plus propre à faire émerger la vérité, l'instance politique centrale doit être un lieu de discussion, c'est-à-dire une assemblée.* »

Dans l'ordre externe, dominé par les États depuis que le traité de Westphalie ayant clôturé la guerre de Trente ans en 1648 les a consacrés comme acteurs centraux des relations internationales, il faut bien constater l'irréductibilité des antagonismes, des intérêts et des positions. L'ordre international est ainsi dominé par le spectre de la guerre, la recherche de solutions pacifiques s'inclinant bien souvent devant l'appel aux armes – l'éclatement du conflit russo-ukrainien aux portes de l'Europe en février 2022 est là pour en témoigner.

Pour sortir de cet état de guerre perpétuelle constaté dès le XVIIe siècle, les philosophes des Lumières proposèrent, à l'image d'Emmanuel Kant dans *Vers la paix perpétuelle* (1795), l'instauration d'un ordre international fondé sur la reconnaissance mutuelle et la règle de droit, laquelle substitue la loi commune et impersonnelle à la violence naturelle des relations interétatiques. C'est par la reconnaissance d'une règle qui s'impose à tous et limite la liberté d'action qu'advient la coexistence pacifique. En effet, le droit repose à la fois sur le consentement de la volonté à la loi et sur l'exclusion des rapports violents. Ainsi, les « lois internationales » doivent notamment proscrire toute guerre d'agression, interdire les pratiques les plus condamnables et interdire les armées de métier dont l'existence pousse logiquement au conflit.

Après les guerres du XXe siècle, qualifié « *d'âge des extrêmes* » par l'historien britannique Éric Hobsbawm, les nations démocratiques ont ainsi élaboré un système international fondé sur la discussion et la règle de droit. Aux lendemains de la Première Guerre mondiale (la « der des ders »), la création de la Société des Nations (SDN) fondée sur les quatorze points du président Woodrow Wilson témoigne d'une fragile prise de conscience que la paix doit reposer sur un dispositif de prévention, de maîtrise et de règlement des conflits entre États. La fin de la Seconde Guerre mondiale entraîne quant à elle la création d'une multitude d'organisations mondiales à vocation économique, politique et culturelle : l'Organisation des Nations unies (ONU), se substituant à la SDN ; le Fonds monétaire international (FMI) ; le GATT (remplacé par l'OMC en 1995 après la chute de l'URSS). L'idée, poussée par la puissance américaine, est qu'il faut non seulement assurer un équilibre stratégique mais également garantir les conditions d'une prospérité mondiale afin d'éviter l'engrenage mortifère de la crise économique de 1929, dont tous s'accordent à dire qu'elle fut à l'origine d'une déstabilisation des sociétés européennes ayant conduit au fascisme.

B - LA CRITIQUE DU CONSENSUS DÉMOCRATIQUE

La philosophie libérale a de longue date pointé le risque de tyrannie inhérent au fonctionnement démocratique. Dans *De la démocratie en Amérique* (1835), Alexis de Tocqueville estime que le processus démocratique conduit à une forme de tyrannie de l'opinion publique : puisque c'est la majorité qui décide, la minorité ne décide pas. On reconduit donc la logique propre à la tyrannie : le pouvoir de tout faire est accordé à quelques-uns sur la foi de la volonté d'une partie seulement de la population.

Se lit ici la méfiance traditionnelle des libéraux face à la démocratie directe : chez eux le peuple, par la voie de l'opinion publique, ne s'analyse pas comme la source définitive de la légitimité politique mais comme un pouvoir comme un autre, tout autant susceptible de dégénérer en oppression. Il y a, chez les libéraux, une critique de la mythologie démocratique qui voit dans l'expression de la volonté générale une forme rationnelle de progression vers le bien commun et l'intérêt général. Pour Tocqueville et les libéraux, le processus démocratique peut parfaitement être perturbé en son cœur par un processus passionnel.

La réponse à cette dérive se trouve chez Jürgen Habermas : si le peuple est bien le fondement de la légitimité démocratique, c'est au droit qu'il revient d'organiser l'expression de sa volonté selon des procédures rationnelles garantissant les conditions de la délibération démocratique.

De l'autre côté du spectre des idées politiques, la tradition marxiste critique la démocratie libérale au nom de l'idée que ses valeurs égalitaristes purement formelles masquent la réalité de l'exploitation de classe. Autrement dit, le consensus démocratique est faussé puisqu'il est imposé par les classes dominantes, contre un prolétariat exclu de la décision.

C'est dans cette tradition que s'inscrit la philosophe Chantal Mouffe, inspiratrice de Podemos et des mouvements de gauche radicale, qui défend, dans L'Illusion du consensus (2016), l'importance des passions et du conflit en démocratie contre un « rationalisme libéral » prônant la délibération réglée et encadrée par des procédures. En effet, selon la philosophe, « l'illusion du consensus » est une naïveté qui conduit à nier la conflictualité intrinsèque à toute société et à fermer les yeux sur les rapports de domination qui s'y jouent. Si les institutions démocratiques nient la dimension « adversariale » de la politique, elles privent de ce fait certaines revendications de la possibilité de s'exprimer, conduisant paradoxalement à l'émergence de conflits. Partant de l'idée qu'obtenir un consensus en politique est, par principe, impossible, l'auteure fait donc le pari original de réhabiliter l'antagonisme et les passions qui lui sont liées.

Aujourd'hui, une nouvelle forme de rejet du consensus et du compromis politique se repère dans les mouvements populistes. Dans *L'illusion populiste* (2002), Pierre-André Taguieff affirme que le populisme n'est ni une idéologie politique, ni un type de régime ; c'est avant tout un « *style politique* » fondé sur le recours systématique à l'appel du peuple pris comme une entité homogène et idéalisée sans considération pour la diversité réelle de ses composantes. Avec le populisme, le clivage entre le peuple et les élites se substitue au clivage gauche/droite, et c'est pourquoi on en retrouve des expressions de chaque côté de l'échiquier politique. À cet égard, Pierre-André Taguieff distingue deux formes de populisme. D'une part, une forme « protestataire » mettant l'accent sur la dénonciation des élites politiques, économiques et de leur présumée corruption. Davantage marqué à gauche, il s'adresse aux exclus de la mondialisation. Le peuple est donc celui des déclassés, des « sans-grade ». D'autre part, une forme « identitaire » axée sur un sentiment de déclin des valeurs culturelles, mises en péril par l'étranger et la mondialisation.

Dans les deux cas, la distinction entre « eux » et « nous », qui structure de façon hégémonique la représentation politique de la société, conduit à refuser tout consensus ou tout compromis propres à la logique de la démocratie représentative au profit d'une lutte acharnée pour le triomphe des intérêts du « vrai peuple ». L'actualité récente confirme cette analyse, tant la pratique politique d'un Victor Orban en Hongrie, d'un Donald Trump aux États-Unis d'Amérique ou du couple Hugo Chavez/Nicolás Maduro au Venezuela exalte l'affrontement contre les ennemis désignés (les capitalistes, les démocrates, les libéraux, les mondialistes).

Les nombreuses critiques adressées aujourd'hui aux principes démocratiques du consensus et du compromis dévoilent une crise collective : celle de notre capacité à produire un monde commun et apaisé.

II - Face à la crise du pacte social, retrouver les voies du commun

Aujourd'hui, les tensions que connaît la société française sont exacerbées, si bien que le pacte social est en crise (A). Il faut donc le refonder autour d'un nouveau consensus (B).

A - LA CRISE DU PACTE SOCIAL FRANÇAIS

Ainsi que le diagnostic Pierre Rosanvallon dans *La Contre-Démocratie. La politique à l'âge de la défiance* (2006), trois éléments essentiels au bon fonctionnement d'une démocratie sont aujourd'hui en crise : la dimension représentative (qui souffre notamment de la critique du manque d'identité entre représentants et représentés), la confiance liant les gouvernants et les gouvernés (du fait de l'impossibilité de tenir les promesses formulées au moment de la campagne pour séduire les électeurs), et la légitimité des décisions prises par ceux qui ont le pouvoir (qui renvoie à l'idée que l'exécutif s'est libérée du cadre contraignant que constitue le Parlement). Derrière ces déclinaisons de la crise démocratique, se lit la difficulté de notre système politique à faire consensus auprès des citoyens, à aboutir à un compromis social partagé. Divers phénomènes témoignent de cette rupture du pacte démocratique : l'essor des mouvements populistes dans les sociétés occidentales, la hausse continue d'une abstention analysée comme un rejet du jeu politique, la crise de confiance qui frappe toutes les institutions représentant l'autorité.

L'idée qu'une refondation démocratique est indispensable afin de renouer le lien brisé entre citoyens est aujourd'hui particulièrement forte et se manifeste notamment par les nombreux appels à réviser nos institutions dans le sens d'une plus ample participation citoyenne. La logique des institutions de la ve République, telle que conçue par le général de Gaulle, qui voulait en effet lutter contre la « *logique des partis* » et l'immobilisme qu'elle imposait, confère en effet au pouvoir exécutif des prérogatives importantes (pensons au tant décrié article 49 alinéa 3 de la Constitution) qui conduisent, selon les critiques, l'Assemblée nationale à n'être que le prolongement de la volonté présidentielle. Or, cette tendance s'est trouvée considérablement renforcée depuis le triomphe du fait majoritaire, renforcé par le quinquennat (2000) et l'inversion du calendrier électoral (2002), si bien que l'on considère parfois le Parlement comme une simple « chambre d'enregistrement ». En définitive, les institutions de la ve République sont aujourd'hui perçues comme le vecteur d'une pratique verticale du pouvoir, qui permet à l'exécutif de se prévaloir de la légitimité issue du suffrage pour imposer ses vues contre le compromis parlementaire et social.

Le modèle politique français a ceci de singulier qu'il est caractérisé par une structure centraliste, qui nous distingue nettement des fédéralismes de nos voisins allemands et belges autant que de notre partenaire américain. Cette tradition jacobine, qui puise ses sources dans notre longue expérience catholique – l'institution ecclésiale est hautement centralisée – et monarchique, permet de saisir les spécificités de notre vie politique, par exemple l'échec récurrent d'une social-démocratie à la française (on rappellera que les syndicats n'ont été autorisés que tardivement en France, en 1884, un siècle après la loi Le Chapelier de 1791 interdisant les corporations). En effet, il semble bien que la promotion d'une culture de la négociation au sein du cadre d'une économie de marché soit incompatible avec la tradition dirigiste française.

On ne cesse donc de constater le mal-être de la démocratie sociale en France, étouffée par la faiblesse syndicale autant que par notre forte tradition étatiste. Les effets politiques et sociaux de cette incapacité française au dialogue entre un pouvoir politique centralisé et les corps intermédiaires représentant la société civile se sont manifestés avec force lors de l'éclatement du mouvement des Gilets jaunes. Dans son ouvrage *Une colère française, ce qui a rendu possible les gilets jaunes* (2019), le philosophe Denis Maillard analyse le rôle joué par l'affaissement des corps intermédiaires dans l'irruption du mouvement des gilets jaunes. Définissant les corps intermédiaires comme « *l'ensemble des strates de la société civile qui organisent et représentent les attentes, les intérêts et éventuellement les passions collectives des individus privés* », il insiste sur le rôle de régulation et de « *refroidissement* » des revendications, passions et colères sociales. Or, lorsque la parole ne trouve de canal d'expression institutionnel, elle se libère et éclate dans une forme violente typique des manifestations qui ont émaillé l'année 2019.

Tout, dans la crise du compromis social et politique qui s'est formé autour de la démocratie depuis deux siècles, ne procède pas de la seule question institutionnelle ou de l'organisation de notre vie politico-sociale. Nos sociétés sont sans doute confrontées à une crise des récits collectifs qui permettent aux individus de se reconnaître dans un monde commun.

Dans son ouvrage *La Faiblesse du vrai. Ce que la post-vérité fait à notre monde commun* (2018), Myriam Revault d'Allonnes estime que les thèses complotistes comme les « *fake news* » mettent la démocratie au défi en ce qu'elles dissolvent l'opposition entre vérité et croyance sur lequel repose pourtant l'espace public moderne, qui présuppose le partage d'une raison commune afin que la concurrence des idées profite aux meilleures d'entre elles. Ainsi que le rappelle promptement Hannah Arendt dans *La Crise de la culture* (1961), « *la liberté d'opinion est une farce si l'information sur les faits n'est pas garantie et si ce ne sont pas les faits eux-mêmes qui font l'objet du débat.* » Or, sous l'empire de la post-vérité, triomphe une forme de subjectivisme voulant que chacun ait le droit de définir sa propre vérité, celle-ci devant être respectée comme telle puisque la contester reviendrait à atteindre la personne elle-même. Si le débat démocratique exige une démarcation claire entre faits, objectivement vérifiables, et opinions, propres à chaque individu et pouvant être librement débattues, il semblerait donc bien que le relativisme des secondes ait gagné le camp des premiers. La démocratie est donc confrontée à l'extension de son principe égalitaire dans un domaine où il ne devrait pourtant avoir droit d'ingérence : celui de la vérité. Finalement, le régime de post-vérité autorise l'idée qu'il n'y a pas de vérité mais seulement des opinions différentes qui se valent. D'où l'attrait pour les faits alternatifs mis en scène dans des théories du complot.

B - COMMENT RÉPONDRE À LA CRISE DU COMMUN ?

L'historien Pierre Rosanvallon parle du passage d'une « démocratie d'autorisation » (limitée à l'autorisation des représentants par le vote) à une « démocratie d'exercice » (passant par le contrôle, la surveillance et l'évaluation des gouvernants) ; le constitutionnaliste Dominique Rousseau porte l'idée d'une « démocratie continue » (par laquelle des assemblées délibératives de citoyens exerceraient un contrôle sur l'action des organes représentatifs traditionnels) ; le politiste Georges Burdeau évoque quant à lui la transition d'une « démocratie gouvernée » à une « démocratie gouvernante ». Différents vocables pour une même idée : régénérer l'expression démocratique pour retisser le lien perdu nécessaire à l'élaboration de consensus et de compromis politiques.

Concrètement, les réformes proposées empruntent généralement deux voies distinctes et complémentaires : renforcer la démocratie directe – par exemple en multipliant les référendums, soit en faisant de l'Assemblée nationale un miroir plus fidèle des courants politiques comme de la diversité sociale du pays. Le thème de la VIe République, apparu dans le débat public dès les années 1970, s'est ainsi imposé ces dernières années à la faveur de mouvements politiques participatifs (à l'image de Nuit debout en 2016) ouvertement inspirés de l'idéal de l'agora grecque.

Au-delà de la question de la participation des citoyens aux institutions nationales, il convient de rappeler que l'échelon étatique, jugé trop lointain et trop vertical, est remis en cause par le développement de la décentralisation. Soucieuse de répondre aux nouvelles exigences de proximité, la France s'est engagée sur la voie de la décentralisation en 1982 avec les lois Defferre (du nom du ministre de l'Intérieur de François Mitterrand), qui ont notamment institué le président du conseil général à la tête du département en lieu et place du représentant de l'État qu'est le préfet. Cette politique sera poursuivie sous les mandatures suivantes, de « l'acte II » de la décentralisation sous Jacques Chirac (important transfert de compétences nouvelles au profit des collectivités territoriales, constitutionnalisation de la décentralisation), jusqu'à la loi dite « 3Ds » adoptée durant le premier quinquennat d'Emmanuel Macron.

Cependant, face au caractère souvent illisible et complexe de la décentralisation, Claudy Lebreton et Olivier Rouquan, auteurs de *Régénérer La Démocratie par les territoires* (2022), estiment que « *mieux décentraliser* » permettrait de retrouver un sens collectif et un lien national en tenant compte des solidarités de proximité. Face à un État qu'ils jugent autoritaire et ayant atteint les limites de l'action publique efficace, développer la démocratie au niveau local doit permettre de redonner de l'autonomie aux citoyens et, de ce fait, l'envie de s'investir dans la chose publique. Pour cela, ils préconisent l'attribution d'un véritable pouvoir de décision politique au plus près des territoires, en confiant aux collectivités le pouvoir normatif pour exercer leurs compétences.

Face aux inquiétudes d'une société morcelée et inquiète de son avenir, David Djaïz expose, dans *Le nouveau modèle français* (2021), que le modèle hérité des lendemains de la Seconde Guerre mondiale dans le contexte de la reconstruction du pays, « *une synthèse entre à la fois une grande confiance dans l'avenir, une politique industrielle audacieuse et bien sûr la Sécurité sociale* », a vécu au point d'être entré en crise dès les années 1970 sous l'effet des progrès de la mondialisation axée sur la promotion de l'individu et du marché.

Or, la mondialisation, en fragilisant les puissances publiques nationales et en exposant les travailleurs aux aléas des marchés, exacerbe l'inquiétude de parts importantes de la population et accentue la fracture territoriale entre métropoles connectées et espaces ruraux délaissés. Dans ce contexte nouveau, notre modèle est progressivement devenu inopérant tandis qu'il se trouve traversé de tensions politiques et sociales de plus en plus vives.

Pour répondre aux angoisses de notre temps, David Djaïz appelle à la fondation d'un nouveau pacte social, d'un nouveau projet commun autour d'une économie du bien-être collectif, d'un engagement écologique résolu et d'un modèle décentralisé qui mettent en valeur les territoires. Ce modèle repose sur le retour du temps long au sein des institutions, qui : « *doit être pris en charge par ce que j'appelle la chambre de l'avenir. Elle doit prolonger ce qui est aujourd'hui le Conseil économique et social. Elle doit se dédier à ces grandes transitions qui nécessitent du consensus et du temps long* ».

La démocratie est un régime particulier, qui régule la violence spontanée des relations humaines par l'établissement de procédures consensuelles visant à produire du compromis à l'aide de négociations entre des positions contraires. Notre situation politique est cependant marquée par la crise des institutions politiques et sociales en charge de l'organisation de la discussion commune. Il nous faut donc trouver le moyen de « refaire société », selon la formule quelque peu galvaudée que les personnalités politiques aiment à reprendre.

Aujourd'hui, l'échec du camp présidentiel à conquérir la majorité absolue lors des élections législatives de juin 2022 conduit les observateurs à scruter attentivement la capacité d'Emmanuel Macron à compromettre avec l'opposition pour mener sa politique. Cette perspective interroge quant à notre avenir politique : le compromis que chacun appelle de ses vœux sera-t-il possible dans nos institutions ?

DROIT CIVIL ET PROCÉDURE CIVILE

COMPOSITION : LES TIERS ET LE CONTRAT (1er CONCOURS)

Envisager la relation entre les tiers et le contrat implique de revenir sur l'une des principales frontières dressées par les rédacteurs du Code civil, aux termes duquel, si le contrat est une norme, la loi contractuelle n'est que relative. Le juge détermine alors la mesure des bouleversements patrimoniaux que provoque la convention dans l'ordre juridique, de même qu'il est institué gardien des effets du contrat sur la situation du tiers. Sa jurisprudence abondante et discutée est l'objet d'une consécration partielle du législateur en 2016.

En vertu de l'article 1101 du Code civil, le contrat « *est un accord de volontés entre deux ou plusieurs personnes destiné à créer, modifier, transmettre ou éteindre des obligations* ». Le contrat est un acte juridique, émanant de la volonté des parties, les obligeant à ce qu'elles ont voulu. Les personnes qui ont exprimé leur volonté créatrice et qui dès lors sont obligées patrimonialement par la convention sont désignées parties ou contractants. Se dessine alors une *summa divisio*, une distinction naturelle entre les parties et les tiers au contrat. En apparence, la distinction est simple : les parties sont celles qui ont conclu le contrat en leur nom, tandis que les tiers sont toutes les personnes à l'exclusion des contractants. Il s'agit donc de qualifications alternatives, voire antagonistes : la première, celle de partie, nécessite une constatation positive, c'est-à-dire l'identification des personnes engagées par le contrat ; la seconde s'opère par défaut de la première, puisque si l'on n'est pas partie, l'on est tiers. La distinction notionnelle entre parties et tiers au contrat est essentielle en ce qu'elle participe à la structure même du droit des obligations et à l'opposition entre les régimes des actes et des faits juridiques. Saisir donc la distinction relève de l'entreprise de qualification judiciaire, laquelle précède naturellement la mise en œuvre d'un régime idoine par le juge. Tel est le sens de la relativité des conventions exprimées aux articles 1203 et 1199 du Code civil. Ces textes qui demeurent dans leur rédaction originelle de 1804, constituent des compléments parfaits du sacro-saint principe de la force obligatoire des conventions de l'article 1103 du Code civil, lequel dispose que le contrat est la loi contractuelle pour les parties. *A contrario*, le contrat n'oblige pas les tiers.

Cependant, la simplicité de la distinction commandée par les principes fondamentaux du droit des obligations cède devant l'important contentieux en la matière et le constat de l'impact du contrat et de ses effets sur la situation patrimoniale de certains tiers. D'abord, certains textes effacent la distance que les principes installent ; il en est ainsi de la stipulation pour autrui de l'article 1205 du Code civil, qui figure au premier rang des exceptions textuelles à l'effet relatif des conventions de l'article 1199 du Code civil. Encore, parce que la notion de tiers n'est pas uniforme en jurisprudence et qu'elle connaît des degrés, allant de l'intéressé par le contrat au tiers absolu à celui-ci. Enfin, parce que la complexification de la vie des affaires et corrélativement des contrats conduit à ne plus envisager le contrat de manière isolée mais au sein d'opérations elles-mêmes complexes. Cette conciliation entre le principe de relativité et ses exceptions conduit à relever des interactions entre contrat et tiers ; ce constat prétorien a partiellement convaincu le législateur. Aussi, se pose la question des droits des tiers face au rayonnement contractuel.

Aussi convient-il de relever que les tiers se situent en principe en dehors de la sphère contractuelle (I) tout en mesurant cette affirmation dès lors que l'on constate qu'exceptionnellement, les effets du contrat sont susceptibles d'affecter la situation des tiers (II).

I - Les tiers maintenus en dehors de la sphère contractuelle par principe

L'article 1199 du Code civil, que le Doyen Carbonnier désignait comme le fidèle lieutenant de l'article 1103 du Code civil et de la force obligatoire des conventions, en dispose clairement : la relativité des conventions implique que le tiers est protégé des effets du contrat (A), comme exclu de son bénéfice (B).

A - LE TIERS PROTÉGÉ DES EFFETS DU CONTRAT

Le droit civil des obligations et des contrats repose tout entier sur le « *sacro-saint* » principe de l'autonomie de la volonté. Cette volonté engage ; *a contrario*, celui qui est tiers n'est pas obligé par le contrat (1), mais peut dans certaines hypothèses s'opposer aux engagements convenus (2).

1. L'absence d'obligation contractuelle s'imposant aux tiers

S'il est acquis que le contrat est une norme, il ne saurait obliger de manière générale. Derrière l'évidence de cette affirmation, se dessine un schéma conventionnel complexe rappelant que le contrat intègre l'ordre juridique en provoquant des bouleversements patrimoniaux. En vertu du principe de la relativité des conventions, le juge est institué, par le Code civil, garant du caractère limité de ces bouleversements.

Ainsi, la sphère contractuelle est par principe clairement délimitée puisque le principe de la relativité des conventions interdit son extension à d'autres personnes que les contractants. C'est le sens d'une disposition méconnue du Code civil, qui intervient comme un prélude aux dispositions essentielles : l'ancien article 1119, nouveau 1203 du Code civil prévoit que « *On ne peut, en général, s'engager ni stipuler en son propre nom que pour soi-même* ». L'ancien article 1165 du Code civil est la première disposition spécifiquement consacrée aux effets des obligations à l'égard des tiers. Précisément, selon le doyen Weill, l'article 1199 du Code civil détermine le domaine d'efficacité des contrats (Weill, *La relativité des conventions en droit privé français*, Strasbourg, 1939). La combinaison entre ces dispositions conduit à un constat essentiel : l'effet obligatoire des conventions ne joue qu'entre les parties. La doctrine libérale du XIXe siècle affirmait le caractère absolu de ce principe, considérant que les tiers ne peuvent subir aucun effet né du contrat. Les conséquences de la distinction sont toutes aussi évidentes puisque, né de la rencontre des volontés, le contrat constitue un acte juridique, c'est-à-dire destiné à produire des effets de droit entre les parties. L'acte engage alors dans les termes de l'article 1103 du Code civil et donc soumet les parties à la loi contractuelle et à son obligatoriété.

C'est à ce titre que le contrat est opposable aux tiers. Cet enseignement fait l'objet d'une consécration légale au nouvel article 1199 du Code civil qui dispose, *in limine*, que « *Le contrat ne crée d'obligations qu'entre les parties. Les tiers ne peuvent ni demander l'exécution du contrat ni se voir contraints de l'exécuter* ». Dire que le contrat n'oblige pas les tiers signifie que les contractants ne peuvent prévoir dans les contrats une obligation à la charge des tiers. Pour autant, cela ne signifie pas qu'il est sans influence sur la situation juridique d'autrui. Relativité et opposabilité trouvent à se mêler s'agissant des questions relatives à la circulation des obligations. Des mécanismes comme la délégation de créance (C. civ., art. 1336 et s.) ou la subrogation (C. civ., art. 1346 et s.) constituent des mécanismes visant au paiement et à l'extinction d'obligations à la charge ou en faveur de tiers (par exemple, un subrogé peut être appelé à exécuter les obligations du subrogeant au bénéfice d'un tiers).

2. Le contrat, un fait juridique pour les tiers

La réforme consacre cette faculté des tiers au nouvel article 1200 du Code civil selon lequel « *Les tiers doivent respecter la situation juridique créée par le contrat. Ils peuvent s'en prévaloir notamment pour apporter la preuve d'un fait* ». Le contrat n'est pour le tiers qu'un fait juridique, c'est-à-dire *a priori* sans effet voulu d'ordre personnel ou d'ordre patrimonial. Par conséquent, le contrat lui serait, en théorie, indifférent. Cependant, le contrat valablement conclu intègre l'ordre juridique et les tiers peuvent indirectement être concernés par l'influence exercée par le contrat sur leur environnement juridique. Reste que le tiers peut à ce titre s'opposer aux effets du contrat parce qu'il lui nuit. Cette logique du droit des contrats connaît des répercussions dans toutes les matières du droit, y compris en matière de procédure civile. C'est ainsi qu'un important arrêt de l'Assemblée plénière de la haute juridiction énonce que « *constitue un droit fondamental, en vue d'un procès équitable, le droit d'être pleinement informé de la faculté de contester devant un juge une transaction opposée à celui qui n'y est pas partie* » (Ass. plén., 29 mai 2009).

D'autres mécanismes classiques sont topiques. On désigne de vraies exceptions à la relativité des conventions, les différentes actions détenues par un créancier visant à la préservation de sa créance et plus généralement, de son patrimoine, et visant à la critique des conventions passées par son débiteur qui pourraient y contrevenir. Elles sont au nombre de trois : d'abord, l'action oblique de l'article 1341-1 du Code civil qui, intentée par un créancier, vise à la recomposition du patrimoine de son débiteur. Le créancier va ainsi pouvoir réclamer au débiteur de son débiteur qu'il exécute son obligation à l'égard de ce dernier. Ensuite, l'action paulienne de l'article 1341-2 du Code civil qui, intentée par un créancier, vise à lui rendre inopposable l'acte juridique passé par son débiteur en fraude de ses droits. Enfin, l'action directe qui suppose un fondement légal ou conventionnel particulier et permet à un créancier d'agir contre le débiteur de son débiteur en raison d'un droit qui lui est propre (l'exemple le plus topique réside dans l'action prévue par la loi du 31 décembre 1975 du sous-traitant à l'encontre du maître de l'ouvrage débiteur à l'égard de l'entrepreneur principal, lui-même débiteur du sous-traitant). Ces actions sont qualifiées de véritables exceptions parce qu'elles offrent à un tiers la possibilité de critiquer un contrat (ex. de l'action paulienne) ou d'en demander l'exécution (ex. de l'action oblique et de l'action directe).

Au pareil, l'exemple de la simulation révèle la complexité des relations entre les parties à la convention et les tiers, et précisément la possibilité pour des tiers de se prévaloir de la convention des parties. Le nouvel article 1201 du Code civil dispose que « *Lorsque les parties ont conclu un contrat apparent qui dissimule un contrat occulte, ce dernier, appelé aussi contre-lettre, produit effet entre les parties. Il n'est pas opposable aux tiers, qui peuvent néanmoins s'en prévaloir* ». La simulation peut se définir comme le fait pour les parties de dissimuler leur volonté réelle, l'acte secret appelé « contre-lettre », aux tiers en leur exposant un acte simulé, appelé « acte ostensible ». L'exemple le plus connu est la donation déguisée. Derrière un acte de vente, les parties vont, en réalité, dissimuler une donation. L'on déduit d'une lecture *a contrario* du second membre de phrase de l'article 1321 du Code civil, l'existence d'une option au bénéfice des tiers. Les tiers peuvent invoquer l'acte ostensible par application de l'article 1165 du Code civil. Reste que si la contre-lettre ne peut leur nuire, ils peuvent aussi s'opposer aux effets de l'acte apparent à leur égard. Ainsi, les tiers peuvent opter entre l'acte ostensible ou l'acte secret selon que leur bénéfice va à l'invocation de l'un ou de l'autre.

Le contrat ne nuit ni ne profite au tiers : le tiers est naturellement protégé des effets du contrat ; cependant, le corollaire est tout aussi évident, il se trouve exclu de son bénéfice.

B - LE TIERS EXCLU DU BÉNÉFICE DU CONTRAT

Au risque de la tautologie, le tiers n'étant pas partie, il n'est pas engagé : il n'est donc nullement tenu d'exécuter une obligation conventionnelle ; de même, le tiers ne peut bénéficier directement des effets du contrat (1), cependant indirectement il peut parfois profiter de la situation générée par le contrat (2).

1. L'absence de bénéfices contractuels pour les tiers

Le tiers ne saurait être débiteur contractuel. Nul ne saurait être obligé contre sa volonté en vertu des articles 1103 et 1199 du Code civil. Le corollaire est également à souligner : le tiers ne saurait être directement institué créancier contractuel. Ainsi, par principe, un tiers ne peut demander l'exécution d'une convention, ni plus qu'invoquer une stipulation contractuelle (Cass. 3e civ., 25 sept. 2002 : sur les liens entre effet relatif et la copropriété).

Le droit de la famille offre d'intéressantes illustrations de cette affirmation : il est ainsi constant que si les droits d'un époux né d'un contrat passé par lui tombent dans la communauté, son conjoint n'a pas la qualité de contractant, ce qui implique qu'il ne peut exercer lui-même les actions en garantie ou en réparation de nature contractuelle qui s'attachent à la convention (Cass. 2e civ., 13 déc. 1989). Il en va de même du droit des sociétés : lorsque la société est dotée de la personnalité morale, les associés ne peuvent prétendre agir directement à l'égard du débiteur social défaillant, dès lors qu'ils ne sont pas liés par la convention et qu'ils n'apparaissent à l'égard du contractant de la société que comme de simples tiers (Cass. 3e civ., 8 nov. 2000).

Reste que le contrat peut être invoqué par le tiers. En effet, le contrat est opposable aux tiers mais également par les tiers. L'opposabilité par les tiers signifie ainsi qu'ils peuvent s'en prévaloir. Il s'agit d'une consécration de la jurisprudence constante de la Cour de cassation en la matière (Cass. com., 19 oct. 1954). Reste que la haute juridiction pose une condition : « *Si un tiers peut se prévaloir du contrat en tant que situation de fait, c'est à la condition que celle-ci soit de nature à fonder l'application d'une règle juridique lui conférant le droit qu'il invoque* » (Cass. com., 18 déc. 2012). C'est à cette condition que le tiers peut bénéficier indirectement des effets du contrat.

2. Les exceptions bénéficiant aux tiers

En apparence aisée, la distinction entre partie et tiers n'est pas si tranchée qu'elle n'y parait : la dichotomie entre tiers et parties n'est pas définitivement établie. L'impact de la convention sur les droits et obligations des parties est susceptible de se propager indirectement et d'influencer les droits et obligations de tiers plus ou moins liés aux contractants. C'est ainsi qu'en jurisprudence, l'on distingue non deux catégories de personnes mais trois : d'un côté, les contractants, de l'autre, les *penitus extranei*, c'est-à-dire les tiers totalement étrangers à la convention et à ses effets ; entre les deux, une troisième catégorie de personnes serait constituée de tiers affectés par les effets du contrat. Si, pour elles, le contrat ne constitue qu'un fait juridique, ce dernier interfère patrimonialement avec leurs droits et obligations. Se trouvent visées les personnes qui sont intervenues en vue de la réalisation de l'acte, tel qu'un représentant d'une des parties, un mandataire (Cass. 3e civ., 24 févr. 1988, à propos du dirigeant de société) ou encore, ceux qui sont tiers lors de la formation du contrat mais susceptibles *a posteriori* de se retrouver obligés par la convention, tels que les ayants cause à titre particulier (par exemple, l'acquéreur d'un bien immeuble faisant l'objet d'un droit au bail) et bien évidemment les ayants cause à titre universel (Cass. com., 16 mars 1954 : sur la transmission du contrat aux héritiers du contractant défunt).

Encore, il est des hypothèses légales dans lesquelles le tiers se voit reconnaître le bénéfice des effets du contrat. On désigne fausses exceptions à l'effet relatif des contrats, la promesse de porte-fort et la stipulation pour autrui. Prévue à l'article 1204 du Code civil, la promesse de porte-fort est une convention par laquelle un promettant s'engage envers un bénéficiaire à obtenir l'engagement d'un tiers à l'égard du bénéficiaire. Prévue à l'article 1205 du Code civil, la stipulation pour autrui est la convention par laquelle un promettant s'engage auprès d'un stipulant à exécuter une obligation au profit d'un tiers. La seconde est expressément envisagée comme exception par l'article 1199 du Code civil. La promesse de porte-fort et la stipulation pour autrui nuancent le principe de l'effet relatif des conventions en ce qu'elles impliquent un schéma contractuel qui intègre un tiers. Ce ne sont pourtant que de fausses exceptions, car le tiers ne participe pas à l'élaboration du contrat, ne peut en pâtir, en profite seulement s'il y consent. Tel est le cas de l'assurance-décès (appelée communément assurance-vie) par lequel le promettant est un assureur qui s'engage auprès du stipulant, le souscripteur, à verser une somme d'argent au profit d'un tiers, le bénéficiaire.

Le juriste doit ainsi se garder d'une lecture trop manichéenne de la distinction entre partie et contrat, d'autant que l'intégration du contrat dans l'ordre juridique n'est pas sans conséquence sur la situation de certains tiers notamment les tiers intéressés. Par extension, le champ contractuel en principe limité aux patrimoines des contractants rayonne au point d'emporter des conséquences sur les tiers.

II - Les tiers impactés exceptionnellement par les effets contractuels

La jurisprudence récente démontre le caractère erroné du postulat libéral selon lequel seule la volonté détermine les effets du contrat et son rayonnement : la relativité des conventions est elle-même un principe relativisé en droit positif. Les mutations du droit civil en jurisprudence (A), comme dans la loi en témoignent (B).

A - UN IMPACT CONTRACTUEL SUR LES TIERS DÉSORMAIS ADMIS EN JURISPRUDENCE

Le tiers n'est pas indifférent au contrat. Ce qui semble désormais établi, connaît de fortes répercussions en droit de la responsabilité. Si des *pénitus extranei* sont en mesure d'arguer leur méconnaissance d'une relation contractuelle, tel n'est pas le cas de certains tiers dits intéressés ou susceptibles de le devenir dans le temps. Deux hypothèses prétoriennes révèlent avec force les interactions entre tiers et contrat : l'une en matière de responsabilité (1), l'autre en matière d'ensembles contractuels (2).

1. En matière de responsabilité

Dès le XIXe siècle, la jurisprudence a posé le principe de non-cumul des responsabilités contractuelle et délictuelle. Ainsi, en 1890, la haute juridiction a affirmé que : « *le créancier d'une obligation contractuelle ne peut se prévaloir contre le débiteur de cette obligation, quand bien même il y aurait intérêt, des règles de la responsabilité délictuelle* » (Req., 21 janv. 1890). Se dessine alors l'idée que l'effet relatif des conventions dresse une frontière entre la situation du contractant et la situation du tiers. Pourtant, cette dichotomie n'est pas définitive, ni plus que la frontière n'est imperméable. L'on constate une responsabilité du tiers dans l'inexécution du contrat ou encore une possible responsabilité du contractant à l'égard du tiers.

Est topique l'hypothèse dans laquelle un contractant argue d'un contrat pour rechercher la responsabilité d'un tiers en suite de l'inexécution de ses obligations par le débiteur. La responsabilité du tiers pourra être établie sur le fondement de l'article 1240 du Code civil, si une faute est caractérisée au travers de deux éléments cumulatifs : la connaissance du tiers de l'obligation contractuelle et son rôle établi dans l'inexécution de celle-ci. C'est ainsi qu'une jurisprudence constante de la Cour de cassation pose les règles relatives à la responsabilité du tiers pour complicité de l'inexécution contractuelle. Dans un arrêt fondamental sur ce point, les hauts conseillers ont décidé que « *toute personne qui, avec connaissance, aide autrui à enfreindre les obligations contractuelles pesant sur lui, commet une faute délictuelle à l'égard de la victime de l'infraction* » (Cass. com., 11 oct. 1971). Cette formule générale englobe des solutions prétoriennes déjà établies à la fin du XIXe siècle et au début du XXe, ce dont témoigne l'important contentieux de la violation des engagements de non-concurrence (Cass. soc., 27 mai 1980). Précisément, un employeur qui embauche en connaissance de cause un salarié tenu par une obligation de non-concurrence engage sa responsabilité délictuelle à l'égard de l'employeur précédent. L'on relève ainsi que si le contrat ne saurait obliger un tiers, celui-ci peut être tenu de ne pas en empêcher l'exécution.

Il est acquis que les tiers peuvent invoquer à leur profit la situation juridique ainsi créée, toutes les fois où ils sont en mesure de faire la preuve d'un intérêt personnel. Parmi les conséquences majeures de cette faculté, le tiers peut rechercher la responsabilité d'un contractant qui en exécutant le contrat ou, au contraire, en n'exécutant pas un contrat, lui a causé un dommage. En pareilles hypothèses, ce n'est pas la loi contractuelle qu'il invoque à son profit : il oppose le contrat et les effets du contrat comme faits juridiques à l'origine d'un bouleversement indu de son patrimoine. Dans les chaînes translatives de propriété, le fondement de la responsabilité entre deux acteurs de la chaîne non directement liés est établi en considération de la chose. Cet *intuitus rei* commande que la responsabilité soit par principe de nature contractuelle alors même que le demandeur à l'action et le défendeur ne sont pas parties à un même contrat de vente. L'on considère alors que les actions en garantie par essences contractuelles sont transmises en même temps que la chose elle-même tout au long de la chaîne des conventions. Pourtant, une telle action en responsabilité contractuelle dans les chaînes de contrats translatives de propriété est aujourd'hui concurrencée sinon dépassée par l'action en responsabilité du fait des produits défectueux, prévue aux articles 1245 et suivants du Code civil. Dans les chaînes de contrats non translatives de propriété, le fondement de la responsabilité du contractant vis-à-vis du tiers est de nature délictuelle, ce qui est établi, depuis le célèbre arrêt de l'Assemblée plénière du 12 juillet 1991, rendu dans l'affaire Besse. Dans cette décision, la formation plénière de la Cour de cassation décide, au visa de l'article 1165 du Code civil, que « *le sous-traitant n'étant pas contractuellement lié au maître d'œuvre, l'action de ce dernier ne peut être que délictuelle* ». Par suite, les différentes formations se sont interrogées sur la nature et l'objet de la faute délictuelle devant être prise en compte. Ces débats controversés ont conduit à une nouvelle réunion de l'Assemblée plénière de la Cour régulatrice qui a rendu, le 6 octobre 2006, l'important arrêt *Bootshop*, porté par un principe aux termes duquel « *le tiers à un contrat peut invoquer, sur le fondement de la responsabilité délictuelle, un manquement contractuel dès lors que ce manquement lui a causé un dommage* ». Si la portée de cette décision a été nuancée par la suite au travers de l'étude des deux autres conditions de la responsabilité délictuelle, elle témoigne du rapprochement évident entre les deux ordres de responsabilité (Cass. 3e civ., 18 mai 2017). Précisément, la solution confine à une appréhension identique des fautes contractuelle et délictuelle dans le cadre des chaînes de contrat non translatives de propriété, et procède d'un mouvement de dérelativisation de la responsabilité contractuelle.

2. En matière d'ensembles contractuels

La complexité nouvelle des contrats d'affaires a pour conséquence de lier au sein d'une même opération, au sein d'un même ensemble conventionnel, une pluralité d'acteurs économiques parfois parties, parfois tiers qui se trouvent intéressés et affectés par les différentes interactions. La question des ensembles de contrats est ainsi davantage particulière que celle des chaînes de contrats. Elle constitue un nouveau chantier pour la haute juridiction confrontée à la mise en œuvre de l'article 1199 du Code civil dans le cadre d'opérations conventionnelles complexes. L'hypothèse est celle d'une opération tripartite, dans laquelle une personne contracte, d'une part, une convention portant sur une prestation de services et/ou de mise à disposition de matériels et, d'autre part, une convention de financement en vue de la location visée par le premier contrat. À l'égard du contractant principal, deux conventions sont donc conclues et intimement liées d'un point de vue économique. Juridiquement, est identifiée une indivisibilité ou interdépendance contractuelle. La définition du critère d'indivisibilité a longtemps posé problème en jurisprudence. La doctrine oppose généralement deux types d'indivisibilité : l'une, subjective, qui serait toute entière assise sur la commune intention des parties, et l'autre, objective, qui découlerait de la profonde unité économique d'un ensemble où chaque convention n'aurait aucun sens sans les autres. Cette opposition a entraîné d'importants débats prétoriens, conduisant à une nécessaire conciliation entre les différentes formations de la cour.

Par deux arrêts rendus le 17 mai 2013, la Cour de cassation, en chambre mixte, apporte une réponse au problème essentiel et récurrent de l'interdépendance contractuelle, à l'origine d'un contentieux quantitativement fourni et d'appréciations jurisprudentielles disparates. Dans les deux affaires soumises, il revenait à la Cour de cassation réunie en chambre mixte de déterminer si, dans le cadre des opérations en cause, les contrats devaient être qualifiés d'interdépendants et, le cas échéant, si la volonté des parties était susceptible d'influer sur cette qualification ? Autrement posée, la question est celle de la portée d'une clause de divisibilité dans un ensemble de contrats économiquement liés. Réunie en chambre mixte, la Cour de cassation rejette le pourvoi formé à l'encontre de l'arrêt de la cour d'appel de Paris et casse l'arrêt de la cour d'appel de Lyon. Dans les deux cas, l'attendu de principe est identique : « *Attendu que les contrats concomitants ou successifs qui s'inscrivent dans une opération incluant une location financière, sont interdépendants et que sont réputées non écrites les clauses des contrats inconciliables avec cette interdépendance* » (Cass. ch. mixte, 17 mai 2013, 2 arrêts).

La même solution a été portée par la haute juridiction s'agissant des opérations de crédit-bail (Cass. ch. mixte, 13 avril 2018, 2 arrêts). À l'instar de la location financière, l'opération de crédit-bail est une opération tri-partite reliant, d'un côté, un contrat de vente entre un vendeur et une banque et, de l'autre, un contrat de location avec promesse de vente entre la banque, crédit-bailleur, et le bénéficiaire de l'opération, le crédit-preneur. Se pose la question du lien entre les deux contrats et donc entre les parties à ces contrats. Précisément, le sort de l'un des contrats affecte-t-il le sort de l'autre ? La haute juridiction répond sans ambages que « *la résolution du contrat de vente entraîne, par voie de conséquence, la caducité, à la date d'effet de la résolution, du contrat de crédit-bail et que sont inapplicables les clauses prévues en cas de résiliation du contrat* » (Cass. ch. mixte, le 13 avril 2018). Autrement dit, la relativité des conventions comme la distinction entre partie et tiers sont contrariées par la réalité économique prise en compte par le juge judiciaire. Plus avant, l'on peut se demander si les notions de partie et tiers au contrat ne devraient pas être remplacées par celle de partie à l'opération dans son ensemble. Un dépassement terminologique que le législateur, bien qu'invité à porter une telle évolution, n'a pas franchi.

B - UN IMPACT CONTRACTUEL SUR LES TIERS PARTIELLEMENT CONSACRÉ DANS LA LOI

La réforme du droit des contrats comme les projets de réforme du droit de la responsabilité civile (de 2017 et 2020) ne donnent aucune définition des notions de parties et de tiers sans doute en raison de l'impossibilité de définitivement les opposer et les circonscrire. Plutôt que de revenir sur les notions, le législateur s'est contenté de rectifier ou d'envisager de rectifier leur régime s'inspirant plus ou moins de l'œuvre jurisprudentielle sur les ensembles contractuels (1) et la responsabilité (2).

1. La caducité

La réforme du droit des contrats consacre la caducité (C. civ., art. 1186 et 1187 nouveaux) ; cette notion était jusque-là inconnue du Code civil. Il est évident que cette consécration résulte de la volonté du législateur de reprendre les enseignements des arrêts de 2013 et 2018 respectivement en matière de location financière et de crédit-bail. Précisément, le nouvel article 1186 alinéa 2 du Code civil dispose que « *Lorsque l'exécution de plusieurs contrats est nécessaire à la réalisation d'une même opération et que l'un d'eux disparaît, sont caducs les contrats dont l'exécution est rendue impossible par cette disparition et ceux pour lesquels l'exécution du contrat disparu était une condition déterminante du consentement d'une partie* ». Le mérite de ce texte est évident : il constitue une consécration légale d'une limite à l'effet relatif des conventions et ne s'embarrasse pas pour ce faire avec la barrière entre les parties et les tiers.

Demeure deux observations sous forme de regrets : d'une part, la numérotation du Code civil en suite de la réforme du droit des contrats interpelle toujours plus de quatre ans après l'ordonnance de 2016 et plus de deux ans après la loi de rectification de 2018. Le texte sur la caducité cité est placé dans le chapitre relatif à la formation du contrat, alors que la problématique des ensembles contractuels est davantage relative à la question de l'exécution des conventions. À ce titre, en tant qu'exception à l'effet relatif des contrats, le texte aurait davantage eu sa place après les textes portant ce principe et ses effets (C. civ., art. 1199 et s.). D'autre part, le texte ne consacre qu'imparfaitement la jurisprudence en la matière, en se contentant d'évoquer les « *contrats (…) nécessaire à la réalisation d'une même opération* » ; la notion d'ensemble contractuel et le critère de qualification de ces ensembles et opérations sont les oubliés du texte de sorte que la loi n'offre pas la sécurité juridique espérée.

2. La responsabilité du contractant vis-à-vis du tiers

Le développement des chaînes de contrats a mené à un affaiblissement prétorien de la distinction entre partie et tiers au contrat notamment en matière de responsabilité. Cependant, le projet de réforme du droit de la responsabilité civile de mars 2017 ne consacre que partiellement la jurisprudence en proposant l'adoption d'un nouvel article 1234 alinéa 1er aux termes duquel « *lorsque l'inexécution du contrat cause un dommage à un tiers, celui-ci ne peut demander réparation de ses conséquences au débiteur que sur le fondement de la responsabilité extracontractuelle (…)* ». Se trouve ainsi instauré, ce qui est une évidence au sens du principe de l'effet relatif des conventions, à savoir que le tiers qui agit en responsabilité à l'encontre d'un contractant doit le faire sur le fondement de la responsabilité délictuelle. À ce titre, non seulement le législateur consacre la jurisprudence *Besse* de 1991, mais encore il rappelle le régime de responsabilité entre deux personnes tierces l'une à l'autre.

Le projet de réforme ne s'arrête pas sur l'énoncé de ce postulat, puisque le même texte prévoit que « *Toutefois, le tiers ayant un intérêt légitime à la bonne exécution d'un contrat peut également invoquer, sur le fondement de la responsabilité contractuelle, un manquement contractuel dès lors que celui-ci lui a causé un dommage (…)* ». Autrement dit, le projet de réforme de 2017 et la proposition du Sénat à sa suite ouvrent la voie à un bris de la jurisprudence *Bootshop* de 2006. S'il est vrai que la Cour de cassation a parfois elle-même semblé hésitante, elle a récemment réaffirmé la solution de l'arrêt Bootshop pour s'opposer clairement à ces projets de texte (Ass. plén. 13 janv. 2020).

En conclusion, la conception classique de la relativité des conventions semble aujourd'hui remise en cause par un modèle judiciaire global qui ne permet plus de considérer le tiers comme en dehors du champ contractuel en toutes hypothèses. Le tiers ne peut définitivement ignorer la réalité du contrat et le contractant ne peut ignorer les conséquences de sa volonté sur la situation du tiers. Cette interaction nouvelle entre le contrat et le tiers explique l'affaiblissement du principe prétorien de non-cumul des responsabilités délictuelle et contractuelle, lequel a vocation pourtant à être consacré dans la prochaine réforme de la responsabilité civile.

CAS PRATIQUE : CAS MONSIEUR ET MADAME ROLLAND (2e CONCOURS)

ÉNONCÉ DU CAS

I – Monsieur et Madame ROLLAND, mariés sous le régime de la séparation de biens sont copropriétaires indivis d'une belle maison située à Bordeaux et qui est leur résidence.

Monsieur ROLLAND est associé avec sa sœur dans une SARL V, et il s'est porté caution solidaire de ladite société auprès de la banque CIC.

La société V n'honorant plus ses engagements, le CIC a mis en demeure Monsieur ROLLAND d'exécuter son obligation de caution et l'a fait condamner par le Tribunal judiciaire de Bordeaux, par jugement définitif, au paiement d'une somme de 250 000 €.

Il vient de notifier à Monsieur ROLLAND qu'à défaut d'exécution du jugement de condamnation dans le mois qui vient, il engagerait une procédure tendant à faire vendre la maison.

Madame ROLLAND qui n'a pas donné son accord à ce cautionnement, vous interroge sur le bien-fondé des menaces de la banque et sur les moyens de s'y opposer. **(6 points)**

II – Leur fille Jeanne, vit depuis plusieurs années en concubinage avec Arthur SIMON.

Jeanne et Arthur ont construit en 2010 une maison d'habitation sur un terrain donné à Jeanne par ses parents.

Cette construction a été financée à hauteur de 80 % par un emprunt contracté par Arthur et dont le remboursement s'effectue à concurrence de 1 500 €/mois par prélèvement sur le compte bancaire personnel d'Arthur, le solde étant financé par Jeanne.

La maison sert de résidence au couple et à leurs 2 enfants., Benoit âgé de 10 ans et Hélène âgée de 8 ans.

Les difficultés pécuniaires de Monsieur et Madame ROLLAND les conduisent à cesser d'aider leur fille dans le financement du ménage, qui bénéficiait ainsi d'un train de vie confortable.

Arthur décide de rompre sa relation avec Jeanne et quitte la maison.

a) Il vient de la mettre en demeure de l'indemniser pour sa contribution à la construction de l'immeuble.

Jeanne, qui n'a plus pour toute ressource qu'un salaire de 1 200 €/mois s'inquiète et vous questionne sur le bien-fondé de la réclamation de son ancien concubin. **(3 points)**

b) D'autre part, Arthur a indiqué à Jeanne qu'il se refusait tout règlement au titre d'une contribution à l'entretien et à l'éducation des 2 enfants mineurs du couple tant que cette question ne serait pas réglée.

Jeanne vous interroge sur l'action qu'elle pourrait engager contre Arthur aux fins d'obtenir une telle contribution. **(4 points)**

III – Monsieur et Madame ROLLAND ont donné en 2000 à leur fils Pierre, une parcelle de terrain non constructible dont ils étaient propriétaires dans une commune de la banlieue bordelaise.

Pierre utilisait cette parcelle comme enclos pour son cheval.

Désireux de financer un voyage autour du monde, il a consenti à ses voisins les époux DURAND, en date du 20 mars 2006, une promesse synallagmatique de vente de ce terrain pour la somme de 45 000 €, sous la condition suspensive de la purge du droit de préemption de la commune, la parcelle étant située à proximité du centre du bourg, sans fixation de date limite de réitération par acte authentique.

Les époux DURAND ont offert à Pierre de lui régler immédiatement la somme convenue, ce que celui-ci a accepté et ce qui lui a permis de financer son voyage.

À son retour, Pierre apprend que la parcelle a été déclarée constructible et qu'elle vaudrait aujourd'hui 4 millions d'euros.

La mairie, sur interrogation des époux DURAND, vient de notifier qu'elle n'entendait pas exercer son droit de préemption.

Les époux DURAND demandent à Pierre de réitérer la vente par acte authentique pour les besoins de la publicité foncière.

a) Pierre vous expose qu'il refuse de passer cet acte et qu'il a vu sur internet, qu'il était possible d'engager une action en « nullité » de la vente : il vous interroge sur les modalités et chances de succès d'une telle action. **(4 points)**

b) Dans l'hypothèse malheureuse où il n'obtiendrait pas gain de cause, il vous interroge sur ce que pourraient faire les époux DURAND avec lesquels il ne veut pas signer d'acte notarié, considérant qu'ils l'ont « escroqué ». **(3 points)**

CORRIGÉ

Monsieur et Madame Rolland sont confrontés à des difficultés dans le cadre d'un cautionnement souscrit par Monsieur Rolland (I). De plus, les enfants des époux sont dans une situation conflictuelle à propos d'une part, de la rupture du concubinage de leur fille (II) et, d'autre part, d'une promesse synallagmatique de vente conclue par leur fils (III).

I - Sur le cautionnement

Monsieur Rolland a conclu un contrat de cautionnement solidaire au soutien d'un prêt accordé par la banque CIC à la société V, dont il est associé avec sa sœur. Le tribunal judiciaire l'a condamné au paiement d'une somme de 250 000 €, en exécution du contrat de cautionnement.

Il convient de distinguer les menaces d'exécution de la banque (A) et les moyens d'opposition de Madame Rolland (B).

A - SUR LES MENACES DE LA BANQUE

Le CIC a notifié à Monsieur Rolland qu'à défaut d'exécution du jugement du tribunal judiciaire de Bordeaux dans le mois qui vient, il engagerait une procédure de saisie immobilière.

La signification du jugement par l'établissement bancaire est-elle régulière ?

L'objectif de la notification d'un jugement est de le porter à la connaissance des intéressés, adversaires ou tiers (CPC, art. 651), afin de le faire exécuter ou de faire courir le délai de recours.

En premier lieu, l'article 675 du Code de procédure civile pose le principe que « *les jugements sont notifiés par voie de signification* ». La signification est définie par l'article 651 du même code comme une « *notification faite par acte d'huissier de justice* » (commissaire de justice depuis le 1er juillet 2022).

En l'occurrence, il est mentionné qu'il s'agit d'une notification et non d'une signification par voie d'huissier de justice.

Ensuite, la signification doit comprendre, à peine de nullité, le texte intégral de la décision (Cass. 1re civ., 16 janv. 1985).

Or, en l'espèce, il est seulement mentionné que Monsieur Rolland devra s'exécuter.

Enfin, l'exigence de la signification comme condition préalable à l'exécution du jugement vise à protéger la partie qui devra exécuter le jugement : il est normal qu'elle connaisse exactement les droits et les obligations résultant pour elle de la décision, afin de pouvoir, éventuellement, s'exécuter spontanément. Aussi, l'acte de notification d'un jugement à une partie doit indiquer de manière très apparente les possibilités d'exercice des voies de recours (CPC, art. 680).

Or, en l'espèce, rien ne précise que la notification fasse mention des voies de recours.

De plus, selon les termes de l'article 677 du Code de procédure civile, les jugements doivent être notifiés aux parties elles-mêmes.

La jurisprudence a précisé que lorsque la décision concerne plusieurs personnes, la notification doit être faite séparément à chacune d'elles. Les délais d'appel ne courent pas contre des époux dont l'un seulement a signé la notification qui leur était faite conjointement par l'envoi d'un pli unique (Cass. 2e civ., 8 juin 1995).

En l'espèce, il est précisé que le CIC a notifié à Monsieur Rolland qu'à défaut d'exécution de la décision du tribunal, il s'expose à une procédure de saisie immobilière. Toutefois, il n'est pas précisé que le CIC a signifié à Madame Rolland la décision.

Le non-respect des règles de forme entraîne la nullité de la notification à la partie, dans les conditions prévues par l'article 694 du Code de procédure civile par renvoi aux articles 112 et suivants du Code de procédure civile.

En conséquence, la notification réalisée par le CIC, ne respectant pas les règles de forme, n'est pas valable et ne fait donc pas courir le délai de recours.

B - SUR LES MOYENS D'OPPOSITION

La menace d'une saisie immobilière se heurtera à trois obstacles distincts : le fait qu'il s'agisse de la résidence familiale (1), le régime de l'indivision (2) et surtout l'absence de consentement de l'épouse au cautionnement (3).

- La résidence familiale peut-elle faire l'objet d'une saisie immobilière ? (1)
- Les créanciers de l'indivision peuvent-ils saisir un bien appartenant aux indivisaires ? (2)
- L'absence de consentement de l'épouse au contrat de cautionnement, est-elle un obstacle à la saisie immobilière ? (3)

1. La résidence familiale

L'article 215, alinéa 3 du Code civil prévoit un régime spécifique au logement familial. Selon ce texte, « *les époux ne peuvent l'un sans l'autre disposer des droits par lesquels est assuré le logement de la famille, ni des meubles meublants dont il est garni* ».

En l'espèce, la maison située à Bordeaux est le logement familial de Monsieur et Madame Rolland.

Toutefois, les aliénations imposées échappent à l'emprise de l'article 215 du Code civil (Cass. 3e civ., 12 oct. 1977). Dès lors, les créanciers de l'un ou l'autre époux peuvent exercer librement leur droit de saisir le logement de la famille.

En conséquence, Madame Rolland ne peut invoquer la protection du logement familial offerte par l'article 215 du Code civil pour échapper à une future saisie en exécution d'un jugement.

2. L'indivision

Les époux sont copropriétaires indivis de l'immeuble pouvant faire l'objet de la saisie.

Selon l'article 815-17, alinéa 2 du Code civil, « *les créanciers personnels d'un indivisaire ne peuvent saisir sa part dans les biens indivis, meubles ou immeubles* ».

Toutefois, l'alinéa 3 de l'article 815-17 du Code civil prévoit la faculté d'exercer une action afin de provoquer le partage pour obtenir le paiement de sa créance sur les biens mis dans le lot de son débiteur.

La jurisprudence a précisé l'articulation de ce texte avec le régime spécifique du logement familial. Elle a considéré que les dispositions protectrices du logement familial prévues à l'article 215, alinéa 3, du Code civil ne peuvent, hors le cas de fraude, être opposées aux créanciers personnels d'un indivisaire usant de la faculté de provoquer le partage et la licitation dudit bien au nom de leur débiteur, en application de l'article 815-17, alinéa 3, du même code (Cass. 1re civ., 16 sept. 2020).

En l'occurrence, aucune fraude n'est révélée en l'espèce.

En conséquence, le CIC ne pourra envisager une procédure de saisie immobilière sans préalablement solliciter le partage de l'indivision.

3. Le consentement

Madame Rolland n'a pas donné son consentement au cautionnement souscrit par son époux.

En l'espèce, les époux sont mariés sous le régime de la séparation de biens.

L'article 1415 du Code civil pose une exception au principe de la gestion concurrente des biens communs dans le régime légal : « *Chacun des époux ne peut engager que ses biens propres et ses revenus, par un cautionnement ou un emprunt, à moins que ceux-ci n'aient été contractés avec le consentement exprès de l'autre conjoint qui, dans ce cas, n'engage pas ses biens propres* ».

La jurisprudence n'a pas limité cet article au régime légal. Ainsi, la Cour de cassation a fait application de l'article 1415 du Code civil à un immeuble compris dans une société d'acquêts stipulée entre époux séparés de biens (Cass. 1re civ., 25 nov. 2003).

En l'espèce, Madame Rolland affirme ne pas avoir donné son consentement au contrat de cautionnement. Aussi, les biens communs ne seront engagés que si le cautionnement est conclu avec le consentement exprès de l'autre conjoint.

À défaut d'un tel consentement, il ne sera donc pas possible de saisir la résidence familiale en indivision.

II - Sur la dissolution du concubinage

Des concubins ont construit une maison d'habitation par un emprunt financé à 80 % par le concubin et le reste par la concubine. La maison constitue le logement familial du couple et des deux enfants.

Le concubin décide de rompre le concubinage, et sollicite une indemnité dans le cadre du financement de la résidence. La concubine invoque, pour sa part, une pension à destination des enfants.

• Une demande d'indemnisation pour la contribution à la construction d'un immeuble dans le cadre d'un concubinage est-elle recevable ? (A)

• Quelle action peut engager la mère pour obtenir une contribution à l'entretien et à l'éducation des enfants ? (B)

A - L'INDEMNISATION DE LA CONTRIBUTION À LA CONSTRUCTION DE L'IMMEUBLE

Défini à l'article 515-8 du Code civil, « *Le concubinage est une union de fait, caractérisée par une vie communie présentant un caractère de stabilité et de continuité, entre deux personnes, de sexe différent ou de même sexe, qui vivent en couple* ».

En l'espèce, Jeanne et Arthur vivent en concubinage.

En raison de l'absence de régime spécifique au concubinage, le juge a eu recours aux mécanismes de droit commun, comme l'enrichissement sans cause, la société créée de fait ou l'indivision dans le cadre de la dissolution du concubinage.

Dans l'hypothèse d'une construction sur le terrain d'autrui, il convient d'appliquer le régime de l'accession appréhendé par l'article 555 du Code civil, qui a vocation à régir les rapports entre concubins (Cass. 3e civ., 29 avril 2009).

Le terrain a été donné à la concubine par ses parents et la construction de l'habitation a été financée à hauteur de 80 % par le concubin, le solde par la concubine. Il s'agit donc d'une construction, financée partiellement, sur le terrain d'autrui.

Toutefois, la jurisprudence récente a affirmé que le financement par un concubin, au titre de sa contribution aux dépenses de la vie courante, d'un immeuble appartenant en propre à sa concubine, exclut une action en remboursement sur le fondement de l'article 555 du Code civil (Cass. 1re civ., 9 sept. 2020).

Aussi, il serait permis de considérer qu'Arthur a remboursé 80 % de l'emprunt, non en qualité de tiers possesseur des travaux, mais en qualité de concubin devant assumer sa contribution aux dépenses de la vie courante. D'autant qu'en l'espèce, l'immeuble constitue le logement familial. De plus, Arthur a fait l'économie de toute dépense pour se loger ou loger sa famille.

En conséquence, une telle demande a peu de chances de prospérer.

B - LA CONTRIBUTION À L'ENTRETIEN ET L'ÉDUCATION

La concubine souhaite engager une action contre le concubin afin d'obtenir une contribution à l'entretien et l'éducation des deux enfants mineurs.

Préalablement, il convient de considérer que le lien de filiation est établi entre Benoit et Hélène, les enfants, et Jeanne et Arthur, les parents. En conséquence, ils sont tous les deux investis de l'autorité parentale (C. civ., art. 372).

Lorsque les parents vivent ensemble en concubinage, chacun contribue à l'entretien de l'enfant commun en alimentant le budget du ménage.

En cas de séparation entre les parents, la contribution à l'entretien et à l'éducation de l'enfant prend en principe la forme d'une pension alimentaire versée par l'un des parents à l'autre, ou à la personne à laquelle a été confié l'enfant (C. civ., art. 373-2-2).

Désormais, l'article 373-2-2, I, du Code civil prévoit que les modalités et les garanties de cette pension alimentaire sont fixées soit par une décision judiciaire, soit par une convention homologuée par le juge.

En l'espèce, à défaut d'accord entre les concubins, il conviendra de recourir au juge aux affaires familiales pour fixer le montant de la contribution à l'entretien et à l'éducation de l'enfant (C. civ., art. 373-2-8).

Le juge, pour déterminer le montant de la pension due pour la contribution à l'entretien de l'enfant commun, doit rechercher quelles sont les ressources respectives des parents (Cass. 2e civ., 27 mars 2003). Il a un pouvoir souverain d'appréciation de l'ensemble des ressources des parties pour fixer le montant de la participation de l'un des parents à l'entretien et l'éducation des enfants (Cass. 1re civ., 25 mai 2004).

Or en l'espèce, Arthur est dans l'attente du règlement de la question de l'indemnité pour sa contribution à la construction. En d'autres termes, pour que le juge se prononce sur l'obligation alimentaire, il est nécessaire d'attendre le terme de la procédure introduite par Arthur pour obtenir une indemnité relative à la construction de l'immeuble.

Concrètement, Arthur peut solliciter du juge un sursis à statuer, qui opère une suspension provisoire du cours de l'instance (CPC., art. 378).

En effet, il peut être de bonne administration d'attendre une décision dans un autre litige, décision qui pourrait avoir une incidence sur le procès qui se déroule.

En l'espèce, la procédure relative à la fixation de la contribution à l'entretien et à l'éducation de l'enfant peut dépendre de la décision portant sur l'indemnisation de la construction du logement, quel que soit le sens de la décision.

III - Sur la promesse synallagmatique de vente

À la suite d'une donation d'un terrain non constructible, Pierre consent à ses voisins une promesse synallagmatique de vente dudit terrain, pour un montant de 45 000 €, en date du 24 mars 2006, sous la condition suspensive de la purge du droit de préemption de la commune. Les voisins ont libéré les fonds. Si la mairie n'entend pas exercer son droit de préemption, le terrain est devenu constructible.

- D'une part, l'erreur sur la constructibilité peut-elle être retenue ?
- D'autre part, le vendeur peut-il s'opposer à la réitération ?

A - L'ERREUR SUR LA CONSTRUCTIBILITÉ

À titre liminaire, il convient de préciser que la promesse synallagmatique de vente a été signée en date du 20 mars 2006, soit sous l'empire du droit antérieur à la réforme du droit des contrats opérée par les ordonnances du 10 février 2016 et du 1er octobre 2016.

Sur le fondement de l'article 1128 du Code civil (C. civ., anc. art. 1108) et sur le fondement de l'article 1130 du Code civil (C. civ., anc. art. 1109), le contrat est valable dès lors qu'il repose sur un consentement libre et éclairé, une capacité de contracter et un contenu licite et certain. Le consentement est vicié par l'erreur, le dol et la violence.

En l'espèce, rien ne permet de douter de la capacité de contracter des parties, de l'objet du contrat, d'une quelconque contrainte de la vendeuse ou de quelconques manœuvres ou mensonges des acquéreurs.

Par conséquent, il convient de s'interroger sur l'erreur.

Sur le fondement des articles 1132 et suivants du Code civil (C. civ., anc. art. 1110), l'erreur est un vice du consentement, source de nullité dès lors que quatre conditions sont réunies : une représentation inexacte de la réalité, une erreur déterminante, une erreur excusable et une erreur portant sur les qualités essentielles de la chose.

Or en l'espèce, Pierre a vendu un terrain non constructible pour une somme de 45 000 €, alors qu'il est devenu constructible par la suite et évalué à la somme de 4 millions d'euros.

Toutefois, la Cour de cassation a rejeté le pourvoi formé contre un arrêt d'appel ayant rejeté la demande de nullité de la vente dès lors notamment que le caractère constructible du terrain n'est survenu qu'après la vente et, quand bien même c'était prévisible, cette évolution ne reposait pas sur un élément matériel préexistant (Cass. 3e civ., 8 oct. 2014).

En l'espèce, sans précision exacte, le terrain est devenu constructible postérieurement à la promesse synallagmatique de vente.

En conséquence, la demande en nullité de la vente de Pierre sera rejetée par les juges du fond.

B - LA RÉITÉRATION DE LA VENTE

Les époux Durand entendent réitérer la vente par acte authentique. Toutefois, Pierre s'oppose à la signature devant le notaire.

Sur le fondement des articles 1101 et 1103 du Code civil (C. civ., anc. art. 1134), le contrat se forme par la rencontre des volontés des parties.

La promesse réciproque (ou synallagmatique) de vente et d'achat est le contrat par lequel les deux parties s'engagent respectivement l'une à vendre, l'autre à acheter un bien déterminé, à un prix déterminé.

La promesse réciproque qui vaut vente doit évidemment répondre, de façon générale, aux conditions de formation de toute vente, qu'elles aient trait à la rencontre des volontés, à la capacité et au pouvoir des parties, au prix ou à la chose.

Sur le fondement de l'article 1589 alinéa 1er du Code civil, « *la promesse de vente vaut vente, lorsqu'il y a consentement réciproque des deux parties sur la chose et sur le prix* ».

Au titre de la réitération, sur le fondement de l'article 1589 du Code civil, la jurisprudence distingue deux hypothèses : soit la réitération sous forme authentique est considérée par les contractants comme un élément essentiel, nécessaire à la formation du contrat et dans ce cas, la réalisation forcée du contrat définitif ne saurait être prononcée judiciairement (Cass. 3e civ., 17 juill. 1997) ; soit la réitération n'est pour les contractants qu'une modalité de la vente et la réalisation forcée est possible (Cass. 3e civ., 20 déc. 1994).

D'abord, le prix a d'ores et déjà été versé au vendeur. Ce qui laisse supposer que la réitération n'est qu'une formalité et non un élément essentiel nécessaire à la validité de la vente. De plus, la réitération en la forme authentique n'est pas affectée d'un terme. Ces éléments, selon la commune intention des parties, attestent que la question de la réitération n'est qu'une formalité.

Toutefois, la promesse synallagmatique de vente a été conclue sous la condition suspensive de la purge du droit de préemption de la commune.

La jurisprudence a pu relever « *que la date prévue par le compromis n'était pas extinctive mais constitutive du point de départ à partir duquel l'une des parties pourrait obliger l'autre à s'exécuter, une cour d'appel, en l'absence de date fixée pour la réalisation des conditions suspensives, a retenu à bon droit que la vente intervenue était parfaite dès la réalisation de ces conditions* » (Cass. 3e civ., 21 nov. 2012).

Aussi, en l'espèce, la promesse synallagmatique ne fixe pas de date pour la réalisation de la condition suspensive. Dès lors, la réalisation de la condition, à savoir l'intention de la mairie de ne pas exercer son droit de péremption, permet de considérer la vente comme étant parfaite.

En conséquence, les époux Durand pourront solliciter l'exécution forcée de la vente.

CAS PRATIQUE : CAS THOMAS B.

ÉNONCÉ DU CAS

Le 1er avril 2022, deux jeunes femmes se présentent ensemble au commissariat central de Bordeaux et relatent avoir été importunées par un individu alors qu'elles faisaient du roller sur les quais. Elles sont persuadées que cet homme qui leur tournait autour, muni d'un téléphone portable fixé sur une perche, cherchait à filmer sous leur jupe. Elles décrivent sommairement l'individu, porteur notamment d'un bob rouge.

Deux fonctionnaires de police les accompagnent sur les quais et constatent en effet le manège d'un individu coiffé d'un bob rouge, qui tourne autour des passants et parvient à placer son téléphone portable sous les jupes ou robes de certaines passantes.

Les policiers décident d'interpeller l'individu, identifié comme étant Thomas B., né le 15 juin 1994, sans emploi, qui sera placé en garde à vue par l'officier de police judiciaire de permanence. L'exploitation de son téléphone permet de retrouver, outre les images captées sous les jupes de Caroline et Juliette, de nombreux enregistrements de même nature, datés par son appareil du 5 mai 2018 pour les plus anciens, à ce jour pour les plus récents, la majorité des images étant datées d'avril 2019.

Juliette étant mineure pour être née le 2 juin 2005, sa mère est invitée à se présenter au commissariat pour assister à l'audition de sa fille en qualité de représentante légale.

À l'issue de son audition, Caroline, majeure quant à elle pour être née le 25 avril 2000, est subitement saisie d'une crise d'angoisse et s'immobilise, tétanisée, devant le bureau situé en face de celui dans lequel elle vient d'être entendue. Elle se retourne vers le gardien de la paix qui numérote encore les pages de son procès-verbal et se rassied, abattue. Elle explique qu'elle vient de reconnaître son agresseur.

Elle relate alors que le 1er janvier 2022 au matin, en rentrant du réveillon passé chez des amis, elle avait été violemment poussée à l'intérieur de son immeuble dont elle venait d'actionner le système codé d'ouverture par un individu dont elle n'avait pas remarqué la présence, qui avait cherché à l'embrasser, lui avait caressé la poitrine, sur ses vêtements, et avait cherché à atteindre ses parties intimes tout en lui disant : « j'ai envie de toi, laisse-toi faire, je vais pas te faire de mal, tu vas voir ». Elle l'avait repoussé, avait tenté de se protéger en maintenant serré son manteau mais il était parvenu à toucher ses cuisses et son entrejambe sous sa jupe. Les jeunes de la co-location voisine étaient alors rentrés bruyamment, et l'individu en avait profité pour fuir en courant. Elle n'avait pas osé dénoncer ces faits, honteuse de n'avoir pas réussi à résister à son agresseur.

Caroline est certaine de reconnaître l'individu du fait de sa chevelure bicolore, seule une large mèche étant décolorée. Elle précise qu'il portait le 1er janvier une bague argent et turquoise et un tatouage de tortue sur le cou, ce qu'elle ne peut distinguer à l'instant, l'individu étant menotté les mains dans le dos et porteur d'un bandana.

Richard C. se trouve alors en garde à vue pour des faits de conduite en état d'alcoolémie. Il est effectivement porteur d'un tatouage de tortue sur le cou.

QUESTIONS POSÉES

Au regard des faits exposés ci-dessus, il vous appartiendra de répondre par une argumentation juridique précise aux questions suivantes :

1°) Les qualifications pénales **(6 points)**

Quelles infractions, le cas échéant assorties de quelles circonstances aggravantes, sont susceptibles d'être caractérisées à l'encontre des deux auteurs présumés ?

2°) L'enquête judiciaire (8 points)

Dans quel cadre d'enquête les fonctionnaires de police interviennent-ils ? Quelles mesures peuvent-ils initier, le cas échéant sous le contrôle de quelle autorité judiciaire ? **(4 points)**

L'interpellation de Thomas B. vous paraît-elle conforme aux règles de procédure pénale ? **(2 points)**

Les enquêteurs peuvent-ils placer Thomas B. et Richard C. en garde à vue ? **(2 points)**

3°) Les poursuites (6 points)

Les infractions relevées justifient-elles la mise en œuvre d'un régime procédural particulier ? **(3 points)**

Quelles réponses pénales peuvent-elles être mises en œuvre et par qui ? **(3 points)**

CORRIGÉ

Au regard des faits exposés, il nous appartient de répondre, par une argumentation juridique précise, à chacune des questions posées.

I - Les qualifications pénales (6 points)

- Quelles infractions, le cas échéant assorties de quelles circonstances aggravantes, sont susceptibles d'être caractérisées à l'encontre des deux auteurs présumés ?

Afin de répondre de manière complète à cette question, il convient d'envisager, tour à tour, la responsabilité pénale de Thomas B. (1) et celle de Richard C. (2). Notons que les développements ci-dessous concernent deux protagonistes pour lesquels le droit à la présomption d'innocence – tel que prévu et protégé, notamment, par les articles 9 de la Déclaration des droits de l'Homme et du citoyen de 1789, 6, § 2, de la Convention européenne de sauvegarde des droits de l'Homme et des libertés fondamentales et préliminaire, III, du

Code de procédure pénale – implique qu'il appartient à l'accusation d'établir leur éventuelle culpabilité et que les intéressés ne sauraient être présentés comme coupables tant qu'ils n'ont pas fait l'objet d'une condamnation pénale définitive (v. CEDH, 10 févr. 1995, Allenet de Ribemont c/ France, n° 15175/89). Ainsi, il convient de nuancer les termes de la question posée, qui évoquent « deux auteurs présumés », alors que Thomas B. et Richard C. ne sont pas de présumés auteurs des faits relatés, mais simplement, au stade de la procédure décrite, deux personnes mises en cause.

A - LA RESPONSABILITÉ PÉNALE DE THOMAS B.

Nous étudierons, d'une part, la qualification pénale susceptible d'être retenue à l'encontre de Thomas B. (a), d'autre part, l'imputation de cette qualification à l'intéressé (b) et, enfin, les peines principales qu'il encourt (c).

1. La qualification pénale des faits

Les faits relatés dans l'énoncé, concernant Thomas B., nous amènent à envisager la qualification pénale dite de « voyeurisme » prévue et réprimée par l'article 226-3-1 du Code pénal. En effet, matériellement, Thomas B. aurait, au moyen d'une perche, placé son téléphone portable sous les jupes ou robes de passantes et procédé à de nombreux enregistrements, ce qui correspond au comportement prohibé par le législateur qui incrimine le fait d'user de tout moyen afin d'apercevoir les parties intimes d'une personne que celle-ci, du fait, notamment, de son habillement, a caché à la vue des tiers. Pour être punissables, ces faits doivent avoir été commis à l'insu ou sans le consentement de la personne, ce qui est établi au regard du comportement subreptice adopté par l'individu porteur du bob rouge. Au titre de l'élément moral, ce délit est, conformément aux dispositions de l'alinéa 1er de l'article 121-3 du Code pénal, une infraction intentionnelle qui impose de démontrer, à l'encontre de la personne mise en cause, la conscience de l'absence de consentement de la victime et la volonté d'adopter le comportement de « voyeurisme » ci-dessus rappelé. Les manœuvres décrites dans l'énoncé, en particulier l'emploi d'une perche, et la répétition du comportement adopté par l'intéressé permettent de démontrer l'existence de cet élément moral.

2. L'imputation de l'infraction

Quant à l'imputation de l'infraction à Thomas B., à supposer qu'il soit effectivement l'individu porteur du bob rouge, aucun élément de l'énoncé ne permet de considérer que celui-ci puisse bénéficier d'une quelconque cause d'irresponsabilité pénale, qu'il s'agisse de causes de non-imputabilité ou de faits justificatifs. Il doit, toutefois, être noté deux difficultés quant à l'étendue de la prévention imputable à l'intéressé dans la mesure où les enquêteurs ont découvert, dans son téléphone portable, des enregistrements de même nature, datés par son appareil du 5 mai 2018 pour les plus anciens, à ce jour pour les plus récents.

En premier lieu, pour ce qui concerne la question de la prescription de l'action publique, rappelons que l'article 8, alinéa 1er, du Code de procédure pénale, tel que modifié par la loi n° 2017-242 du 27 février 2017, portant réforme de la prescription en matière pénale, dispose que « l'action publique des délits se prescrit par six années révolues à compter du jour où l'infraction a été commise ». Or, en l'espèce, il résulte des constatations opérées par les enquêteurs que les faits ont débuté le 5 mai 2018, soit moins de quatre ans avant l'interpellation de Thomas B., le 1er avril 2022. Les faits ne sauraient donc être considérés comme prescrits.

En second lieu, il convient de rappeler que, conformément aux dispositions de l'article 112-1, alinéa 1er, du Code pénal, « sont seuls punissables les faits constitutifs d'une infraction à la date à laquelle ils ont été commis ». Or, l'article 226-3-1 a été inséré dans le Code pénal par la loi n° 2018-703 du 3 août 2018, renforçant la lutte contre les violences sexuelles et sexistes, publiée au *Journal officiel de la République française* le 5 août 2018 et, conformément aux dispositions de l'article 1er du Code civil, entrée en vigueur le lendemain, 6 août 2018. Ces nouvelles dispositions constituent une loi pénale de fond plus sévère, en ce qu'elles sont relatives à la définition d'une nouvelle incrimination, peu important qu'en pratique, de manière casuistique et contestable, certaines juridictions du fond aient pu, antérieurement, retenir la qualification de violences volontaires pour qualifier le comportement incriminé. La jurisprudence, d'autant plus celle défavorable des juges du fond, ne saurait, en effet, être assimilée à une loi, sauf à méconnaître le principe de légalité pénale. En conséquence, par application du principe de non-rétroactivité *in pejus* sus-évoqué, tel qu'il résulte du même principe de légalité pénale, il n'est pas possible de retenir, à l'encontre de l'intéressé, une période de prévention antérieure au 6 août 2018.

3. Les peines principales encourues

Enfin, s'agissant des peines principales encourues, il convient de souligner que les faits ont été commis, notamment, sur une mineure, en la personne de Juliette, et ont donné lieu à fixations et enregistrements d'images, ce qui caractérise deux des six circonstances aggravantes prévues par l'article 226-3-1 du Code pénal. Certes, Thomas B. pourra soutenir ne pas avoir su que Juliette était mineure. Pour autant, cet argument de défense n'aura pas d'impact puisque l'article 226-3-1 du Code pénal prévoit un effet d'aggravation dès lors qu'existe l'une des circonstances aggravantes énumérées. En conséquence, Thomas B., s'il se révèle être l'auteur des faits reprochés, encourt principalement deux ans d'emprisonnement et 30 000 euros d'amende.

B - LA RESPONSABILITÉ PÉNALE DE RICHARD C.

S'agissant des faits de conduite sous l'empire d'un état alcoolique imputés à Richard C., ils ne peuvent donner lieu à des développements spécifiques dès lors, d'une part, qu'ils constituent une donnée objective de l'énoncé, sans qu'aucune indication ne soit mentionnée sur les circonstances de leur commission, et, d'autre part, que ce délit, prévu par l'article L. 234-1 du Code de la route, ne figure pas au programme de l'épreuve de droit pénal fixé par l'arrêté du 18 février 2019, modifiant l'arrêté du 31 décembre 2008 relatif aux modalités d'organisation, règles de discipline, programme, déroulement et correction des épreuves des trois concours d'accès à l'École nationale de la magistrature.

Pour le reste, il convient de décomposer les faits et de distinguer la bousculade (a) des attouchements (b) subis par Caroline.

1. La bousculade subie par Caroline

Les faits relatés dans l'énoncé, concernant Richard C., doivent nous amener, en premier lieu, à envisager la qualification pénale de violences prévue et réprimée, notamment, par l'article 222-13 du Code pénal. En effet, l'énoncé mentionne que, le 1er janvier 2022, Caroline a, d'abord, été « violemment poussée à l'intérieur de son immeuble » pour, ensuite, faire l'objet d'actes impudiques de la part de son agresseur. Ces premiers faits, distincts des seconds, caractérisent matériellement la qualification de violences puisque l'acte positif consistant à pousser une personne occasionne au préjudice de cette dernière un choc physique qui, en l'espèce, n'a pas entraîné, pour Caroline, d'incapacité totale de travail, à défaut d'indication, à ce propos, dans l'énoncé. Quant à l'élément moral des violences, qui constituent une infraction intentionnelle, il convient d'établir la volonté d'occasionner un choc physique, voire simplement émotif, chez la victime, ce qui, en l'espèce, peut se déduire des faits, en particulier de l'objectif manifestement poursuivi par l'agresseur de Caroline, à savoir la commission d'une infraction sexuelle.

Quant à l'imputation de l'infraction à Richard C., à supposer qu'il soit effectivement l'agresseur de Caroline, aucun élément de l'énoncé ne permet de considérer que celui-ci puisse bénéficier d'une quelconque cause d'irresponsabilité pénale, qu'il s'agisse de causes de non-imputabilité ou de faits justificatifs.

S'agissant des peines principales encourues, l'énoncé précise que Caroline a été poussée à l'intérieur de son immeuble « dont elle venait d'actionner le système codé d'ouverture par un individu dont elle n'avait pas remarqué la présence ». Cette mention pourrait laisser entendre l'existence de l'une des circonstances aggravantes prévues par l'article 222-13, 9°, du Code pénal, à savoir la préméditation – qui consiste dans le « dessein formé avant l'action de commettre un crime ou un délit déterminé » (C. pén., art. 132-72) – ou de guet-apens – qui consiste dans le « fait d'attendre un certain temps une ou plusieurs personnes dans un lieu déterminé pour commettre à leur encontre une ou plusieurs infractions » (C. pén., art. 132-71-1). Néanmoins, malgré cette précision, il n'est pas possible de déduire de l'énoncé qu'entre la conception du délit et son exécution, l'agresseur de Caroline « ait eu le recul suffisant pour se placer dans une détermination aggravante de son intention » (Y. Mayaud, *Répertoire de droit pénal et de procédure pénale*, Dalloz). Rien dans les faits décrits ne permet, en effet, d'exclure avec certitude la commission d'une infraction d'opportunité. En conséquence, aucune autre circonstance aggravante des violences ne pouvant être établie, à la lecture de l'énoncé, et en l'absence de toute incapacité totale de travail subie par Caroline, il y a lieu de retenir la qualification contraventionnelle de violences prévue par l'article R. 624-1 du Code pénal qui constitue une contravention de quatrième classe, de sorte de Richard C., s'il se révèle être l'agresseur de Caroline, encourt principalement une amende d'un montant de 750 euros (C. pén., art. 131-13, 4°).

2. Les attouchements subis par Caroline

En second lieu, les faits relatés, concernant Richard C., permettent d'envisager une qualification pénale relevant des infractions sexuelles.

Tout d'abord, il pourrait être considéré que ces faits caractérisent la qualification de viol « ordinaire » prévue par l'article 222-23 du Code pénal. Toutefois, il est manifeste, à la lecture de l'énoncé, que l'agresseur de Caroline n'a pas commis un acte de pénétration sexuelle ou un acte bucco-génital sur celle-ci, de sorte qu'il convient d'écarter la qualification de viol « ordinaire ».

Ensuite, en l'absence de « viol » ordinaire consommé, il y a lieu de s'interroger sur l'existence d'une éventuelle tentative de ce crime. À ce propos, rappelons qu'à la différence des délits auxquels est appliqué un principe de spécialité, la tentative de toute infraction criminelle, telle que le viol « ordinaire », est punissable (C. pén., art. 121-4, 2°). Pour qu'une tentative soit établie, il convient de démontrer l'existence d'un « commencement d'exécution » qui n'a été suspendu ou n'a manqué son effet qu'« en raison de circonstances indépendantes de la volonté de son auteur » (C. pén., art. 121-5). Or, en l'espèce, la réunion de ces deux éléments constitutifs, propres à la tentative, n'apparaît pas établie.

S'agissant du commencement d'exécution, il y a lieu de rappeler que celui-ci est défini comme tout acte ayant pour conséquence immédiate et directe de consommer l'infraction, celle-ci étant ainsi entrée dans la période d'exécution (voir, notamment : Cass. crim., 25 oct. 1962, *Bull. crim.* n° 292, arrêt *Lacour*), de sorte que l'intention de la commettre est établie. En d'autres termes, pour caractériser un commencement d'exécution, il convient de démontrer que la personne mise en cause a accompli un acte univoque, dans la perspective de l'infraction projetée, par opposition à un acte simplement équivoque. Aux termes de l'énoncé, l'agresseur de Caroline a cherché à l'embrasser, lui a caressé la poitrine, sur ses vêtements, a cherché à atteindre ses parties intimes et est parvenu à lui toucher les cuisses et son entrejambe sous sa jupe, tout en lui disant : « j'ai envie de toi, laisse-toi faire, je vais pas te faire de mal, tu vas voir ». Il est difficile de considérer, avec certitude, que l'ensemble de ces faits constitue un acte univoque, nécessairement orienté vers la réalisation d'un acte de pénétration sexuelle ou bucco-génital. Rien ne permet d'exclure, sans doute raisonnable, que l'agresseur n'ait pas seulement envisagé de caresser les parties intimes de sa victime, de sorte que par application de l'adage « *in dubio pro reo* », signifiant que tout doute doit profiter à la personne mise en cause, il convient d'écarter l'existence d'un commencement d'exécution.

Quant à l'absence de désistement volontaire, il y a lieu de rappeler qu'elle est un élément constitutif de la tentative. Ainsi, celui qui accompli un commencement d'exécution ne peut se voir reprocher une tentative lorsque l'inachèvement de l'infraction projetée trouve son origine dans la volonté de l'intéressé. Or, en l'espèce, l'énoncé mentionne que l'agresseur de Caroline s'est enfui en courant à la suite de l'arrivée inopinée et bruyante de voisins. Cette circonstance, si elle est étrangère au comportement de l'agresseur de Caroline, n'est pas nécessairement exclusive d'un désistement volontaire. En effet, faute d'indication précise sur la manière dont les voisins sont arrivés dans l'immeuble, en particulier sur leur localisation exacte par rapport au lieu de l'agression, il n'est pas possible d'affirmer, au-delà de tout doute raisonnable, que l'interruption de cette agression trouve son origine dans une peur viscérale, et donc annihilatrice de toute volonté, ressentie par l'intéressé. Autrement dit, rien ne permet d'exclure avec certitude que l'interruption de l'agression et la fuite de l'agresseur n'ait pas été un choix réfléchi, même brièvement, de la part de ce dernier, de sorte que, même si ce choix a été suscité par un événement extérieur à l'intéressé, il constitue un désistement volontaire. Là aussi, par application de l'adage « *in dubio pro reo* », il y a donc lieu d'écarter l'existence d'un désistement involontaire.

En l'absence de viol « ordinaire » et de tentative de ce crime, il y a lieu d'envisager une éventuelle qualification d'agression sexuelle « ordinaire » autre qu'un viol, telle que prévue et réprimée par l'article 222-22 du Code pénal. Matériellement, ce délit impose d'établir la commission d'un acte impudique, accompli sur les parties intimes du corps de la victime, sans le consentement de celle-ci, avec violence, contrainte, menace ou surprise. En l'espèce, l'énoncé mentionne que l'agresseur est parvenu, malgré la résistance physique de Caroline, à toucher plusieurs de ses parties intimes, en particulier sa poitrine et son entrejambe, ce qui caractérise matériellement une atteinte sexuelle avec violences au sens de l'article 222-22 précité du Code pénal. Au titre de l'élément moral, l'infraction d'agression sexuelle « ordinaire » autre qu'un viol est intentionnelle et suppose donc de démontrer, à l'encontre de la personne mise en cause, la conscience de l'absence de consentement de la victime et la volonté d'accomplir un acte impudique sur le corps de ladite victime. En l'espèce, l'insistance de l'agresseur et ses propos, sans équivoque, permettent de caractériser l'élément moral de l'infraction d'agression sexuelle « ordinaire » autre qu'un viol.

Quant à l'imputation de cette infraction à Richard C., à supposer qu'il soit effectivement l'agresseur de Caroline, aucun élément de l'énoncé ne permet de considérer que celui-ci puisse bénéficier d'une quelconque cause d'irresponsabilité pénale, qu'il s'agisse de causes de non-imputabilité ou de faits justificatifs.

Par conséquent, Richard C., s'il se révèle être effectivement l'agresseur de Caroline, encourt principalement cinq ans d'emprisonnement et 75 000 euros d'amende, conformément aux dispositions de l'article 222-27 du Code pénal.

Pour finir sur cette première question, il y a lieu de noter que Richard C. aurait commis l'infraction d'agression sexuelle « ordinaire » autre qu'un viol alors que les violences contraventionnelles n'avaient pas donné lieu à une condamnation définitive, ce qui caractérise une situation de concours d'infractions, conformément aux dispositions de l'article 132-2 du Code pénal.

À ce propos, la Chambre criminelle de la Cour de cassation a affirmé, à compter de 2016, que « des faits, qui procèdent de manière indissociable d'une action unique caractérisée par une seule intention coupable, ne peuvent donner lieu, contre le même prévenu, à deux déclarations de culpabilité de nature pénale, fussent-elles concomitantes » (Cass. crim., 26 oct. 2016, n° 15-84552). Appliquant cette jurisprudence, la haute juridiction judiciaire a estimé, par exemple, que des faits de harcèlement sexuel ayant abouti à une agression sexuelle ne pouvaient pas donner lieu à deux déclarations de culpabilité dans la mesure où ces faits procédaient d'une seule intention coupable (Cass. crim., 18 sept. 2019, n° 18-86291). En l'espèce, il pourrait se déduire de cette solution que les faits imputés à Richard C., qui poursuivaient un objectif commun – la commission d'une agression sexuelle –, ne devraient pas pouvoir faire l'objet de plusieurs qualifications, seule la qualification la plus sévère et la plus illustrative de l'intention coupable de l'agresseur devant être retenue, à savoir celle d'agression sexuelle « ordinaire » autre qu'un viol.

Néanmoins, le 15 décembre 2021, la Chambre criminelle a infléchi sa jurisprudence et affirme désormais que l'interdiction de cumuler les qualifications lors de la déclaration de culpabilité doit être réservée, outre à la situation dans laquelle la caractérisation des éléments constitutifs de l'une des infractions exclut nécessairement la caractérisation des éléments constitutifs de l'autre, aux cas où un fait ou des faits identiques sont en cause et où l'on se trouve dans l'une des deux hypothèses suivantes. Dans la première, l'une des qualifications, telles qu'elles résultent des textes d'incrimination, correspond à un élément constitutif ou une circonstance aggravante de l'autre, qui seule doit alors être retenue. Dans la seconde, l'une des qualifications retenues, dite spéciale, incrimine une modalité particulière de l'action répréhensible sanctionnée par l'autre infraction, dite générale (Cass. crim., 15 déc. 2021, n° 21-81864). Or, en l'espèce, les actes imputés à Richard C. sont matériellement distincts, de sorte qu'il est possible de retenir les deux qualifications sus-évoquées (Cass. crim., 15 févr. 2022, n° 20-86019).

En outre, quant au régime des peines, rappelons que, conformément aux dispositions de l'article 132-3 du Code pénal, les peines de nature différente se cumulent, tandis qu'en présence de peines de même nature, il ne peut être prononcé qu'une seule peine de cette nature dans la limite du maximum légal le plus élevé. Néanmoins, l'article 132-7 du même Code dispose, par exception, que les peines d'amende pour contraventions se cumulent entre elles et avec celles encourues ou prononcées pour des crimes ou délits en concours. En conséquence, Richard C., s'il se révèle être effectivement l'agresseur de Caroline, encourt principalement, en tant qu'auteur de faits de violences contraventionnelles n'ayant pas entraîné d'incapacité totale de travail et d'agression sexuelle « ordinaire » autre qu'un viol, cinq ans d'emprisonnement et 75 750 € (75 000 + 750) d'amende.

II - L'enquête judiciaire (8 points)

- Dans quel cadre d'enquête les fonctionnaires de police interviennent-ils ? Quelles mesures peuvent-ils initier, le cas échéant sous le contrôle de quelle autorité judiciaire ? (4 points)

Il convient de répondre, tour à tour, à chacune des questions posées.

A - LE CADRE JURIDIQUE D'ENQUÊTE

Le Livre premier du Code de procédure pénale distingue les investigations menées dans le cadre des enquêtes de police (Titre II) de celles réalisées au cours d'une information judiciaire (Titre III). En l'espèce, ni l'intervention d'un réquisitoire introductif, ni celle d'un juge d'instruction ne sont mentionnées. Le cadre particulier de l'information judiciaire doit donc être écarté.

Les enquêtes de police, au sens strict, recouvrent deux principaux cadres juridiques : l'enquête de flagrance et l'enquête préliminaire. Le domaine de l'enquête de flagrance est restreint. À défaut de réunir les conditions de la flagrance, l'enquête est menée sous la forme préliminaire. Ce sont les articles 53 et 67 du Code de procédure pénale qui définissent les conditions cumulatives de l'application du régime de l'enquête de flagrance. Il résulte de ces textes que l'enquête de flagrance nécessite la présence cumulative de trois conditions.

Une condition de gravité, tout d'abord. La flagrance n'est possible que pour un crime ou un délit puni d'une peine d'emprisonnement, conformément aux dispositions de l'article 67 du Code de procédure pénale. Une condition d'objectivité ou d'apparence, ensuite. À ce propos, la jurisprudence exige que l'infraction ait été portée à la connaissance de l'autorité publique par le biais « d'indices apparents d'un comportement délictueux » (Cass. crim., 22 janv. 1953, *Bull. crim.* n° 24, arrêt *Isnard*). Une condition temporelle, enfin. En effet, l'article 53 du Code de procédure pénale renvoie à l'infraction qui « vient de se commettre » ou qui se commet actuellement, à la situation de la personne trouvée en possession de traces ou d'indices laissant à penser son implication dans des faits très récents ou à la situation de la personne poursuivie par la clameur publique dans un temps très proche de la commission de l'infraction.

Par ailleurs, lorsque les conditions susmentionnées sont réunies, l'enquête de flagrance ne demeure qu'en présence d'une continuité journalière des actes d'enquête. Elle dure au maximum huit jours à compter de son déclenchement, cette durée pouvant être prolongée une seule fois pour la même durée par décision du procureur de la République, sous certaines conditions de gravité des faits, précisées au dernier alinéa de l'article 53 du Code de procédure pénale.

En l'espèce, il résulte de nos développements précédents, relatifs aux qualifications pénales, que les faits relatés relèvent bien de qualifications délictuelles, punies d'emprisonnement. Ces faits ont été portés à la connaissance des services de police, le 1er avril 2022, par des plaignantes identifiées – Juliette et Caroline – et, s'agissant des faits de « voyeurisme », ont été constatés par les enquêteurs eux-mêmes. Les conditions de gravité et d'objectivité sont donc satisfaites.

Toutefois, pour ce qui concerne les faits d'agression sexuelle « ordinaire » autre qu'un viol et de violences contraventionnelles connexes, ceux-ci sont survenus le 1er janvier 2022, soit trois mois après leur révélation auprès des services enquêteurs, de sorte que la condition temporelle de la flagrance n'est pas satisfaite. Les investigations sur ces faits doivent donc se dérouler dans le cadre préliminaire prévu au Chapitre II du Titre II du Livre premier du Code de procédure pénale.

S'agissant des faits de « voyeurisme », la condition temporelle de la flagrance est satisfaite pour ceux survenus le 1er avril 2022 puisqu'ils ont été immédiatement dénoncés par Caroline et Juliette et constatés par les enquêteurs. En revanche, pour les faits antérieurs, qui ont débuté en 2018, la condition temporelle n'est pas remplie. Dans une telle situation, la Chambre criminelle de la Cour de cassation affirme que, « si à la suite de la constatation d'un crime ou délit flagrant, l'enquête de flagrance peut être étendue à l'ensemble des infractions connexes à celui-ci, c'est à la condition qu'il existe entre les faits objet des investigations des rapports étroits, analogues à ceux que la loi a spécialement prévus », la loi ici évoquée étant l'article 203 du Code de procédure pénale relatif à la connexité. Ainsi, selon la haute juridiction judiciaire, l'enquête de flagrance ne peut s'étendre à des faits de nature similaire aux faits flagrants, imputés au même individu et qui ont été révélés aux enquêteurs concomitamment ou subséquemment à ceux-ci pendant l'enquête, quoique commis antérieurement aux faits flagrants (Cass. crim., 31 oct. 2017, n° 17-81842). Il convient d'en déduire qu'en l'espèce, l'enquête de flagrance concernant les faits de « voyeurisme » ne pourra porter que sur ceux du 1er avril 2022, voire sur ceux éventuellement commis les 30 et 31 mars 2022, puisqu'en pratique, il a été considéré qu'un délai de quarante-huit heures, entre la commission des faits et leur constatation, permettait d'admettre l'existence d'une infraction qui « vient de se commettre » (Cass. crim., 8 avril 1998, n° 97-80610). En revanche, pour les faits antérieurs, les investigations devront se déployer en la forme de l'enquête préliminaire.

B - LES MESURES SUSCEPTIBLES D'ÊTRE INITIÉES

Il convient de distinguer les mesures d'investigation (a) des mesures de contrainte (b) susceptibles d'être initiées.

1. Les mesures d'investigation

En premier lieu, il convient de souligner que l'enquête préliminaire ou de flagrance portant sur un crime ou un délit puni d'emprisonnement reproché à un individu majeur permet aux enquêteurs de réaliser plusieurs actes d'enquête, parmi lesquels des perquisitions, des réquisitions et des auditions et confrontations.

– Les perquisitions, visites domiciliaires et saisies

Ainsi, dans l'enquête préliminaire, l'article 76 du Code de procédure pénale autorise les perquisitions, visites domiciliaires et saisies de pièces à conviction, sous réserve d'un assentiment préalable et écrit des personnes au domicile desquelles elles ont lieu. Il peut être passé outre le refus ou l'absence d'assentiment, en présence d'un crime ou d'un délit puni d'une peine d'emprisonnement d'une durée égale ou supérieure à trois ans, sur autorisation du juge des libertés et de la détention requis par le procureur de la République, dans les conditions prévues au même article du Code de procédure pénale. Dans l'enquête de flagrance, les articles 56 et suivants du Code de procédure pénale autorisent la réalisation des mêmes actes d'investigation sans qu'il soit nécessaire d'obtenir l'assentiment préalable et écrit des personnes au domicile desquelles ils ont lieu.

En l'espèce, l'énoncé mentionne que les enquêteurs ont procédé à l'exploitation du téléphone de Thomas B., ce qui leur a permis de découvrir, outre les images captées sous les jupes de Caroline et Juliette, de nombreux enregistrements de même nature. Une telle exploitation est assimilable, selon la Chambre criminelle de la Cour de cassation, à une perquisition et peut donc avoir lieu hors la présence d'un avocat (Cass. crim., 12 janv. 2021, n° 20-84045). Sachant que cet acte d'investigation s'inscrit dans le cadre d'une enquête de flagrance, il n'était pas nécessaire de recueillir, au préalable, l'assentiment de Thomas B., peu important que, dans le cadre de l'exécution dudit acte d'investigation aient été découverts des faits matériels distincts de ceux ayant justifié l'intrusion policière.

Au-delà de cette exploitation téléphonique, il paraît opportun de réaliser une perquisition et d'éventuelles saisies au sein du domicile des personnes mises en cause pour vérifier, d'une part, chez Thomas B., la présence d'autres enregistrements, éventuellement contenus dans du matériel informatique, et, d'autre part, chez Richard C., la présence de la bague argent et turquoise évoquée par Caroline. Ces investigations pourront être mises en œuvre, éventuellement de manière coercitive, dans le cadre de l'enquête préliminaire portant sur les faits dont Caroline a été victime, puisqu'ils font encourir plus de trois années d'emprisonnement. La coercition pourra également être employée pour les faits flagrants de « voyeurisme ». En revanche, pour les faits plus anciens, cette coercition ne pourra être mise en œuvre, puisqu'ils font encourir une peine inférieure à trois années d'emprisonnement.

– Les réquisitions

Il est également possible aux enquêteurs de requérir un tiers pour obtenir une prestation matérielle, des documents, des informations ou faire réaliser des constatations ou examens techniques ou scientifiques. Dans l'enquête préliminaire, ces réquisitions doivent, en principe, être préalablement autorisées par le procureur de la République (CPP, articles 77-1 et s.), cette formalité étant exigée à peine de nullité assimilée à une nullité d'ordre public (Cass. crim., 1er sept. 2005, n° 05-84061 et 6 déc. 2005, n° 05-85076). Cette autorisation préalable n'est pas exigée dans l'enquête de flagrance (CPP, art. 60 et s.).

En l'espèce, les enquêteurs peuvent, afin d'être éclairés sur les circonstances de commission des faits et sur leurs conséquences, requérir un psychologue, pour examen psychologique des victimes, et un psychiatre, pour examen psychiatrique des deux suspects. Notons que, puisque les faits subis par Caroline relèvent de la procédure spécifiquement applicable aux infractions de nature sexuelle (CPP, art. 706-47 et s.) et imposent, éventuellement dès le stade de l'enquête, la réalisation d'une expertise médicale à l'égard de la personne mise en cause, portant, notamment, sur l'opportunité d'une injonction de soins (CPP, art. 706-47-1, al. 3 et 4), les réquisitions en la matière concernant Richard C. peuvent être mises en œuvre sur le fondement d'une autorisation donnée par le parquet au moyen d'instructions générales, le procureur devant alors être avisé sans délai de ces réquisitions (CPP, art. 77-1, al. 3). Il paraît aussi être opportun de recourir à des réquisitions auprès des personnes disposant d'éventuels enregistrements de vidéosurveillance, d'une part, des quais où Thomas B. a été interpellé, afin de vérifier sa présence et son comportement aux moments des faits du 1er avril 2022 et à d'autres périodes, et, d'autre part, des abords de l'immeuble de Caroline, pour s'assurer de la présence de Richard C. sur les lieux au moment de l'agression, le 1er janvier 2022.

Il semble également utile à la manifestation de la vérité de mettre en œuvre des réquisitions concernant, d'une part, les activités numériques de Thomas B., en particulier afin de déterminer les sites qu'il visite habituellement sur internet et d'éventuellement constater une activité de téléchargement ou de mise à disposition de contenus illicites, et, d'autre part, la localisation du téléphone portable de Richard C., afin de vérifier sa présence sur les lieux de survenance des faits subis par Caroline. Toutefois, en la matière, il convient de souligner qu'à la suite d'une décision du Conseil constitutionnel censurant l'absence d'encadrement suffisant de telles investigations numériques (Cons. const., déc. n° 2021-952 QPC, 3 déc. 2021), la loi n° 2022-299 du 2 mars 2022, visant à combattre le harcèlement scolaire, publiée au *Journal officiel de la République française* le 3 mars 2022, a inséré dans le Code de procédure pénale un article 60-1-2 (pour l'enquête de flagrance), auquel renvoie désormais l'article 77-1-1 (pour l'enquête préliminaire) du même Code, aux termes duquel, à peine de nullité, les réquisitions portant sur les données techniques permettant d'identifier la source de la connexion ou celles relatives aux équipements terminaux utilisés ou sur les données de trafic et de localisation ne sont possibles, si les nécessités de la procédure l'exigent, que, notamment, lorsque la procédure porte sur un crime ou sur un délit puni d'au moins trois ans d'emprisonnement. Certes, une partie des faits qui nous occupent ont été commis avant l'entrée en vigueur, le 4 mars 2022, de ces nouvelles dispositions. Néanmoins, conformément aux dispositions de l'article 112-2, 2°, du Code pénal, « sont applicables immédiatement à la répression des infractions commises avant leur entrée en vigueur », « les lois fixant les modalités des poursuites et les formes de la procédure ». Sachant que les faits de « voyeurisme » font encourir une peine d'emprisonnement inférieure à deux ans, il n'est donc pas possible de recourir aux réquisitions concernant les activités numériques de Thomas B. En revanche, ces réquisitions sont possibles pour les faits imputés à Richard C..

– Les auditions et confrontations

Les enquêteurs peuvent, en outre, procéder aux auditions et confrontations nécessaires à la manifestation de la vérité dans le cadre de l'enquête préliminaire (CPP, art. 77) ou dans celui de l'enquête de flagrance (CPP, art. 61 et s.). En l'espèce, les enquêteurs peuvent chercher à entendre tout témoin utile, notamment les jeunes voisins de Caroline. Ils peuvent également procéder à une mise en présence pour confrontation entre, d'une part, les deux plaignantes et Thomas B. et, d'autre part, Caroline et Richard C..

Notons, s'agissant de l'audition de la victime, que l'article 706-53 du Code de procédure pénale dispose que le mineur victime d'un crime ou d'un délit peut, à sa demande et à tous les stades de la procédure, être accompagné par son représentant légal, la personne majeure de son choix ou un représentant d'une association conventionnée d'aide aux victimes, sauf si un administrateur ad hoc a été désigné ou sur décision contraire motivée prise par l'autorité judiciaire compétente. En l'espèce, l'énoncé mentionne que Juliette est mineure, pour être née le 2 juin 2005, et que sa mère a été invitée à se présenter au commissariat pour assister à l'audition de sa fille en qualité de représentante légale, ce qui montre le respect du cadre légal évoqué.

2. Les mesures de contrainte

En second lieu, il convient de rappeler que, dans le cadre d'une enquête de police, les enquêteurs peuvent avoir recours à plusieurs actes de contrainte.

Ils peuvent ainsi procéder à l'interpellation de l'auteur d'un crime ou d'un délit flagrant puni d'une peine d'emprisonnement, à l'instar de tout particulier (CPP, art. 73). L'interpellation du suspect d'une infraction flagrante peut être opérée, soit au temps de la commission de cette infraction, soit ultérieurement pendant toute la durée de l'enquête de flagrant délit (voir, notamment : Cass. crim., 19 sept. 1990, *Dr. pén.* 1992, chron. n° 26).

Ils peuvent aussi, dans l'enquête de flagrance (article 61 du Code de procédure pénale) comme dans l'enquête préliminaire (CPP, art. 78), appréhender sous la contrainte, sur autorisation préalable du procureur de la République, une personne qui, notamment, n'a pas répondu à une convocation à comparaître ou dont l'on peut craindre qu'elle ne réponde pas à une telle convocation. Lorsqu'un tel ordre de comparution émanant du parquet ne peut être exécuté, faute d'éléments relatifs à la localisation de l'intéressé, il est possible de recourir à un mandat de recherche qui est l'ordre donné à la force publique de rechercher la personne visée dans ledit mandat et de la placer en garde à vue. En effet, conformément aux dispositions des articles 70 (dans l'enquête de flagrance) et 77-4 (dans l'enquête préliminaire) du Code de procédure pénale, si les nécessités de l'enquête portant sur un crime ou un délit puni d'au moins trois ans d'emprisonnement l'exigent, le procureur de la République peut décerner mandat de recherche contre toute personne à l'encontre de laquelle il existe une ou plusieurs raisons plausibles de soupçonner qu'elle a commis ou tenté de commettre l'infraction.

Ces derniers développements nous permettent d'envisager la sous-question suivante.

- L'interpellation de Thomas B. vous paraît-elle conforme aux règles de procédure pénale ? (2 points)

Conformément aux dispositions de l'article 73 du Code de procédure pénale, « dans les cas de crime flagrant ou de délit flagrant puni d'une peine d'emprisonnement, toute personne a qualité pour en appréhender l'auteur et le conduire devant l'officier de police judiciaire le plus proche ».

Or, en l'espèce, comme nous l'avons souligné dans nos développements relatifs au cadre juridique d'enquête, il résulte des informations communiquées par les deux plaignantes et des constats opérés par les enquêteurs que Thomas B. semble être l'auteur d'un délit flagrant faisant encourir une peine d'emprisonnement. Par ailleurs, le recours à cette mesure apparaît nécessaire et proportionné afin de prévenir toute velléité de l'intéressé de se soustraire à l'action de l'autorité judiciaire.

- Les enquêteurs peuvent-ils placer Thomas B. et Richard C. en garde à vue ? (2 points)

Pour répondre à cette question, il y a lieu de distinguer la situation de Thomas B. de celle de Richard C.

C - LA SITUATION DE THOMAS B.

Il y a lieu de se référer aux dispositions de l'article 62-2, alinéa 1er, du Code de procédure pénale aux termes desquelles « la garde à vue est une mesure de contrainte décidée par un officier de police judiciaire, sous le contrôle de l'autorité judiciaire, par laquelle une personne à l'encontre de laquelle il existe une ou plusieurs raisons plausibles de soupçonner qu'elle a commis ou tenté de commettre un crime ou un délit puni d'une peine d'emprisonnement est maintenue à la disposition des enquêteurs ». En l'espèce, comme nous l'avons souligné plus haut, il existe, à l'encontre de Thomas B., plusieurs raisons plausibles de le soupçonner d'avoir commis des faits relevant de la qualification de « voyeurisme », faisant encourir une peine d'emprisonnement, de sorte que le recours à une mesure de garde à vue est possible, sous réserve que celui-ci ait été décidé par un officier de police de judiciaire.

Encore faut-il, toutefois, vérifier que le recours à une telle mesure de contrainte était nécessaire à l'encontre de Thomas B.. À ce propos, il convient d'insister sur la nécessaire motivation du recours à la garde à vue au regard des objectifs énumérés par l'article 62-2 du Code de procédure pénale. Ainsi, aux termes des dispositions de ce texte, la garde à vue « doit constituer l'unique moyen de parvenir à l'un au moins des objectifs suivants :

1° Permettre l'exécution des investigations impliquant la présence ou la participation de la personne ;

2° Garantir la présentation de la personne devant le procureur de la République afin que ce magistrat puisse apprécier la suite à donner à l'enquête ;

3° Empêcher que la personne ne modifie les preuves ou indices matériels ;

4° Empêcher que la personne ne fasse pression sur les témoins ou les victimes ainsi que sur leur famille ou leurs proches ;

5° Empêcher que la personne ne se concerte avec d'autres personnes susceptibles d'être ses coauteurs ou complices ;

6° Garantir la mise en œuvre des mesures destinées à faire cesser le crime ou le délit ».

Amenée à se prononcer sur la portée de ces dispositions, la Chambre criminelle a estimé qu'« il appartient [à la Chambre de l'instruction] de contrôler que la mesure de garde à vue remplit les exigences de l'article 62-2 [du Code de procédure pénale], sachant que, dans l'exercice de ce contrôle, elle a la faculté de relever un autre critère que celui ou ceux mentionnés par l'officier de police judiciaire ». Pour autant, le juge de la légalité de la garde à vue doit se transposer au moment même de la décision de placement et vérifier quels éléments possédaient alors les enquêteurs pour prendre leur décision (Cass. crim., 28 mars 2017, n° 16-85018 et 7 juin 2017, n° 16-87588).

En l'espèce, si les éléments à la disposition des enquêteurs permettaient de considérer que la garde à vue était l'unique moyen de parvenir à l'un des objectifs visés par l'article 62-2 du Code de procédure pénale, alors le placement en garde à vue de Thomas B. est régulier. Sinon, il est irrégulier. À ce propos, il convient de souligner que la réalisation d'un certain nombre d'actes d'investigation, évoqués plus haut, implique la présence de Thomas B., en particulier les perquisitions de son téléphone et de son domicile (CPP, art. 57), ce qui permet déjà de justifier le recours à une mesure de garde à vue à son encontre (CPP, art. 62-2, 1°). Par ailleurs, au vu des données recueillies au cours de l'enquête, le procureur de la République pouvait considérer comme possible, voire vraisemblable, que Thomas B. lui soit déféré, afin, notamment, de mettre en place des mesures destinées à faire cesser les faits infractionnels, de sorte que le recours à la garde à vue apparaît également justifié pour garantir la présentation de l'intéressé au ministère public (CPP, art. 62-2, 2° et 6°).

D - LA SITUATION DE RICHARD C.

S'agissant de Richard C., il résulte de l'énoncé qu'au moment de son identification par Caroline, celui-ci se trouve déjà en garde à vue pour des faits de conduite sous l'empire d'un état alcoolique. Conformément aux dispositions légales énoncées plus haut, à propos de Thomas B., ce placement en garde à vue apparaît régulier puisque Richard C. est suspecté d'être l'auteur d'un délit routier puni d'emprisonnement (C. route, art. L. 234-1) et se trouve menotté dans les locaux de police, ce menottage, qui l'oblige à demeurer à la disposition des enquêteurs, imposant le recours à une garde à vue (CPP, art. 73, al. 2, *a contrario*).

Au-delà des faits routiers, Richard C. peut également être placé en garde à vue du chef d'agression sexuelle « ordinaire » autre qu'un viol commise sur Caroline. En effet, comme nous l'avons souligné plus haut, il existe à son encontre une raison plausible (son identification par Caroline objectivée par le tatouage de tortue sur le cou) d'avoir commis cette infraction punie d'une peine d'emprisonnement. Par ailleurs, comme pour Thomas B., il peut être affirmé que le recours à cette mesure se justifie afin, d'une part, de permettre l'exécution des investigations impliquant la présence ou la participation de l'intéressé, en particulier la perquisition de son domicile, et, d'autre part, de garantir sa présentation devant le procureur de la République.

Pour placer en garde à vue Richard C. du chef de nouveaux faits – ceux commis à l'encontre de Caroline –, l'officier de police judiciaire devra respecter les règles encadrant de telles gardes à vue dites « supplétivées ». En particulier, conformément aux dispositions de l'article 65 du Code de procédure pénale, Richard C. devra être informé de la qualification, de la date et du lieu présumés de la nouvelle infraction qu'il est soupçonné d'avoir commise ou tenté de commettre et de son droit de faire des déclarations, de répondre aux questions qui lui sont posées ou de se taire. Il devra également être averti qu'il a le droit d'être assisté par un avocat conformément aux articles 63-3-1 à 63-4-3 du Code de procédure pénale. Ainsi, conformément à la jurisprudence de la Chambre criminelle de la Cour de cassation, il pourra bénéficier du droit de s'entretenir confidentiellement avec un avocat avant toute audition sur les nouveaux faits (Cass. crim., 2 mars 2021, n° 20-85491). Par ailleurs, afin d'assurer l'effectivité du contrôle opéré par l'autorité judiciaire sur la mesure de garde à vue (CPP, art. 63-I, al. 2), l'officier de police judiciaire devra informer le procureur de la République, dès le début de la garde à vue « supplétivée », tant des soupçons pesant sur l'intéressé que de la qualification susceptible d'être notifiée à celui-ci. L'absence d'un tel avis au parquet fait nécessairement grief aux intérêts de la personne gardée à vue et entraîne la nullité des procès-verbaux de son audition sur les nouveaux faits (Cass. crim., avis du 30 mars 2021, n° 20-86407).

Enfin, notons que le recours à une mesure supplétivée n'a pas pour effet de déclencher un nouveau délai de garde à vue. En effet, lorsque des gardes à vue, concernant des faits distincts, se succèdent immédiatement, la durée cumulée de ces mesures ne saurait excéder la durée maximale prévue pour une garde à vue (Cass. crim., 17 mars 2004, n° 03-87739).

III - Les poursuites (6 points)

- Les infractions relevées justifient-elles la mise en œuvre d'un régime procédural particulier ? (3 points)

S'agissant de la qualification de « voyeurisme », aucun texte ne prévoit la mise en œuvre d'un régime procédural spécifique. En particulier, même si ce délit présente une dimension sexuelle, faute de mention dans la liste des infractions prévue par l'article 706-47 du Code de procédure pénale, il n'y a pas lieu de mettre en œuvre les dispositions relatives à la procédure applicable aux infractions de nature sexuelle (CPP, art. 706-47 et s.). En revanche, il convient de souligner que l'une des victimes de ces faits, Juliette, est mineure, de sorte que sont applicables les dispositions propres à la protection des mineurs victimes, évoquées plus haut, en particulier celles concernant le droit pour le mineur d'être accompagné par son représentant légal et, le cas échéant, par la personne majeure de son choix (CPP, art. 706-53) et celles concernant la désignation, par le procureur de la République, d'un administrateur ad hoc lorsque la protection des intérêts du mineur n'est pas complètement assurée par ses représentants légaux ou par l'un d'entre eux (CPP, art. 706-50).

Quant aux faits d'agression sexuelle « ordinaire » autre qu'un viol, ce délit figure bien dans la liste des infractions prévue par l'article 706-47 du Code de procédure pénale, de sorte que sont applicables les dispositions spécifiques aux infractions de nature sexuelle (CPP, art. 706-47 et s.). En particulier, comme évoqué plus haut, ce régime procédural particulier impose que les personnes poursuivies soient soumises, avant tout jugement au fond, à une expertise médicale, l'expert devant être interrogé sur l'opportunité d'une injonction de soins (CPP, art. 706-47-1, al. 3). Par ailleurs, l'identité des personnes condamnées doit être inscrite dans le fichier judiciaire national automatisé des auteurs d'infractions sexuelles ou violentes, cette inscription imposant à la personne concernée de justifier de son adresse, en principe, tous les ans et de déclarer ses changements d'adresse, dans un délai de quinze jours au plus tard après ce changement (CPP, art. 706-53-1 à 706-53-12).

- Quelles réponses pénales peuvent-elles être mises en œuvre et par qui ? (3 points)

À la suite de la commission d'une infraction, il appartient au parquet de décider de la réponse pénale adéquate. À ce propos, les pouvoirs du procureur de la République diffèrent selon que des investigations demeurent (A), ou non (B), nécessaires, à l'issue de la mesure de garde à vue mise en œuvre à l'égard du suspect.

A - EN L'ABSENCE DE COMPLÉTUDE DES INVESTIGATIONS

Si des investigations demeurent nécessaires, le ministère public pourra envisager de poursuivre l'enquête préliminaire, étant rappelé que l'article 12 du Code de procédure pénale attribue la direction de la police judiciaire au procureur de la République et que l'article 41 du même Code prévoit qu'il lui revient de procéder ou faire procéder à tous les actes nécessaires à la recherche et à la poursuite des infractions à la loi pénale. Mais, le parquet pourra aussi estimer nécessaire d'ouvrir une information judiciaire en saisissant un magistrat instructeur des faits au moyen d'un réquisitoire introductif (CPP, art. 80). En dehors de l'hypothèse de faits criminels, cette voie procédurale peut s'imposer au regard de la nature des investigations à réaliser, de la complexité des faits en cause, mais aussi des mesures de sûreté à mettre en œuvre. Par ailleurs, l'article 397-1-1 du Code de procédure pénale prévoit la possibilité de recourir à la procédure de comparution à délai différé – pour des délits faisant encourir au moins deux ans d'emprisonnement, en enquête préliminaire, ou six mois, en enquête de flagrance –, si le procureur de la République estime qu'il existe contre la personne impliquée des charges suffisantes pour la faire comparaître devant le tribunal correctionnel, mais que l'affaire n'est pas en état d'être jugée parce que n'ont pas encore été obtenus les résultats de réquisitions, d'examens techniques ou médicaux déjà sollicités. Le juge des libertés et de la détention décide alors s'il est nécessaire d'ordonner, jusqu'à l'audience de jugement, un contrôle judiciaire, une assignation à résidence avec surveillance électronique ou, si la peine d'emprisonnement encourue est égale ou supérieure à trois ans, un placement en détention provisoire.

En l'espèce, l'énoncé ne précise pas si, pour les faits de « voyeurisme », la perquisition du domicile de Thomas B. a été réalisée. En outre, les éléments découverts dans le téléphone portable de l'intéressé laissent supposer l'existence d'un grand nombre de victimes pour lesquelles il est possible de supposer, au regard de la récence de la découverte des faits, qu'elles ne sont pas encore identifiées. S'agissant des faits de violences et d'agression sexuelle « ordinaire » autre qu'un viol subis par Caroline, l'énoncé ne mentionne pas la réalisation d'une perquisition au domicile de Richard C., ni la mise en œuvre de réquisitions relatives au « bornage » de son téléphone portable. Par ailleurs, pour l'ensemble des infractions, rien n'est mentionné quant aux examens psychologiques des victimes, pourtant utiles pour évaluer le retentissement des faits, quant à l'examen psychiatrique de Thomas B. et l'expertise psychiatrique, obligatoire, de Richard C.. Aussi, si l'ensemble de ces actes demeuraient à réaliser, une information judiciaire pourrait être ouverte afin de permettre, non seulement la poursuite des investigations susmentionnées, mais aussi la mise en œuvre de mesure de sûreté à l'égard de Thomas B. et de Richard C.. En revanche, s'il ne restait qu'à faire intervenir un psychologue et un psychiatre, le procureur de la République pourrait décider, d'une part, de faire requérir ces professionnels, avant clôture des procès-verbaux d'enquête, pour réaliser ces examens et, d'autre part, de déférer les deux protagonistes pour la mise en œuvre d'une mesure de comparution à délai différé. Cette modalité de poursuite permettrait de placer sous contrôle judiciaire Thomas B. et Richard C., cette mesure apparaissant suffisante à garantir les objectifs prévus par l'article 144 du Code de procédure pénale. Dans ce cadre, il pourrait être requis du juge des libertés et de la détention qu'il fasse interdiction à Thomas B. et à Richard C. de se rendre sur les lieux des infractions, de contacter les plaignantes et de paraître à leur domicile respectif et qu'il les oblige, notamment, à suivre des soins psychologiques, voire psychiatriques.

B - EN PRÉSENCE D'INVESTIGATIONS COMPLÈTES

Si plus aucune investigation n'apparaît nécessaire, à l'issue de la mesure de garde à vue, il convient de faire application des dispositions de l'article 31 du Code de procédure pénale selon lesquelles le ministère public exerce l'action publique et requiert l'application de la loi. Dans cette perspective, l'article 40-1 du Code de procédure pénale précise que le procureur de la République décide, lorsqu'il estime que les faits qui ont été portés à sa connaissance constituent une infraction pour laquelle aucune disposition légale ne fait obstacle à la mise en mouvement de l'action publique, s'il est opportun de classer sans suite la procédure, dès lors que les circonstances le justifient, de mettre en œuvre une procédure alternative aux poursuites, en application des dispositions des articles 41-1 et suivants du même Code, ou d'engager des poursuites. Le procureur de la République prend, notamment, en compte la gravité des faits et du préjudice, la personnalité de l'auteur ainsi que son positionnement et le retentissement des faits sur l'ordre public. Le ministère public est également tenu par les conditions légales d'application des différentes orientations procédurales offertes, telles que l'interdiction des médiations pénales en matière de violences conjugales (CPP, art. 41-1, 5°) ou l'impossibilité de réaliser une composition pénale en présence d'un délit puni d'une peine d'emprisonnement excédant cinq ans (CPP, art. 41-2).

En l'espèce, le procureur de la République exclura nécessairement le classement sans suite et les alternatives aux poursuites en raison, pour les faits subis par Caroline, de la nature et de la gravité de ces faits ainsi que de leur répercussion pour la plaignante et, pour les faits de « voyeurisme », de leur répétition sur une longue période. En outre, il n'est pas envisageable de recourir à une comparution sur reconnaissance préalable de culpabilité, sans ou avec déferement, à défaut de mention dans l'énoncé d'une reconnaissance de culpabilité par les mis en cause (articles 495-7 et suivants du Code de procédure pénale). La nécessité de mettre en œuvre une mesure de sûreté, en particulier pour éviter toute réitération des faits, imposera, par ailleurs, au procureur de la République d'écarter la convocation par officier de police judiciaire ou la citation devant le tribunal correctionnel qui ne permettent pas le recours à de telles mesures de sûreté.

Aussi, il restera au ministère public la possibilité de faire déférer nos deux protagonistes en vue d'une convocation par procès-verbal (CPP, art. 394) ou d'une audience de comparution immédiate (CPP, art. 395 et s.). En cas de convocation par procès-verbal, la personne est convoquée pour être jugée dans un délai allant de dix jours à six mois. Dans l'intervalle, le juge des libertés et de la détention peut être saisi pour que soit décidé, à l'égard du prévenu, un placement sous contrôle judiciaire ou sous assignation à résidence sous surveillance électronique. En cas de comparution immédiate, outre ces mesures de sûreté, peut également être requis un placement en détention provisoire en cas d'impossibilité pour le tribunal correctionnel de se réunir le jour même (CPP, art. 396) ou en cas de renvoi (CPP, art. 397-3). En l'espèce, conformément à ce qui a été développé plus haut, le placement sous contrôle judiciaire des mis en cause apparaît suffisant, avec les mêmes interdictions et obligations que celles précédemment évoquées, de sorte que le recours à une convocation par procès-verbal est à privilégier.

Notons qu'à côté des prérogatives dont dispose le ministère public, les plaignantes, en tant que victimes directes et personnelles, peuvent exercer l'action civile devant les juridictions répressives aux fins d'obtenir indemnisation de leurs préjudices (CPP, art. 2). Cette action civile peut s'exercer par voie d'intervention, à la suite des poursuites pénales initialement exercées par le ministère public, ou par voie d'action. Dans ce dernier cas, l'exercice de l'action civile devant le juge répressif a pour effet de déclencher l'action publique. S'agissant des préjudices subis par Juliette, qui est mineure, l'action civile ne peut être exercée que par son représentant légal, sachant que l'énoncé évoque la présence de sa mère pendant son audition par les services enquêteurs. Sa mère peut également se constituer partie civile sur le fondement de ses propres préjudices, en particulier le préjudice moral consistant à voir sa fille souffrir des conséquences de l'infraction pénale dont elle a été victime (Cass. crim., 9 févr. 1989 n° 87-81359 et 26 févr. 2020, n° 19-82119).

Pour finir, une fois saisi, selon l'une des modalités évoquées plus haut, le tribunal correctionnel devra se prononcer sur l'innocence ou la culpabilité des prévenus, selon son intime conviction (CPP, art. 427, al. 1er). En cas de culpabilité, le tribunal correctionnel se prononcera sur les peines, sachant que celles-ci doivent être déterminées, dans le double objectif de sanctionner l'auteur de l'infraction et de favoriser son amendement, son insertion ou sa réinsertion (C. pén., art. 130-1), en prenant en compte les circonstances de l'infraction, la personnalité de son auteur ainsi que sa situation matérielle, familiale et sociale (C. pén., art. 132-1). Le tribunal correctionnel devra également se prononcer sur les éventuelles demandes de dommages-intérêts, sachant qu'il est alors tenu par le principe de réparation intégrale des préjudices subis par la victime. Sur l'ensemble de ces questions – culpabilité, répression et intérêts civils –, le tribunal correctionnel est tenu de motiver sa décision (CPP, art. 485 et 485-1).

QUESTIONS DE DROIT PUBLIC

Question 1 - L'acte administratif est-il contrôlable ?

Par une décision du 23 janvier 1987, le Conseil constitutionnel a consacré, au nom des principes fondamentaux reconnus par les lois de la République, la compétence de la juridiction administrative pour l'annulation et la réformation des décisions prises par le pouvoir exécutif, dans l'exercice de ses prérogatives de puissance publique. Si cette décision rappelle que seul le juge administratif est en principe compétent pour statuer sur la légalité d'un acte administratif, celle-ci ne concerne que le contentieux de l'annulation et ne témoigne pas de la variété des contrôles de l'acte administratif.

L'acte administratif renvoie aux différents actes pris par l'administration à l'égard des administrés ou des tiers. Pris dans son acception la plus commune, l'acte administratif renvoie à l'acte administratif unilatéral par lequel l'administration va modifier l'ordonnancement juridique par une décision qui va s'imposer unilatéralement à ses destinataires. Ce mode d'action de l'administration, qu'il soit de portée réglementaire ou individuel, est soumis au principe de légalité. Partant, l'acte administratif ne saurait être soustrait au respect de la règle de droit telle qu'elle est organisée par la hiérarchie des normes.

Cette application de la règle de droit à l'acte administratif s'est construite progressivement à mesure qu'une jurisprudence administrative s'affirmait pour encadrer l'action de l'administration. Elle est notamment garantie par le recours pour excès de pouvoir qui a été érigé en principe général du droit (CE, 1950, *Dame Lamotte*). Il est ainsi impossible pour l'auteur d'un acte administratif d'écarter l'exercice du droit d'exercer un recours. Ainsi, chaque justiciable bénéficie d'un droit à un recours juridictionnel effectif contre un acte administratif qui est garanti tant par le droit international (CESDH, art. 13) que par la Constitution (CE avis, 2009, *Khan*).

Alors que le principe de légalité et le droit à un recours bénéficient du plus haut degré de protection dans l'ordre juridique français, interroger le caractère contrôlable de l'acte administratif laisse supposer que certains actes échappent à ce contrôle ou que ce contrôle n'est pas limité à une issue contentieuse devant le juge administratif. Ce faisant, il ne s'agit ni de s'interroger sur le contrôle des autres modalités d'action de l'administration comme les contrats administratifs, ni sur les conséquences des éventuelles fautes commises par l'administration dans l'exercice de ses pouvoirs.

Ainsi, questionner le caractère contrôlable de l'acte administratif comprend tant l'étude des recours contre les actes administratifs, voire l'absence de contrôle de certains d'entre eux et l'analyse des différentes modalités par lesquelles un acte administratif va être soumis à la règle de droit, par d'autres formes de contrôles de type administratif ou politique. Partant, il s'agit ainsi de s'interroger davantage sur les formes de contrôles de l'acte administratif afin d'en approfondir les modalités et de vérifier si ceux-ci font l'objet d'adaptations.

Si le contrôle traditionnel de l'acte administratif apparaît efficace (I), le contrôle du juge administratif s'est adapté (II).

I - Un contrôle de l'acte administratif effectif

Si le contrôle des actes administratifs par le juge administratif n'a cessé de se renforcer (A), il n'est pas le seul à intervenir dans ce contrôle (B).

A - LE RENFORCEMENT DU CONTRÔLE DU JUGE ADMINISTRATIF

Le contrôle du juge administratif sur les actes administratifs n'a cessé de s'élargir au cours des dernières décennies. Certains actes, longtemps insusceptibles de recours, peuvent désormais faire l'objet d'un recours en excès de pouvoir devant le juge administratif.

Ainsi, historiquement, le juge était réticent à s'insérer dans des relations entre l'administration et certains de ses administrés, placés dans une situation de subordination (fonctionnaires, élèves, détenus). Ces actes, dénommés mesures d'ordre intérieur, échappaient alors à tout contrôle juridictionnel (CE, 1984, *Caillol* : placement d'un détenu en quartier de sécurité).

Toutefois, le Conseil d'État a progressivement ouvert son prétoire, en opérant un équilibre entre les nécessités de garantir un certain ordre public et la garantie des droits fondamentaux de ces administrés. Ont ainsi été considérés comme recevables les recours dirigés contre un refus de passage en classe supérieure (CE, 1949, *Andrade*), un règlement intérieur d'un collège interdisant le port de signes religieux (CE, 1992, *Kherouaa*), une sanction infligée à un militaire (CE, 1995, *Hardouin*) et à un détenu (CE, 1995, *Marie*), ou encore une mesure de placement à l'isolement (CE, 1998, *Remli*).

En outre, l'élargissement des actes susceptibles de contrôle s'est accompagné de l'approfondissement du contrôle du juge sur ces mêmes actes. Le Conseil d'État est passé d'un contrôle restreint à un contrôle normal de la qualification juridique des faits dans des matières telles que la discipline des fonctionnaires (2013, *Dahan*), la révocation d'un maire par décret du président de la République (2010, *Dalongeville*) ou le pouvoir disciplinaire des fédérations sportives (2010, *Fédération française d'athlétisme*). Le contrôle du juge s'est encore approfondi avec le passage de l'excès de pouvoir au recours de pleine juridiction. Au-delà de la simple annulation, la décision attaquée peut faire l'objet d'une modulation par le juge (CE, 2009, *Société Atom*).

Enfin, le Conseil d'État a accepté de contrôler les actes dits de droit souple. D'une part, les documents émis par l'administration, et à destination de ses agents, peuvent faire l'objet d'un recours pour excès de pouvoir. Le Conseil d'État a d'abord limité son contrôle aux circulaires de caractère réglementaire (1954, *Notre-Dame du Kreisker*), puis a ouvert son prétoire aux dispositions impératives à caractère général d'une circulaire, dès lors qu'elles font grief (2002, *Duvignères*). D'autre part, le contrôle du juge s'est étoffé corrélativement au développement des actes de droit souple des autorités de régulation. Après avoir considéré que certaines prises de position de ces autorités à l'égard des tiers étaient impératives et donc susceptibles de recours (2007, *Société Éditions Tissot*), et que leurs actes non décisoires acquéraient cette qualité lorsque leur méconnaissance était sanctionnée (2011, *FORMINDEP*), le Conseil d'État a uniformisé sa jurisprudence en admettant la recevabilité des recours dirigés contre les actes des autorités de régulation lorsqu'ils sont de nature à produire des effets notables, ou qu'ils ont pour effet d'influer de manière significative sur les comportements des destinataires (2016, *Fairvesta International GMBH* et *Société NC Numericable*). Ces deux courants jurisprudentiels ont été uniformisés par la décision *Gisti* du 12 mars 2020, aux termes de laquelle les documents de portée générale émanant d'autorités publiques peuvent être déférés au juge de l'excès de pouvoir lorsqu'ils sont susceptibles d'avoir des effets notables sur les droits ou la situation d'autres personnes que les agents chargés de les mettre en œuvre, tels que ceux ayant un caractère impératif ou présentant le caractère de lignes directrices.

B - UN CONTRÔLE PAR D'AUTRES ORGANES

En premier lieu, le juge judiciaire dispose d'une compétence en matière de contrôle des actes administratifs. Aux termes de l'article 111-5 du Code pénal, les juridictions pénales sont compétentes pour interpréter les actes administratifs, réglementaires ou individuels et pour en apprécier la légalité lorsque la solution du procès qui leur est soumis en dépend. Quant au juge civil, il lui appartient de poser une question préjudicielle au juge administratif (T. confl., 1923, *Septfonds*), sauf s'il apparaît manifestement, au vu d'une jurisprudence établie, que la contestation peut être accueillie par le juge saisi au principal (T. confl., 2011, *SCEA du Chéneau*).

En deuxième lieu, la conformité d'un acte administratif au droit de l'Union européenne (UE) peut être appréciée par la Cour de justice de l'UE (CJUE). L'article 258 du Traité sur le fonctionnement de l'UE instaure le recours en manquement, qui vise à faire constater, par la CJUE, l'existence d'une violation du droit de l'UE.

Par ailleurs, les juridictions ne sont pas les seules compétentes pour contrôler les actes administratifs. La première autorité à pouvoir contrôler un acte administratif est l'administration elle-même. Toute décision peut faire l'objet d'un recours gracieux ou hiérarchique, qui prorogera le délai de recours s'il est formé dans le délai imparti pour introduire un recours contentieux (CE, 1964, *Centre médico-pédagogique de Beaulieu* ; CRPA, art. L. 411-2). Dans certains cas, le recours préalable est obligatoire et la décision prise par l'administration se substituera alors à la décision initiale (CRPA, art. L. 412-7).

En outre, les modes alternatifs de règlement des litiges se sont largement développés ces dernières années. Le Code de justice administrative prévoit qu'une médiation peut être mise en place, à l'initiative des parties (art. L. 213-5) ou du juge (art. L. 213-7). L'accord issu de la médiation peut être homologué par le juge (art. L. 213-4). La médiation est même devenue obligatoire pour certains litiges sociaux et en matière de fonction publique (D. n° 2022-433, 25 mars 2022).

Enfin, le Parlement dispose d'un droit de regard sur les actes administratifs, et plus particulièrement sur les actes pris par le gouvernement. L'article 24 de la Constitution prévoit que le Parlement « *contrôle l'action du gouvernement* ». L'article 51-2 instaure les commissions d'enquête dans chaque assemblée. Celles-ci peuvent auditionner toute personne dont elles jugent l'audition utile, et peuvent exercer un contrôle sur pièces et sur place. S'agissant des actes pris par le président de la République, la révision constitutionnelle de 2008 a ajouté un dernier alinéa à l'article 13, en vertu duquel la nomination à certains emplois doit être précédée d'un avis public des commissions parlementaires compétentes (nominations au Conseil constitutionnel et au Conseil supérieur de la magistrature par exemple).

II - Un contrôle de l'acte administratif adapté

Le contrôle des actes par le juge administratif a évolué sous de nouvelles formes (A), tout en restreignant sa compétence aux actes de nature administrative soumis au principe de légalité (B).

A - DE NOUVELLES FORMES DE CONTRÔLE DU JUGE ADMINISTRATIF

L'office du juge administratif, en matière de contrôle des actes, a longtemps été limité à la dualité annulation/rejet de la requête en matière d'excès de pouvoir. En effet, le juge statuant sur la légalité de la décision à la date à laquelle elle a été prise, il ne pouvait que constater son illégalité et l'annuler, ou rejeter la demande. Mais peu à peu, l'office du juge a été élargi dans un objectif de sécurité juridique et de meilleure administration de la justice.

D'une part, toute illégalité ne conduit plus nécessairement à l'annulation de la décision attaquée. Ainsi, un vice affectant le déroulement d'une procédure administrative préalable n'est de nature à entacher d'illégalité la décision prise que s'il ressort des pièces du dossier qu'il a été susceptible d'exercer une influence sur le sens de la décision prise ou qu'il a privé les intéressés d'une garantie (CE, 2011, Danthony). Par ailleurs, lorsque le juge constate que l'acte attaqué aurait pu être pris sur le fondement d'un autre texte que celui dont la méconnaissance est invoquée, il peut substituer ce fondement à celui qui a servi de base légale à la décision attaquée (CE, 2003, *El Bahi*). De même, lorsque la décision attaquée est fondée sur plusieurs motifs, le juge peut neutraliser les motifs illégaux dès lors que l'administration aurait pris la même décision en ne se fondant que sur les motifs légaux de l'acte (CE, 1968, *Dame Perrot*). Au surplus, l'administration peut faire valoir, devant le juge de l'excès de pouvoir, que la décision attaquée est légalement justifiée par un motif autre que celui initialement indiqué (CE, 2004, *Hallal*). Le Conseil d'État a même récemment considéré que lorsque le juge apprécie la portée des écritures de l'administration en défense, il peut la regarder comme faisant valoir un autre motif que celui ayant initialement fondé la décision en litige, sans qu'une demande expresse de substitution de motifs soit nécessaire (CE, 2021, *Commune de Rémire-Montjoly*).

D'autre part, lorsque le juge prononce l'annulation d'un acte, celui-ci est réputé n'être jamais intervenu. Toutefois, pour éviter les effets négatifs de cette annulation, le juge peut en différer l'intervention. Ainsi, si l'annulation rétroactive est de nature à emporter des conséquences manifestement excessives, il peut déroger au principe de l'effet rétroactif des annulations contentieuses et prévoir que cette annulation ne prendra effet qu'à une date ultérieure (CE, 2004, *Association AC !*). Lorsqu'il est saisi de conclusions à fin d'abrogation d'un acte au motif d'une illégalité résultant d'un changement de circonstances de droit ou de fait postérieur à son édiction, le juge peut en prononcer l'abrogation. Il statue alors au regard des règles applicables à la date à laquelle il se prononce (CE, 2021, *Association ELENA*).

Enfin, pour éviter une annulation totale, l'article L. 600-5 du Code de l'urbanisme permet d'annuler partiellement un permis de construire, et l'article L. 600-5-1 du même code permet à l'administration de régulariser ce permis dans le délai fixé par le juge.

B - UN CONTRÔLE QUI RESTE LIMITÉ AUX ACTES DE NATURE ADMINISTRATIVE SOUMIS AU PRINCIPE DE LÉGALITÉ

Malgré l'approfondissement du contrôle opéré par le juge administratif, et la réduction des décisions insusceptibles de recours, il demeure des actes qui ne peuvent être déférés devant une juridiction.

Ainsi, si le champ des actes de gouvernement n'a cessé de se réduire, ceux-ci continuent à bénéficier d'une immunité juridictionnelle car ils relèvent des relations entre organes politiques, et ne concernent pas le pouvoir exécutif. D'une part, il s'agit de certains actes du président de la République relevant de ses pouvoirs propres, tels que la décision de mettre en œuvre l'article 16 de la Constitution (CE, 1962, Rubin de Servens), de soumettre au référendum un projet de loi (CE, 1962, Brocas) ou de dissoudre l'Assemblée de la Polynésie française (CE, 2005, *Temaru*).

D'autre part, le juge refuse de s'immiscer dans les relations diplomatiques entre la France et les États étrangers. Ainsi, ont été considérés comme des actes de gouvernement le refus de ratifier un accord international (CE, 1970, *de Malglaive*) ou encore la mesure d'interdiction d'inscription d'étudiants irakiens à l'université (CE, 1992, *GISTI et MRAP*).

Par ailleurs, lorsque l'administration dispose d'un large pouvoir discrétionnaire, le contrôle du juge sur la qualification des faits demeure restreint, voire inexistant. Seule sera sanctionnée l'erreur manifeste d'appréciation d'une nomination dans la fonction publique au tour extérieur (CE, 1988, *Association* générale *des administrateurs civils c/ Dupavillon*), ou de la décision par laquelle le préfet autorise la création d'une communauté de communes (CE, 2005, *Ministre de l'Intérieure c/ commune de Saint-Syr-en-Val*). Aucun contrôle ne sera porté par le juge sur l'appréciation portée par le jury d'un examen sur la valeur d'une copie (CE, 1987, *Gambus*), ni le bénéfice d'une amnistie accordée par le président de la République (CE, 1986, *Legrand*).

Question n° 2 : Le Parlement peut-il contrôler le président de la République ?

L'existence d'un contrôle parlementaire constitue une garantie de l'État de droit. Cela permet aux représentants de la Nation d'imposer au pouvoir exécutif de rendre des comptes sur son action. Toutefois, si l'article 24 de la Constitution précise que le Parlement contrôle l'action du gouvernement, aucune disposition similaire ne concerne le président de la République.

L'avènement de la Ve République en 1958 avait pour but de rechercher une stabilité gouvernementale qui avait fait défaut sous le précédent régime. Ainsi, le Parlement se voit rationalisé : responsabilité du gouvernement devant l'Assemblée nationale (Const. art. 49), délimitation du domaine de la loi et du règlement (art. 34 et 37) ou encore contrôle de constitutionnalité de la loi (art. 61 et s.).

Pour autant, cette stabilité n'a pu être obtenue que par un affaiblissement du pouvoir législatif au profit de l'exécutif. Si la révision constitutionnelle du 23 juillet 2008 a introduit plusieurs mécanismes visant à renforcer le Parlement, elle n'a pas fait disparaître la présidentialisation du régime.

En effet, le président de la République jouit d'une certaine irresponsabilité, à la fois politique et juridique. Élu au suffrage universel direct, sa seule responsabilité serait ainsi devant le peuple. En outre, il dispose de pouvoirs importants vis-à-vis du Parlement : nouvelle délibération de la loi ou de certains de ses articles (art. 10), dissolution de l'Assemblée nationale (art. 12) ou ouverture et clôture des sessions extraordinaires du Parlement (art. 30). À l'inverse, le Président n'apparaît pas responsable devant le Parlement.

Pour autant, parler d'une totale irresponsabilité du Président au regard du Parlement serait erroné. En effet, il existe des mécanismes de contrôle tant directs (I) qu'indirects (II) du Président.

I - Le contrôle direct du Parlement sur le président de la République

Le Président peut être destitué par la haute cour (A). Mais il existe également des procédures de contrôle de nature politique (B).

A - LA RESPONSABILITÉ DU PRÉSIDENT DE LA RÉPUBLIQUE DEVANT LA HAUTE COUR

Depuis la réforme constitutionnelle du 23 février 2007, l'article 67 de la Constitution dispose que le président de la République n'est pas responsable des actes accomplis en cette qualité. En outre, il ne peut être traduit devant aucune juridiction pendant la durée de son mandat.

Toutefois, cette irresponsabilité pénale connaît deux tempéraments : la compétence de la Cour pénale internationale pour crimes contre l'humanité (Const., art. 53-2), et la procédure de destitution prévue par l'article 68.

En cas de manquement manifestement incompatible avec l'exercice du mandat présidentiel, la destitution peut être prononcée par le Parlement constitué en haute cour. La nature du manquement n'est pas précisée par la Constitution : il pourrait ainsi s'agir tant d'une infraction pénale que d'un évènement de nature politique. L'appréciation est laissée au Parlement. La proposition de résolution doit être signée par au moins un dixième des membres d'une assemblée. Une fois celle-ci adoptée par les deux assemblées, une commission diligentera une enquête. La décision de destitution est prise à la majorité des deux tiers par la haute cour. En cas de destitution, une nouvelle élection présidentielle sera organisée.

Une destitution a été tentée en 2016 contre le président François Hollande suite à la parution d'un livre rapportant certains de ses propos. Mais la proposition a été rejetée comme irrecevable au motif que ces agissements n'étaient pas de nature à caractériser un manquement au sens du premier alinéa de l'article 68 de la Constitution.

B - DES PROCÉDURES DE CONTRÔLE DE NATURE POLITIQUE

Bien que la Constitution ne prévoit pas de mécanismes de contrôle directs, il apparaît que le président de la République ne peut agir sans le soutien du Parlement. Ainsi, plusieurs décisions présidentielles nécessitent l'accord du Parlement.

S'agissant des nominations, le dernier alinéa de l'article 13 de la Constitution précise que la nomination à certains emplois par le Président nécessite un avis positif de la commission permanente compétente de chaque assemblée. Introduite par la réforme constitutionnelle de 2008, cette procédure concerne une cinquantaine d'emplois à hautes responsabilités, parmi lesquels les nominations au Conseil constitutionnel et au Conseil supérieur de la magistrature, ou encore celle du Défenseur des droits.

Par ailleurs, si le président de la République peut seul faire usage des pouvoirs de l'article 16 de la Constitution, son prolongement ne peut se faire sans l'accord du Parlement. Certaines mesures sont prévues pour protéger le Parlement (interdiction de dissoudre l'Assemblée nationale). Au terme d'un délai de trente jours d'exercice des pouvoirs exceptionnels, le président de chaque assemblée, soixante députés ou sénateurs peuvent saisir le Conseil constitutionnel pour qu'il se prononce sur l'application de l'article 16. Et au-delà de soixante jours, le contrôle du Conseil devient obligatoire.

S'agissant de la déclaration de guerre et de l'intervention des forces armées à l'étranger, celles-ci doivent être autorisées par le Parlement (art. 35). Quant à l'état de siège, s'il est décrété en conseil des ministres, sa prorogation au-delà de douze jours ne peut être autorisée que par le Parlement (art. 36).

Enfin, la fonction première du Parlement est de voter la loi (art. 24). À cet égard, les traités les plus importants (qui engagent les finances de l'État, ou qui échangent ou adjoignent un territoire), ne peuvent être ratifiés ou approuvés qu'en vertu d'une loi (art. 53). Si, aux termes de l'article 52, le Président négocie et ratifie l'ensemble des traités, l'accord du Parlement est indispensable pour que ces textes soient applicables en droit interne. Le Conseil d'État est compétent pour annuler un décret publiant un accord international au motif qu'il aurait dû être soumis au Parlement (CE, 5 mars 2003). S'agissant des révisions de la Constitution, l'article 89 prévoit que l'initiative appartient concurremment au président de la République et aux membres du Parlement. La proposition de révision doit être votée par les deux assemblées. Elle est ensuite soit soumise au référendum, soit approuvée aux trois cinquièmes des suffrages exprimés par le Parlement réuni en Congrès (art. 89).

II - Un contrôle indirect du Parlement sur le président de la République à travers le contrôle sur le gouvernement lors d'un fait majoritaire

La réforme du septennat et l'institution d'un mandat présidentiel de cinq ans par la révision constitutionnelle du 2 octobre 2000 a abouti à la coïncidence des mandats du Président et des députés. Cela aboutit à une concordance de majorité entre le Président et l'Assemblée, et accentue de fait la présidentialisation du régime : le Président est le chef de l'exécutif. Par conséquent, le contrôle du Parlement sur le Président s'exerce indirectement à travers un contrôle sur le gouvernement par l'Assemblée nationale (A), le Conseil constitutionnel et les commissions parlementaires d'enquête (B).

A - LA RESPONSABILITÉ DU GOUVERNEMENT DEVANT L'ASSEMBLÉE NATIONALE

En vertu de l'article 8 de la Constitution, le Premier ministre est nommé par le président de la République. S'il est issu de la majorité politique de l'Assemblée nationale, la pratique montre en réalité que le Président apparaît comme prédominant au sein du pouvoir exécutif. Depuis Nicolas Sarkozy, les présidents ont pris l'habitude de prendre position dans des domaines relevant du gouvernement, et d'adresser des lettres de mission aux membres du gouvernement. Par conséquent, lorsque le Parlement exerce un contrôle sur le gouvernement, c'est indirectement le chef de l'État qui est visé.

D'une part, l'article 24 de la Constitution prévoit que le Parlement contrôle l'action du gouvernement. L'article 49 prévoit trois procédures de mises en cause du gouvernement devant l'Assemblée nationale. Le Premier ministre peut engager la responsabilité du gouvernement sur son programme ou une déclaration de politique générale (alinéa 1er). Une motion de censure peut être déposée à l'initiative d'au moins un dixième des députés (alinéa 2). Pour être adoptée, elle doit être votée par la majorité absolue des membres de l'Assemblée. Une seule motion de censure a été adoptée en 1962, entraînant la démission du gouvernement Pompidou (art. 50). Enfin, le Premier ministre peut engager la responsabilité du gouvernement sur le vote d'un texte en discussion devant l'Assemblée nationale (alinéa 3). Il peut s'agir d'un projet de loi de finances ou de financement de la sécurité sociale, ou tout autre projet ou proposition de loi par session depuis la révision constitutionnelle de 2008. Si dans un délai de vingt-quatre heures, aucune motion de censure n'est déposée, le texte est considéré comme adopté. Sinon, il est discuté et voté dans les mêmes conditions que celles prévues par l'alinéa 2. Précisons que tout comme la question de confiance de l'alinéa 1er, l'engagement de la responsabilité ne peut intervenir qu'après une délibération en conseil des ministres.

D'autre part, la responsabilité pénale des membres du gouvernement peut être engagée devant la Cour de justice de la République (art. 68-1 à 68-3). Celle-ci est compétente pour juger les ministres des actes, qualifiés de crimes ou délits, accomplis dans l'exercice de leurs fonctions. Sa composition souligne l'importance accordée au Parlement : six députés et six sénateurs, sur un total de quinze juges.

B - LE CONTRÔLE PAR LE CONSEIL CONSTITUTIONNEL ET LES COMMISSIONS PARLEMENTAIRES D'ENQUÊTE

À travers le contrôle de constitutionnalité des lois ordinaires, les parlementaires exercent une forme de contrôle de l'activité d'initiative des lois du gouvernement. Depuis la réforme constitutionnelle de 1974, le Conseil constitutionnel peut être saisi par soixante députés ou soixante sénateurs sur la conformité d'une loi à la Constitution (art. 61). Une loi déclarée non conforme à la Constitution ne peut pas être promulguée. Dans les mêmes conditions, le Conseil constitutionnel peut être saisi pour contrôler la conformité d'un traité à la Constitution (art. 54).

Enfin, les commissions d'enquête des assemblées disposent d'un pouvoir croissant, notamment par la dimension publique de leurs enquêtes. Instituées par l'article 51-2 de la Constitution, elles relèvent exclusivement d'une initiative parlementaire, mais surtout un groupe d'opposition ou minoritaire peut demander la création d'une commission. Leur composition reproduit la configuration politique de chaque assemblée. S'agissant de leurs prérogatives, elles ont un droit de citation directe. Les personnes désignées sont tenues de déférer à la convocation délivrée, sous peine de sanctions pénales. En outre, leurs auditions peuvent être publiques, notamment par retransmission télévisée. Les rapporteurs disposent de larges pouvoirs en matière de contrôle sur pièces et sur place. La commission remet un rapport au président de l'Assemblée nationale. Sa mention en est faite au Journal officiel et il peut être publié. Un débat sans vote en séance publique peut également être organisé. Bien que ces commissions n'aient pas de pouvoir judiciaire, elles peuvent contribuer à mettre en lumière des dysfonctionnements de l'activité gouvernementale, et donc indirectement du Président en cas de fait majoritaire. Ainsi, l'affaire *Cahuzac* a donné lieu à la création d'une commission d'enquête à l'Assemblée nationale en 2013. Plus récemment, une commission du Sénat a été chargée d'enquêter sur l'influence des cabinets de conseil privés sur les politiques publiques. Cette commission a été créée en 2021 à la suite de révélations sur le recours au cabinet McKinsey.

NOTE DE SYNTHÈSE

LA JUSTICE RESTAURATIVE ET LA JUSTICE PÉNALE

J 22 1298

PREMIER CONCOURS D'ACCÈS

À L'ÉCOLE NATIONALE DE LA MAGISTRATURE

SESSION 2022

Jeudi 2 juin 2022

Quatrième épreuve d'admissibilité : 5h (coefficient 3)

NOTE DE SYNTHÈSE À PARTIR DE DOCUMENTS SE RAPPORTANT À DES PROBLÈMES JUDICIAIRES, JURIDIQUES OU ADMINISTRATIFS

Rédigez, à partir des documents joints, une note de synthèse de quatre pages environ sur la justice restaurative et la justice pénale.

Liste de documents :

Document n° 1 : « Justice restaurative et justice pénale » par Christophe BEAL - Collège international de philosophie n° 93 - 2018 Christophe Béal

Document n° 2 : Extraits du répertoire Dalloz de droit pénal et de procédure pénale - « Justice restaurative »

Document n° 3 : « Justice restaurative : un dispositif encore trop peu utilisé » Dalloz actualité du 12 juin 2019

Document n° 4 : « Justice restaurative : la réparation les yeux dans les yeux » Dalloz actualité du 30 juillet 2018

Document n° 5 : « La justice restaurative en France, des normes et leurs dévoiements » AJ Pénal 2021 par Robert CARIO, professeur émérite de criminologie à l'université de Pau et des pays de l'Adour

Document n° 6 : « Justice restaurative en France, de la loi à la pratique » publié dans Le Monde du Droit le 29 juin 2020

Document n° 7 : Circulaire du garde des Sceaux Jean-Jacques URVOAS en date du 15 mars 2017 relative la mise en œuvre de la justice restaurative suite à la parution de la loi du 15 août 2014

Document n° 8 : Dépêche du garde des Sceaux du 26 février 2021 relative au traitement des infraction sexuelles susceptibles d'être prescrites

Document n° 9 : « Justice restaurative : "il fallait informer et rassurer les magistrats" » Dalloz actualité du 21 mars 2017

Document n° 10 : Article du journal Rue89Bordeaux publié le 2 septembre 2021 « Justice restaurative : à Bordeaux des parrainages pour panser les peines »

Document n° 11 : Article du journal Ouest-France du 8 février 2022 « Dialogue entre la victime et l'auteur : quand la justice de Saint-Nazaire veut réparer par les mots »

<u>Document n° 1</u> : « Justice restaurative et justice pénale » par Christophe BEAL - Collège international de philosophie n°93 - 2018 Christophe Béal

En France, la justice restaurative a été officiellement reconnue et institutionnalisée par la loi du 15 août 2014 dont l'article 8 stipule qu'à tous les stades de la procédure pénale, la victime et l'auteur d'infraction peuvent se voir proposer, sous réserve que les faits soient reconnus, une mesure de justice restaurative. Il faut entendre par là « toute mesure permettant à une victime ainsi qu'à l'auteur d'une infraction de participer activement à la résolution des difficultés résultant de l'infraction, et notamment des préjudices de toute nature résultant de sa commission ». La France rejoint ainsi les nombreux pays qui, depuis plusieurs années, ont mis en place divers programmes de justice restaurative, introduisant ainsi une manière de traiter les infractions qui rompt avec les pratiques ordinaires de la justice pénale et privilégie des modes alternatifs de régulation des conflits. Ces dispositifs de justice restaurative peuvent prendre des formes très variées : médiations entre victimes et auteurs d'infraction, conférences, cercles de sentence, rencontres victimes-condamnés au stade postsentenciel, cercles de soutien ou d'accompagnement...

La justice restaurative a pu apparaître, pour ses fondateurs, comme une alternative à la justice pénale classique et comme un nouveau paradigme qui, pour reprendre l'expression d'Howard Zehr, nous oblige à « changer d'optique », à modifier notre regard sur les infractions et sur la façon de les traiter. Les délits ne sont plus considérés uniquement comme des transgressions de la loi faisant l'objet de sanctions légales imposées par l'autorité publique mais plutôt comme des conflits dont les répercussions personnelles doivent être réparées en prenant en considération les besoins et les intérêts des personnes concernées. La priorité n'est pas de punir, d'infliger un traitement afflictif, mais de remédier aux dommages subis par les victimes, de les aider à surmonter leur vulnérabilité, de reconstituer le lien social, en bref, de rétablir tout ce que le délit est venu altérer. La justice restaurative ne doit pas être appréhendée comme une nouvelle théorie de la peine mais comme une théorie de la justice fondée sur des principes et des valeurs que le système pénal a longtemps ignorés ou minimisés en se préoccupant principalement du traitement infligé au délinquant. La difficulté est alors de penser la place de ces programmes de justice restaurative au sein de l'institution pénale, de déterminer comment ils peuvent s'articuler avec les sanctions pénales. Autrement dit, au regard des principes de justice restaurative, la peine a-t-elle encore un sens et quel peut être son sens ? La justice restaurative est-elle seulement destinée à compléter l'arsenal répressif afin d'introduire une composante réparatrice et de répondre aux attentes des victimes, ou bien implique-t-elle une transformation profonde de la justice pénale ?

L'idée de justice restaurative semble traversée par un paradoxe. D'un côté, on la présente comme une autre justice, comme un nouveau paradigme qui rompt avec les théories classiques de la peine, mais, d'un autre côté, on a tendance à la réduire à des dispositifs qui semblent venir seulement se greffer aux réponses pénales existantes. Paradoxe que l'on retrouve parfois dans certains textes officiels. Ainsi le *Manuel sur les programmes de justice réparatrice*, élaboré par l'Office des Nations Unies contre la Drogue et le Crime affirme à la fois que la justice restaurative constitue « une *alternative* viable au système de justice pénale officiel et à ses effets stigmatisants » et « une méthode utilisable *parallèlement* aux procédures et aux sanctions pénales traditionnelles ». Le texte met en avant le caractère alternatif des programmes de justice restaurative tout en précisant « qu'ils complètent davantage qu'ils ne remplacent le système de justice pénale ». Face à un tel paradoxe qui revient de manière récurrente lorsqu'on aborde l'institutionnalisation de la justice restaurative, il nous paraît essentiel d'examiner les différentes hypothèses qui peuvent être avancées pour penser les liens entre justice restaurative et justice pénale.

Tournez la page S.V.P.

1 – La justice restaurative : un nouveau paradigme ?

La réflexion théorique sur la justice restaurative est loin d'être homogene. Néanmoins, il est possible de dégager trois grands principes qui constituent le socle de ce modèle de justice : réparation, responsabilisation, participation.

La justice restaurative se définit d'abord par sa finalité, à savoir la réparation du mal subi et des dommages causés par l'infraction. L'attention se focalise non pas sur la transgression de la loi mais sur les conséquences concrètes de l'acte délictueux. La réparation porte sur les dommages matériels mais elle prend aussi en considération toutes les repercussions qu'a pu avoir l'infraction sur la vie des victimes et de leur entourage. Au-delà de la restitution ou de la compensation financière, la réparation inclut une composante relationnelle, psychique, sociale et symbolique. Restaurer, c'est permettre aux victimes de reconstruire leur existence, de soigner les traumatismes, de surmonter leur vulnérabilité, de reconquérir leur autonomie et leur pouvoir d'agir ; c'est reconstituer tout ce qui a été affecté à l'occasion du délit, tant au niveau individuel que collectif, c'est rétablir un tissu relationnel, un équilibre ou un ordre social. La justice restaurative ne saurait donc se réduire à une procédure civile de réparation pour un préjudice subi puisqu'elle requiert, au-delà des dédommagements, à la fois une forme d'interaction et de reconnaissance entre les parties concernées mais également un protocole de mesures en faveur de leur réintégration.

La justice restaurative inclut également une composante procédurale puisqu'elle doit permettre à toutes les personnes impliquées par une infraction de participer activement à un processus à l'issue duquel est fixé un ensemble de mesures restauratives. Son postulat de base est que « des parties en conflit peuvent se rencontrer dans un climat de compréhension et de respect mutuel et trouver une solution constructive ». Loin du formalisme des procédures pénales classiques au sein desquelles les personnes concernées demeurent le plus souvent passives, les dispositifs de justice restaurative ont un caractère inclusif, participatif et délibératif qui contribue à l'*empowerment* des sujets et des communautés. Ils créent un espace de parole qui donne une voix, un visage aux personnes affectées par le délit, et leur permet d'exprimer leurs émotions, de faire connaître leurs besoins, de rendre visibles les incidences relationnelles, affectives, sociales que peut avoir un délit, même mineur. L'auteur des faits, lorsqu'il consent à une mesure de justice restaurative, devient lui aussi partie prenante du processus restauratif, il peut apporter un éclairage sur les circonstances de l'infraction et sur les moyens de limiter la récidive. Le traitement des infractions cesse d'être la compétence exclusive de l'État souverain. La justice restaurative est l'occasion, pour les citoyens, de se réapproprier le pouvoir de régler par eux-mêmes les conflits qui les concernent et de rétablir la paix sociale. En cela, la mise en place de programmes de justice restaurative peut être interprétée comme le signe d'une déjudiciarisation du règlement des conflits.

La justice restaurative doit enfin responsabiliser l'auteur d'infraction, l'amener à prendre conscience du mal commis et des répercussions de ses actes sur l'existence concrète des victimes. Il est ainsi incité à prendre ses responsabilités pour réparer tous les dommages causés. Le processus restauratif présente nécessairement une valeur expressive, il doit donner lieu à la désapprobation des actes commis, et encourager les excuses ou le pardon. Cette désapprobation n'émane pas de l'État, elle ne s'exprime pas dans une peine, mais provient des participants et notamment des personnes qui entourent l'infracteur et, le plus souvent, ont en commun avec lui un certain nombre de valeurs. Cette désapprobation n'a pas les effets d'exclusion ou de stigmatisation que peut avoir la peine mais doit, au contraire, conduire à la réintégration de l'auteur. À l'issue de la médiation ou de la conférence restaurative, l'auteur consent à une série de mesures et d'obligations destinées à réparer le mal causé. Les contraintes qui en découlent ne sont que des moyens que les parties estiment nécessaires à la réparation et à la réintégration.

Ces trois principes qui constituent « l'esprit » de la justice restaurative peuvent être déclinés sous de multiples variantes dont le caractère restauratif présente des différences de degré selon l'importance accordée à ces trois principes directeurs. Notre objectif n'est pas d'analyser ces dispositifs mais de réfléchir sur les conditions de leur institutionnalisation. Peut-on véritablement instituer des mesures restauratives dans le système pénal existant sans altérer les principes et les valeurs de la justice restaurative ? Ces mesures sont-elles des alternatives à la peine, des compléments à la peine ou bien une nouvelle espèce de peine alternative ?

2 – Abolitionnisme et justice restaurative

En s'impliquant dans un processus restauratif, les personnes concernées par une infraction se réapproprient le pouvoir de régler elles-mêmes les conflits interpersonnels, pouvoir que l'institution pénale moderne a eu tendance à leur confisquer en s'accaparant une sorte de monopole dans le traitement des crimes et des délits. Les sanctions pénales instituées et administrées par l'État répondent à des infractions qualifiées mais ne sont pas en mesure de résoudre les conflits dont ces infractions sont les symptômes, ni de répondre aux besoins particuliers des personnes affectées, ce qui entraîne parfois, chez les victimes, le sentiment que la peine ne rend pas justice. Non pas que le peine ne soit pas assez sévère, comme le clame toute une rhétorique populiste, mais parce que la procédure pénale demeure éloignée de leurs préoccupations et de leurs attentes, qu'elle ne répare en rien le mal subi. Les mesures de justice restaurative s'efforcent, au contraire, de créer des dispositifs non punitifs par lesquels l'harmonie et la paix sociale peuvent être préservées ou rétablies, en s'inspirant parfois de formes de justice traditionnelle, communautaire et extra-judiciaire. C'est là un élément de convergence avec l'abolitionnisme pénal qui entend réactiver des modes de régulation et de contrôle social comme des alternatives à la peine ou, dans une version plus radicale, à l'ensemble du système pénal et à tous les maux qu'il engendre (exclusion, désocialisation, surpopulation des prisons, carcéralisation de la société, atteintes aux droits des condamnés...).

Si on adopte cette interprétation abolitionniste, les programmes de justice restaurative ne sont pas destinés à compléter la justice pénale en ajoutant une dimension réparatrice que les peines classiques ignorent. Le processus restauratif n'est pas un ornement qui vient s'ajouter à l'arsenal répressif mais constitue une véritable alternative aux poursuites et à la peine. Néanmoins, cette interprétation reste assez marginale au sein du courant en faveur de la justice restaurative et, sauf pour certaines catégories particulières de délits, les dispositifs ou les expérimentations qui sont mis en œuvre ne prétendent pas nécessairement se substituer à la peine. Parce que, dans la pensée politique moderne, la justice pénale s'est imposée comme un attribut essentiel de la souveraineté, on a du mal à concevoir que l'État se dessaisisse du pouvoir de rendre justice et abandonne aux citoyens le soin de régler et de réparer eux-mêmes les conflits qui les opposent. La justice restaurative serait même, aux yeux de certaines critiques, le symptôme d'une dérive néolibérale de la sphère pénale, comme si l'État abandonnait à la société civile la tâche de préserver la paix sociale par des procédures informelles et infrajudiciaires. Ce genre de doutes révèle une méfiance envers des formes de justice qui échappent au contrôle de l'État, comme si elles menaçaient les principes de légalité, d'impartialité et de proportionnalité qui sont au cœur de la pénalité moderne, comme si elles marquaient le retour à une logique vindicatoire refoulée par l'ordre juridique.

La tendance dominante est plutôt de considérer que les mesures de justice restaurative ne sont légitimes que lorsqu'elles sont encadrées et supervisées par l'autorité judiciaire. Elles ne peuvent être proposées que sous certaines conditions et ne sont pas appelées à se substituer aux peines. Même en admettant que des mesures de ce type puissent, pour certains délits, constituer une alternative aux poursuites pénales, il sera toujours nécessaire de recourir à des sanctions chaque fois que le processus restauratif ne peut être proposé ou bien échoue.

Tournez la page S.V.P.

3 – Minimalisme et maximalisme

La question est alors de savoir comment des programmes de justice restaurative peuvent s'insérer au sein de la procédure pénale. Les débats suscités par ce problème font émerger deux positions. La première, que l'on peut qualifier de minimaliste, consiste à venir greffer la justice restaurative sur la justice pénale sans en modifier les principes ni le fonctionnement. Les médiations ou les conférences restauratives s'inscrivent alors dans un processus parallèle et totalement autonome par rapport à la réponse pénale. Leur objectif est de mieux répondre à certaines attentes des victimes, notamment en matière de réparation, mais sans que cela modifie le sens de la peine. S'opérerait ainsi une distribution des rôles entre l'État qui, par l'action publique, répond pénalement aux infractions, et la société civile qui contribue, par un processus restauratif, à la réparation et à la reconstitution du lien social. La justice restaurative n'interfère pas directement avec la procédure pénale et, inversement, l'autorité publique n'est pas partie prenante du processus restauratif même si elle le supervise pour en garantir la validité juridique et préserver les droits des participants. À en juger par la circulaire du 15 mars 2017, la France semble emprunter cette voie, puisque le texte précise clairement que les mesures restauratives sont complémentaires, autonomes, parallèles et que leur succès ou leur échec ne doivent avoir aucune incidence sur la réponse pénale. Cette interprétation minimaliste restreint, selon nous, la portée de la justice restaurative et introduit une sorte de dualisme entre deux paradigmes concurrents, celui de la peine et celui de la restauration. Elle n'entraîne pas une réforme profonde du sens de la peine mais s'inscrit simplement dans une transformation plus générale de la justice afin de prendre davantage en considération les intérêts et les droits des victimes.

L'autre hypothèse, maximaliste, invite à repenser l'ensemble de l'institution pénale à partir des principes de la justice restaurative. La justice restaurative doit être considérée comme une théorie normative qui oblige à redéfinir le sens et les finalités de la peine. Pour les partisans de cette version maximaliste, la justice restaurative ne peut se réduire à des mesures ou à des dispositifs qui viendraient compléter la réponse pénale. Lode Walgrave estime que cette approche maximaliste peut justifier « la mise en œuvre d'obligations coercitives judiciaires en vue d'une réparation » et de sanctions restauratives, en particulier lorsque des procédures de médiation se révèlent impossibles ou insuffisantes. La logique pénale, répressive, et la logique restaurative ne seraient donc pas rivales, ni seulement complémentaires, mais participeraient d'une théorie plus générale de la justice. Deux modèles de cette conception maximaliste se sont développés ces dernières années : le premier s'inscrit dans une perspective rétributive, le second privilégie une approche conséquentialiste.

– Justice restaurative et justice rétributive

La justice restaurative a souvent été présentée, dans les textes fondateurs, comme un paradigme en opposition aux principes de la rétribution. Howard Zehr dresse ainsi un contraste saisissant entre ces deux modèles de la justice :

- Selon la justice rétributive, le crime est une violation des lois de l'État ; la justice cherche à établir la culpabilité et, à partir de là, une dose de souffrance proportionnée ; la justice repose sur un conflit entre des adversaires dans lequel l'auteur d'infraction est confronté à l'État ; les règles et les intentions l'emportent sur les résultats. L'une des parties gagne et l'autre perd.
  Selon la justice restaurative, le crime est une atteinte aux personnes et aux relations, la justice cherche à identifier les besoins et les obligations et, ainsi, à faire ce qui convient ; la justice encourage le dialogue et l'accord mutuel, elle donne aux victimes et aux auteurs d'infraction un rôle central et est évaluée en déterminant si les responsabilités sont assumées, les besoins satisfaits et la guérison (*healing*), des individus et des relations, encouragée.

Dans d'autres textes, Howard Zehr nuance cette dichotomie et suggère que la justice restaurative et la justice rétributive ne sont pas totalement incompatibles et sont plutôt amenées à se compléter.

D'autres vont plus loin en cherchant à rapprocher et à faire fusionner ces deux conceptions de la justice en mettant en avant ce qu'elles peuvent avoir de commun. Les mesures restauratives et les peines répondent à un acte illégal, elles présentent un caractère « expressif », elles sont une manière de corriger et de rectifier un déséquilibre, elles responsabilisent l'auteur d'infraction qui doit « payer » pour ce qu'il a fait, et elles doivent respecter un principe de proportionnalité. Restaurer et punir seraient donc deux formes de justice corrective, l'une présentant une plus grande attention aux victimes, un caractère plus informel, plus inclusif et moins afflictif que l'autre. Selon cette hypothèse, défendue notamment par Antony Duff, la justice restaurative ne constitue pas réellement une alternative à la justice rétributive mais en constitue une variante particulière centrée sur la réparation, sur les besoins des victimes et sur l'implication des personnes concernées. La restauration serait une modalité constructive de la rétribution. La justice restaurative n'implique donc pas l'abolition des peines mais un renouvellement du sens de la peine ; elle ne constitue pas une alternative à la justice pénale mais institue plutôt des sanctions alternatives qui incluent une composante réparatrice. En ce sens, la justice restaurative ne marque pas un changement de paradigme mais s'inscrit dans un mouvement plus global qui se traduit par l'essor des alternatives à l'emprisonnement et par une transformation progressive de la nature des peines.

Antony Duff va jusqu'à affirmer qu'une théorie de la justice restaurative qui se veut conséquente ne peut être que rétributive, qu'il ne peut y avoir de restauration que par la rétribution. Ce qui signifie, en premier lieu, que les mesures restauratives sont subordonnées aux principes de la rétribution : la réparation incombe essentiellement au coupable, elle doit être proportionnée et respecter les droits fondamentaux des personnes impliquées. Mais l'auteur laisse également entendre que la restauration ne peut, dans certains cas, se concevoir sans la peine.

La restauration est non seulement compatible avec la rétribution : elle requiert la rétribution dans la mesure où le type de restauration que nécessite le crime (en raison de certaines caractéristiques profondes de nos vies en société) ne peut être obtenue que par une peine rétributive.

La peine serait donc une composante nécessaire du processus restauratif et les mesures restauratives s'apparenteraient à des peines alternatives. Les programmes de justice restaurative n'ouvrent donc pas la voie de l'abolition pénale, ils ne sont pas non plus de simples adjuvants à la peine, mais ils marquent l'émergence d'une autre manière de punir, comme le suggère Antony Duff, en parlant de peines restauratives ou de restauration punitive. Si on accepte l'idée que la restauration exige davantage qu'une simple réparation ou compensation matérielle, qu'elle vise la reconstitution des relations entre des personnes appartenant à une même société politique, alors le processus restauratif doit être équivalent à une peine et pourrait même constituer un nouveau modèle de peine. L'enjeu est « de créer un système qui ne privilégie pas la restauration par rapport à la rétribution, ni la rétribution par rapport à la restauration, mais qui vise la restauration par la rétribution ».

5 – La justice restaurative comme « *responsive regulation* »

Cependant, les principaux partisans d'une interprétation maximaliste de la justice restaurative adoptent une théorie conséquentialiste de la justice pénale qui rompt avec la plupart des théories classiques de la peine. Le système pénal a pour fonction de mettre en œuvre un ensemble de moyens qui tendent vers une fin principale : rétablir l'autonomie et le pouvoir d'agir des personnes affectées directement ou indirectement par une infraction, réaffirmer leurs droits et réparer tous les dommages subis. Dans *Not Just Deserts*, John Braithwaite et Philip Pettit développent une théorie holiste de la justice pénale centrée sur la préservation de la liberté conçue, dans un sens républicain, comme

Tournez la page S.V.P.

non-domination. Dès lors qu'une infraction introduit un rapport de domination qui affecte la victime mais aussi, indirectement, les personnes qui appartiennent à la même classe de vulnérabilité, il appartient à l'autorité publique de mettre en œuvre une série de mesures pour réparer les préjudices subis et rétablir leur liberté. Les programmes de justice restaurative apparaissent ainsi comme des dispositifs privilégiés puisqu'ils favorisent l'*empowerment*, la reconnaissance et l'égalité des participants, et parce qu'ils contribuent à la réparation et à la reconstruction. Mais la justice restaurative n'est pas pour autant un simple processus parallèle, elle ne se limite pas non plus à une catégorie de délits. Les principes qui la constituent sont précisément ceux à partir desquels doit être repensé l'ensemble du système pénal. La justice restaurative ne vient pas se greffer au système pénal, c'est, au contraire, à la justice pénale de se réformer pour être davantage réparatrice, inclusive, participative et reconstructive. Justice restaurative et justice pénale ne relèvent pas de deux paradigmes concurrents mais tendent vers une même fin et obéissent aux mêmes principes. En ce sens, la justice restaurative peut être l'occasion de repenser le sens et les finalités des sanctions infligées en cas d'infraction. Il n'y a aucune raison de limiter les principes de la justice restaurative aux délits mineurs ni de la réduire à différents programmes de médiation, de rencontres ou de conférences entre personnes consentantes. Un tribunal doit pouvoir imposer à l'auteur d'une infraction des sanctions restauratives, notamment lorsque les programmes traditionnels ne peuvent être proposés ou échouent. La participation effective des personnes impliquées n'est pas une fin en soi mais se justifie comme un moyen approprié pour rétablir leur autonomie. Elle doit être encouragée mais, lorsqu'elle ne peut être obtenue, l'auteur peut être contraint par l'autorité publique à réparer les dommages qu'il a causés. Une priorité doit alors être accordée à la valeur restaurative et reconstructive de la sanction par rapport à son caractère punitif et afflictif. C'est ce qui justifie, selon Lode Walgrave, la distinction entre punir et imposer des sanctions restauratives. Dès lors, les peines qui ne contribuent en rien à la réparation des préjudices, à la reconstitution de l'autonomie des individus ou à la protection de leurs droits n'auraient, suivant cette interprétation conséquentialiste, plus de raison d'être.

La difficulté est alors de déterminer la part respective des programmes de justice restaurative et des sanctions restauratives. L'approche maximaliste ne doit pas conduire à minimiser le rôle central de la participation et de l'*empowerment* dans le processus restauratif. Ramener la justice restaurative à un système de sanctions réparatrices imposées dans le cadre d'une procédure judiciaire classique risque de faire perdre le caractère procédural et participatif de ce modèle de justice. Pour penser cette articulation entre les mesures restauratives, par lesquelles les parties décident par elles-mêmes des modalités de la réparation, et les sanctions restauratives, John Braithwaite mobilise un modèle, qualifié de « *responsive regulation* », largement utilisé dans l'analyse des politiques publiques, et qui permet de trouver un juste milieu entre une dérégulation totale et des politiques interventionnistes. Le rôle de l'État serait d'intervenir pour régler ou sanctionner certains comportements mais tout en permettant aux acteurs de la société civile de s'auto-réguler et de régler eux-mêmes leurs conflits. L'idée majeure est que, dans la plupart des cas, les personnes physiques ou morales se soumettent par elles-mêmes à des règles, qu'elles exercent un contrôle mutuel et sont disposées à réparer leurs fautes. L'intervention de l'autorité publique n'est requise que lorsque cette auto-régulation et ce contrôle social échouent. Ce modèle repose sur un principe de subsidiarité en vertu duquel on doit s'abstenir de faire intervenir l'État pour traiter ce qui peut être réglé par la société civile elle-même.

Appliqué à la sphère pénale, ce modèle amène à la conclusion suivante. En cas d'infraction, lorsque l'auteur est identifié, qu'il reconnaît les faits, doit être proposée en priorité une mesure restaurative. Si les personnes concernées donnent leur consentement, un processus restauratif est alors engagé, sous le contrôle d'un médiateur. Au lieu d'engager automatiquement une procédure pénale ordinaire, on commence par accorder aux individus la possibilité de parvenir par eux-mêmes à un accord sur les conditions de la restauration et de la réintégration. Lorsque ce processus conduit à un accord et que les clauses de cet accord ont été respectées, il peut constituer une alternative aux poursuites et justifier une dispense de peine. Si l'objectif principal du système pénal est la préservation et la restauration de la liberté alors il n'y aucune raison légitime d'infliger une peine dès lors que les parties concernées estiment que les dommages ont été réparés et que leur autonomie est à nouveau assurée. La peine n'a alors plus de sens. En revanche, une réponse coercitive paraît légitime au cas où la restauration n'a pu être obtenue par une médiation ou une conférence restaurative, par exemple lorsque l'auteur ne reconnaît pas les faits qui lui sont reprochés ou bien lorsqu'une des parties refuse de participer à la mesure de justice restaurative proposée. Des sanctions s'imposent également lorsque les participants ne parviennent pas à un accord ou si le coupable ne respecte pas les clauses de l'accord. Des mesures privatives de liberté peuvent également être requises pour protéger les victimes, mettre fin à leur vulnérabilité et empêcher la récidive. Mais de telles sanctions sont au service d'une finalité restaurative et visent à restaurer l'autonomie et à corriger un rapport de domination. Elles viennent en quelque sorte prendre le relais des médiations ou conférences restauratives chaque fois que l'intervention de l'autorité publique est nécessaire.

La justice est donc conçue sur un modèle « pyramidal » dans lequel les mesures de justice restaurative constituent un premier palier, les sanctions judiciaires n'intervenant que dans un second temps, lorsque la restauration exige des mesures coercitives. La coopération entre citoyens demeure prioritaire par rapport à l'intervention coercitive de l'État. Le sens de la peine et des sanctions s'en trouve modifié. Elles ne sont pas systématiques : toute infraction ne mérite pas d'être punie dès lors qu'elle peut être réparée dans le cadre d'un processus restauratif. Elles ne sont pas une rétribution pour la faute commise mais une manière de répondre au mal qui n'a pu ou ne peut être réparé par une mesure restaurative. Enfin, elles s'inscrivent dans une procédure judiciaire qui, conformément aux principes de justice restaurative, permet aux parties concernées de faire entendre leur voix et de s'impliquer dans le règlement de l'infraction, à l'image des cercles de sentence expérimentés au Canada. Les principes de justice restaurative, appliqués dans une perspective maximaliste, semblent conduire à un usage parcimonieux des sanctions pénales, ils leur donnent un nouveau sens et leur fixent un seuil maximal, en excluant notamment des traitements afflictifs qui n'ont aucune valeur reconstructive et ne font qu'accentuer l'exclusion de ceux qui les subissent.

La justice restaurative ne peut se réduire à des pratiques qui viendraient compléter le système pénal existant. Elle n'implique pas non plus son abolition mais plutôt une réforme profonde des sanctions pénales et du fonctionnement de l'institution judiciaire. Vouloir greffer des mesures restauratives sans modifier notre conception de la pénalité, sans changer quoi que ce soit à la logique pénale dominante, risque de vider la justice restaurative de sa substance. C'est l'ensemble de la justice pénale qui doit être pensé à partir d'une théorie normative de la justice restaurative. La justice restaurative, comme l'affirme James Dignan, pourrait ainsi « contribuer à une transformation à long terme de la justice pénale et du système pénal, dans l'intérêt des victimes et des auteurs d'infraction, et ainsi obtenir l'adhésion de tous ceux qui sont en faveur d'une réforme pénale, indépendamment de sa capacité à réduire la récidive ».

Document n° 2 : Extraits du répertoire Dalloz de droit pénal et de procédure pénale - « Justice restaurative »

§ 2 - Le Conseil de l'Europe

66. Dans ce même élan restauratif, plusieurs recommandations du Conseil de l'Europe n'ont pas manqué d'inviter les États membres (47 au 1er janv. 2018) à mieux prendre en considération la place de la victime dans le procès pénal (R-85-11) et à leur accorder une assistance de qualité (R-87-21 ; R-87-18, R(06)8). La prise en compte de la personne de l'infracteur (R-87-20 ; R-88-6) est encore conseillée, et le recours aux sanctions et mesures appliquées au sein de la communauté encouragé (R-92-16). Plus particulièrement, la recommandation R(99)19 sur la médiation en matière pénale (I. AERTSEN [Dir.], Renouer les liens sociaux. Médiation et justice restaurative en Europe, 2004, éditions du Conseil de l'Europe. – C. PELIKAN, The impact of the Council of Europe Recommendation 99[19] on Mediation in penal matter, in Crime policy in Europe. Good practices and promising samples, 2005, Conseil de l'Europe, p. 49-74. – J. FAGET, La médiation. Essai de politique pénale, 1997, coll. Trajets, Érès. – R. CARIO, Victimologie. Les textes essentiels, 2003, coll. Traité de sciences criminelles, L'Harmattan ; Commission européenne, 2007) souligne la nécessité de permettre une participation personnelle active à la procédure pénale de la victime, du délinquant et de tous ceux qui sont concernés en tant que parties, ainsi que d'y impliquer la communauté. Dans ce même esprit, et avec beaucoup de pertinence, la 26e Conférence des ministres européens de la Justice des États membres du Conseil de l'Europe (Helsinki, avr. 2005) a adopté une résolution « relative à la mission sociale du système de justice pénale – justice réparatrice ». Elle considère que le recours à des sanctions et à des mesures appliquées dans la communauté, ainsi qu'à des mesures de justice restaurative, peut avoir un impact positif sur les coûts sociaux de la criminalité et de la lutte contre le crime.

67. Plus précisément, le Comité des ministres du Conseil de l'Europe a récemment adopté, le 5 octobre 2018, une recommandation relative à la justice restaurative en matière pénale. Elle invite les 47 États membres à intégrer la justice restaurative dans leur législation interne. Pour reprendre, pour l'essentiel, les dispositions de la directive du 25 octobre 2012, elle apporte de vraies innovations, certes simplement incitatives, dont deux d'entre elles sont très prometteuses. La première réside dans la possibilité de considérer la mesure de justice restaurative mise en œuvre « comme partie de la sanction infligée », voire – mais cela était déjà très explicite dans les textes internationaux et européens précédents – de l'appliquer après que la peine a été prononcée ou exécutée. Ainsi, la recommandation (18)8 suggère que la réussite d'une mesure restaurative peut conduire les magistrats compétents soit à intégrer, dans la décision sur les conséquences du crime, l'accord conclu par les parties quant au traitement des répercussions du crime sur leur avenir (art. 6), soit à en tenir compte lors de l'application des peines (art. 58). Une telle complémentarité dans la réponse socio-pénale, ainsi globalisée et intégrée, ne peut conduire qu'à épanouir l'œuvre de justice (art. 30 à 35 et 50 à 53). La deuxième innovation, tout aussi pertinente, tient à la nécessité de créer des Services de justice restaurative, autonomes, à tous les stades du procès pénal ainsi que devant les juridictions de l'application des peines. La recommandation invite, en ce sens, les autorités judiciaires et les organismes divers de justice pénale à y recourir, à tout moment (art. 5 oct. 2018, art. 9, 12, 19, 28 et 36 à 47), en omettant toutefois les avocats dont le rôle peut être déterminant dans l'information et l'orientation de leur client (V. coe. int ; R. CARIO, Les apports de la Recommandation (18)8 du Conseil de l'Europe dans la consolidation de la Justice restaurative en France, in AJ pénal 2019. 87 -88). Une telle invitation semble bien correspondre à la création par l'IFJR d'Antennes régionales. Actuellement au nombre de quatre (Sud-est, Sud-Ouest, Nord-est et La Réunion), elles couvriront dans un avenir proche l'ensemble du territoire national (Nord-Ouest, Antilles) (V. infra, nos 280 s.). Plus récemment,

une Recommandation (2021)6, adoptée le 20 octobre 2021 par le Comité des Ministres, invite les États membres à recourir aux « interventions de justice restaurative, si disponibles et appropriées » en matière de réinsertion des personnes accusées ou reconnues coupables d'une infraction sexuelle (VII, Victimes et soutien de la collectivité, art. 33). La Déclaration de Venise sur le rôle de la justice restaurative en matière pénale vient encore compléter cet édifice très pertinent quant au « droit d'accès à des services adéquats » des parties, si elles y consentent librement (point 15-i). Réunis les 13 et 14 décembre, les ministres de la Justice soulignent que « le développement important de la justice restaurative devrait être considéré comme un élément important du processus global de développement durable, car il contribue également à l'Objectif de développement durable no 16 des Nations Unies : promouvoir l'avènement de sociétés justes, pacifiques et inclusives » (point 6), « particulièrement en ce qui concerne les mineurs » (point 7) en situation de délinquance. Rappelant une nouvelle fois l'importance de la formation spécifique des animateurs (point 8), mais aussi l'intérêt d'une sensibilisation de tous les professionnels du droit en formation initiale (point 15.iv), la Déclaration invite les États membres à développer les ateliers restauratifs destinés, par le dialogue entre les personnes impliquées, à régler les « problèmes résultant de l'infraction ». Prenant en considération les nombreuses preuves empiriques qui prouvent l'efficacité de la justice restaurative, la Déclaration insiste sur la nécessité pour les États membres d'allouer des « ressources financières et humaines adéquates, [lesquelles] devraient être considérées comme un investissement dans l'avenir et propices à la sécurité et au bien-être de nos sociétés » (point 13). Une telle évolution, éminemment souhaitable, passe par une coopération interinstitutionnelle à l'échelle nationale (point 15.i) car « la désistance de la criminalité », « la réinsertion des délinquants », « le rétablissement des victimes » sont bien l'affaire de tous. Les ministres de la Justice clôturent la Déclaration en confiant au Conseil de l'Europe les missions suivantes : étude complète des modèles de justice restaurative actuellement couverts par les législations nationales ; élaboration de « Principes de haut niveau » sur la justice restaurative ; évaluation régulière par le Comité européen pour les problèmes criminels (CDPC) de la mise en œuvre de la Rec(2018)8.

§ 3 - L'Union européenne

68. Une décision-cadre du Conseil de l'Union européenne du 15 mars 2001, applicable de manière impérative cette fois à tous les États membres (27 au 1er janv. 2021), en toutes ses dispositions, depuis le 22 mars 2006, a consacré la médiation comme modalité de régulation des affaires pénales, qu'elle définit comme « la recherche, avant ou pendant la procédure pénale, d'une solution négociée entre la victime et l'auteur de l'infraction, par la médiation d'une personne compétente » (art. 1er, 10). Très imparfaitement transposée dans les pays membres, elle a été remplacée par la directive 2012/29 précitée (devant entrer en vigueur au plus tard le 16 nov. 2015), plus explicite quant à la mise en œuvre de la justice restaurative (V. supra, no 51). Pour inviter les États membres à faciliter l'accès à l'information (art. 4) des mesures qu'elle promeut et à procéder à la création de services de justice « réparatrice » (art. 12), elle n'est cependant pas sans ambiguïté quant aux bénéfices escomptés de la justice restauratrice pour les protagonistes, dans la mesure où celle-ci doit être envisagée dans le « seul intérêt de la victime » (art. 12, a). Ce qui est pour le moins paradoxal en matière de justice restaurative : quid de l'intérêt de l'infracteur, de ses proches et communautés d'appartenance ? À ce jour, un grand nombre d'États membres n'a pas complètement transposé une ou plusieurs des conditions posées à l'article 12. Plus généralement, 21 procédures d'infraction sont en cours (notamment contre la France) (V. COM(2020) 188 final, eur-lex.europa.eu) (V. également « Position paper on the evaluation of the restorative justice provisions of the Victims' rights Directive », euforumrj.org, 2021).

[...]

Document n° 3 : « Justice restaurative : un dispositif encore trop peu utilisé » Dalloz actualité du 12 juin 2019

Thomas Coustet

Résumé

Le dispositif est inscrit dans la loi depuis 2014. Son développement est toutefois timide. La loi de programmation n'en parle pas. Est-ce à dire que la réforme n'offre aucune perspective ? Pas si sûr.

L'idée d'ouvrir un espace de dialogue entre délinquants et victimes s'est imposée dans les pays anglo-saxons au milieu des années 1970. Les objectifs sont de réparer la victime, réinsérer l'auteur, éviter la récidive et, ainsi, rétablir le mieux possible la paix sociale. On quitte alors le champ de la justice dite « classique » pour mettre à la place un processus dont la dimension sociale permet de ne pas rester sur un échec ou un traumatisme.

Un documentaire Infrarouge, intitulé Détenus/victimes, une rencontre, a été diffusé sur France 2 le 30 avril dernier. Il nous plonge dans l'univers d'une mère de famille dont le conjoint est mort assassiné. La victime a accepté de dialoguer avec des détenus condamnés à de lourdes peines. « *Je me suis dit que je n'avais rien à perdre. Je tournais en rond depuis trop longtemps, sans pouvoir faire mon deuil* », analyse-t-elle aujourd'hui.

En 2016, la jeune femme a ainsi participé à l'une des premières « rencontres détenus-victimes » (RDV) organisées en France. C'est l'une des mesures de la justice restaurative. Il existe aussi des « rencontres condamnés-victimes » (RCV) en milieu ouvert ou fermé, ou encore de la « médiation restaurative ». Il s'agit, dans ce dernier cas, de réunions de soutien et de responsabilité, où des bénévoles s'engagent à superviser un professionnel qui suivra un temps déterminé l'auteur d'une infraction après sa sortie (sans échange avec une victime).

Peu importe le levier : à chaque fois, c'est environ « 30 % de récidive de moins » et « un très haut niveau de satisfaction », qui frise les 93 %, selon les chiffres donnés par l'association France Victimes. Pourtant, seulement une soixantaine de mesures de justice restaurative ont été mises en place à ce jour.

Que disent les textes en vigueur ? L'idée est née en 2010 à la maison centrale de Poissy en partenariat avec l'association. La justice restaurative a ensuite fait son entrée dans le code de procédure pénale avec la loi du 15 août 2014 relative à l'individualisation des peines et renforçant l'efficacité des sanctions pénales. Il s'agit d'une pratique complémentaire au traitement pénal de l'infraction et aux soins éventuels qui accompagnent la peine.

Selon l'article 10-1 du code de procédure pénale « constitue une mesure de justice restaurative toute mesure permettant à une victime ainsi qu'à l'auteur d'une infraction de participer activement à la résolution des difficultés résultant de l'infraction, et notamment à la réparation des préjudices de toute nature résultant de sa commission ». Le dispositif n'est limité ni aux infractions commises ni à ses auteurs (v. Dalloz actualité, 30 juill. 2018, Justice restaurative : la réparation les yeux dans les yeux, reportage A. Coignac).

Si le dispositif existe, il est à la peine sur le terrain. « Peu de magistrats ou de SPIP le mettent en œuvre aujourd'hui », déplorent Valérie-Odile Dervieux, procureure de la République adjointe au tribunal de grande instance de Versailles, et Kévin Cariou, juriste assistant spécialisé au sein du pôle pénal.

Ces deux spécialistes ont fait un état des lieux des freins existants. D'abord, le dispositif nécessite de mobiliser beaucoup d'acteurs : le magistrat, les associations de victimes, les détenus, la protection judiciaire de la jeunesse et les SPIP. Ensuite, « le fait que ce ne soit pas obligatoire et la peur que le dispositif soit instrumentalisé peuvent rebuter », estime aussi la magistrate.

Une circulaire du 15 mars 2017 tente de redonner une dynamique au dispositif. Le texte s'intitule « mise en œuvre de la justice restaurative applicable immédiatement suite aux articles 10-1 [...] ». Le texte précise que tous les contentieux, quelle qu'en soit la gravité, peuvent bénéficier de cette complémentarité : violences routières ; atteintes aux biens ; violences interpersonnelles, notamment. Mais le texte rappelle surtout que la mesure proposée est « complémentaire » et « autonome » à la procédure pénale.

C'est peut-être ici que le bât blesse. La mesure se poursuit indépendamment « mais le juge ne peut le prendre expressément en compte comme un élément positif de l'évolution personnelle du condamné », regrette Valérie-Odile Dervieux. « C'est aussi pour cette raison que les juges ne s'en sont pas emparés d'office », estime la magistrate.

Les apports de la loi n° 2019-222 du 23 mars 2019

La réforme est-elle de nature à changer la donne ? Le dispositif en tant que tel n'est pas mentionné dans la loi de Nicole Belloubet. Un amendement avait bien été proposé en janvier dernier par les députés Danièle Obono et Ugo Bernalicis (FI) pour systématiser l'obligation d'information à cet égard. Il proposait d'étendre le « cercle des personnes » aux avocats, aux psychologues et aux juges. Il a été rejeté à la dernière minute par la majorité. Il faudra donc compter sur l'initiative de terrain et de ses acteurs.

Pourtant, la loi souhaite « renforcer l'efficacité et le sens de la peine ». Elle entend « simplifier la phase de la procédure pour alléger le travail quotidien des enquêteurs et des professionnels de justice » et surtout « faciliter le parcours judiciaire des victimes ». Avec tout ça, Valérie-Odile Dervieux veut croire à un « changement de paradigme possible ».

Il est vrai que la loi ne fait plus de la prison le seul étalon de l'efficacité. Le texte commence par interdire les courtes peines de moins d'un mois. Il pose ensuite le principe de l'aménagement pour les peines d'un à six mois et encourage un aménagement de six mois à un an. Pour ce faire, il charge le SPIP de dresser rapidement des « enquêtes de personnalité » et de tenir des dossiers utiles au tribunal d'application des peines. Quant à l'exécution de cette dernière, la réforme confie plus de pouvoir à l'administration pénitentiaire, le tout sous une meilleure coordination avec les magistrats du parquet comme du siège.

La modification des conditions de la « libération sous contrainte » semble être également un bon levier. Selon le texte, lorsque la durée de la peine accomplie est égale « au double de celle qui reste à exécuter », la libération est désormais « obligatoirement examinée par le juge d'application des peines, [qui] "peut" prononcer la libération sous contrainte ». L'examen est devenu obligatoire. Dans ce contexte, la « justice restaurative aurait une place », veulent croire Valérie-Odile Dervieux et Kévin Cariou. « Le juge pourrait la suggérer. Si on commence en détention et que la peine se poursuit en milieu extérieur, c'est favorable », analysent-ils.

La place de l'initiative locale

Sur ce point, des conventionnements locaux sont mis en place. C'est en cours de signature à Versailles, révèle Valérie-Odile Dervieux. Et c'est déjà le cas à Amiens, par exemple, depuis le 3 avril 2019. « Une première dans la Somme », confie Clélie Gibaldo, substitut du procureur. Cette magistrate assure que le « comité de pilotage travaille sur le projet depuis deux ans ». Il associe les structures d'aide aux victimes, comme l'Association Yves Le Febvre (AYLF), d'insertion des détenus, les magistrats du tribunal, le barreau des avocats d'Amiens, le service pénitentiaire d'insertion et de probation et la direction de la protection judiciaire de la jeunesse. Des rencontres sont prévues pour 2019 sur la base du volontariat.

Deux types de rencontres sont prévues. Un premier groupe de majeurs, victimes et condamnés, concernés par des cas de violences sexuelles, mais non par la même affaire. Et un autre groupe de rencontre de l'auteur et de sa victime « en présence de proches et de personnes de confiance de chacun d'eux ». Les retours après l'expérimentation à Poissy sont « très positifs », assure-t-elle.

Document n° 4 : « Justice restaurative : la réparation les yeux dans les yeux » Dalloz actualité du 30 juillet 2018

En 2014, la France instaurait dans son arsenal judiciaire des mesures de justice restaurative. Une pratique complémentaire au traitement pénal de l'infraction et aux soins éventuels qui permet à des auteurs et des victimes de crimes et délits (de la même affaire ou non) de dialoguer afin de rétablir un lien social et prévenir la récidive. En essor en France, ces mesures semblent donner satisfaction, y compris au sein de l'institution judiciaire.

par Anaïs Coignacle 30 juillet 2018

L'expérience française

En France, la justice restaurative est entrée dans le code de procédure pénale par la loi du 15 août 2014 relative à l'individualisation des peines et renforçant l'efficacité des sanctions pénales. Elle avait été instituée via la directive de l'Union européenne 2012/29 du 25 octobre 2012. Selon l'article 10-1 du code de procédure pénale, « à l'occasion de toute procédure pénale et à tous les stades de la procédure, y compris lors de l'exécution de la peine, la victime et l'auteur d'une infraction, sous réserve que les faits aient été reconnus, peuvent se voir proposer une mesure de justice restaurative ». De quoi parle-t-on ? De « toute mesure permettant à une victime ainsi qu'à l'auteur d'une infraction de participer activement à la résolution des difficultés résultant de l'infraction, et notamment à la réparation des préjudices de toute nature résultant de sa commission ».

Plusieurs principes prévalent à l'instauration de ces mesures : la reconnaissance des faits, l'information complète des participants et leur consentement express, la présence d'un tiers indépendant formé à cet effet, le contrôle de l'autorité judiciaire ou de l'administration pénitentiaire, la confidentialité des échanges sauf accord contraire des parties et excepté les cas qui nécessitent l'information du procureur de la République. Dans le principe, les magistrats n'ont pas à être informés du contenu des échanges mais ils peuvent être informés de toute la procédure.

L'institut français pour la justice restaurative (IFJR), créé en 2013, porte la réflexion à l'échelle nationale et guide les associations partenaires qui développent les dispositifs à l'échelle locale. Sur le territoire, une unité de recherche promeut les pratiques de justice restaurative, l'ARCA. En 2013, lors de la conférence du consensus sur la prévention de la récidive, le professeur Robert Cario, spécialiste en criminologie était entendu sur la question avec Benjamin Sayous, actuel directeur de l'IFJR et auteur de la thèse sur Comment intégrer la justice restaurative au système de droit pénal français. Forts d'une expérimentation positive menée en 2010 à la maison centrale de Poissy en partenariat avec France Victime, ils ont pu défendre ces dispositifs qui n'ont pas tardé à être intégrés en droit français. Ils prennent aujourd'hui plusieurs formes : des rencontres détenus/victimes ou condamnés/victimes en milieu fermé ou en milieu ouvert à hauteur de trois à six personnes par groupe ; des médiations restauratives où l'auteur et la victime d'une même infraction dialoguent en direct ou indirectement (échange de courriers, par exemple) ; des cercles de soutien de responsabilité où des bénévoles s'engagent à superviser un professionnel qui suivra un temps déterminé l'auteur d'une infraction après sa sortie (ici l'échange avec une victime n'est pas envisagé).

« Nous avons enregistré avec France Victime cinquante-six programmes sur une trentaine de cours d'appel, assure Benjamin Sayous de l'IFJR. Une vingtaine de mesures ont déjà eu lieu sous la forme de rencontres de groupe ou de médiations ». Il précise qu'en 2017, 39 formations ont eu lieu en France, soit « 1 300 professionnels formés ». Selon le directeur de l'IFJR, la mise en place de la justice restaurative procède du « constat des limites d'une réponse purement rétributive de la justice. Punir

Tournez la page S.V.P.

n'est pas la seule solution. Il y avait la nécessité d'une approche complémentaire, qui réponde à des besoins particuliers et redonne du sens à l'action des acteurs de la justice ». Celui-ci tient à préciser qu'il ne s'agit pas d'une « remise en question de l'institution judiciaire » mais bien d'une « approche complémentaire ». « Cela s'inscrit également dans une complémentarité des soins », explique Benjamin Sayous. Par exemple, c'est la possibilité pour l'auteur d'une infraction de « se rendre compte de l'utilité de son obligation de soins » et pour les professionnels, « cela redonne du sens à leur mission en leur permettant de faire plus facilement leur métier ».

Les témoignages de deux participants

« Pendant le procès, je n'avais rien pu exprimer. Face à la douleur des proches de la victime, ça n'aurait fait qu'empirer les choses. Là, j'ai pu dire que j'étais désolé à d'autres, et quelque part à eux. Ça faisait du bien », raconte Olivier V.... En 2012, l'homme, alcoolisé au volant, provoque un accident de la route qui entraîne la mort d'un conducteur de scooter. Après six mois de détention, il est suivi trois ans par des services pénitentiaires d'insertion et de probation (SPIP) avec obligation de soins. En 2016, il participe à des rencontres de justice restaurative. D'un côté, trois auteurs d'accident de la circulation avec alcoolémie ayant entraîné le décès d'une victime. De l'autre, trois victimes blessées de ces mêmes infractions, toutes conductrices d'un deux-roues. Personne ne se connaît, les affaires sont différentes. Hasard ou non de ces rencontres, tous les participants ont environ le même âge. « Nous avions les mêmes têtes, auteurs comme victimes, on ne savait pas qui était qui, se souvient Olivier. En parlant, on se rend compte qu'on est tous face à des gens normaux et pas face à des monstres. Ça se joue à quelques secondes dans une vie. »

Obsédé par ces quelques secondes qui ont fait basculer une vie depuis l'accident – « ça tourne en rond tout le temps dans la tête » –, Olivier est sorti du silence qu'il avait maintenu y compris face à ses proches. « J'ai pu dire des choses que je n'avais dites à personne parce que je n'avais pas le sentiment d'être jugé. Nous avions tous la même culpabilité et en face il n'y avait pas d'animosité ». Contrairement aux séances de thérapie qu'il effectue pendant son obligation de soins et dont il rentre « épuisé », ces rencontres libèrent sa parole et, dès la première séance (trois heures à chaque fois environ), il parvient à dialoguer avec sa fille sur l'accident à son retour chez lui, une première pour lui. Il découvre des victimes « brisées », il est question des séquelles psychologiques, de la rancœur de certains vis-à-vis des assureurs qui ne dédommagent pas à hauteur des besoins, d'un auteur qui s'est enfui et de ses parents agressifs au procès, « elle portait moins contre nous au final ». La séance se déroule autour d'une table avec un bâton de parole que chacun passe à un autre. « Je n'étais pas dans l'optique d'oublier ce qui s'est passé, il faut vivre sa vie avec ça. Mais ça m'a aidé à accepter l'accident. »

Côté victimes, Sylvie S... a participé au même type de rencontres deux ans après la tentative de vol à l'arraché qu'elle a subie. La quinquagénaire s'est sentie « reboostée » dès la fin de la première rencontre. « En voyant d'autres victimes comme moi qui expriment les mêmes choses, j'ai vu que je n'étais pas folle. J'en parlais avec mes collègues mais ce n'est pas pareil que d'en parler avec ceux qui ont subi la même chose », explique celle qui a développé « six pathologies en quatre ans », qui découlent plus ou moins de son agression, dont une en lien direct, « une pathologie de la vessie à vie ». Plusieurs années après les faits et alors que son affaire a été classée sans suite, Sylvie continue de « raser les murs côté droit » lorsqu'elle sort dans la rue avec son « sac en bandoulière » dans lequel elle ne met plus jamais son carnet de chèques et elle sursaute toujours quand quelqu'un la suit de trop près.

« Au début, les auteurs de ces rencontres ne comprenaient pas qu'on puisse vivre avec des séquelles après l'agression et même des années après. Pour eux, c'était sans incidence, et ils ont fini par le reconnaître ensuite. De notre côté, nous essayions de comprendre les "motivations" de ces auteurs et jusqu'à quel point ils pensaient que ce qu'ils avaient fait était grave. » Une unité entre les victimes se crée à la suite des rencontres. Celles-ci décident de rester en contact. Quelque temps plus tard, chacun retournera naturellement à sa vie. « Nous avons été bien accompagnés et j'ai pu constater un vrai bénéfice ensuite. Ça m'a énormément aidée même si j'ai toujours des hauts et des bas. Ensuite, on retrouve notre solitude », souligne Sylvie S..., qui vit seule et n'a pas d'enfants.

Aujourd'hui, tous les deux recommandent vivement la justice restaurative à ceux qui s'en sentent prêts.

Un protocole bien cadré

Ces rencontres détenus/victimes (RDV) ou condamnés/victimes (RCV) suivent un protocole très balisé, comme l'expliquent Claire Commenchal, cheffe du service d'aide aux victimes de l'APCARS, et Boujemaa Arsafi, directeur du SPIP 95, qui coordonnent tous deux les mesures de justices restaurative organisées auprès des publics qu'ils prennent en charge. La convention entre les deux organismes a été signée en octobre 2014 et il a fallu près d'un an pour aboutir à la première RCV. « Chacun devait prendre ses marques, trouver quelle infraction cibler et identifier les victimes, les auteurs », commente Claire Commenchal. Il est alors décidé de s'orienter sur les violences aggravées, par exemple avec homicide. « J'ai exclu dans un premier temps les violences sexuelles parce que c'est un public particulier et complexe dans sa prise en charge. Cela aurait retardé le lancement », explique le directeur du SPIP 95. Une fois les participants trouvés (des auteurs et victimes qui ne se connaissent pas mais qui sont liés par la même infraction), des entretiens préparatoires individuels sont organisés « autant que nécessaire », « pour savoir si les attentes sont claires, que la personne va pouvoir verbaliser, s'intégrer dans un groupe », précise-t-elle. « Si on se rend compte que la personne n'est pas prête, n'a pas encore assez cheminé, est encore trop vindicative ou fragile, on la sort du dispositif pour ne pas mettre en danger le groupe. »

Ensuite, les rencontres plénières entre auteurs et victimes peuvent démarrer. Soit cinq séances sur deux mois. En l'occurrence, dans des salles mises à disposition par la mairie de Paris pour être plus central. Un bénévole de l'APCARS et un conseiller pénitentiaire d'insertion et de probation (CPIP) sont là pour accueillir les participants avant les séances et pendant un temps de pause au milieu « pour un moment de convivialité classique », précise Boujemaa Arsafi. Et des animateurs missionnés par les deux structures veillent aux débats. Après ces cinq séances plénières, une réunion de bilan avec les auteurs d'un côté et les victimes de l'autre est organisée avec les animateurs et une autre entre les deux responsables afin d'évaluer l'action globale. « La tension arrive en général à la troisième rencontre plénière après deux séances d'échanges un peu plus dans la retenue, indique Claire Commenchal. Et à la dernière rencontre, certains n'arrivent plus à se séparer du groupe, il arrive que quelques-uns pleurent ». Parfois, la dernière séance apparaît de trop pour un groupe et n'a pas lieu, comme dans le cas d'Olivier V..., où les victimes ont préféré s'arrêter avant. « J'étais déçu, je pensais qu'il y avait encore des choses à sortir. On n'a pas pu se dire au revoir », regrette-t-il. « Le résultat n'est pas un objectif en soi, prévient la responsable de l'APCARS, et les participants sont sensibilisés à ces possibilités. »

Parfois, le résultat est flagrant. « Lors d'une audience d'aménagement de peine en prison, un détenu qui avait fait des RDV a expliqué au juge, avec ses mots et c'était d'une authenticité remarquable, qu'en quatre ans de suivi pénitentiaire à l'intérieur et à l'extérieur de la prison, il ne s'était jamais remis en cause et qu'il a eu un déclic pendant ces RDV », explique le directeur du SPIP 95. Face au juge, l'homme assure avoir compris le mal qu'il avait fait à autrui en écoutant les victimes et en s'imaginant que cela arrive à l'un de ses proches, sa mère ou sa sœur. « Je ne ferai plus de mal parce que j'ai compris ce que ça pouvait faire », dit-il. « Cela a nettement sensibilité le magistrat », souligne Boujemaa Arsafi. « Ce qui ressort de tout cela c'est la réhumanisation, selon Claire Commenchal. Pour les uns, cela redonne un visage humain aux auteurs et, pour ces derniers, cela contribue à la prévention de la récidive. Le but est que tout le monde puisse revivre dans la même société. »

« Nous avons tout de même à apprendre d'autres pays »

Limites et perspectives

La France n'est pas le seul pays à avoir développé des mesures de justice restaurative. Des dispositifs existent notamment « en Océanie, en Amérique du Nord et en Asie », affirme le directeur de l'IFJR. « La France s'est conformée à un mouvement mondial et européen car le Parlement européen et le conseil économique et social de l'ONU recommandent la justice restaurative depuis plusieurs années », dit-il. Et de préciser que la Belgique et l'Irlande sont parmi les pays les plus avancés en la matière. Il assure que « la France impressionne à l'échelle internationale parce qu'on met en place des choses originales », notamment « le parcours de formation pour tous les acteurs de la justice restaurative avec un certificat délivré par l'École nationale d'administration pénitentiaire » (ENAP), « un cadre légal plus large qu'ailleurs car déployable à tous les stades de la procédure pénale », et des protocoles balisés avec des partenariats entre les secteurs public et privé « qu'on retrouve peu ailleurs ».

Il nuance cependant. « Nous avons tout de même à apprendre d'autres pays qui travaillent sur ces méthodes depuis vingt ou trente ans ». En France, les sites les plus actifs se trouvent à Montpellier, Avignon, Pau, Amiens et Paris, d'après Benjamin Sayous. Sur les trois dernières années, cinq dispositifs ont été mis en place entre l'APCARS et le SPIP 95. « Ce sont des expériences utiles à tous les niveaux car, en interne, cela sensibilise les CPIP au passage à l'acte, à la souffrance des victimes, constate Boujemaa Arsafi. Nous avons beaucoup communiqué avec les magistrats qui avaient une certaine appréhension de même que les participants. » Il déplore en revanche : « ce sont des dispositifs très lourds qui concernent très peu de gens. Soit huit personnes sur 2 700 que l'on suit au SPIP 95 en milieu ouvert. Et les effets ne sont pas nécessairement immédiats, ce qui peut être compliqué à comprendre pour le commun des mortels ».

Tous soulignent l'importance pour les encadrants d'être convaincus par la démarche pour que celle-ci fonctionne. « La grosse problématique, c'est le décloisonnement de nos habitudes professionnelles, qu'il s'agisse des CPIP, des avocats, magistrats, professionnels de la protection judiciaire de la jeunesse (PJJ), note Claire Commenchal. Cela demande à chacun de sortir du rôle qu'il avait. » Par exemple, le magistrat doit accepter de ne pas être au courant du contenu des séances même s'il peut être informé à chaque étape. La vraie limite actuelle demeure le financement. « La justice restaurative relève du budget de l'aide aux victimes et de l'accès au droit, indique Benjamin Sayous. Il n'y a pas eu de nouvelle ligne budgétaire. Cela s'est fait à moyens constants. » Selon lui, cela s'explique par le fait que la justice restaurative est longtemps restée dans l'expérimentation.

À présent, il espère qu'une vraie politique publique émerge afin d'« irriguer l'ensemble de la société ». De même, il souhaite que ces mesures se diversifient dans leur mise en place. « Pour l'heure c'est surtout du post-sentenciel mais, dès le dépôt de plainte, les officiers de police judiciaire peuvent informer les usagers sur l'existence de ces dispositifs. » Pour la cheffe de service de l'APCARS, il reste encore à développer l'ensemble des mesures et pas uniquement les RCV et RDV. Après avoir ouvert la justice restaurative en milieu fermé (avec des autorisations d'entrée pour les victimes en maison d'arrêt), le SPIP 95 doit réfléchir à étendre ces mesures à d'autres types d'infractions. « Tout cela mobilise du personnel à moyens constants mais j'y crois beaucoup, et on va continuer, parce que ce qui compte, c'est que cela fonctionne, assure Boujemaa Arsafi. Et c'est le cas. »

<u>Document n° 5</u> : « La justice restaurative en France, des normes et leurs dévoiements » AJ Pénal 2021 par Robert CARIO, professeur émérite de criminologie à l'université de Pau et des pays de l'Adour

La justice restaurative a pour objectif d'offrir aux personnes concernées un espace inédit de dialogue destiné à envisager les attentes de chacun consécutivement aux répercussions de l'infraction. Les mesures qu'elle promeut, reposant sur un protocole rigoureux, se déroulent au sein d'ateliers (2) restauratifs, aux modalités diverses : médiation restaurative, conférence restaurative, cercle restauratif judiciaire, rencontres détenus-condamnés/victimes, cercle restauratif extra-judiciaire. Ces ateliers restauratifs exigent la présence de la personne auteur(e) et de la personne victime et/ou de leurs proches et/ou de membres de leur(s) communauté(s) d'appartenance. Peu importe que les protagonistes soient liés, ou non, par la même affaire. Peu importe que des poursuites pénales aient été engagées, ou pas.

Après une première expérimentation au sein de la maison centrale de Poissy en 2010 (3), la loi du 15 août 2014 a consacré sa généralisation dans toute procédure pénale. Des textes plus récents complètent son champ d'application, en l'étendant, notamment, aux mineurs en situation de délinquance. Néanmoins, malgré les conditions clairement édictées par la loi, des dévoiements, caractéristiques d'accommodements et de dénaturations, s'observent trop fréquemment dans des programmes pseudo-restauratifs (4), au risque de compromettre la légitimité de la justice restaurative, voire de conduire à de nouvelles victimisations à l'encontre des personnes ayant souhaité participer à ces ateliers restauratifs.

1. Le cadre normatif des ateliers restauratifs en France

La loi du 15 août 2014 dédie à la justice restaurative un nouvel article 10-1, applicable le 1er octobre 2014 à tous les stades de la procédure pénale. Se voir proposer un atelier restauratif est un droit pour la personne victime (art. 10-2, 1°) et dorénavant pour l'infracteur, y compris lors de l'exécution des peines. Le Guide méthodologique sur la justice restaurative précise, néanmoins, que « la mesure de justice restaurative ne s'inscrit pas dans la procédure judiciaire, elle n'est pas ordonnée par l'autorité judiciaire et ne constitue donc pas une décision relevant de l'action publique » (5). S'il revient au seul juge pénal de déterminer la nature, le quantum et le régime de la sanction (sur les conséquences du crime), les participants peuvent dorénavant envisager de réguler la diversité et les caractéristiques des répercussions (sans lien direct avec le fait infractionnel) qui perdurent.

L'article 10-1 du code de procédure pénale impose une série de garanties conditionnant le recours à une mesure de justice restaurative. L'exigence de la reconnaissance des faits « essentiels de la cause » (6) par tous est formelle. Ni aveu judiciaire ou extrajudiciaire, ni auto-incrimination, une absence de dénégation suffit. Logiquement, une information complète sur la mesure envisagée doit être donnée aux participants éventuels. Le consentement exprès des participants est le gage de leur participation active. La formation spécifique des animateurs est fondamentale afin d'éviter toute forme de victimisation secondaire des participants. La dernière condition exige le respect de la confidentialité des échanges tout au long du processus restauratif.

Le contrôle de l'autorité judiciaire ou, à la demande de celle-ci, de l'administration pénitentiaire consiste en la vérification du respect des conditions posées à l'article 10-1. Il s'agit donc d'un simple mais essentiel contrôle de conformité. Un contrôle d'opportunité sur l'accès à la mesure viderait de tout sens la philosophie même du texte, dès lors que les conditions de reconnaissance des faits et de consentement sont, a minima, manifestement remplies. Le respect de la confidentialité connaît les

Tournez la page S.V.P.

limites légales habituelles : accord des parties, nécessité de prévenir ou de réprimer des infractions commises, dont la commission est en cours ou sur le point de l'être (7), obligation de porter aide et assistance à un(e) participant(e) (au sens large) en « danger » ou en « péril » (8). La confidentialité s'applique à tous. Elle a pour corollaire l'interdiction de s'appuyer sur la participation à une rencontre restaurative, y compris en cas d'échec, dans le cadre d'une procédure pénale subséquente (9). Toutes les autres informations confiées lors des ateliers restauratifs ne peuvent en aucun cas être révélées, à qui que ce soit, les animateurs devant être considérés comme des « confidents nécessaires », plus précisément détenteurs d'un secret missionnel (10).

La circulaire du 15 mars 2017, de valeur simplement interprétative, expose les liens qui doivent unir le système de justice pénale et les mesures de justice restaurative. La complémentarité entre procès pénal et justice restaurative y est rappelée très précisément (11). Un autre aspect de cette complémentarité se manifeste au travers de la pertinente invitation à installer, auprès de chaque tribunal judiciaire, un magistrat référent pour la justice restaurative, au parquet et/ou au siège (art. 5-1, a).

L'autonomie entre procès pénal et justice restaurative apparaît nettement affirmée. La circulaire indique en ce sens que les mesures de justice restaurative sont des mesures ad hoc et ne constituent, en aucun cas, des actes de procédure. Partant, elles échappent aux principes directeurs de la procédure pénale énoncés à l'article préliminaire du code de procédure pénale. La participation à une mesure restaurative n'a pas d'incidence sur la décision d'engager ou non des poursuites, sur la détermination de la culpabilité de l'auteur, le choix de la peine ou de ses modalités d'exécution.

L'ordonnance du 11 septembre 2019, en adoptant le code de la justice pénale des mineurs, vient mettre fin à la belle ordonnance du 2 février 1945 (modifiée à 39 reprises). Après d'âpres discussions, sa date d'entrée en vigueur a été repoussée au 30 septembre 2021. Un article L. 13-4, consacré à la justice restaurative, renvoie dorénavant expressément à l'article 10-1 du code de procédure pénale. Cette heureuse intégration est néanmoins contrariée par le maintien, au sein d'un « module de réparation », non seulement de la réparation pénale traditionnelle, mais encore de la médiation entre la personne mineure et la personne victime, la première avec l'accord de la personne victime concernée, la seconde à la demande ou avec l'accord de celle-ci (CJPM, art. L. 112-8).

Plusieurs remarques s'imposent. En premier lieu, il convient de rappeler que les mesures de justice restaurative ne sont pas des mesures éducatives judiciaires. L'emblème restauratif pourrait être encore de nature à conduire des acteurs de terrain, par frilosité à évoluer vers une posture d'animateurs spécialement formés, voire par crainte d'être dépossédés du suivi de « leur » mineur ou encore d'être « jugés » par ce dernier au regard de la méthodologie relationnelle (12) appliquée par les animateurs et, partant, à rejeter tout programme restauratif.

En second lieu, l'appréciation des concepts de maturité et de discernement, posés à l'article L. 13-4 du code de la justice pénale des mineurs, a toujours été délicate (13). La maturité, état de la personne évaluée selon son âge, suppose une grande sûreté dans le jugement et dans la réflexion. La notion de discernement, essentielle en droit pénal des mineurs, correspond à la capacité d'agir avec intelligence et volonté, plus généralement, à comprendre que l'acte envisagé constitue une infraction, à vouloir néanmoins le commettre et à en percevoir toutes les conséquences du point de vue processuel. Ces notions de maturité et de discernement vont bien au-delà de la simple reconnaissance des faits, condition indispensable à la mise en place d'ateliers restauratifs.

En dernier lieu, la question se pose de savoir, lorsque les mineurs reconnaissent les faits qui leur sont reprochés, si l'accord de leurs représentants légaux doit être obligatoirement requis. Dans la mesure où l'article L. 13-4 du code de la justice pénale des mineurs renvoie explicitement à l'article 10-1 du code de procédure pénale, il appartient aux animateurs spécialement formés de s'assurer que ses conditions sont bien remplies, notamment la reconnaissance, même partielle, des faits par le mineur concerné. L'accord des représentants légaux n'est pas davantage nécessaire, la mesure restaurative ne constituant pas un acte de procédure.

Le décret du 21 décembre 2020, logiquement, est applicable à tous les justiciables, majeurs comme mineurs. Le nouvel article D. 1-1-1 vient étendre le droit des personnes concernées, victimes (C. pr. pén., art. 10-2, 1°) et dorénavant personnes infracteurs, à se voir proposer, par tout moyen, une mesure de justice restaurative, à tous les stades de la procédure. Ces dispositions sont applicables lorsque la mesure « paraît envisageable ». Des arguments d'ordre juridique, non insurmontables, semblent le justifier notamment en cas d'interdiction d'entrer en contact ou en relation avec la victime, ou d'autres obligations particulières (horaires d'assignation par ex.). Cependant, il est à craindre que des raisons d'opportunité, reposant sur la nature de l'infraction, soient retenues par les magistrats compétents, aux divers stades de la procédure pénale. Un tel droit vient de se voir consolidé par la publication de la liste des magistrats référents en matière de justice restaurative au sein de chaque tribunal judiciaire.

La dépêche du garde des Sceaux du 23 février 2021. Dans une dépêche relative au traitement des infractions sexuelles susceptibles d'être prescrites, l'actuel garde des Sceaux recommande aux procureurs de la République d'ouvrir, dans de telles situations, une enquête préliminaire. La réalité de la prescription sera ainsi vérifiée lors de l'audition de la/du plaignant(e). Elle permettra également de questionner l'environnement de la personne mise en cause et de l'entendre sur les accusations portées contre elle. À ces égards, la dépêche rappelle, très pertinemment, que si les conditions de l'article 10-1 du code de procédure pénale sont réunies, un dispositif de justice restaurative peut être envisagé. La rencontre restaurative se déroulera, selon le souhait des parties, validé par les animateurs (au sens large), en face-à-face ou de manière anonyme.

Pour être bien ancrée dans les textes officiels, la mise en oeuvre des ateliers restauratifs fait néanmoins l'objet de dévoiements de nature à en diminuer les potentiels bienfaits, voire à en pervertir l'objectif principal : offrir un espace de dialogue aux protagonistes directs, à leurs proches et/ou à leurs communautés d'appartenance. Inspirés par les « bonnes pratiques » évaluées scientifiquement à l'étranger (14), les protocoles établis conjointement par l'Institut français pour la justice restaurative (IFJR) et les acteurs locaux engagés dans l'avènement d'une authentique culture restaurative de régulation des conflits ont précisément pour ambition d'éviter toute revictimisation des participants (15).

2. Les dévoiements des ateliers restauratifs en France

Les accommodements avec les textes officiels sont bien réels et déjà palpables dans quelques programmes actifs en France. Des mesures sont anormalement qualifiées de restauratives, comme le contrôle judiciaire socio-éducatif, la réparation de la victime, la sanction-réparation, le travail d'intérêt général, la réparation pénale à l'égard des mineurs principalement. Pour s'en convaincre, il importe simplement de constater qu'elles n'associent pas suffisamment, voire pas du tout, les personnes victimes, leurs proches et/ou leurs communautés d'appartenance. Surtout, la justice restaurative ne saurait être assortie d'aucune forme de contrainte insidieuse, a fortiori directe.

Dans ces hypothèses, la possibilité de poser un choix éclairé lors de la proposition « supplémentaire » de la mesure restaurative est très aléatoire. Comment peut-on, en effet, confondre consentement éclairé et adhésion à une obligation ? Le premier suppose que l'intéressé(e) donne son accord plein et entier à une action ou une mesure de manière volontaire, expressément, en toute connaissance de cause, sans aucune obligation et/ou, le cas échéant, sans contrepartie. La seconde conduit l'intéressé(e) à donner son accord à une action ou une mesure dans le cadre d'une obligation concomitante, sans avoir, objectivement ou subjectivement, le choix de ne pas y souscrire. Le risque d'instrumentalisation de la personne victime est d'autant plus perceptible que la plupart de ces mesures concernent bien plus directement la (re)socialisation de la seule personne infracteure. Comment concilier alors la possibilité offerte à tout participant de quitter, à tout moment, le dispositif restauratif et le respect concomitant des obligations assortissant l'octroi d'un contrôle judiciaire ou d'un sursis avec mise à l'épreuve, notamment ? De la même manière, la réparation pénale à l'égard des mineurs a perdu tout caractère restauratif car, sur le terrain, les personnes victimes ne sont qu'exceptionnellement impliquées tout au long du dispositif (16).

Dans le même ordre de constat, la circulaire du 15 mars 2017 consacre des développements importants à la phase des poursuites. Les évaluations scientifiques s'accordent à reconnaître que plus les faits sont graves, plus la satisfaction des attentes des participants est importante, grâce aux échanges sur les répercussions du crime, favorisés par l'espace de dialogue, consubstantiel des mesures restauratives. Certes, tant la gravité intrinsèque (objective) de l'acte que sa gravité extrinsèque (subjective) doivent être appréciées sereinement. Il faut cependant être rigoureux quant au choix des contentieux éligibles pour éviter que les ateliers restauratifs ne deviennent des ajouts punitifs. La question des coûts élevés (en ressources humaines notamment) par rapport aux bénéfices escomptés, dans le contexte de petite délinquance massivement traitée par les parquets, doit être bien comprise. Et de surcroît, les personnes victimes ont besoin de temps pour parler et dépasser les traumatismes consécutifs à l'infraction.

Les accommodements avec la justice restaurative s'observent encore, de manière curieuse, chez les professionnels concernés qui ont trop souvent tendance à se présenter comme experts de la situation. Ainsi, les uns surprotègent les personnes victimes (en déterminant leurs attentes, à leur place), les autres guident les personnes infracteures (en déterminant les trajectoires souhaitées, à leur place). En justice restaurative, la personne est la seule experte de sa situation.

Les dénaturations des protocoles restauratifs proviennent d'improvisations et précipitations qui ne siéent guère à la justice restaurative. Les évaluations disponibles soulignent, de manière unanime, que les bienfaits qu'elle procure aux participants proviennent non seulement de la philosophie humaniste qui l'anime mais encore de la méthodologie rigoureuse - et exigeante certes - qui encadre les mesures restauratives. Les protocoles, spécifiques à chaque mesure restaurative, élaborés avec les professionnels de terrain et validés par les animateurs formés, en sont les meilleurs garants. Le peu de recul par rapport à la mise en oeuvre et à l'évaluation de mesures authentiquement restauratives apparaît comme une invitation à qualifier de « restauratifs » des programmes qui ne le sont pas du tout, par « arrangements normatifs » (17) ou opportunisme pratique. Il n'est pas question de remettre en cause de tels programmes, sans doute de qualité sous réserve de leur évaluation. Il s'agit simplement d'affirmer qu'ils s'éloignent - de manière très problématique parfois - des mesures restauratives, telles que conçues par la loi et opérationnalisées par des animateurs spécialement formés. Surtout, parce que principalement orientés vers les infracteurs, ils sont vécus par les personnes victimes comme une forme d'instrumentalisation, voire une trahison.

En ce sens, les groupes de parole, quand bien même ils introduisent, à un moment donné de leur déroulement, une personne ayant été victime, ne sauraient constituer une mesure restaurative. Le programme Sycomore, pour pertinent qu'il soit, constitue un groupe de parole au bénéfice des seuls auteurs qui s'y investissent en vue de leur responsabilisation relativement aux faits commis (18). Destiné également aux seules personnes placées sous main de justice, le programme de parrainage de désistance vise prioritairement leur changement. Version très édulcorée des cercles de soutien et de responsabilisation (CSR), il n'en respecte pas le protocole exigeant et les conditions pour en bénéficier : auteurs d'infraction à caractère sexuel, évalués à haut risque de récidive et exposés à un très grand isolement social à leur sortie de prison (19). Une première évaluation du programme, portant sur dix-huit bénéficiaires, a eu lieu et les premiers résultats soulignent, sans surprise, l'engagement et la disposition au traitement des infracteurs concernés, principalement (20).

Vouloir intégrer la justice restaurative au sein du système de justice en vue de la promotion d'une nouvelle clinique judiciaire heurte profondément le caractère non thérapeutique des programmes restauratifs, gage de leur réussite. S'empresser d'introduire les méthodologies propres à d'autres programmes, absolument pertinents en eux-mêmes, mais exclusivement centrés sur le traitement de la personne infracteure, contredit le constat évalué que si la préparation des participants potentiels aux mesures restauratives, comme les échanges qui se déroulent dans les espaces de parole dédiés, sont susceptibles de conduire, par le dialogue, à un potentiel cheminement de tous, c'est précisément parce que les animateurs, au sens large, n'utilisent pas ces outils, qualifiés de cliniques par leurs promoteurs (21). L'entretien motivationnel, par exemple, est « un style de conversation collaboratif pour renforcer la motivation propre d'une personne et son engagement vers le changement » (22), un « travail thérapeutique » (23).

Dans le même sens, les théories cognitivo-comportementales qui fondent les programmes « Risque-Besoins-Réceptivité » (24) et « Good Lives Model » (25) s'inscrivent également en totale contradiction avec la démarche restaurative. Toute forme de suggestion dans le sens d'un mieux-être pour les participants risque de porter atteinte au caractère volontaire et éclairé de leur participation. Spécialement dédiés à la réhabilitation globale des seuls condamnés, de tels programmes emportent encore des risques de confusion avec le soin, les thérapies devant être nettement distinguées des interventions pour lutter contre la récidive (26). Il importe aussi de ne jamais oublier que les attentes formulées par les intéressés pour participer à une mesure restaurative sont différentielles et rien ne permet d'affirmer qu'elles seront satisfaites à leur clôture (27). Surtout, ces programmes cognitivo-comportementaux sont fondés sur le traitement des besoins des personnes placées sous main de justice. Or, les mesures de justice restaurative portent uniquement sur la considération des attentes des participants. La différence est notable car les attentes des personnes lors d'ateliers restauratifs sont toujours marquées par leur vécu de l'infraction commise/subie, autour des émotions, des ressentis, généralement ignorés lors du procès pénal ou de l'exécution des peines. Alors que l'expression d'un besoin repose sur une exigence de nature à conduire à sa satisfaction. Attentes et exigences ne sont ainsi en rien compatibles.

Dans les ateliers restauratifs, le mode de communication avec les personnes est le dialogue, lequel ne saurait être contrarié par le recours aux techniques d'écoute et d'entretien propres aux entretiens cliniques. Pas davantage que l'écoute réflective dans les entretiens motivationnels, l'écoute active ne saurait être développée en justice restaurative. Cette dernière, courante dans les pratiques professionnelles des travailleurs sociaux qui gravitent autour de la chaîne pénale, se manifeste au travers de la relation d'aide, thérapeutique par définition, proposée par Carl Rogers. La reformulation en constitue la technique essentielle et se manifeste sous plusieurs modalités comme, principalement, le reflet, consistant à reprendre les paroles de la personne de manière plus concise sans en déformer la pensée. L'utilisation des techniques du miroir, de la suggestion, de la clarification, de la validation, de la synthèse, de la contradiction, notamment, doit être aussi proscrite dans les ateliers de communication restauratifs. En revanche, le recours à la reformulation-écho, la relance, le résumé est envisageable mais avec circonspection et toujours verbalisé très brièvement.

Tournez la page S.V.P.

D'autres formes de dénaturation du modèle restauratif s'illustrent çà et là sur le territoire national : simplifications hasardeuses des protocoles pourtant construits et mis en oeuvre en pleine collaboration avec les acteurs de terrain, retard à signer l'indispensable convention de partenariat par quelques membres du comité de pilotage, turn over important des personnels judiciaires, absence de membres de la communauté dans les rencontres condamnés-victimes, animateurs référents de l'un ou l'autre des participants, réticences, voire résistances à orienter les personnes suivies, préparation des personnes parfois galvaudée, auto-formation ou formation insuffisante des animateurs, principalement.

En résumé, il importe de se souvenir, comme le précise Catherine Rossi (28), que les participants à un atelier restauratif sont le programme, qu'ils s'y orientent pour des raisons qui leur appartiennent, qu'ils sont les seuls maîtres de son déroulement. Tous (personnes victimes et infracteures, proches, membres de leurs communautés d'appartenance, citoyens) s'y investissent de la manière qu'ils désirent, posent les questions qui leur tiennent à coeur, s'y engagent à hauteur de ce dont ils se sentent capables. Bien qu'en tout temps un cadre d'animation strict soit nécessaire, sur le fond, chaque moment écoulé est contrôlé, dirigé, décidé par les participants eux-mêmes (la/les personne/s victime/s autant que la/les personnes infracteure/s). De sorte que leur place, leurs actions et revendications, leur parole, leur liberté demeurent recevables et respectées, tout au long du processus restauratif. Les animateurs, au sens large, en sont les garants. Les premières évaluations sont très encourageantes à ces égards (29). En plein développement aujourd'hui en France, il apparaît essentiel de souligner avec force que la très grande majorité des programmes mis en oeuvre se conforment scrupuleusement aux principes philosophiques de la justice restaurative, aux textes officiels, aux modus operandi ainsi qu'aux outils de l'approche relationnelle (30). C'est du respect de ces exigences que dépend la généralisation des ateliers restauratifs au bénéfice de toutes les personnes qui souffrent profondément des répercussions du crime.

Document n° 6 : « Justice restaurative en France, de la loi à la pratique » publié dans Le Monde du Droit le 29 juin 2020

Marion Wagner et Danièle Broudeur, qui enseignent toutes deux à l'Université Catholique de Lyon, reviennent sur la notion de justice restaurative et la nécessité de la mettre en pratique en France le plus rapidement possible.

Réparer l'irréparable... La notion de justice restaurative est entrée dans le droit français en 2014 par la porte du droit pénal. Selon l'article 10-1 du Code de procédure pénale, une mesure de justice restaurative peut être proposée à la victime ou à l'auteur de l'infraction à l'occasion de toute procédure et à tous les stades, « y compris lors de l'exécution de la peine ». Cette mesure est entendue comme une pratique permettant aux deux parties de trouver un espace de dialogue pour réparer les préjudices résultant de l'infraction, avec le triple objectif de prendre en compte la victime, l'auteur et la société. Il s'agit d'aller au-delà de la sanction pour donner une nouvelle ambition à la justice pénale. Après le procès, victime et auteur doivent pouvoir reprendre leur vie et surtout leur place dans la société. Mais si elle est nécessaire, la sentence est incapable de restaurer le lien social abîmé. La justice restaurative apporte un outil social de réparation qui faisait défaut au droit pénal.

Dans la pratique, la justice restaurative implique volontariat et confidentialité. Chaque mesure est mise en œuvre par un tiers indépendant formé à ces pratiques, qui met en lien auteur et victime, sous le contrôle d'un juge ou de l'administration pénitentiaire (circulaire du 26 sept. 2014). Par le dialogue et la reconnaissance de la souffrance de l'autre, par le besoin partagé de se reconstruire, victime et auteur peuvent se réparer l'un l'autre. La rencontre se prépare avec des facilitateurs, présents le jour de la séance restaurative, où chacun pourra exprimer son ressenti, toutes les choses essentielles impossibles à dire pendant le procès.

Toute récente en France, la justice restaurative se met en place lentement, car elle implique une véritable révolution philosophique et engage de multiples dimensions dans sa médiation réparatrice. L'une des clés est la formation pluridisciplinaire à cette nouvelle approche de règlement des conflits et de la justice comme outil de réparation, pas seulement financière, mais aussi psychologique. Ces pratiques de justice restaurative doivent être transmises dès que possible dans le parcours des étudiants en droit pour bâtir une justice du XXIème siècle pragmatique et restaurative.

Marion Wagner, Directrice du Master Droit privé parcours Droits de l'enfant et des personnes vulnérables, Directrice du Certificat Universitaire Médiation restaurative, Directrice du Certificat Universitaire Droits Debout : les droits fondamentaux des personnes privées de libertés de l'Institut des Sciences de la Famille de l'UCLy et Danièle Broudeur, Psychologue, Fondatrice du Certificat Universitaire Médiation restaurative, ancienne Directrice du Diplôme d'État de Médiateur Familial (DEMF) de l'Institut des Sciences de la Famille de l'UCLy.

Tournez la page S.V.P.

Document n° 7 : Circulaire du garde des Sceaux Jean-Jacques URVOAS en date du 15 mars 2017 relative la mise en œuvre de la justice restaurative suite à la parution de la loi du 15 août 2014

Circulaire du 15 mars 2017 relative à la mise en œuvre de la justice restaurative applicable immédiatement suite aux articles 10-1, 10-2 et 707 du code de procédure pénale, issus des articles 18 et 24 de la loi n° 2014-896 du 15 août 2014 NOR : JUST1708302C

« La fonction principale de la réaction sociale à la criminalité n'est ni de punir ni de rééduquer, ni de traiter mais de promouvoir la réparation des torts causés par le délit ».

Ainsi, la justice restaurative, appelée également « justice réparatrice », se définit comme un modèle de justice complémentaire du procès pénal, qui consiste à restaurer le lien social endommagé par l'infraction, à travers la mise en œuvre de différentes mesures associant la victime, l'auteur et la société.

Elle est conçue pour appréhender l'ensemble des répercussions personnelles, familiales et sociales liées à la commission des faits, et participe ainsi, par l'écoute et l'instauration d'un dialogue entre les participants, à la reconstruction de la victime, à la responsabilisation de l'auteur et à l'apaisement, avec un objectif plus large de rétablissement de la paix sociale.

En droit français, il existe depuis plusieurs années des mesures dont les mécanismes sont inspirés de la justice restaurative, telles que la médiation pénale pour les majeurs à titre d'alternative aux poursuites 3 et la réparation pénale pour les mineurs, à visée éducative. La présente circulaire n'a pas vocation à évoquer ces dispositifs ni même à revenir sur leur principe. Ces mesures continuent aujourd'hui de s'appliquer dans le respect des principes généraux du code de procédure pénale.

Mais la justice restaurative, dans son acception pleine et entière, a été consacrée par la loi du 15 août 2014 relative à l'individualisation des peines et renforçant l'efficacité des sanctions pénales, qui a créé une mesure ad hoc s'exerçant à tous les stades de la procédure.

Le caractère innovant de cette mesure repose sur son autonomie vis-à-vis de la procédure pénale. Elle constitue une voie offerte aux parties, facultative, et sans conséquence sur le déroulement de la procédure judiciaire qui s'exerce en parallèle. L'autorité judiciaire joue un rôle majeur dans son impulsion, et dans l'évaluation qualitative du dispositif, sans pour autant contrôler le déroulement de la mesure individuelle, qui se déroule en toute confidentialité.

La présente circulaire a pour objet de rappeler le cadre juridique (1), le champ d'application des mesures de justice restaurative (2), puis les principes directeurs de la justice restaurative en droit français (3), les conditions préalables à la mise en œuvre (4) et enfin de décliner les modalités de mise en œuvre et de contrôle (5).

Elle doit permettre une large appropriation de cette mesure nouvelle qui poursuit un objectif de restauration du lien social transcendant la dynamique habituelle de notre procédure pénale.

1 - Le cadre juridique de la justice restaurative

1.1 Le cadre juridique international et européen

Le Conseil économique et social de l'Organisation des Nations Unies a joué un rôle précurseur dans l'application de législations relatives à la justice réparatrice au sein des Etats membres.

Il a défini la justice réparatrice comme le « *processus dans [lequel] la victime et le délinquant et, lorsqu'il y a lieu, toute autre personne ou tout autre membre de la communauté subissant les conséquences d'une infraction participent ensemble activement à la résolution des problèmes découlant de cette infraction, généralement avec l'aide d'un facilitateur* ». Il a incité les Etats membres à faciliter l'accès à

de tels services, et à élaborer des programmes de recherche et de formation partagés. Enfin, l'Assemblée générale des Nations Unies a consacré la justice réparatrice en 2014.
Parallèlement, en Europe, de nombreuses initiatives se sont développées. La directive 2012/29 UE du 25 octobre 2012 établissant des normes minimales concernant les droits, le soutien et la protection des victimes de la criminalité a ainsi consacré, dans son article 12, le recours à la justice réparatrice et a posé les jalons de l'évolution du droit français en ce sens.

1.2 La consécration de la justice restaurative en droit français

Inspirée par ce contexte international, la loi n°2014-896 du 15 août 2014 consacre, dans son article 18, la mesure de justice restaurative. Elle crée l'article 10-1 du code de procédure pénale qui dispose :
« *A l'occasion de toute procédure pénale et à tous les stades de la procédure, y compris lors de l'exécution de la peine, la victime et l'auteur d'une infraction, sous réserve que les faits aient été reconnus, peuvent se voir proposer une mesure de justice restaurative.*
Constitue une mesure de justice restaurative toute mesure permettant à une victime ainsi qu'à l'auteur d'une infraction de participer activement à la résolution des difficultés résultant de l'infraction, et notamment à la réparation des préjudices de toute nature résultant de sa commission. Cette mesure ne peut intervenir qu'après que la victime et l'auteur de l'infraction ont reçu une information complète à son sujet et ont consenti expressément à y participer. Elle est mise en œuvre par un tiers indépendant formé à cet effet, sous le contrôle de l'autorité judiciaire ou, à la demande de celle-ci, de l'administration pénitentiaire. Elle est confidentielle, sauf accord contraire des parties et excepté les cas où un intérêt supérieur lié à la nécessité de prévenir ou de réprimer des infractions justifie que des informations relatives au déroulement de la mesure soient portées à la connaissance du procureur de la République ».
Ces dispositions sont complétées, dans le même code, par les articles 10-2 qui prévoit une information de la victime par les officiers de police judiciaire, et 707 qui établit, au stade de l'exécution de la peine, le droit pour la victime de bénéficier du recours à la justice restaurative. Des exemples de mesures de justice restaurative vous sont présentés en annexe, sur la base d'expériences déjà développées.

2 - Le champ d'application de la justice restaurative

2.1 Les infractions visées

Le législateur n'a pas souhaité limiter les infractions (crimes, délits, contraventions) susceptibles d'être concernées par une mesure de justice restaurative.
Par ailleurs, dès lors que cette mesure peut être mise en place à tous les stades de la procédure, la formulation de l'article 10-1 permet d'envisager sa mise en œuvre indépendamment des poursuites engagées, c'est-à-dire y compris pour une infraction qui ne sera pas poursuivie. Cela pourra par exemple être le cas d'une infraction prescrite, insuffisamment caractérisée, etc.

2.2 Le public concerné

a - Les auteurs

Dans le champ d'application de la justice restaurative, le terme d'auteur doit s'entendre dans une acception plus large, afin d'inclure toutes les personnes ayant reconnu avoir commis une infraction et souhaitant participer à un processus restauratif.
Il appartient aux magistrats et aux services chargés du suivi de cette personne d'exercer une vigilance particulière sur le choix de la mesure, notamment lorsque des rencontres directes entre plaignant et mis en cause sont envisagées. Ils doivent, en outre, évaluer la pertinence de ce mode d'accompagnement, en particulier lorsque les infractions sont commises dans la sphère familiale, en raison de l'emprise possible, notamment d'un ascendant sur une victime mineure ou du conjoint dans le cadre des violences conjugales.

Lorsque la mesure est initiée à la demande de l'auteur, les motivations de celui-ci doivent être précisément examinées et évaluées par le tiers indépendant en charge de la mesure, afin de sécuriser sa mise en œuvre.

b - Les victimes

La définition de la victime peut varier en fonction de son statut procédural (plaignant, partie civile, victime) ou de ses liens avec les faits à l'origine du dommage (victime directe ou par ricochet). Elle concerne également la victime d'une infraction prescrite, comme le plaignant dans le cadre d'un classement pour infraction insuffisamment caractérisée ou d'un non-lieu. Elle couvre également ses proches, notamment en cas de décès.

La victime, sous ces différentes acceptions, est susceptible d'être prise en charge dans le cadre d'une mesure de justice restaurative et de bénéficier d'un suivi par l'association d'aide aux victimes (soutien psychologique, aide socio-juridique).

L'article 10-2 1° du code de procédure pénale dispose : « *Les officiers et les agents de police judiciaire informent par tout moyen les victimes de leur droit : 1° D'obtenir la réparation de leur préjudice, par l'indemnisation de celui-ci ou par tout autre moyen adapté, y compris, s'il y a lieu, une mesure de justice restaurative* ». Cette information doit faciliter la prise de contact avec la victime par l'intermédiaire d'une association d'aide aux victimes.

De la même manière, au stade de l'exécution de la peine, l'article 707 du même code prévoit que « *la victime a le droit [...] 2° D'obtenir la réparation de son préjudice, par l'indemnisation de celui-ci ou par tout autre moyen adapté, y compris, s'il y a lieu, en se voyant proposer une mesure de justice restaurative* ».

Lorsqu'ils envisagent la mise en place d'une mesure de justice restaurative, les magistrats et les services chargés du suivi de l'auteur doivent exercer une vigilance renforcée, afin de ne pas compromettre la procédure en cours (manifestation de la vérité) et d'assurer la protection de la victime (risque de subornation de témoin ou d'intimidation de la victime, surtout dans le cadre intrafamilial). Des rencontres avec des victimes substitutives peuvent, le cas échéant, apparaître plus opportunes au stade pré-sentenciel.

<u>c - Les particularités liées à l'état de minorité</u>

Il convient d'adapter la mise en œuvre des mesures de justice restaurative à l'état de minorité des auteurs ou des victimes et d'associer les parents au processus. En effet, l'implication du mineur dans l'action ne comporte pas un enjeu judiciaire mais éducatif, sans contrepartie attendue. Dans ce cadre, le degré d'adhésion du mineur à la démarche et son cheminement seront fonction de son degré de maturité, et de sa situation individuelle.

Il est donc primordial d'évaluer la capacité de l'adolescent à mesurer les effets de son acte sur la victime et sa volonté de s'engager dans un processus de justice restaurative.

Par ailleurs, pour les victimes mineures, une attention particulière doit être portée aux implications et impacts d'une telle mesure, en y associant les représentants légaux.

<u>3 - Les principes de la justice restaurative</u>

3.1 L'autonomie de la mesure

Si la mesure spécifique de l'article 10-1 précité suppose l'existence d'une procédure pénale, elle est à la fois complémentaire et autonome. Il ne s'agit pas d'un acte de procédure. Il n'y a donc pas lieu d'appliquer les principes directeurs de procédure pénale, définis par l'article préliminaire du code de procédure pénale.

Ainsi, quel que soit le déroulement de la mesure, son succès ou son échec restent sans incidence sur la réponse pénale. La procédure se poursuit en parallèle, même si, en pratique, la mesure peut indirectement faciliter l'exécution de la réparation ou influer positivement sur l'exécution de sa peine.

Ainsi, quelle que soit l'issue du processus :

– la mesure de justice restaurative n'a pas d'incidence sur la décision d'engager des poursuites ou de classer, ni sur la détermination de la culpabilité, le choix de la peine ou de ses modalités d'exécution (dispense de peine ou réduction de peine par exemple) ;

– si l'auteur de l'infraction décide de quitter le dispositif, cette décision ne peut lui être préjudiciable et est dénuée de toute répercussion sur sa situation pénale ;
– la mesure de justice restaurative n'a pas d'effet sur l'octroi d'éventuels dommages-intérêts dus à la partie civile, y compris sous forme transactionnelle, ni sur l'indemnisation de la victime dans le cadre d'une alternative aux poursuites.

Cette autonomie implique une imperméabilité entre les deux dispositifs. La confidentialité de la mise en œuvre de la mesure est assurée par l'absence de pièce relative à la mesure de justice restaurative dans le dossier pénal, pour éviter tout risque d'influence sur la décision de poursuite, le prononcé de la peine, le montant des dommages-intérêts ou l'octroi d'aménagements de peine.

Seule la mention de la proposition d'une telle mesure peut être versée au dossier, sans autre élément. De même, l'applicatif Cassiopée, ou tout autre applicatif ou dispositif nominatif renseignant des éléments de procédure pénale, ne contient pas de données sur cette mesure.

3.2 La confidentialité

La loi garantit la confidentialité des échanges. Si l'autorité judiciaire est informée de la mise en place d'un dispositif de justice restaurative et peut avoir connaissance des personnes qui y participent, aucun écrit sur la teneur des échanges ne peut lui être transmis, sauf accord des deux parties ou si un intérêt supérieur le justifie.

Cet intérêt pourrait notamment résulter de la réitération d'infractions ou de la révélation de faits délictueux au cours de la mesure, par exemple.

Les propos tenus par les parties, et notamment la reconnaissance des faits par l'auteur, ne peuvent être utilisés comme aveu judiciaire ou extrajudiciaire. De même, les pièces éventuellement échangées lors de la mesure (document écrit adressé par l'une ou l'autre des parties, support audio ou vidéo de déclarations de l'une ou l'autre des parties, etc.) ne peuvent être versées dans une autre procédure pénale, civile, familiale, prud'homale, ou commerciale.

4 - Les conditions préalables à la mise en œuvre de la mesure

Elles sont énoncées à l'article 10-1 du code de procédure pénale.

4.1 La reconnaissance des faits par les auteurs

L'auteur doit reconnaître les faits, c'est-à-dire à la fois son implication et sa responsabilité. Les parties en présence doivent pouvoir s'accorder sur les faits principaux de la cause. Le tiers indépendant en charge de la mesure s'en assure lors de la phase de préparation.

Une mesure de justice restaurative ne peut, en effet, être envisagée comme une sanction et doit permettre d'instaurer un dialogue avec la victime, par le biais d'un échange respectueux entre les participants, après une phase de préparation de chacune des parties.

4.2 L'information complète des victimes et des auteurs sur la mesure

Pour permettre, tant aux victimes qu'aux auteurs, de consentir librement à leur participation à la mesure, une information claire doit leur être délivrée, tant sur les modalités de mise en œuvre, les enjeux et les garanties de contrôle, que sur le caractère confidentiel et leur faculté d'interrompre le processus à tout moment.

S'agissant d'un public mineur, les représentants légaux devront être associés à la démarche.

Les participants doivent en outre être clairement informés du fait que la mise en œuvre de la mesure n'aura pas d'influence sur la procédure pénale.

4.3 Le consentement exprès des victimes et des auteurs

Dès lors qu'une victime ou un auteur souhaite participer à une mesure de justice restaurative, ou que celle-ci lui est proposée, le consentement de chaque partie doit être recueilli par écrit, par le tiers chargé de la mesure. Cet accord doit être recueilli à l'issue, soit de l'entretien d'information, soit après un délai de réflexion si les parties le demandent, et en tout état de cause préalablement à la mise en œuvre de la mesure.

Les parties ne peuvent en aucun cas être contraintes à participer à cette mesure et demeurent libres, à tout moment, de quitter le processus. La mesure se déroulant en toute autonomie, seule la volonté des parties, reposant sur un consentement libre et éclairé, en conditionne le déclenchement, le déroulement, et le terme.

Dans le cadre post-sentenciel, lorsque l'auteur s'engage dans une telle mesure, sa demande doit nécessairement être exprimée auprès du service en charge de son suivi (service pénitentiaire d'insertion et de probation, ou service de la protection judiciaire de la jeunesse) ou du juge de l'application des peines qui en évalue la pertinence.

4.4 L'intervention d'un tiers indépendant formé

Les intervenants exerçant ces mesures doivent assurer leur mission en toute indépendance. Cela exige qu'ils ne soient pas liés avec l'une des personnes concernées. Ils doivent être impartiaux, et présenter des qualités relationnelles et des compétences garantissant le bon déroulement de la mesure. Ces conditions impliquent qu'ils soient spécifiquement formés.

Si le tiers chargé de la mesure peut être un membre du personnel du secteur public ou associatif habilité de la protection judiciaire de la jeunesse ou du service pénitentiaire d'insertion ou de probation, il convient qu'il ne soit pas, par ailleurs, chargé du suivi de l'auteur ou de la victime mineure.

De la même manière, la personne en charge d'une mesure alternative aux poursuites ne peut être chargée de la mise en œuvre de la mesure de justice restaurative.

Dans le cas des associations exerçant dans le secteur socio-judiciaire ou celui de l'aide aux victimes, le non cumul s'applique à la personne animant la mesure et non à la structure gestionnaire. Ainsi, la répartition des dossiers entre intervenants ou la désignation de personnels dédiés garantira le respect de ce principe.

<u>5 - Les modalités de mise en œuvre et de contrôle de la justice restaurative</u>

5.1 La phase préparatoire du dispositif

<u>a - L'élaboration partenariale du projet : la mise en place d'un comité de pilotage</u>

Un projet partenarial associant l'ensemble des acteurs concernés (autorité judiciaire, barreau, SPIP, PJJ, secteur local associatif socio-judiciaire, secteur associatif localement dédié à l'aide aux victimes) doit être élaboré en amont de la mise en œuvre d'une mesure de justice restaurative. Ce projet doit être formalisé par une convention définissant la méthodologie employée, les étapes du projet, son financement, le fonctionnement du dispositif et le rôle de chacun des acteurs. En effet, les rôles du service pénitentiaire d'insertion et de probation (SPIP), de la protection judiciaire de la jeunesse (PJJ), du magistrat du siège ou du parquet mandant ou encore de l'association partenaire ne seront pas identiques selon le stade concerné.

Des exemples de conventions sont présentés en annexe.

En appui de ce partenariat, la création d'un comité de pilotage est préconisée. Il a vocation à suivre et évaluer le dispositif, afin d'en garantir la pérennité, en dépit des changements d'acteurs. Il peut, le cas échéant, s'inscrire dans un projet de juridiction.

A cette fin, il apparaît opportun, au sein de chaque juridiction, de désigner un magistrat référent pour la justice restaurative, au parquet et/ou au siège.

<u>b - Le financement des mesures de justice restaurative</u>

Les mesures de justice restaurative peuvent être financées sur les crédits du programme 101 « Accès au droit et à la justice ». Les demandes doivent être adressées aux cours d'appel par les associations d'aide aux victimes ou toute autre association impliquée dans la mise en œuvre de la mesure.

Le financement de la formation des intervenants (PJJ, SPIP) se fait par les voies de financement habituelles des actions de formation.

Par ailleurs, les crédits du fonds interministériel de prévention de la délinquance (FIPD) peuvent être sollicités par les porteurs de projet, via le procureur de la République, notamment au titre de la prévention de la récidive.

c - La sensibilisation des acteurs concernés

La formation et l'information des professionnels sont des leviers majeurs pour assurer la connaissance des mécanismes et de la philosophie de la justice restaurative.

Pour ce faire, des formations doivent être offertes à l'ensemble des intervenants judiciaires (magistrats, greffiers, personnels de la protection judiciaire de la jeunesse et de l'administration pénitentiaire), tant dans le cadre de leur formation initiale, que de leur formation continue, aux niveaux national et déconcentré.

Ce dispositif de formation doit être complété par des actions de sensibilisations organisées localement au bénéfice des mêmes acteurs, afin qu'ils puissent appréhender cette nouvelle modalité d'intervention. A titre d'exemple, la cour d'appel peut mettre en place une semaine de la justice restaurative (à l'instar de ce qui est pratiqué au Canada), au cours de laquelle des manifestations sont proposées à l'ensemble des professionnels concernés, éventuellement en lien avec les partenaires institutionnels de prévention de la délinquance (mairie, préfecture, rectorat, bailleurs sociaux, régies de transports en commun, mission locale...), telles que des expositions, conférences, lectures ou débats ouverts au public.

5.2 La mise en œuvre du dispositif

a - La sélection et la préparation des participants

- *La sélection des participants*

La mesure de justice restaurative n'est pas ordonnée. Elle est proposée aux parties par les autorités judiciaires, le SPIP, la PJJ, les associations d'aide aux victimes ou toute association socio-judiciaire habilitée par la cour d'appel.

Les victimes et auteurs peuvent également en faire eux-mêmes la demande auprès de ces mêmes acteurs. S'ils sont mineurs, cette demande doit être formulée avec leurs parents ou représentants légaux. Si la mesure est sollicitée par l'auteur des faits, la victime est contactée par l'intermédiaire de l'association d'aide aux victimes.

- *La préparation des participants*

Lorsqu'une mesure de justice restaurative est envisagée, l'opportunité d'y recourir doit être évaluée par des professionnels spécialement formés. A cette fin, toute mesure débute par une préparation individuelle qui se traduit par des temps d'échanges organisés en amont de la mise en œuvre de la mesure et a pour objectif de sécuriser les échanges à venir.

Des temps d'échanges collectifs peuvent également être organisés.

b - La formation préalable des intervenants

- *La définition d'un tiers indépendant formé*

Les intervenants sont qualifiés de tiers indépendant et doivent présenter des qualités relationnelles et des compétences garantissant le bon déroulement de la mesure. Ils peuvent être issus d'horizons différents (professionnels du SPIP, de la PJJ, intervenants associatifs, avocats, etc.), mais s'ils ont, dans la majorité des cas, un lien plus ou moins étroit avec la prise en charge de personnes victimes ou condamnées, ils ne doivent pas être directement en charge de leur suivi au titre d'une mesure pénale.

La loi ne prévoit pas d'habilitation particulière de structures associatives. Il pourra être fait appel au réseau des associations du secteur socio-judiciaire habilité, et à celui des associations conventionnées soit par la PJJ, soit par les cours d'appels pour les actions relatives à l'aide aux victimes.

- *Contenu et reconnaissance de la formation*

La formation vise à garantir l'impartialité et la technicité dans la mise en œuvre de la mesure de justice restaurative. Il appartient à l'autorité judiciaire, ou le cas échéant à l'administration pénitentiaire ou à la protection judiciaire de la jeunesse, en charge du contrôle des mesures, de vérifier que le ou les tiers indépendants désignés pour animer les mesures de justice restaurative sont formés à cet effet.

Pour renforcer cette garantie, les conventions partenariales conclues par l'autorité judiciaire avec des structures associatives doivent comporter des dispositions relatives à leur formation.

Tournez la page S.V.P.

Actuellement, seules les actions de formation en matière de justice restaurative financées par le SADJAV au titre du programme 101, ou dispensées par les écoles du ministère de la justice sont reconnues par le ministère de la justice. En conséquence, et bien qu'aucun dispositif d'habilitation des associations n'ait, à ce stade, été prévu par la loi, il conviendra d'éviter le recours à des intervenants qui n'auraient pas bénéficié de ces formations.

5.3 Le contrôle de l'autorité judiciaire

a - Avant le jugement

Au cours des premiers stades de la procédure, il importe de s'assurer que la mesure de justice restaurative n'interfère pas avec le déroulement de la procédure pénale et inversement.

- *La phase antérieure à la décision d'orientation de la procédure par le magistrat du parquet (enquête initiale)*

L'exercice de l'action publique est indépendant de la mesure de justice restaurative.
Au stade de l'enquête, le magistrat du parquet détermine le moment où cette mesure peut débuter, sous réserve du consentement des personnes concernées. Cette mesure peut être proposée parallèlement à une mesure alternative aux poursuites, mais en aucun cas comme mesure alternative. Elle peut également accompagner une décision de classement sans suite, en raison de l'acquisition de la prescription ou du caractère insuffisamment établi de l'infraction, ou une décision de poursuite.
Les dossiers pour lesquels cette mesure est proposée doivent faire l'objet d'une sélection attentive par le magistrat du parquet, qui veille particulièrement au respect des droits de chaque partie et à la préservation de la parole de l'auteur comme de la victime. Il devra ainsi exercer une vigilance accrue pour les dossiers dans lesquels la parole de l'auteur ou de la victime constitue un élément de preuve essentiel, en particulier en matière d'atteintes sexuelles.

- *La justice restaurative dans le cadre des alternatives aux poursuites*

Dans le cadre des alternatives aux poursuites, le procureur de la République peut cumuler une mesure alternative avec la ~~proposition d'une mesure de~~ justice restaurative.
Lorsqu'il initie lui-même la mesure de justice restaurative, il la propose à l'auteur ou à la victime et les oriente, par la remise d'un formulaire ad hoc, vers l'association référente. Lorsqu'il est saisi d'une demande de mise en œuvre d'une mesure émanant d'une association, il exerce un contrôle d'opportunité et donne son accord préalable.
Le procureur exerce, dans les deux cas, un contrôle qualitatif à l'issue de la mesure en étant destinataire d'un rapport global sur le dispositif, permettant d'en évaluer la qualité et le respect de la convention par l'association référente.
Afin de garantir l'absence d'interférence avec le sort de la procédure pénale, les rapports émis par le tiers indépendant seront archivés dans un dossier distinct, destiné à alimenter les travaux du COPIL, et ne seront pas joints au dossier classé à la suite de la réalisation de la mesure alternative.

- *La phase de l'instruction*

En toute hypothèse, le service qui souhaite faire une telle proposition à ce stade de la procédure doit se rapprocher du magistrat instructeur, juge des enfants ou juge d'instruction, pour obtenir son accord préalable, au regard des enjeux de la procédure.
Il parait également nécessaire que l'opportunité de mettre en œuvre une mesure de justice restaurative à ce stade, fasse l'objet d'une concertation entre le parquet et le siège.

- *L'instruction par le juge des enfants*

Dans cette hypothèse, qui n'implique pas de complexité particulière ni d'investigation supplémentaire sur les faits, et dont la dynamique est essentiellement éducative, la mesure de justice restaurative peut opportunément être proposée, tant par le magistrat que le service de la protection judiciaire de la jeunesse mandaté.

- *L'instruction par le juge d'instruction*

Dans ce cas, pour un mineur comme pour un majeur, la mesure de justice restaurative peut se révéler inadaptée, en raison du risque d'interactions entre les parties.
Il convient d'être particulièrement vigilant quant à la pertinence d'une telle mesure, surtout si elle doit s'exercer directement entre auteurs et victimes. En effet, il est important à ce stade, comme au stade

de l'enquête initiale, de préserver la parole de la victime et de ne pas compromettre le bon déroulement de l'information judiciaire.

- *Les phases durant lesquelles le temps du processus judiciaire est suspendu*
  - L'audiencement

Des mesures de justice restaurative peuvent s'exercer durant les délais existant entre la décision de poursuite ou l'ordonnance de renvoi devant le tribunal et l'audience de jugement.

Là encore, un contrôle rigoureux du choix des dossiers doit être réalisé par le procureur de la République, ainsi que de l'information donnée à la victime comme à l'auteur et la réalité de leur consentement.

Si la loi ne prohibe pas les rencontres directes auteur-victime, celles-ci ne semblent pas appropriées à ce stade, dans le souci de respecter l'intégrité et la sérénité des débats à venir.

- L'ajournement

Une mesure de justice restaurative peut encore trouver sa place en cas de déclaration de culpabilité assortie d'un ajournement du prononcé de la peine.

Pour les mineurs, la césure du procès pénal (articles 24-5 et 24-6 de l'ordonnance du 2 février 1945), qui permet au juge des enfants de statuer sur la culpabilité et l'action civile puis d'ajourner le procès, peut utilement permettre de proposer une mesure de justice restaurative.

b - La phase post-sentencielle : après la déclaration de culpabilité et jusqu'au stade de l'exécution de la peine

Dans cette phase procédurale, l'accord préalable du magistrat sur le choix des dossiers ne s'impose pas. Le contrôle par l'autorité judiciaire s'exercera plus globalement, au travers du comité de pilotage, sur l'économie des mesures, leur équilibre et le respect des principes.

Ainsi, le rapport d'exécution de la mesure qui est produit, est destiné au contrôle de l'activité des structures impliquées, et le cas échéant, du respect de la convention. Il est remis au comité de pilotage et n'est pas versé dans le dossier pénal.

5.4 L'évaluation de la justice restaurative

a - L'évaluation du dispositif

Il convient de penser l'évaluation dès la mise en place du dispositif, lors de la phase préparatoire. Les modalités d'évaluation doivent être déterminées en fonction des mesures de justice restaurative mises en œuvre (questionnaires aux personnes concernées, réunion de retour d'expérience, travail de remontée d'information par les associations) et concerner une évaluation du service ou de la personne en charge de la mesure, la vérification des formations suivies, et le contrôle du respect de la convention.

L'évaluation doit permettre un travail de coordination entre tous les acteurs du projet, afin d'identifier les améliorations à apporter au dispositif dans la perspective de la mise en œuvre des prochaines mesures.

b - La mise en place du comité national de la justice restaurative

Un comité national de la justice restaurative, comprenant des représentants de chacune des directions du ministère de la justice, sera chargé d'évaluer la pertinence des formations proposées et d'expertiser les formations et les expérimentations en cours.

Vous voudrez bien me rendre compte, sous le timbre du service de l'accès au droit et à la justice et de l'aide aux victimes, du secrétariat général, de toute difficulté rencontrée à l'occasion de la mise en œuvre de la présente circulaire.

Le garde des Sceaux,
Jean-Jacques URVOAS

Tournez la page S.V.P.

<u>Document n° 8</u> : Dépêche du garde des Sceaux du 26 février 2021 relative au traitement des infractions sexuelles susceptibles d'être prescrites

Un mouvement de libération de la parole des victimes d'infractions sexuelles, commises alors que celles-ci étaient mineures, traverse notre société depuis plusieurs mois. Cette libération de la parole est la première étape de la lutte contre ces infractions, qui présentent un caractère intolérable, a fortiori lorsqu'elles sont commises sur un enfant par un adulte de son entourage familial, éducatif, sportif, ou amical.

Si certains de ces témoignages sont particulièrement médiatisés, ils ne doivent pas nous conduire à oublier que la réalité est composée de multiples autres victimes, qui n'accèdent pas à ces relais de communication mais pour lesquelles la souffrance est identique. L'incidence de ces traumatismes sur la mobilisation de la mémoire, voire tout simplement sur la capacité à s'extraire de l'emprise de l'agresseur des années après, a notamment conduit à l'adoption de la loi du 3 août 2018, qui a allongé les délais de prescription pour les infractions sexuelles commises au préjudice des mineurs.

Néanmoins, les révélations de faits anciens, susceptibles d'être couverts par la prescription, interrogent le traitement judiciaire qu'il convient d'y réserver. Il m'apparait indispensable, dans de tels cas, de faire systématiquement procéder à l'ouverture d'une enquête préliminaire. En effet, les dispositions sur les attributions du procureur de la République ne comportent aucune restriction à son pouvoir d'appréciation sur les suites à donner aux plaintes et dénonciations qu'il reçoit, notamment quant à l'ancienneté des faits[1].

Les finalités de l'ouverture de ces enquêtes sont multiples. Dans un premier temps, la réalisation des investigations, notamment une audition du plaignant, sera de nature à vérifier si, au regard de la date des faits dénoncés, ceux-ci, à les supposer constitués, seraient prescrits. Ce travail de vérification est indispensable, au regard des nombreuses lois, entrées en vigueur depuis la loi n° 89-487 du 10 juillet 1989 relative à la prévention des mauvais traitements à l'égard des mineurs et à la protection l'enfance, qui ont eu pour effet d'allonger les délais de prescription en cette matière et d'en complexifier l'analyse[2].

Ensuite et surtout, l'enquête permettra la réalisation d'investigations dans l'environnement de la personne mise en cause afin, le cas échéant, de découvrir l'existence d'autres victimes pour lesquelles les faits ne seraient pas prescrits, voire pour lesquelles seule l'enquête serait de nature à révéler des faits dont elles continueraient à souffrir. L'enquête satisfait ainsi à l'objectif de protection des mineurs contre toutes les formes de violences, qui constitue une des priorités de l'action du Gouvernement.

Enfin, l'ouverture d'une enquête permet également à une personne mise en cause de s'expliquer sur les accusations portées à son encontre. Ainsi, l'audition de la personne mise en cause garantit le respect de la présomption d'innocence dont elle bénéficie.

Toutefois, lorsqu'à l'issue des premières investigations, les faits sont manifestement prescrits, l'audition du mis en cause dans le cadre d'une audition libre est à privilégier.

A l'issue de l'enquête, vous veillerez notamment à ce que votre décision, comme de nombreux parquets le font déjà en la matière, soit portée à la connaissance des victimes, lors d'un rendez-vous avec un magistrat de vos parquets ou par le biais d'une association d'aide aux victimes afin que la décision puisse leur être expliquée de manière individualisée. En outre, si les conditions de l'article 10-1 du code de procédure pénale sont réunies et sans nécessairement que l'auteur des faits et la victime soient mis en présence, il peut être envisagé de recourir à des dispositifs de justice restaurative, ce même si les faits sont prescrits[3].

J'appelle votre attention sur la précision qui s'impose dans le choix du motif de classement qui doit prendre en compte les conclusions de l'enquête. Le motif 344 de la prescription doit être coché uniquement, selon les termes de la nomenclature, lorsque « *les faits révélés ou dénoncés dans la procédure* <u>*constituent bien une infraction*</u> *mais que le délai fixé par la loi pour pouvoir les juger est dépassé* ».

Ainsi, lorsqu'au terme des investigations l'infraction ne parait pas constituée, c'est le motif 21 (infraction insuffisamment caractérisée) voire 11 (absence d'infraction) qui doit être coché, même lorsque les faits faussement dénoncés auraient été prescrits. Si la procédure a fait l'objet d'une médiatisation, les procureurs de la République doivent rendre les motifs de ce classement publics afin de mettre un terme à la propagation d'informations calomnieuses.

Je vous saurais gré de veiller à la diffusion de la présente dépêche et de tenir la direction des affaires criminelles et des grâces, sous le timbre du bureau de la politique pénale générale, informée de toute difficulté rencontrée dans sa mise en œuvre.

---

[1] *La chambre criminelle énonce ainsi, dans un arrêt du 30 juin 1999, « le procureur de la République tient des articles 40 et 41 du Code de procédure pénale, dont les dispositions ne comportent aucune des restrictions invoquées, le pouvoir d'ordonner une enquête sur les faits dont il a connaissance » (Crim n°99-81 426).*

[2] *Une actualisation du focus sur les règles de prescription applicables aux mineurs, prenant en compte la suspension des délais de prescription prévue par l'article 3 de l'ordonnance n°2020-303 portant adaptation de règles de procédure pénale pour faire face à l'épidémie de Covid-19, sera mise en ligne sur l'intranet de la direction des affaires criminelles et des grâces dans les prochaines semaines.*

[3] *Cf la circulaire du 15 mars 2017 et le guide méthodologique sur la justice restaurative.*

Tournez la page S.V.P.

<u>Document n° 9</u> : « Justice restaurative : "il fallait informer et rassurer les magistrats" » Dalloz actualité du 21 mars 2017

Circulaire relative à la mise en œuvre de la justice restaurative

Caroline Fleuriot

Résumé

Une circulaire relative à la justice restaurative a été adressée aux magistrats. Elle signale que l'autorité judiciaire « joue un rôle majeur dans son impulsion, et dans l'évaluation qualitatif du dispositif, sans pour autant contrôler le déroulement de la mesure individuelle ».

La circulaire relative à la mise en œuvre de la justice restaurative « va débloquer beaucoup de situations et de projets », s'enthousiasme Frédéric Lauféron, directeur général de l'Association de politique criminelle appliquée et de réinsertion sociale (APCARS) qui participe à des projets de justice restaurative (V. Dalloz actualité, 25 nov. 2014, art. C. Fleuriot). Cette circulaire très attendue, selon ses dires, a été rendue publique le 17 mars 2017. « La justice restaurative, dans son acception pleine et entière, a été consacrée par la loi du 15 août 2014 relative à l'individualisation des peines et renforçant l'efficacité des sanctions pénales », rappelle la circulaire.

Mais à ce jour, « c'est encore balbutiant », observe le directeur général de l'APCARS. Selon lui, depuis la publication de cette loi, « plusieurs dizaines de projets ou d'initiatives en matière de justice restaurative » ont vu le jour en France. Pourquoi ce dispositif ne s'est pas davantage développé ? « Les acteurs souhaitaient conclure des conventions de partenariat avec la justice, mais les chefs de juridiction ou de cour tardaient à les signer dans l'attente de cette circulaire », répond Frédéric Lauféron. « Il fallait informer et rassurer les magistrats », continue-t-il. À ses yeux, c'est chose faite avec cette circulaire.

Dialogue entre victimes et auteurs d'infractions

Dans un communiqué, le garde des Sceaux, Jean-Jacques Urvoas, définit la justice restaurative comme « une pratique complémentaire au traitement pénal de l'infraction, qui vise à restaurer le lien social endommagé ». « Elle s'appuie sur le dialogue entre personnes se reconnaissant victimes et auteurs d'infractions, qu'il s'agisse des parties concernées par la même affaire ou non », explique-t-il.

La circulaire indique qu'un projet partenarial associant l'ensemble des acteurs concernés doit être élaboré en amont de la mise en œuvre d'une mesure de justice restaurative. Cette dernière est proposée aux parties par les autorités judiciaires, le service pénitentiaire d'insertion et de probation, la protection judiciaire de la jeunesse, les associations d'aide aux victimes ou toute association socio-judiciaire habilitée par la cour d'appel. Les victimes et auteurs peuvent également en faire eux-mêmes la demande auprès de ces mêmes acteurs.

Pour qu'une mesure de justice restaurative puisse être mise en œuvre, « l'auteur doit reconnaître les faits, c'est-à-dire à la fois son implication et sa responsabilité », lit-on dans la circulaire. C'est une « voie offerte aux parties, facultative, et sans conséquence sur le déroulement de la procédure judiciaire qui s'exerce en parallèle ». Ainsi, quelle que soit l'issue du processus, la mesure de justice restaurative n'a pas d'incidence sur la décision d'engager des poursuites ou de classer, ni sur la détermination de la culpabilité, le choix de la peine ou de ses modalités d'exécution, est-il précisé.

Confidentialité

La circulaire signale que « l'autorité judiciaire joue un rôle majeur dans son impulsion, et dans l'évaluation qualitative du dispositif, sans pour autant contrôler le déroulement de la mesure individuelle, qui se déroule en toute confidentialité ». Ainsi, « aucun écrit sur la teneur des échanges ne peut lui être transmis, sauf accord des deux parties ou si un intérêt supérieur le justifie. Cet intérêt pourrait notamment résulter de la réitération d'infractions ou de la révélation de faits délictueux au cours de la mesure ». On lit également que les propos tenus par les parties ne peuvent être utilisés comme aveu judiciaire ou extrajudiciaire. Quant aux pièces éventuellement échangées lors de la mesure, elles ne peuvent être versées dans une autre procédure pénale, civile, familiale, prud'homale, ou commerciale, informe la circulaire.

Ce texte apporte des précisions sur le contrôle effectué par l'autorité judiciaire. Il est indiqué, par exemple, que le service souhaitant faire une proposition de mesure de justice restaurative pendant la phase de l'instruction doit se rapprocher du magistrat instructeur pour obtenir son accord préalable. Il parait nécessaire que l'opportunité de mettre en œuvre une telle mesure à ce stade « fasse l'objet d'une concertation entre le parquet et le siège », est-il ajouté. Par ailleurs, dans la phase post-sententielle (après la déclaration de culpabilité et jusqu'au stade de l'exécution de la peine), « l'accord préalable du magistrat sur le choix des dossiers ne s'impose pas ».

Dans son communiqué, Jean-Jacques Urvoas se dit « soucieux de garantir le développement de ce dispositif » de justice restaurative. Par cette circulaire, il souhaite « favoriser sa large appropriation par les professionnels ».

Tournez la page S.V.P.

<u>Document n° 10</u> : Article du journal Rue89Bordeaux publié le 2 septembre 2021 « Justice restaurative : à Bordeaux des parrainages pour panser les peines »

Le Service pénitentiaire d'insertion et de probation (Spip) de la Gironde met en place un dispositif de parrainage à destination de personnes condamnées par la justice. Bordeaux est la troisième ville française à développer ce dispositif de justice restaurative, inscrit dans une perspective de réinsertion sociale et de prévention de la récidive. Et le Spip cherche des bénévoles prêts à devenir parrains.

Mardi 25 août, à 18h, les couloirs de l'immeuble qui abrite le SPIP de la Gironde, barrière de Pessac, se vident. Sauf au quatrième étage, où une dizaine de personnes ont répondu présent à la réunion d'information.
Autour de la table, les âges et profils sont variés. Certains connaissent le milieu carcéral, pour être visiteurs de prison, travailler dans le domaine de la justice, ou avoir eu un proche détenu. D'autres sont là simplement par « curiosité » et par envie « d'aider l'autre ».
Face à eux, trois conseillères pénitentiaires d'insertion et de probation du SPIP venues expliquer le dispositif de parrainage de désistance, qui permet à des bénévoles d'accompagner des personnes condamnées en milieu ouvert.

Reconstruction sociale

L'idée de parrainer une personne placée sous main de justice (PPSMJ), à savoir un individu suivi par l'autorité judiciaire et condamné mais pas nécessairement incarcéré, a vu le jour au SPIP de la Drôme en 2016. Il s'agit d'une déclinaison de programmes de justice restaurative nés au Canada à la fin des années 90. Un autre dispositif de parrainage de désistance a été mis en place à Roanne, dans la Loire, en février dernier.
À Bordeaux, lors de la réunion, Adélaïde Moncomble, conseillère pénitentiaire d'insertion et de probation, a détaillé le dispositif aux potentiels parrains et marraines :
« La reconstruction sociale est nécessaire pour des personnes placées sous main de justice. Souvent isolées, elles sont confrontées à des difficultés de la vie courante, comme ne serait-ce que faire un CV... Elles portent leur condamnation comme un poids et s'éloignent de la vie en société. Le dispositif de parrainage recréer ce lien d'égal à égal. Le bénévole est hors du cadre police/justice, comme un psychologue ou un avocat, qui sont là aussi pour apporter une aide, mais dans un cadre judiciaire. »

Limiter les récidives

Si le parrain ou la marraine s'extirpe du cadre du suivi socio-judiciaire, un contact permanent est maintenu avec le SPIP de Gironde :
« Des réunions mensuelles vont avoir lieu avec les parrains/marraines et les filleuls. Ce sera l'occasion d'échanger sur le dispositif, de soulever les éventuelles problèmes, en groupe. L'important est de communiquer. »
Dans une perspective de réinsertion et de rétablissement de la paix sociale, le dispositif de parrainage de désistance vise également à limiter les risques de récidive. Un objectif de prévention inhérente à la mission du SPIP, qui assure le suivi et l'accompagnement de personnes condamnées, suivies dans le cadre d'un mandat judiciaire.

Un dispositif opérationnel fin 2021

Pour l'heure, à Bordeaux, deux premières réunions d'information ont eu lieu pour faire connaître le dispositif. Une prochaine réunion similaire est prévue le 7 septembre prochain. À l'issue de ces rencontres avec le SPIP, une liste de bénévoles sera dressée, après des entretiens individuels. Le nombre de volontaires n'est pas limité. Une formation est d'ores et déjà prévue le 15 novembre pour les futurs bénévoles, notamment avec Erios, l'unité de l'hôpital Charles-Perrens spécialisée dans la prise en charge des délinquants sexuels.
Ce n'est qu'après le recrutement des bénévoles, et la formation de ces derniers, que les rencontres avec les personnes placées sous main de justice auront lieu. Si le SPIP n'a pas encore trouvé le lieu pour ces rencontres mensuelles, l'antenne girondine espère que le dispositif sera entièrement mis en place d'ici la fin de l'année :
« Nous voulons trouver un lieu dans la ville, car c'est important que ces échanges se déroulent au cœur de la cité. Qui plus est, les personnes suivies judiciairement ont souvent peu de moyens de transports individuels, c'est primordial que le lieu soit accessible à tous. »

Contrat de parrainage

Dans la salle des réunion, quelques interrogations sont soulevées par les intéressés, dont celles du passé judiciaire, voire carcéral, des personnes qui vont être parrainées. Les membres du SPIP ont tenu à rassurer les potentiels volontaires.

« Les personnes placées sous main de justice vont passer des entretiens individuels avant d'intégrer le dispositif, indique Julie Barré, conseillère d'insertion et de probation à Bordeaux. Un individu pervers ou instable psychologiquement ne pourra, bien évidemment, pas faire partie du parrainage. Vous serez au courant de ce que la personne a commis, ça fait partie du cadre. C'est pour éviter toute forme de rejet, et puis aussi parce que c'est important qu'un lien de confiance se crée. »

Ce n'est pas le SPIP qui « attribue » un parrain à un filleul. C'est lors de la première réunion que les personnes suivies judiciairement et bénévoles se « choisiront ». À l'issue de cette rencontre, un contrat est signé sur une durée de 4, 6, ou 8 mois renouvelable. Pendant cette durée, le bénévole s'engage à appeler au moins une fois par semaine la personne suivie. Des rencontres peuvent avoir lieu dans l'espace public, jamais dans un lieu privé.

Une population souvent esseulée

Une manière solidaire de recréer du lien et de la confiance au sein d'une partie de la population souvent esseulée. Lors de la réunion de mardi soir au SPIP, un visiteur de prison a fait part de son expérience :

« Une fois, dans un centre de détention, un groupe de jeunes m'a interpellé. Ils m'ont demandé ce que je faisais là. Ils ne comprenaient pas qu'on puisse venir les voir comme ça, en prison, bénévolement. Ils m'ont simplement remercié. Je crois que l'on va vivre la même chose avec ce parrainage. Pour eux, qui souvent rejetés et seuls, c'est important de leur montrer le contraire. »

À l'issue de la réunion, les participants bordelais ont été invités a donné leur réponse par mail. Avant la fin, un court film tourné au SPIP de la Drôme, à l'initiative du dispositif de parrainage de désistance, a été projeté. Parrains et filleuls témoignent, face caméra, de leur expérience. On voit ainsi Elie, la vingtaine, filleul et heureux « d'avoir quelqu'un sur qui compter, hors de la famille, à qui on ne doit rien ». Des paroles pour soulager un passé troublé, des coups de fil pour se donner des nouvelles et éviter de « retomber ».

Contact SPIP de la Gironde : justice-restaurative.spip-gironde@justice.fr / 05 56 56 99 00

La justice restaurative : une justice qui répare

En France, cette forme de justice a été introduite, pénalement, par la loi du 15 août 2014 (aussi appelée loi Taubira). La justice restaurative intervient après un procès ou une condamnation. Le Canada a été le pays pionnier en la matière, à la fin des années 90, en instaurant des lieux de paroles entre victimes et auteurs. Selon une étude de la Sécurité publique canadienne de 2003, les programmes de justice restaurative (ou réparatrice) auraient entraîné une baisse de 3% du taux de récidive.

La justice réparatrice vise à gérer les conséquences concrètes pour les deux parties (auteur et victime) afin de maintenir le contrat social au sein de la communauté. Pour les victimes, il s'agit, souvent, des séquelles du traumatisme. Pour les auteurs, l'attention se porte sur le sentiment de culpabilité. Cela peut se traduire par des rencontres entre victimes et auteurs, toujours sur la base du volontariat. L'objectif : permettre aux victimes de se reconstruire et aux auteurs d'éviter la récidive.

À Bordeaux, le SPIP de la Gironde a déjà mené une première expérience de justice restaurative, à l'été dernier, en organisant des échanges entre des victimes d'agressions et des personnes condamnées pour violence.

Tournez la page S.V.P.

Document n° 11 : **Article du journal Ouest-France du 8 février 2022 « Dialogue entre la victime et l'auteur : quand la justice de Saint-Nazaire veut réparer par les mots »**

Dialogue entre la victime et l'auteur : quand la justice de Saint-Nazaire veut réparer par les mots

Il existe un dispositif encore peu connu, géré par la direction de la protection judiciaire de la jeunesse à Saint-Nazaire (Loire-Atlantique). Il s'agit de la justice restaurative, qui permet un dialogue entre victime et auteur.

Cécile Thebault est facilitatrice du dispositif de justice restaurative. | OUEST-France Ouest-France Julia MAZ-LOUMIDES. Modifié le 08/02/2022 à 20h48 Publié le 08/02/2022 à 17h32 Écouter

En 2005, un nouveau concept fait son entrée dans le Code Pénal : faire se rencontrer les auteurs et les victimes de délits pour échanger sur les conséquences de ces faits. À Saint-Nazaire (Loire-Atlantique), ce sont les mineurs qui sont concernés par cette justice restaurative, encadrée par la direction de la protection judiciaire de la jeunesse (PJJ), site expérimental de 2019 à 2021.

« Ce n'est pas un règlement de comptes »

« Le but est d'offrir un espace d'échange entre auteur et victime, direct ou indirect, pour exprimer tout ce qui n'a pas pu être dit durant la procédure ou au tribunal, résume Cécile Thebault, éducatrice à la PJJ et facilitatrice. **C'est le nom donné aux professionnels formés à la justice restaurative. »**

Si le parcours judiciaire aborde les faits et mène jusqu'à une éventuelle condamnation, les deux parties peuvent avoir « **besoin de comprendre ou des choses à dire à l'autre** ». Du côté des victimes, une question revient souvent : « Pourquoi moi ? ». « **L'infraction a pu créer un désordre au niveau social. Cela peut aider à restaurer le lien, l'environnement, ou soi-même. Mais ce n'est pas un règlement de comptes** », avertit la professionnelle.

La rencontre, qui peut aboutir après plusieurs rendez-vous individuels, peut prendre différentes formes : un auteur et la victime concernée, un auteur et une victime d'un fait similaire, deux groupes, des échanges par écrit, par téléphone ou encore en face-à-face.

Du côté des délits, « **aucune infraction n'est exclue** », agression sexuelle, violences, vol...

Dans ce cadre, le rôle du facilitateur est « **d'écouter, de préparer les parties à ne pas forcément recevoir la réponse qu'ils attendent et de faciliter la parole sans l'influencer** ».

Un dispositif trop peu connu

Les justiciables peuvent solliciter eux-mêmes la justice restaurative, entièrement gratuite. « **Mais il nous faut quand même des partenaires qui proposent ce service.** » Parmi eux : la police municipale nationale, des associations d'aide aux victimes, la municipalité ou encore l'Éducation nationale. Dans chaque corps, des professionnels ont été formés pour prendre en charge victime ou auteur. « **Les dossiers sont répartis lors de réunion pour savoir quel facilitateur prend en charge quel dossier, toujours de façon entièrement neutre** », rappelle Cécile Thebault.

Point noir : les formations ne sont pas facilement accessibles, et les facilitateurs se font de plus en plus rares, rendant difficile la prise en charge et le développement de ce dispositif. « **Ce n'est pas encore un réflexe, dans ces institutions, de renvoyer vers nous. La période Covid n'a pas non plus permis de faire connaître ça.** »

En développant davantage ce dispositif, Cécile Thebault espère toucher plus de justiciables et leur offrir de meilleures conditions d'accompagnement, notamment sur les lieux de rencontres. « **Elles se font dans un endroit neutre, souvent une salle municipale, mais l'idéal serait d'avoir un local dédié qu'on puisse aménager de façon confortable.** »

Page 40 sur 40

CORRIGÉ

La justice restaurative est basée sur le principe selon laquelle la priorité n'est pas de punir les transgressions de la loi mais de réparer les dommages causés (doc. 1). Elle a été encouragée au niveau européen, tant par le Conseil de l'Europe, dans une résolution adoptée par les ministres de la Justice à Helsinki en avril 2005, que par l'Union européenne : une décision-cadre du 15 mars 2001 a rendu obligatoire, à partir de 2006, de recourir à la médiation pour régler les affaires pénales (doc. 2). Mais la justice restaurative n'a pourtant été introduite dans le système judiciaire français que par la loi du 15 août 2014. Ce décalage s'explique-t-il par une incompatibilité entre la justice restaurative et la justice pénale ? Quel bilan peut-on établir aujourd'hui de la mise en œuvre de la justice restaurative en droit français ?

Alors que la justice restaurative tend à introduire un nouveau paradigme judiciaire, elle a été consacrée tardivement dans le système français et ses procédures sont encadrées en tant que complément à la justice pénale (I). Dans sa mise en œuvre, la justice restaurative prend des formes variées, mais dont l'essor se heurte à des limites tenant à la fois au manque de moyens humains et à une méconnaissance de ses dispositifs (II).

I - Des procédures encadrées, inscrites en droit français depuis 2014 et répondant à un nouveau paradigme de la justice

A - UNE CONCEPTION DE LA JUSTICE CHERCHANT À RÉPARER ET NON À SANCTIONNER

La justice restaurative a été conçue comme une alternative à la justice pénale, punitive et afflictive : elle vise à réparer le dommage, en responsabilisant l'auteur sur les conséquences de ses actes – s'il reconnaît les faits – pour le réintégrer *in fine* dans la communauté, par un processus de participation active, encadré par un médiateur, qui rompt avec la compétence exclusive de l'État souverain en matière judiciaire. La justice restaurative vise ainsi à rétablir l'autonomie et la liberté des personnes concernées, la société civile étant autonome de l'État (doc. 1, 2). En pratique, elle tend cependant à se limiter à des dispositifs se greffant sur les réponses pénales préexistantes (doc. 1).

De ces débats découle une approche (minoritaire) tendant à l'abolition de la prison. La conception majoritaire est d'encadrer la justice restaurative, mise en œuvre sous le contrôle de l'autorité judiciaire, et n'ayant pas vocation à se substituer aux peines : restaurer et punir correspondent alors à deux formes de la justice corrective (doc. 1).

B - UNE INTRODUCTION RÉCENTE, SELON UNE PROCÉDURE CONTRÔLÉE PAR L'AUTORITÉ JUDICIAIRE

Apparue dans les pays anglo-saxons au milieu des années 1970, la justice restaurative a été mise en application en France en 2010, à la maison centrale de Poissy (doc. 3).

Résultant de la transposition d'une directive européenne du 25 octobre 2012 (doc. 4), les articles 18 et 24 de la loi du 15 août 2014, repris à l'article 10-1 du Code de procédure pénale, ont introduit une justice restaurative, à tous les stades de la procédure pénale (même après prescription) et pour l'ensemble des infractions (y compris pour les mineurs délinquants, mais distinctes des mesures éducatives, doc. 5), avec l'accord des représentants légaux pour les mineurs auteurs ou victimes. La justice restaurative se définit comme l'ensemble des mesures permettant à la victime et à l'auteur de l'infraction de participer activement à la résolution des difficultés résultant de l'infraction (doc. 1, 7).

Une circulaire du 15 mars 2017 les considère comme complémentaires, autonomes et parallèles des procédures pénales, sans effet sur l'engagement de poursuites, la culpabilité ou l'exécution de la peine (doc. 1, 4, 5, 7). Le dossier pénal ne peut que mentionner la proposition d'une mesure réparative (doc. 7). Une dépêche du garde des Sceaux du 26 février 2021 vise les infractions sexuelles, notamment pour les faits prescrits (doc. 5, 8).

La procédure mise en place souligne la nécessaire information complète des participants et leur consentement écrit (et leur possibilité de quitter le dispositif), la confidentialité des échanges, la présence d'un tiers indépendant et le contrôle de l'autorité judiciaire (doc. 4, 5, 6, 7). Pouvoir bénéficier de mesures de justice réparative est un droit pour les auteurs des actes et les victimes (doc. 7). Le contrôle de l'administration est de conformité et non d'opportunité, notamment sur les formations (doc. 5). Selon l'étape de la procédure, ce contrôle incombe au procureur ou au magistrat instructeur – et ne consiste plus en un accord formel dans la phase post-sentencielle (doc. 7). L'administration peut initier la procédure – à l'instar des auteurs et des victimes – mais elle ne la contrôle pas (doc. 9).

Alors que la justice restaurative peut tendre à l'abolition de la prison, la conception retenue en France apparaît pragmatique, fondant des procédures complémentaires à la justice pénale. Mais elle n'occupe toujours qu'une place limitée dans le système judiciaire français.

II - Une place encore limitée des mesures de justice restaurative malgré de bons résultats

A - DES PROCÉDURES DIVERSES, ORGANISÉES ET ENCADRÉES

Les rencontres détenus/victimes (RDV) et condamnés/victimes (RCV), surtout à une étape post-sententielle, se sont davantage développées que les médiations, conférences et ateliers restauratifs, ou encore les cercles de soutien de responsabilité (doc. 4, 5). Le SPIP de Gironde a, pour sa part, développé des parrainages de personnes placées sous main de justice, afin de favoriser leur réinsertion sociale (doc. 10).

Un protocole encadre les mesures de justice restaurative, notamment les RDV et RCV pour lesquels des entretiens individuels sont organisés préalablement à des temps d'échanges organisés, après sélection des participants (doc. 4, 5, 7). Il est conseillé de mettre en place un comité de pilotage (doc. 7).

Il est mis en place une évaluation du dispositif, qui incombe à un comité national pour les formations proposées et les expérimentations en cours (doc. 7).

Les mesures restauratives ne doivent pas se confondre avec d'autres mesures, comme les groupes de parole, des mesures thérapeutiques ou des procédures non fondées sur le consentement des participants (doc. 5).

B. - MALGRÉ DES RÉSULTATS APPRÉCIABLES, UN DÉVELOPPEMENT ENTRAVÉ PAR UNE CERTAINE MÉCONNAISSANCE DES PROCÉDURES ET DES MOYENS HUMAINS ET FINANCIERS LIMITÉS

La justice restaurative ferait diminuer la récidive de 30 %, grâce à une réhumanisation, et donne un niveau très élevé de satisfaction (doc. 3, 4).

Il a toutefois fallu attendre la publication de la circulaire du 15 mars 2017 pour que des chefs de juridictions ou de cour concluent des conventions de partenariat (doc. 9), alors que les dispositifs apparaissent encore peu connus (doc. 11).

Le développement de la justice restaurative est surtout limité par le nombre important d'acteurs à mobiliser, la lourdeur des processus, la nécessité d'une formation interdisciplinaire encore trop peu développée, l'absence de moyens financiers nouveaux dédiés, la crainte d'une instrumentalisation de la victime ou encore la dénaturation de la justice restaurative assimilée à certains dispositifs (doc. 3, 4, 5, 6, 7). Il importe également de disposer d'espaces dédiés où auteurs et victimes puissent se parler (doc. 11).

Certaines procédures, comme la libération sous contrainte, pourraient utilement davantage donner lieu à des mesures de justice restaurative (doc. 3).

ANNALES
CONCOURS
2021

CULTURE GÉNÉRALE

DISSERTATION : LES NORMES, PROTECTION OU FREIN ?

La pandémie mondiale causée par le Covid-19 a montré à la fois l'utilité des normes mais aussi les difficultés de leur emploi et de leur acceptabilité. Normes sanitaires, règles juridiques, mesures économiques ont été multipliées au risque parfois de susciter une incompréhension voire le rejet par une partie de la population qui y voit une menace pour la santé et une atteinte aux libertés là où le gouvernement et les autorités sanitaires y voient une protection individuelle et une nécessité collective. La question des normes, comme protection ou frein, est donc d'actualité.

La norme est une règle, un modèle, voire un idéal, par rapport à laquelle sont portés des jugements de valeur ou des appréciations techniques. Son étymologie, de *norma*, équerre, rappelle le sens propre de ce qui est normal, c'est-à-dire qui se tient dans un juste milieu. On parlera ainsi de normalité. Ainsi, chez Emile Durkheim, sociologue, le crime, fait social, est un phénomène normal. Derrière la norme, il convient d'entendre la règle qui gouverne la conduite des hommes (lois, coutumes, moralité, langue, etc.) et de s'interroger sur le sens d'une règle aujourd'hui. En effet, les normes sont à la fois réclamées – un fait divers justifiant parfois l'adoption d'une loi, au risque de contribuer à l'inflation législative dénoncée à plusieurs reprises, notamment par le Conseil d'État dès 1991 – et rejetées pour des motifs variables. La norme serait mal élaborée, source d'injustice et dépourvue de légitimité. La norme pourrait même s'avérer sans portée voire contre-productive. Les débats récurrents sur l'imposition des grandes fortunes en témoignent, soulignant le risque d'évasion fiscale.

S'il est certain que les normes, consubstantielles aux sociétés modernes, peuvent être contestées (I), il ne faudrait pas oublier qu'elles sont, dans un état de droit, une source de protection dès lors qu'elles reposent sur des mécanismes de régulation efficaces (II).

I - Bien que rationnelle, la norme peut être remise en cause dans son utilisation

A - LA NORME CRÉATRICE DE RAISON

Le recours accru aux normes est lié à la transformation des sociétés et au besoin de celles-ci d'une « structure normative » pour reprendre l'intuition d'Herbert Hart qui s'interrogeait sur le rôle d'une règle (Le Concept de droit, 1961).

Les sociétés contemporaines sont apparues avec la révolution industrielle. Il s'agit de sociétés rationnelles, qui privilégient l'usage de la raison, non pas tant au sens du *logos* employé par les Grecs mais celui du latin *ratio*, qui renvoie à l'idée d'équation, de calcul. La raison exerce ainsi une fonction normative. Elle apprécie, prescrit, permet les « comparaisons » et justifie la performance. Avec le développement des échanges, conformément à la vision classique (Adam Smith et ses Recherches sur la nature et les causes de la richesse des nations paru en 1776 ; David Ricardo et l'avantage comparatif dans ses Principes de l'économie politique et de l'impôt, publié en 1817), le besoin de disposer d'éléments comparatifs s'associe aux techniques de reproduction. La norme est indispensable pour faciliter cette démultiplication (normes de construction d'une usine comme de produits à livrer) mais aussi la comparaison. La norme technique est ainsi indissociable des exigences de concurrence. C'est au demeurant très tôt que les sociétés ont éprouvé le besoin de normes, appelées poids et mesures ou métrologie. Ces normes sont donc indispensables à une société en mutation, ouverte aux autres sociétés. Les normes techniques constituent aujourd'hui un enjeu en soi comme en témoignent la « guerre des brevets » ou l'adoption de nouvelles normes internationales de comptabilité. Les normes participent ainsi au mouvement plus général de mondialisation. Les exigences fixées en matière d'échange répondent à une logique commerciale (la concurrence pure et parfaite suppose des normes identiques) et une logique de protection. L'administration en charge de la concurrence, de la consommation et de la répression des fraudes (DGCCRF), relevant du ministère en charge de l'Économie, contribue à ces contrôles.

La norme moderne s'explique également par l'évolution des sociétés portées vers le Droit. Selon une conception prêtée à Hans Kelsen et à l'École de Vienne, ce qui est juridique n'est explicable que juridiquement, c'est-à-dire en application d'un formalisme normatif abstrait, l'existence d'une règle découlant forcément de l'existence préalable d'une autre règle. On assimile ainsi le normativisme à la théorie du positivisme juridique. La société moderne s'est éloignée des traditions pour recourir davantage au contrat et à la norme.

Enfin, le recours à la norme correspond également à un mouvement vers le dedans qui correspond à une demande d'information supplémentaire sur les sociétés. Celles-ci veulent savoir et prévoir, d'où le développement des statistiques. C'est ainsi qu'en 1772, un service de statistique officiel est créé au contrôle général des finances de Paris. Un appareil d'observation est couplé à un appareil de régulation et de contrôle social qui ne cesse de s'étendre jusqu'à aujourd'hui. Michel Foucault a montré comment les progrès des connaissances dans les domaines de la psychologie, de la pathologie mentale avaient été dictés par la volonté de cibler, d'isoler et soigner les anormaux notamment.

Pour autant, certains considèrent que ces normes constituent une source de dangers, ce qui amène à s'interroger sur les effets négatifs d'un recours aux normes.

B - LA NORME OPPRESSIVE

Par évidence, les normes constituent une règle à laquelle il convient de se soumettre par adhésion ou par nécessité. Dans ce dernier cas, où le libre arbitre n'est pas possible, la norme constitue une contrainte. La norme vient contrecarrer l'autonomie de l'individu. Si un tel principe peut s'entendre dans de nombreux domaines, il peut aussi nourrir des inquiétudes dans une société soucieuse de libertés. Le courant néo-libéral met en cause régulièrement l'inflation des normes comme étant l'une des causes d'entrave des libertés économiques. La norme serait un frein à l'innovation. Elle aurait également un coût excessif, voire serait l'expression d'une forme de rente de situation pour certains, à l'abri d'une norme. L'innovation nécessite en effet une prise de risque, s'affranchissant de certaines règles, comme le rappellent souvent certains débats bioéthiques. Comme le disait Joseph Schumpeter, qui distinguait cinq types d'innovation, voyait dans celles-ci un processus de destruction créatrice (Capitalisme Socialisme et Démocratie, paru en 1942). Par ailleurs, la tentation de multiplier les normes, à des fins de protection (du consommateur, de l'usager, du client, etc.) a un coût. Ainsi, les industries lourdes tels que l'aéronautique ou la construction navale, ont vu leurs coûts augmenter au fur et à mesure de nouvelles exigences fixées par les autorités ou par les constructeurs eux-mêmes. La sécurité des navires est liée aux évènements de mer qui ont justifié l'adoption, nationale et internationale, de nouvelles normes pour prévenir de nouveaux risques. Le naufrage du Titanic en 1912 est ainsi à l'origine de la première conférence internationale de sauvegarde de la vie humaine en mer (la convention Solas a été adoptée en 1914). La norme permet aussi à certains acteurs d'être protégés. De nombreux conflits ponctuent les guerres commerciales que se livrent plusieurs pays dont certains élaborent une politique de protectionnisme. Le recours à des modalités restrictives d'accès au marché, comme des brevets ou licences, est régulièrement dénoncé par certains économistes. Ce fut le cas de la commission pour la libération de la croissance française, dite commission Attali, qui rendit ses travaux en 2008, en proposant par exemple la déréglementation des pharmacies.

En outre, la norme est formellement une exigence. Elle somme les hommes à s'y soumettre. Reprenant la première méditation sur la technique de Heidegger, on pourrait rappeler que la norme arraisonne, met à la raison et exige de respecter un ordre. Derrière la norme, se dessine une idée de rectitude (l'équerre), utilisée afin de maîtriser l'action humaine. Kant ne disait-il pas que l'homme a été taillé dans un bois si tordu qu'il est douteux qu'on n'en puisse jamais tirer quelque chose de tout à fait droit ? ». Au-delà des normes techniques, c'est la question de la normalisation de la société qui est posée. L'histoire a montré à plusieurs reprises le danger d'une société trop normée. Cette normalisation se retrouve dans tous les domaines comme le montre 1984 de Georges Orwell (1948), à l'image du langage transformé par le Parti (« la novlangue »). Aucune parole subversive n'est possible et chacun doit obéir aux préceptes nouveaux (« la guerre c'est la paix, la liberté c'est l'esclavage »). Winston Smith est conditionné par la police de la pensée et finit par aimer *Big Brother*. Cette normalisation se traduit par une intériorisation par les individus de ces règles qui viennent à les soumettre. De la Boétie, dans son Discours de la servitude volontaire, avait souligné très tôt (1574) la tentation des individus à la servitude volontaire. Le choix d'une norme et sa généralisation, dans une société des égaux, interdit toute divergence, critique.

Ces atteintes ont montré combien la norme est paradoxale. Comme le rappelait Henri Lacordaire, précurseur du catholicisme libéral, « Entre le fort et le faible, c'est la liberté qui opprime et la loi qui affranchit ».

II - Une norme est protectrice à condition de bénéficier d'une régulation efficace

A - LA NORME PROTECTRICE

La prise de conscience que la norme pouvait exercer une protection date du siècle des Lumières. L'autonomie du sujet, capable de penser, d'argumenter (Descartes et le Discours de la Méthode énonce que la vérité s'établit selon des règles communes ; Kant dissocie pour sa part le monde métaphysique, situé hors des prises de l'entendement du monde physique qui se prête à l'observation et à l'explication scientifique) s'accompagne de la liberté de l'individu (Voltaire, Diderot, etc.). Les droits individuels ont besoin d'être protégés et la norme est le moyen d'exercer cette protection. C'est le principe même des droits naturels et imprescriptibles constatés par la Déclaration universelle des droits de l'homme et du citoyen.

À cette première génération de normes, s'en ajoutent d'autres dont la dernière peut prêter à débat. Il s'agit du développement de la précaution, qui ne se limite pas seulement aux enjeux environnementaux. L'éthique de précaution, introduite par Hans Jonas en 1979 (Le Principe Responsabilité), vise à encadrer l'action et l'initiative humaines. Le constat formulé par le philosophe allemand était celui d'un Prométhée définitivement déchaîné, auquel la science confère des forces et l'économie une impulsion. Il réclamait donc une éthique qui par des entraves librement consenties empêche le pouvoir de l'homme d'être une ultime malédiction. Se détachant du principe espérance, le principe de précaution consiste alors à ne pas retarder l'adoption de mesures effectives et proportionnées visant à prévenir un risque de dommage grave et irréversible en l'état des connaissances scientifiques et techniques disponibles.

Dans ces conditions, se pose la question de la hiérarchie des normes. Kelsen, dans sa Théorie pure du droit (1934), rappelle que la norme juridique énonce un rapport entre les choses. Le droit est un discours qui nous lie à celles-ci. Il énonce le besoin d'une loi fondamentale, la Constitution, dont dépendent les lois, qui règlent ensuite les décrets. Le recours à la norme dans un espace ouvert, qualifiée de public, pose la question de son effectivité et de sa portée. Dans ses Considérations sur la Révolution de France, parues dès 1790, Edmund Burke dénonce le caractère abstrait des droits de l'homme proclamés un an plus tôt. Il entend démontrer que la nature humaine est trop complexe pour se conformer à de telles règles. Cette critique, fondamentale, à laquelle on peut associer la critique de Marx dans La Question juive, est à l'origine d'un autre débat plus contemporain sur les droits réels, ceux dont le législateur a pu garantir l'exercice.

Comme on le voit, la norme peut être une protection ou une entrave. Son emploi et sa perception sont paradoxaux. Elle doit être comprise et justifiée. Kafka fait ainsi dire à l'un des personnages du Procès : « Quel supplice que d'être gouverné par des lois qu'on ne connaît pas ! ».

B - LA NORME, OBJET DE RÉGULATION

La norme doit être mise en œuvre par des acteurs reconnus, légitimes. La régulation par la norme repose donc sur des acteurs identifiés comme tels. C'est en premier lieu le rôle du juge. Il faut une instance arbitrale, régulatrice qui, indépendante du pouvoir qui fixe une norme, soustrait ce dernier de la pression démagogique, des intérêts. Cette instance qui ne consacre aucune opinion est l'instance juridique ; elle protège chacun de la tentation d'abuser du pouvoir attaché à une norme. Sans revenir sur la question de l'office du juge, « bouche de la loi », il interprète les normes, avec un pouvoir plus ou moins grand, comme le montre la jurisprudence administrative. En matière de préjudices, le juge judiciaire peut s'inspirer de la nomenclature Dintilhac. C'est ainsi qu'il faut comprendre que « la démocratie n'est pas le règne du nombre, c'est le règne du droit » (G. Gurvitch). Le juge est un producteur de droit en tant qu'il édicte des normes par lesquelles sont tranchés les cas qui lui sont soumis.

La régulation intervient également par l'intériorisation des normes. Une société a besoin de voir les normes comprises et mises en œuvre par les individus et groupes sociaux la composant. C'est notamment le rôle des institutions, comme l'école, contribuant à l'intégration. Nous réagissons en fonction d'une tradition, d'une culture, qui sont elles-mêmes le produit de réactions antérieures à d'innombrables évènements. La tradition lègue un ensemble de normes de procédures qui, selon Hayek (Loi, législation, liberté), ont été sélectionnées par l'expérience. Les agents utilisent les normes pour apprécier leur propre comportement et celui d'autrui. La norme est en effet une raison d'agir. Toutefois, les sociétés contemporaines sont confrontées à plusieurs enjeux. D'une part, dans une société mondialisée, où les flux de marchandises, de biens, de services et de personnes s'accroissent par la force des choses, le conflit de normes est réel et n'est pas sans nourrir des débats politiques. D'autre part, les sociétés actuelles veillent à ne pas normaliser systématiquement. C'est la question du genre par exemple, en veillant à ne pas « enfermer » des enfants dans une catégorie donnée. Toutefois, cette approche nécessite également d'adopter des normes et de promouvoir des formations adaptées pour faciliter une intériorisation de ces nouvelles règles.

La régulation peut prendre la forme de règles éthiques. Bien que déjà présentes dans certains corps de métiers sous l'Antiquité ou au Moyen-Âge, c'est bien la société moderne qui a vu l'essor de règles déontologiques (terme créé par Bentham, l'un des penseurs les plus représentatifs du courant utilitariste). Ce renforcement de règles est consacré par l'adoption de chartes, la mise en place de collèges de déontologie ou de référents. La magistrature, malgré la force du serment, n'échappe pas à cette exigence. Des institutions adoptent également des normes professionnelles, généralement opposables.

Pour certains, et notamment Hayek, précité, c'est toutefois oublier le principe d'un ordre spontané ou auto-organisateur (le *kosmos* qu'il oppose au *taxis*). L'ordre spontané est issu de la pratique. Les règles individuelles produisent un ordre collectif stable, autrement dit ces règles ont des raisons que la raison ignore. Ce courant d'idées, proches d'un libéralisme radical, en vient à écarter l'hégémonie de certaines normes au motif que les règles individuelles permettent une auto-régulation en quelque sorte.

Cornelius Castoriadis rappelait que « nous sommes ceux qui avons pour loi de faire nos propres lois » (L'Institution imaginaire de la société). Cette affirmation, qui n'est pas sans lien avec la proclamation nietzschéenne du surhomme, ferait de l'homme le législateur de lui-même. Or, les sociétés contemporaines sont en quête d'autonomie solidaire ou bien à l'inverse en attente d'autoritarisme. Nous sommes à un carrefour, partagés entre l'auto-institution ou la régression. Quel est donc le sens moderne de la norme ? La société ne doit-elle pas être organisée de telle sorte qu'elle permette aux hommes de définir eux-mêmes le sens qu'ils veulent donner à leur vie ? Cela suppose donc qu'ils participent pleinement à l'élaboration et l'exécution des normes, à condition que celles-ci soient en lien avec certaines valeurs.

C'est l'enjeu du conflit qui oppose Antigone à Créon. Les valeurs de ce dernier sont politiques : la cité, l'autorité, la loi. Au nom de l'unité de la première, le traître Polynice doit être condamné. Les valeurs d'Antigone sont la famille, l'humanité et la religion. L'Antigone de Sophocle interroge ainsi, à travers ce conflit de normes, la notion de justice.

DROIT CIVIL ET PROCÉDURE CIVILE

DISSERTATION : LA PROTECTION DU DROIT DE PROPRIÉTÉ

(1er CONCOURS)

Raymond-Théodore Troplong affirmait que « la propriété, c'est la liberté de l'homme exercée sur la nature physique ». Dans toutes les sociétés humaines, les rapports de l'homme aux choses qui l'entourent sont conçus sur le mode de l'appropriation. Le droit de propriété organise socialement le pouvoir de l'individu sur les biens, en cela il donne la mesure de l'exclusion des autres.

En 1803, dans l'exposé des motifs sur son projet de Code civil, Portalis affirmait que « si nous découvrons le berceau des nations, nous demeurons convaincus qu'il y a des propriétaires depuis qu'il y a des hommes ». Aussi, la définition légale de la propriété, posée par l'article 544 du Code civil vise le droit réel principal conférant à son titulaire, le propriétaire, toutes les prérogatives (*usus*, *abusus* et *fructus*) sur le bien, objet de son droit. Historiquement, la propriété a d'abord été considérée à Rome comme une prérogative conférant une exclusivité à une personne sur ses biens (le *dominium*). La féodalité a mené la doctrine des romanistes vers une lecture intéressée des textes romains donnant naissance à la théorie du démembrement de propriété et du double domaine. Cette période jusqu'à la Révolution est marquée par un système de propriétés simultanées permettant à plusieurs propriétaires différents de tirer une utilité distincte du fonds. L'ancien régime connaît de nombreuses contraintes communautaires et familiales que chaque propriétaire doit supporter sur ses terres. La Révolution impose un nouveau type d'appropriation issue des idées romaines : la propriété individuelle et exclusive. D'ailleurs, la propriété est sacralisée dans l'article 17 de la Déclaration des droits de l'homme et du citoyen « la propriété étant un droit inviolable et sacré ». Le Code civil a été le réceptacle de ces grandes périodes de l'histoire, d'une part en faisant de la propriété, comme à Rome, une prérogative exclusivement attachée à une seule et unique personne, rompant ainsi avec l'ancien régime et la théorie du double domaine, d'autre part en faisant de celle-ci un droit susceptible de démembrement, consacrant ainsi l'œuvre des romanistes.

Depuis 1789, le droit de propriété a pour philosophie l'individualisme. Reconnaître et protéger la propriété privée, c'est favoriser la paix publique, la liberté et l'esprit d'entreprise. Tel qu'affirmé par le Code civil, les dispositions constitutionnelles et le juge judiciaire, le droit de propriété se présente avant tout comme un droit des particuliers sur les choses mobilières ou immobilières. Toutefois, la philosophie attachée au droit de propriété s'est transformée. De la protection par le juge de l'intérêt individuel, il est passé à une protection plus étendue de l'intérêt général, de la propriété envisagée dans un cadre collectif.

Aussi convient-il d'envisager d'une part, la protection traditionnelle de la propriété individuelle (I) et, d'autre part, la protection contemporaine de la propriété envisagée dans un cadre collectif (II).

I - La protection traditionnelle de la propriété individuelle

La conception du Code civil de la propriété se caractérise par un mode unique de relation juridique entre la personne et les biens. Ainsi, le droit de propriété a des caractéristiques qui le distinguent d'autres titres juridiques, le droit français y voit un droit fondamental (A), plus fondamentalement encore, il s'agit d'un droit réel principal (B).

A - LA FONDAMENTALISATION PROGRESSIVE DE LA PROPRIÉTÉ INDIVIDUELLE

1. Le support légal de la propriété

L'importance du droit de propriété est telle que les rédacteurs du Code civil en ont fait le centre du Code. En effet, le plan du Code civil et l'intitulé des Livres montrent que les rédacteurs du Code civil ont essayé de tout ramener au droit de propriété. On comprend alors que l'article 544 du Code civil ne pouvait limiter le droit de propriété qu'en raison de nécessités au moins aussi importantes que le droit de propriété lui-même. Ainsi, selon l'article 544 du Code civil « la propriété est le droit de jouir et disposer des choses de la manière la plus absolue, pourvu qu'on n'en fasse pas un usage prohibé par les lois ou par les règlements ». Le Code civil a continué l'œuvre de la Révolution. Les rédacteurs ont affirmé que la propriété est un droit naturel et dégagé nettement le principe de la propriété individuelle. Pour le code, la propriété individuelle reste à la base de l'organisation sociale. Tous les droits patrimoniaux (droits réels, droits personnels), leurs modes d'acquisition et d'extinction (successions, contrats, etc.) sont appréhendés et réglementés en fonction du droit de propriété. Inversement, une place restreinte est faite à la propriété collective sous le nom d'indivision, état que le code rend d'ailleurs précaire (C. civ., art. 815).

La propriété individuelle est un droit quasi souverain, exclusif et perpétuel. Un propriétaire ne peut pas, par des actes juridiques, admettre des limitations quelconques à son droit de propriété ; il ne peut consentir que les limitations qui ont été prévues effectivement par le Code civil. En effet, les droits réels démembrés sont prévus dans une liste établie par la loi. Les baux sont temporaires ; le locataire n'a plus de droit réel, mais un simple droit personnel contre le bailleur. Enfin, le Code civil a confirmé la répudiation de toute idée du domaine éminent de l'État sur la propriété individuelle. Dès lors, si l'État, en vertu de sa souveraineté, est amené dans l'intérêt public à exproprier les particuliers, il ne va pouvoir le faire qu'à la condition d'indemniser et d'une façon préalable les propriétaires expropriés. En effet, selon l'article 545 du Code civil « Nul ne peut être contraint de céder sa propriété, si ce n'est pour cause d'utilité publique, et moyennant une juste et préalable indemnité ». Ainsi, seuls les lois et les règlements peuvent limiter la propriété, ce qui, du reste, résulte aujourd'hui de l'article 34 de la Constitution, selon lequel « la loi détermine les principes fondamentaux… du régime de la propriété, des droits réels… ».

2. L'élévation des sources de la propriété individuelle

En France, par tradition, la propriété est surtout protégée contre les atteintes du pouvoir exécutif. C'est dans ce but que la Constitution du 4 octobre 1958 réserve au domaine de la loi la détermination des « principes fondamentaux du régime de la propriété » (art. 34). Le Conseil constitutionnel a ainsi considéré que les principes énoncés par la Déclaration des droits de l'homme ont pleine valeur constitutionnelle tant en ce qui concerne le caractère fondamental du droit de propriété dont la conservation constitue l'un des buts de la société politique et qui est mis au même rang que la liberté, la sûreté et la résistance à l'oppression, qu'en ce qui concerne les garanties données aux titulaires de ce droit et les prérogatives de la puissance publique (Cons. const., 16 janvier 1982). Le Conseil constitutionnel pose en principe que les atteintes à la propriété ne peuvent être justifiées que si elles résultent de la loi, non d'un simple décret, en raison de la compétence obligatoire que l'article 34 de la Constitution attribue ici au législateur (Cons. const., 13 août 2015).

À cette assise constitutionnelle du droit de propriété privée, il faut ajouter une assiette internationale. Le droit à la propriété figure dans la Déclaration universelle des droits de l'homme, de 1948 (art. 17-1). Plus précisément, il résulte de l'article 1er du Protocole n° 1 de la Convention européenne des droits de l'homme que « toute personne physique ou morale a droit au respect de ses biens. Nul ne peut être privé de sa propriété que pour cause d'utilité publique et dans les conditions prévues par la loi et les principes généraux du droit international » (art. 1er, al. 1er). Pour sa part, la Cour européenne des droits de l'homme a précisé, dans l'arrêt *Marckx*, qu'« en reconnaissant à chacun le droit au respect de ses biens, l'article 1er garantit en substance le droit de propriété ». La CEDH a encore admis que les États puissent réglementer l'usage des biens en fonction de l'intérêt général tout en respectant l'article 1er du Protocole additionnel n° 1 de la Convention européenne des droits de l'homme, mais doivent « rechercher si un juste équilibre a été maintenu entre les exigences de l'intérêt général de la communauté et les impératifs de la sauvegarde des droits fondamentaux de l'individu ». Enfin, l'Union européenne s'est laissée gagner aux idées de la Convention. Elle voit dans le droit de propriété l'un des droits fondamentaux dont la Cour de justice des Communautés assure le respect (CJCE, 13 déc. 1979, aff. C-44/79, Hauer c/ Reinhard-Pfalz), ou encore le « complément nécessaire » de la liberté d'établissement (CJCE, 30 mai 1989, aff. C-305/47, Commission c/ Grèce). Surtout, elle a inséré ce droit au sein de la Charte des droits fondamentaux de l'Union européenne officiellement proclamée les 7-9 décembre 2000 (Charte no 2000/C 634/01 du 18 déc. 2000). L'alinéa 1er de l'article 17 de la Charte prévoit en effet que « toute personne a le droit de jouir de la propriété des biens qu'elle a acquis légalement, de les utiliser, d'en disposer et de les léguer ». L'idée que la propriété est un droit fondamental a ainsi pris corps en droit matériel.

B - UN DROIT RÉEL PRINCIPAL

1. La caractérisation matérielle de la propriété individuelle

La propriété est un ensemble de prérogatives que détient une personne sur les choses qui sont les siennes. Le droit de propriété est un droit réel qui se décompose en trois attributs. D'abord, l'*usus* s'analyse comme le droit d'user des choses, de s'en servir, mais également de ne pas s'en servir. Ensuite, le *fructus* désigne le droit de percevoir les revenus sur le bien. Est ainsi visé tout ce que la chose produit périodiquement et sans altération de sa substance. Il en va ainsi des fruits naturels, industriels et civils. Enfin, l'*abusus* est le droit, pour le propriétaire, de disposer de la chose comme il l'entend, de la détruire de l'aliéner ou de ne rien en faire. Le droit de disposer de la chose permet au propriétaire d'accomplir discrétionnairement tous les actes juridiques ou matériels entraînant pour lui la perte de tout ou partie du bien. C'est la composante essentielle du droit de propriété. Cette prérogative touche à l'essence même du droit de propriété. Si elle échappe définitivement à son titulaire, c'est le droit de propriété lui-même qui s'éteint.

Dans une perspective très individualiste, l'article 544 du Code civil conçoit ce rapport entre la personne et sa chose comme un droit qui s'exerce de la manière la plus absolue. L'article 544 du Code civil qualifie seulement le droit de propriété d'« absolu ». De ce caractère qui est à la fois ancien et fondamental procède deux autres caractères : la propriété est exclusive, ce qui exclut le partage, et perpétuelle. Si le droit de propriété est perpétuel, il y a débat à propos de son action. En effet, l'actuel article 2227 du Code civil, issu de la loi n° 2008-561 du 17 juin 2008, affirme que « Le droit de propriété est imprescriptible. Sous cette réserve, les actions réelles immobilières se prescrivent par trente ans… ». Toutefois, la jurisprudence a admis la perpétuité de l'action en revendication du droit de propriété comme conséquence de la perpétuité du droit (Ass. plén., 23 juin 1972). Si le défaut d'insertion dans le Code civil de l'imprescriptibilité de l'action en revendication de la propriété surprend, il s'explique parce qu'une telle revendication est rare ou, si elle intervient, elle aboutit très difficilement en pratique, parce qu'il est difficile de faire la preuve de son droit de propriété après une longue période de non-usage et surtout parce que le revendiquant risque de se voir opposer une prescription acquisitive. D'ailleurs, le projet de réforme du droit des biens (C. civ., art. 537) prévoit en son sein l'imprescriptibilité du droit de propriété et de son action en revendication.

2. La protection légale et judiciaire de la propriété individuelle

En raison de la mauvaise délimitation fréquente des fonds voisins, il n'est pas rare qu'une personne fasse édifier une construction qui empiète, souvent de quelques centimètres, sur le fonds de son voisin. L'article 555 du Code civil est exclu au profit de l'article 545 du Code civil qui énonce que « nul ne peut être contraint de céder sa propriété, si ce n'est pour cause d'utilité publique, et moyennant une juste et préalable indemnité ». La démolition doit donc être ordonnée, dès lors que le propriétaire du terrain en fait la demande (Cass. 3e civ., 21 décembre 2017). La jurisprudence a même décidé que « *la défense du droit de propriété contre un empiétement ne saurait dégénérer en abus* » (Cass. 3e civ., 7 novembre 1990). Il importe peu que le constructeur soit de bonne foi (Cass. 3e civ., 30 octobre 2013) ou que le propriétaire victime soit de mauvaise foi, car aucun abus de droit n'est possible en la matière (Cass. 3e civ., 7 juin 1990). Le fait que l'empiétement soit minime est également sans conséquence (Cass. 3e civ., 26 juin 1979). La solution est certes rigoureuse, notamment lorsque la destruction de la partie de l'édifice qui empiète sur le terrain d'autrui ne peut se faire sans la destruction totale de celui-ci, et que le constructeur était de bonne foi. Il n'en reste pas moins que cette solution est destinée à protéger le droit de propriété contre la « politique du fait accompli ». Il serait en effet trop facile de contourner le refus du propriétaire d'un terrain de céder une partie de celui-ci, s'il suffisait au constructeur d'édifier le bâtiment et de valider a posteriori l'empiétement par le paiement du prix de la bande de terrain annexée. Néanmoins, un léger infléchissement a pu être observé dans des arrêts récents, aux termes desquels la Cour de cassation suggérait aux juges du fond de vérifier si une solution moins radicale que la démolition de l'entier ouvrage ne pouvait pas être privilégiée (Cass. 3e civ., 10 novembre 2016 ; Cass. 3e civ., 21 décembre 2017 ; Cass. 3e civ., 19 décembre 2019).

La protection légale de la propriété revient aux tribunaux judiciaires en tant que « gardiens de la propriété privée inviolable et sacrée ». Les juges judiciaires s'avèrent compétents en présence d'un litige opposant deux personnes privées, ou bien encore d'un litige opposant l'État et une personne privée dès l'instant que se trouve en jeu une question de propriété. Dans ce dernier cas, il s'agit essentiellement de statuer en matière d'expropriation, car la voie de fait connaît depuis peu une nette restriction dans sa définition pour mieux relever désormais de la compétence des juridictions administratives. Par sa décision du 17 juin 2013, le tribunal des conflits a posé le principe de la compétence de la juridiction judiciaire lorsque l'administration a commis une voie de fait si elle « a procédé à l'exécution forcée, dans des conditions irrégulières, d'une décision, même régulière, portant atteinte à la liberté individuelle ou aboutissant à l'extinction du droit de propriété » ou si elle « a pris une décision qui a les mêmes effets d'atteinte à la liberté individuelle ou d'extinction du droit de propriété et qui est manifestement insusceptible d'être rattachée à un pouvoir appartenant à l'autorité administrative ». Cette solution a par la suite été reprise dans les mêmes termes par la Cour de cassation (Cass. 3e civ., 11 mars 2015). En revanche, la compétence des juges judiciaires demeure en cas de conflit opposant deux personnes privées (Cass. 1re civ., 31 janvier 2018). C'est dans ces hypothèses conflictuelles que les propriétaires privés revendiqueront leurs biens au moyen d'une action en revendication (mobilière ou immobilière). Cette dernière a pour objet de réclamer la reconnaissance du droit réel, et donc par voie de conséquence, du droit de propriété.

Incontestablement la propriété est un droit individuel largement consacré et protégé, mais « Nous ne devons pas nous permettre sur notre fonds des procédés qui pourraient blesser le droit acquis d'un voisin ou de tout autre » (Portalis – Motifs et discours prononcés lors de la publication du Code civil). C'est ainsi que l'éminent juriste mettait en évidence la difficulté judiciaire caractéristique des rapports en communauté.

II - La protection contemporaine de la propriété dans un cadre collectif

À la lecture de l'article 544 du Code civil, déjà en 1804, le droit de propriété, ou du moins son usage, pouvait être limité par les lois et règlements afin d'assurer les bons rapports de voisinage (A). Les limitations légales et réglementaires visent tantôt la protection d'intérêts privés, tantôt la protection de l'intérêt public. Toutefois, la jurisprudence a dépassé ces limitations, pour en dégager d'autres (B) toujours dans l'objectif d'assurer les rapports en communauté.

A - LA PROTECTION LÉGALE DES RAPPORTS DE VOISINAGE

1. Les restrictions liées à la situation du bien

Certaines obligations réciproques telles que le bornage ou le droit de se clore permettent d'organiser une délimitation des fonds afin d'assurer les rapports en société. Le bornage est l'opération juridique de délimitation de deux fonds de terre contigus. Le bornage consiste à déterminer par des marques apparentes (les bornes), la limite séparative de deux propriétés. Selon les termes de l'article 636 du Code civil, tout propriétaire peut obliger son voisin au bornage à la double condition que les fonds soient contigus et qu'ils ne soient pas séparés par des frontières naturelles. Ainsi, une action en bornage judiciaire ne peut être exercée par des propriétaires privés dès lors que leurs fonds respectifs sont séparés par une limite naturelle telle une falaise, l'exigence de contiguïté des fonds faisant défaut (Cass. 3e civ., 13 décembre 2018). L'action en bornage est une action réelle immobilière pétitoire. Toutefois, elle relevait de la compétence du tribunal d'instance (Cass. 3e civ., 7 janvier 2009), car n'est pas en cause ici l'existence même du droit, mais seulement ses limites. Néanmoins, il arrivait fréquemment que le tribunal d'instance ait à examiner, en fonction des prétentions du défendeur au bornage, les titres de propriété (Cass. 3e civ., 24 mai 1976) ou les faits de possession permettant d'acquérir sa prescription acquisitive (Cass. 3e civ., 18 décembre 2002). Aussi, désormais une telle action relève de la compétence du tribunal judiciaire (COJ, art. R. 211-3-4). Le bornage a ainsi pour caractéristique majeure d'affecter simultanément et indissociablement deux propriétés. En fixant la limite de l'une, l'opération détermine celle de l'autre, assurant ainsi les droits de chaque voisin.

La clôture permet la délimitation matérielle de la propriété immobilière. Elle constitue à la fois un droit et une obligation. Selon l'article 647 du Code civil, « tout propriétaire peut clore son héritage ». C'est une faculté rurale qui illustre bien l'esprit individualiste de la propriété immobilière. Toutefois, en zone urbaine, la clôture est une obligation. Aux termes de l'article 663 du Code civil, chacun peut contraindre son voisin à se clore. Le texte s'applique dans les villes et les faubourgs ; il précise aussi la hauteur de la clôture : 32 décimètres dans les villes de cinquante mille personnes et plus, 26 décimètres dans les autres, sauf conventions, règlements ou usages locaux contraires. Les frais engendrés par la clôture incombent au propriétaire actuel. Il s'agit là d'une obligation réelle. Il est possible que la clôture soit édifiée à frais communs. Elle sera dès lors mitoyenne et appartiendra aux deux propriétaires voisins. En revanche, le propriétaire d'un mur privatif ne peut contraindre son voisin, sur le fondement de l'article 663 du Code civil, ni à acquérir la mitoyenneté de ce mur ni à participer aux frais de sa reconstruction (Cass. 3e civ., 25 octobre 1983).

2. Les restrictions liées à l'usage du bien

Afin de maintenir de bons rapports de voisinage, le droit civil des biens impose des limitations légales qui prennent la forme de charges réelles pesant sur un fonds au profit d'un autre fonds. Il s'agit des servitudes légales de voisinage d'utilité privée qui veillent notamment à réglementer les distances des plantations, les jours et vues, ou encore le droit de passage pour cause d'enclave. Ces diverses contraintes sont des charges qui, dûment respectées, permettront une vie paisible en communauté. Ainsi, la servitude est la charge établie sur un immeuble pour l'usage et l'utilité d'un autre immeuble appartenant à un autre propriétaire (C. civ., art. 637.). Les servitudes constituent un maillon indispensable de l'organisation juridique de la propriété foncière, qu'il s'agisse de la propriété rurale ou de la propriété bâtie. L'article 639 du Code civil dispose que la servitude « dérive ou de la situation naturelle des lieux, ou des obligations imposées par la loi ou des conventions entre propriétaires ». Reprenant les origines diverses des servitudes, ledit article conduit à faire une classification d'après leur source, en premier lieu, elles sont précisées à l'article 639 du Code civil : il y a, d'une part, la situation naturelle des lieux, d'autre part, la loi, et, enfin, les conventions. À titre d'illustration, lorsqu'un fonds est enclavé, les articles 682 à 685-1 du Code civil permettent à son propriétaire de réclamer, contre indemnité, à ses voisins un passage suffisant vers la voie publique. L'enclave est la situation d'un fonds qui, environné par des fonds appartenant à d'autres propriétaires, n'a sur la voie publique aucune issue ou qu'une issue insuffisante pour son exploitation (Cass. 3e civ., 13 mai 2009). Elle s'explique par le droit d'accès à la voie publique, mais aussi par la nécessité de permettre l'utilisation normale du fonds enclavé.

À ces sources légales, il faut ajouter le juge qui, là encore, a la faculté de créer des servitudes de cours communes. Il s'agit d'une servitude de ne pas bâtir ou de ne pas dépasser une certaine hauteur affectant le terrain voisin des constructions envisagées, à laquelle est subordonné le permis de construire en application des règles d'urbanisme. Cette faculté ne lui a pas été accordée dès l'origine par les rédacteurs du Code civil, mais l'a été par le décret n° 58-1178 du 4 décembre 1958. Désormais, une telle possibilité figure à l'article L. 471-1 du Code de l'urbanisme. La particularité de la servitude de cour commune réside en ce qu'elle est imposée par le juge. Il va procéder à une sorte d'expropriation partielle pour cause d'utilité privée. Il va contraindre le propriétaire du fonds grevé de ne pas bâtir sur son terrain nu ou déjà construit (Paris, 13 mars 1961). Enfin, il faut mentionner la servitude de tour d'échelle, permettant d'accéder au fonds voisin pour effectuer les réparations et l'entretien de son propre fonds, connue dans certaines coutumes de l'ancien droit, mais non reconnue comme telle en droit positif. Une nouvelle fois le juge intervient pour permettre aux voisins d'user de leur fonds. Au point que la Cour de cassation a considéré que la résistance du voisin a pu être considérée comme abusive (Cass. 3e civ., 15 févr. 2012).

B - LA PROTECTION JURISPRUDENTIELLE DES RAPPORTS DE VOISINAGE

1. L'abus du droit de propriété

Le propriétaire est responsable d'après le droit commun des articles 1240 et 1241 (anc. art. 1382 et 1383) du Code civil si, par sa faute, il a causé un dommage à autrui, l'exercice légitime du droit de propriété s'arrêtant là où il y a faute. Ainsi, le propriétaire commet une faute lorsqu'il n'a pas pris toutes les mesures nécessaires à la stabilisation de son terrain menaçant de s'effondrer (Cass. 1re civ., 28 novembre 2007). Le propriétaire est encore responsable d'après le droit commun lorsqu'il use de sa propriété, non pas pour son agrément ou son profit personnel, mais uniquement dans l'intention de nuire à son voisin. Il y a alors abus du droit de propriété. L'abus de droit a été appliqué au propriétaire élevant, pour nuire à ses voisins, une fausse cheminée qui obscurcit leur demeure (Colmar, 2 mai 1855), ou à celui qui a édifié des ouvrages énormes garnis de pointes acérées, destiné à déchirer les enveloppes des dirigeables sortant d'un hangar voisin (Req., 3 août 1915 Clément Bayard). L'abus de droit de propriété exige donc une faute caractérisée, l'intention de nuire, qui contient un élément moral.

Toutefois, il est difficile d'apporter la preuve des intentions du propriétaire. Aussi la Cour de cassation a posé deux critères : l'utilité pour son auteur et le préjudice causé. Certaines décisions sont encore plus strictes pour le propriétaire et considèrent qu'il peut y avoir abus de droit même lorsque le propriétaire n'a pas eu l'intention de nuire, dès lors qu'il a agi sans motif sérieux et légitime et que, notamment, ayant plusieurs manières d'exercer son droit, il opte, sans en retirer un avantage appréciable, pour le mode d'exécution le plus défavorable à son entourage (Paris, 28 oct. 1941). Tirée de l'idée que la propriété a une fonction sociale à remplir, la théorie de l'abus de droit est un correctif indispensable pour le respect d'une vie en communauté. Les difficultés rencontrées dans la mise en œuvre de la théorie de l'abus de droit ont très vite conduit la jurisprudence civile à consacrer une autre théorie, celle des inconvénients anormaux de voisinage afin de résoudre les problèmes nés des relations entre propriétaires voisins.

2. Les troubles anormaux de voisinage

En dehors des situations aménagées par la loi, nombre d'inconvénients posent problème, qu'il a fallu résoudre en déterminant comment, sur le terrain, la liberté de l'un cesse nécessairement là où commence la liberté de l'autre. C'est la Cour de cassation qui a progressivement élaboré la théorie des troubles anormaux de voisinage. À l'origine, la Haute juridiction fondait ce régime de responsabilité sur l'article 1240 du Code civil (C. civ., anc. 1382). Puis, elle s'est affranchie de ce texte, et n'a plus exigé la démonstration d'une faute de la part de l'auteur du trouble (responsabilité sans faute). En effet, elle a posé dans un arrêt de principe important que « nul ne doit causer à autrui un trouble anormal de voisinage » (Cass. 2e civ., 19 nov. 1986) et elle a depuis réaffirmé cette solution (Cass. 2e civ., 23 oct. 2003). Cette responsabilité est liée à l'utilisation des immeubles ; l'idée d'un seuil de tolérance découle de l'inévitable proximité des bâtiments et des terres. Enfin, l'article 1249 de l'avant-projet de réforme de la responsabilité civile de 2020 entend consacrer la théorie des troubles anormaux de voisinage. Le changement est d'importance, la théorie des troubles anormaux de voisinage ne figure pas au sein des dispositions relatives à la propriété, mais au sein des dispositions relatives à la responsabilité délictuelle.

Dans l'usage régulier de son bien, le propriétaire supporte une obligation de ne pas causer à ses voisins un dommage excédant la mesure des inconvénients tenus pour normaux. Dès lors qu'un dommage est occasionné par l'utilisation licite d'un bien immobilier, et qu'il excède un certain seuil, la responsabilité est encourue. La spécificité de la qualification est là : elle suppose que le demandeur allègue un dommage d'une gravité suffisante. La réparation devrait être limitée à cet excès. En définitive deux seules conditions sont requises : l'utilisation de l'immeuble et la création d'un trouble anormal. Toute la difficulté réside dans la fixation de ce seuil. D'autant plus, que le caractère anormal d'un trouble se fait par l'appréciation souveraine des juges du fond (Cass. 3e civ., 3 novembre 1977). Ainsi, elle a retenu que n'est pas constitutif d'un trouble anormal de voisinage la construction de logements à proximité d'un mas, la perte d'intimité n'étant pas caractérisée et la perte d'ensoleillement n'excédant pas le risque encouru du fait de l'installation en milieu urbain (Cass. 3e civ., 29 septembre 2015).

Malgré la rupture qu'il entendait opérer avec l'ancien régime, le Code civil demeure, dans son livre II, un Code de propriétaires fonciers. Depuis 1804, les rapports entre propriétaires voisins se sont considérablement modifiés en raison de profondes mutations d'ordre économique et social. Ainsi, s'agissant des restrictions de droit privé, le législateur et la jurisprudence veillent à ce que l'exercice de la propriété, qui se veut absolu et exclusif, se réalise dans une atmosphère de bons rapports de voisinage. Au-delà de la protection de la propriété, la loi accorde à celui qui exerce les prérogatives d'un droit certains avantages, notamment la protection de la situation dont il jouit en fait. Ainsi, une personne qui exerce sur une chose les attributs du droit de propriété, même si elle n'est pas vraiment titulaire de ce droit, verra-t-elle sa possession produire certaines conséquences, et notamment sa protection judiciaire.

DROIT CIVIL ET PROCÉDURE CIVILE

CAS PRATIQUE : CAS M. MERLIN

SUJET

I – (13 points) – Monsieur MERLIN, fonctionnaire de la Direction Générale des Finances Publiques, marié et père de 2 enfants, est propriétaire en indivision avec son épouse, de leur domicile, un appartement situé à Mérignac (Gironde).

Au décès de son père en 2014. Il hérite d'une propriété agricole située dans le département de la Gironde, composée d'une grande maison d'habitation, de vastes dépendances et de 20 hectares de vignes dans une zone ne bénéficiant pas d'une appellation prestigieuse.

Lassée de la vie urbaine, la famille décide en 2015 de s'installer dans cette propriété et d'en reprendre l'exploitation qui avait été assurée jusque-là par Monsieur MERLIN père.

Monsieur MERLIN démissionne de son poste de fonctionnaire avec effet au 21 décembre 2015, et les époux constituent une société d'exploitation, la SCEA qui conclut avec Monsieur Merlin un contrat de bail à ferme.

Ils décident de vendre l'appartement de Mérignac et d'en affecter le prix à la réparation de la maison d'habitation qui se révèle très vétuste. La vente est réalisée en janvier 2018.

Les vignes et les dépendances sont également en mauvais état et la SCEA décide de prendre à sa charge les travaux de remise à niveau pour un montant de 300 000 €.

Elle sollicite par son gérant, Monsieur MERLIN, un prêt du Crédit Agricole qu'il accorde en novembre 2015 pour la somme de 300 000 € avec intérêts de 4 % l'an remboursable en 180 échéances mensuelles, sous la condition d'un cautionnement solidaire de Monsieur MERLIN qui y consent selon les termes de la formule manuscrite suivante intégrée à la fin de l'acte :

« *En me portant caution solidaire de la société SCEA dans la limite de 350 000 euros (350 000 €) et jusqu'au paiement effectif de toutes les sommes dues, je m'engage à rembourser à la Caisse Régionale de Crédit Agricole, les sommes dues sur mes revenues et mes biens si la SCEA n'y satisfait pas elle-même* ».

La SCEA est parvenue à régler les premières mensualités de remboursement de l'emprunt, mais elle a cessé dès 2018 de payer le fermage pourtant modique du en principe à Monsieur MERLIN. Elle a cessé tout remboursement à compter de juin 2019.

L'exigibilité anticipée du solde du prêt a été prononcée par la banque qui a assigné Monsieur MERLIN en novembre 2019 en sa qualité de caution, devant le tribunal judiciaire de Bordeaux, en paiement du solde du prêt en capital, du solde des intérêts et des indemnités prévues dans l'acte.

Celui-ci a débouté le Crédit Agricole de ses demandes et l'a condamné à une lourde indemnité sur le fondement de l'article 700 du Code de procédure civile, par le jugement du 13 avril 2021.

Malgré cette issue favorable, Monsieur MERLIN s'est fâché avec son avocat qui lui a déclaré que ce résultat était « inespéré » et lui a réclamé des honoraires supérieurs à ceux convenus, ce qu'il a refusé de régler.

Il se retrouve sans avocat pour le moment, alors que le Crédit Agricole, sans attendre la signification de la décision, en a relevé appel en date du 10 mai 2021 dans les termes suivants : « *Appel dirigé contre l'ensemble du dispositif du jugement* ».

A – (8 points) - Quels sont les moyens que Monsieur MERLIN pourrait faire valoir pour écarter l'application du cautionnement et ont-ils des chances de succès réels devant la Cour ?

B – (5 points) - Monsieur MERLIN a appris, d'autre part, que les débuts d'une procédure d'appel étaient soumis à des règles strictes.

Quelles sont les diligences qui s'imposent à l'appelant et à l'intimé, et quelles en sont les sanctions ?

II - (7 points) – Il ne s'agit pas des seules difficultés rencontrées par Monsieur MERLIN. Le chai dans lequel sont stockées les barriques contenant la récolte invendue des années antérieures et qui semblait le seul bâtiment en bon état, a présenté des traces d'infiltrations importantes en janvier 2022 et en mars 2021.

Une expertise amiable demandée par Monsieur MERLIN montre que ces infiltrations ne sont que les conséquences de désordres affectant la toiture depuis des années et qui peuvent compromettre sa solidité.

Ce bâtiment avait été acheté par le père de Monsieur MERLIN en 2013 pour la somme de 80 000 € au propriétaire voisin, Monsieur BOURGUIGNON, aujourd'hui décédé et qui laisse à sa succession, des héritiers en indivision nombreux et peu solvables.

Ce dernier avait lui-même acheté l'immeuble en 1980 à Monsieur CORBIERE qui avait déclaré dans l'acte de vente avoir fait réaliser d'importantes réparations à la toiture, et qui exploite toujours un vignoble prospère dans le voisinage.

A – (3 points) - Quelle est l'action que Monsieur MERLIN peut engager pour tenter d'obtenir de quoi financer des travaux de remise en état qui s'élèvent à plusieurs dizaines de milliers d'euros et contre qui peut-il l'engager ?

B – (4 points) - Quelles en sont les conditions de fond et quel résultat peut-il espérer ?

CORRIGÉ

N.B. : *s'agissant du cas pratique du concours 2021, il convient d'appliquer les règles antérieures à l'ordonnance du 15 septembre 2021.*

Monsieur MERLIN est confronté à deux difficultés, d'une part au regard d'un cautionnement (I) et, d'autre part, à propos d'un chai (II).

I - Sur le cautionnement

Monsieur MERLIN a souscrit un cautionnement au soutien d'un prêt conclu entre le Crédit Agricole et la SCEA, dont il est le gérant. Toutefois, en raison d'impayés la banque actionne la caution. À la suite d'un jugement du tribunal judiciaire, en date du 13 avril 2021, la banque est déboutée et condamnée à verser une somme au titre de l'article 700 du Code de procédure civile. Enfin, sans attendre la signification du jugement, un appel général est formé.

Deux questions se posent :

- d'une part, l'acte de cautionnement est-il valable ?
- d'autre part, quel est le formalisme de la procédure d'appel ?

A - SUR LA VALIDITÉ DU CAUTIONNEMENT

Monsieur MERLIN peut faire valoir plusieurs arguments pour faire obstacle à la mise en œuvre du contrat de cautionnement.

Il convient d'observer au préalable que le contrat a été conclu après 2015 et demeure soumis aux exigences de la loi Dutreil du 1er août 2003, cette dernière s'appliquant aux cautionnements souscrits après le 5 août 2003 (C. consom., art. L. 331-1 et L. 331-2).

Concernant la qualité des parties, il faut, conformément aux termes des dispositions consuméristes, que la caution soit une « *caution physique* ».

En l'espèce, Monsieur MERLIN est une personne physique.

De plus, le créancier doit être, toujours selon les dispositions consuméristes, un « créancier professionnel ».

S'agissant d'un établissement de crédits, la qualité de créancier professionnel ne fait pas défaut.

En conséquence, le contrat a été conclu en 2015 entre une caution personne physique et un créancier professionnel, les articles L. 331-1 et L. 331-2 du Code de la consommation ont donc vocation à s'appliquer.

Dans le cadre du cautionnement, plusieurs points sont sujets à discussion dans le cadre de son application que ce soit au stade de la formation du contrat de cautionnement (1) ou au regard de l'exigence de proportionnalité (2).

1. Sur la formation du contrat de cautionnement

Sur le terrain de la formation du contrat de cautionnement, plusieurs arguments peuvent être soulevés par Monsieur MERLIN pour s'opposer au contrat de cautionnement : le devoir de mise en garde (a), le formalisme (b), l'étendue du cautionnement (c) et l'absence d'accord de son épouse (d).

a) Le devoir de mise en garde

Le devoir de mise en garde, d'origine jurisprudentielle (Cass. ch. mixte, 29 juin 2007), peut être écarté en raison de la qualité de caution avertie. La Cour de cassation retient une appréciation subjective pour déterminer s'il s'agit d'une caution avertie ou profane (Cass. com., 31 janvier 2012). Elle s'attache notamment à l'expérience de la caution, sa qualité et ses fonctions.

Monsieur MERLIN étant le gérant de la SCEA et ayant été fonctionnaire de la Direction Générale des Finances Publiques, sa qualité de caution avertie écarte le devoir de mise en garde de l'établissement de crédits.

Toutefois, le formalisme consumériste, indifférent à la qualité de la caution à vocation à s'appliquer.

b) Le formalisme consumériste

La mention légale exigée par l'article L. 331-1 du Code de la consommation est la suivante « En me portant caution de X..................., dans la limite de la somme de................... couvrant le paiement du principal, des intérêts et, le cas échéant, des pénalités ou intérêts de retard et pour la durée de..................., je m'engage à rembourser au prêteur les sommes dues sur mes revenus et mes biens si X................... n'y satisfait pas lui-même ».

En l'espèce, la mention figurant à la fin de l'acte de cautionnement est la suivante : « En me portant caution solidaire de la société SCEA dans la limite de 350 000 euros (350 000 €) et jusqu'au paiement effectif de toutes les sommes dues, je m'engage à rembourser à la Caisse Régionale de Crédit Agricole, les sommes dues sur mes revenues et mes biens si la SCEA n'y satisfait pas elle-même ».

Le formalisme, *ad validitatem*, imposés par les articles L. 331-1 et L. 331-2 du Code de la consommation est sanctionné par la nullité. Toutefois, la Cour de cassation a eu une interprétation causée de la mention manuscrite, en considérant que la mention manuscrite peut valablement différer du modèle légal, dès l'instant que le sens n'en est pas changé (Cass. com., 16 octobre 2012).

En l'occurrence, plusieurs éventuelles irrégularités sont à relever dans le cadre de la formule :

- l'identification de l'obligation principale : l'article L. 331-1 du Code de la consommation exige l'identification du débiteur principal. En l'espèce, la mention manuscrite précise la société SCEA. La jurisprudence a retenu que la mention manuscrite dans l'acte de cautionnement désignant la caution par sa seule forme sociale apparaît comme suffisante, pourvu toutefois que la dénomination complète apparaisse ailleurs au sein de la mention (Cass. com., 21 nov. 2018). En conséquence, l'absence de la forme sociale et/ou du nom de la société ne semble pas être un argument déterminent, si la dénomination complète figure ailleurs dans l'acte de cautionnement ;

- le montant en chiffres : le texte du droit de la consommation exige l'indication du montant du cautionnement, sans préciser en chiffres ou en lettres. En l'espèce, il est mentionné le montant, à savoir 350 000 €, deux fois en chiffres. La jurisprudence a précisé que l'ancien article L. 341-2 du Code de la consommation n'impose pas la mention de l'engagement de la caution à la fois en chiffres et en lettres (Cass. com., 16 octobre 2012). En conséquence, il n'est pas possible de relever une quelconque irrégularité sur ce point ;

- l'absence de distinction du principal et des intérêts : en l'espèce, les termes de la mention ne font pas référence aux intérêts potentiellement dus, seule est évoquée la somme de 350 000 euros et jusqu'au paiement effectif de toutes les sommes dues. Or même si l'article L. 331-1 du Code de la consommation impose l'indication des intérêts, la Cour de cassation (Cass. com., 4 novembre 2014) a considéré qu'un tel oubli n'avait pour conséquence que de limiter l'étendue du cautionnement au principal de la dette sans en affecter la validité. En conséquence, l'imprécision des termes de la mention ne saurait entraîner la nullité de l'acte de cautionnement ;

- la mention de la solidarité : par principe, une première formulation, énoncée à l'article L. 331-1 du Code de la consommation, précise le principe de l'engagement, alors qu'une seconde formulation détermine le caractère solidaire de ce même engagement, par application de l'article L. 331-2 du Code de la consommation. Or, la mention rapportée effectue une référence à la formule « cautionnement solidaire », alors que celle énoncée par le texte ne fait référence qu'au « cautionnement personnel ». Toutefois, la Cour de cassation a précisé que cela ne pouvait conduire la banque qu'à l'impossibilité de se prévaloir de la solidarité (Cass. com., 8 mars 2011). L'engagement souscrit par Monsieur MERLIN demeure valable en tant que cautionnement simple.

c) L'étendue du cautionnement

L'étendue de l'objet du cautionnement est limitée par l'article 2290, alinéa 1er, du Code civil. Conséquence du caractère accessoire du cautionnement, ce texte interdit que le cautionnement excède la dette du débiteur.

Or en l'espèce, le cautionnement excède la dette du débiteur. Monsieur MERLIN s'est porté caution dans la limite de 350 000 euros, alors que le prêt souscrit par la société SCEA est de 300 000 euros avec intérêts de 4 % l'an.

Toutefois, la sanction du cautionnement dont le montant excède celui de l'obligation principale n'est pas la nullité, mais la réduction. En effet, selon l'alinéa 3 de l'article 2290 du Code civil, le montant du cautionnement sera réduit à la mesure de l'obligation principale.

En conséquence, Monsieur MERLIN ne pourra obtenir qu'une réduction à hauteur de l'obligation principale.

d) L'accord de l'épouse

Monsieur MERLIN s'est engagé en qualité de caution alors qu'il est marié. De plus, au moment de l'engagement, Monsieur MERLIN est propriétaire en indivision avec son épouse de leur domicile.

Les faits ne précisent pas le régime matrimonial des époux. Toutefois, le fait que les époux soient propriétaires en indivision de leur domicile laisse présumer un régime séparatiste. Aussi, il convient d'écarter l'article 1415 du Code civil, qui pose une exception au principe de la gestion concurrente des biens communs dans le régime légal. Il convient donc de s'attacher aux règles relatives à l'indivision.

Ainsi, l'article 815-17 du Code civil précise que « Les créanciers personnels d'un indivisaire ne peuvent saisir sa part dans les biens indivis, meubles ou immeubles.

Ils ont toutefois la faculté de provoquer le partage au nom de leur débiteur ou d'intervenir dans le partage provoqué par lui. Les coïndivisaires peuvent arrêter le cours de l'action en partage en acquittant l'obligation au nom et en l'acquit du débiteur. Ceux qui exerceront cette faculté se rembourseront par prélèvement sur les biens indivis ».

En l'occurrence, les époux étaient propriétaires d'un bien immobilier en indivision. Ce dernier a été vendu en janvier 2018. Le produit de la vente ayant été affecté à la réparation de la maison d'habitation. L'épouse n'ayant pas donné son consentement, les créanciers ne pourront donc pas saisir le produit de cette vente appartenant à l'épouse.

2. Sur la proportionnalité

L'exigence de proportionnalité de l'engagement de la caution (C. consom., art. L. 332-1) n'est pas, à proprement parler, une condition de validité du cautionnement, mais une cause de décharge de la caution.

La caution est déchargée si, à la date de son engagement, celui-ci paraît disproportionné par rapport à ses revenus et à son patrimoine, compte tenu de ses autres obligations et charges, et si, au moment où elle est poursuivie, son patrimoine ne lui permet toujours pas de faire face à son obligation (C. consom., art. L. 332-1).

En l'espèce, plusieurs arguments militent en faveur d'une décharge de la caution. D'abord, Monsieur MERLIN n'a plus de revenus liés à son poste de fonctionnaire, puisqu'il a démissionné avec effet au 31 décembre 2015. De plus, les sommes perçues de la vente du bien immobilier ont été investies. Enfin, il ne perçoit plus les fermages depuis 2018. Certes, il a hérité d'une propriété viticole, mais il ne s'agit pas d'une appellation prestigieuse.

Dès lors, il est permis de considérer, à l'image certainement de la position des juges du tribunal judiciaire de Bordeaux que l'engagement est disproportionné au moment de la poursuite.

B - SUR LA PROCÉDURE D'APPEL

Un appel contre le jugement du tribunal judiciaire, en date du 13 avril 2021, a été formé dans les termes suivants : « Appel dirigé contre l'ensemble du dispositif du jugement ». L'appel a été intenté sans attendre la signification de la décision.

L'appel est une voie de recours de droit commun ordinaire de réformation ou d'annulation par laquelle un plaideur porte le procès devant une juridiction du degré supérieur.

Le délai d'appel aux termes de l'article 538 du Code de procédure civile, « est d'un mois en matière contentieuse ».

Selon l'article 528 du Code de procédure civile, le point de départ du délai d'appel est la notification du jugement (CPC, art. 640).

Or en l'espèce, le jugement n'a pas été signifié.

Toutefois, la notification ne conditionne pas le droit d'appel lui-même : le perdant peut former ce recours indépendamment de toute notification du jugement, et immédiatement après le prononcé de la décision (T. civ. Seine, 22 décembre 1948).

En conséquence, l'appel est recevable sur ce point.

La dévolution ne s'opère pour le tout que lorsque l'appel tend à l'annulation du jugement ou si l'objet du litige est indivisible (CPC, art. 562).

L'effet dévolutif vise l'effet normalement attaché aux voies de recours en vertu duquel le litige, dans son ensemble, est porté devant le juge saisi du recours (le premier juge sur opposition, le juge du second degré sur Appel).

Aussi selon le 4° de l'article 901 du Code de procédure civile, la déclaration d'appel doit contenir les chefs du jugement expressément critiqués auxquels l'appel est limité, sauf si l'appel tend à l'annulation du jugement ou si l'objet du litige est indivisible, à peine de nullité.

Or, en l'espèce, il est seulement mentionné « Appel dirigé contre l'ensemble du dispositif du jugement ».

La Cour de cassation, par plusieurs avis en date du 20 décembre 2017 (Cass. 2e civ., avis, 20 décembre 2017, n° 17019, n° 17020, n° 17021) a précisé que conformément à l'article 901 du Code de procédure civile, la sanction encourue par l'acte d'appel qui ne mentionne pas les chefs de jugement critiqués est une nullité de forme, régularisable dans le délai imparti à l'appelant pour conclure.

En l'occurrence, la déclaration d'appel est nulle, mais peut faire l'objet d'une régularisation. Une question restait en suspens à propos de la forme de la régularisation : une nouvelle déclaration d'appel ou par des conclusions postérieures.

La jurisprudence a précisé que seul l'acte d'appel opère la dévolution des chefs critiqués du jugement. Aussi, lorsque la déclaration d'appel tend à la réformation du jugement sans mentionner les chefs de jugement qui sont critiqués, l'effet dévolutif n'opère pas (Cass. 2e civ., 30 janvier 2020). Le paragraphe 8 de l'arrêt est clair sur la régularisation : « Enfin, la déclaration d'appel affectée de ce vice de forme peut être régularisée par une nouvelle déclaration d'appel, dans le délai imparti à l'appelant pour conclure au fond conformément à l'article 910-4, alinéa 1, du code de procédure civile ».

En conséquence, il sera possible de régulariser la déclaration d'appel, mais par une nouvelle déclaration d'appel.

Une fois cette formalité réalisée, la déclaration d'appel vaut demande d'inscription au rôle (c'est-à-dire au registre de la cour) et entraîne la saisine de la cour (CPC, art. 901, al. 3).

Ensuite, le greffier adresse par lettre simple à chaque intimé un exemplaire de la déclaration en lui indiquant l'obligation de constituer avocat (CPC, art. 902).

En l'occurrence, Monsieur MERLIN, s'étant « fâché » avec son avocat, devra constituer un nouvel avocat.

Selon l'article 903 du Code de procédure civile, « Dès qu'il est constitué, l'avocat de l'intimé en informe celui de l'appelant et remet une copie de son acte de constitution au greffe. »

Le premier président de la cour d'appel attribue l'affaire à l'une des chambres (CPC, art. 904, al. 1er).

L'appelant doit déposer ses conclusions dans les trois mois de la déclaration d'appel, sinon la déclaration d'appel est atteinte de caducité, qui doit être relevée d'office (CPC, art. 908 et 911-1).

Enfin, selon l'article 909 du Code de procédure civile « L'intimé dispose, à peine d'irrecevabilité relevée d'office, d'un délai de trois mois à compter de la notification des conclusions de l'appelant prévues à l'article 908 pour remettre ses conclusions au greffe et former, le cas échéant, appel incident ou appel provoqué ».

II - Sur le chai

À la suite de l'achat d'un bâtiment en 2013, ce dernier fait l'objet d'infiltrations d'eau. Une expertise amiable a révélé que ces infiltrations sont les conséquences de désordres affectant la toiture depuis des années.

Il convient de déterminer dans un premier temps quel est le fondement de l'action (A), puis dans un second temps les conditions (B).

A - SUR LE FONDEMENT DE L'ACTION

Sur le fondement des articles 1101 et 1103 du Code civil, le contrat se forme par la rencontre des volontés.

Monsieur MERLIN et Monsieur BOURGUIGNON ont conclu un contrat.

Spécifiquement, la vente est le contrat par lequel une personne, le vendeur, transfère ou s'engage à transférer un bien à une autre personne, l'acheteur, qui a l'obligation d'en verser le prix en argent (C. civ., art. 1582 et s.).

À défaut de précision factuelle sur la formation du contrat de vente, il convient notamment d'écarter une action fondée sur le dol ou l'erreur.

1. Sur l'action

Aux termes de l'article 1603 du Code civil, « le vendeur a deux obligations principales, celle de délivrer et de garantir ce qu'il vend ». Il convient d'ajouter que selon l'article 1602 du Code civil, « le vendeur est tenu d'expliquer clairement ce à quoi il s'oblige ».

Dans les contrats qui ont pour objet le transfert de propriété ou d'un autre droit, la délivrance désigne l'obligation de mettre la chose à disposition de l'acquéreur.

L'obligation de délivrance est le transfert « *en la puissance et possession* » de l'acheteur. Il s'agit, après que le transfert de propriété a eu lieu, de donner à l'acheteur la maîtrise véritable de la chose, selon les termes du contrat.

Or, en l'espèce, le vendeur a satisfait à son obligation de délivrance, puisqu'il a délivré l'immeuble tel que défini dans le contrat. Néanmoins, il y a actuellement des infiltrations.

Selon les termes de l'article 1641 du Code civil, « le vendeur est tenu de la garantie à raison des défauts cachés de la chose vendue qui la rendent impropre à l'usage auquel on la destine, ou qui diminuent tellement cet usage, que l'acheteur ne l'aurait pas acquise, ou n'en aurait donné qu'un moindre prix, s'il les avait connus ».

Plusieurs conditions sont posées. D'abord, le vice doit être d'une certaine gravité, ce qui exclut le jeu de la garantie en cas d'imperfections mineures.

En l'espèce, le bâtiment destiné à stocker des barriques fait l'objet d'infiltrations. Le risque de perte des récoltes constitue un vice d'une certaine gravité.

Ensuite, il faut que le vice soit caché, autrement dit que l'acquéreur n'a pas pu le découvrir par l'examen de la chose ; si tel était le cas (vice apparent), le vendeur ne serait pas tenu à garantie (C. civ., art. 1642).

En l'occurrence, il ressort d'une expertise amiable, que les infiltrations ne sont que les conséquences de désordres affectant la toiture. Le vice est bien caché en l'espèce.

De même, un vice ne peut être réputé caché que si l'acheteur n'a pas été informé de son existence.

Enfin, il faut que le vice ait existé au moment de la vente ; mais peu importe que le défaut soit resté à l'état latent, dès lors qu'il existait « en germe » lors de la vente.

Dans les faits, il est mentionné que les désordres affectent la toiture depuis des années. L'on peut supposer que les désordres sont antérieurs à la vente de 2013.

En conclusion, les conditions de l'action en garantie des vices cachés sont réunies.

2. Le défendeur à l'action

A priori l'action est exercée contre le vendeur. Néanmoins, le vendeur, Monsieur BOURGUIGNON est décédé et les héritiers sont peu solvables.

Si l'action est en théorie possible, elle est très relative en pratique.

Si l'action en garantie est exercée, le plus souvent, par l'acheteur contre le vendeur, il n'en va pas forcément ainsi lorsque la chose a fait l'objet de ventes successives.

En l'espèce, le bien immobilier a fait l'objet d'une première vente en 1980, puis en 2013.

La jurisprudence a retenu que le sous-acquéreur d'un immeuble peut exercer l'action en garantie des vices cachés contre le vendeur originaire sans être tenu de mettre en cause le vendeur intermédiaire (Cass. 3e civ., 7 juin 1989).

B - SUR LES CONDITIONS DE FOND ET LE RÉSULTAT

L'action résultant des vices rédhibitoires doit être intentée par l'acquéreur dans un délai de deux ans à compter de la découverte du vice (C. civ., art. 1648).

En l'espèce, l'action n'est pas prescrite, puisque le vice a été découvert en janvier 2020 et mars 2021. Il peut donc agir contre le vendeur. Ce dernier étant décédé, il agira contre les héritiers même s'ils sont peu solvables.

En revanche, à l'égard du vendeur originaire, la jurisprudence a considéré que l'action de l'acquéreur résultant de vices rédhibitoires doit être intentée contre son vendeur dans un délai de deux ans à compter de la découverte du vice, tout en étant enfermée dans le délai de la prescription quinquennale qui court à compter de la date de la vente conclue entre les parties, peu important que l'action du vendeur contre le fabricant soit prescrite (Cass. 1re civ., 8 avr. 2021).

En conséquence, l'action est prescrite à l'égard du vendeur originaire, même s'il convenait de retenir le délai de prescription de droit commun antérieur à la réforme du 17 juin 2008.

L'article 1644 du Code civil prévoit deux actions pour l'acheteur : « l'acheteur a le choix de rendre la chose et de se faire restituer le prix, ou de garder la chose et de se faire rendre une partie du prix » c'est-à-dire qu'il a le choix entre exercer une action rédhibitoire ou une action estimatoire. En revanche, l'acheteur ne peut, en principe, obtenir la réparation ou le remplacement de la chose (Cass. civ., 11 avril 1933).

L'action estimatoire est une sorte de réfaction judiciaire de la vente. L'acheteur conservera la chose, mais obtiendra une réduction du prix.

En l'occurrence, il convient de se tourner vers l'action estimatoire. En effet, Monsieur MERLIN souhaite financer une part des travaux et non restituer la chose.

Toutefois, l'acheteur peut solliciter d'autres dommages-intérêts.

L'article 1645 du Code civil prévoit, en effet, que « si le vendeur connaissait les vices de la chose, il est tenu, outre la restitution du prix, qu'il en a reçu, de tous les dommages et intérêts envers l'acheteur ». Et l'article 1646 du Code civil précise que « si le vendeur ignorait les vices de la chose, il ne sera tenu qu'à la restitution du prix, et à rembourser à l'acquéreur les frais occasionnés par la vente ».

En l'espèce, Monsieur BOURGUIGNON ne semblait pas connaître les vices de la chose, puisqu'il était mentionné dans l'acte de vente de 1980 qu'il avait fait réaliser d'importantes réparations à la toiture.

Aussi, la Cour de cassation a rappelé que le vendeur ayant ignoré les vices cachés ne peut être tenu envers l'acheteur qui garde la chose vendue qu'à la seule restitution partielle du prix (Cass. 1re civ., 6 avril 2016).

En conclusion, Monsieur MERLIN pourra agir seulement contre les héritiers de Monsieur BOURGUIGNON pour obtenir une réduction du prix de vente.

CAS PRATIQUE : CAS O. PETIT

SUJET

Par courrier du 26 mars 2021, le directeur de l'école élémentaire des Marronniers située Boulevard Voltaire dans le XIe arrondissement de Paris, adressait un signalement au procureur de la République après avoir constaté que les trois frère et sœurs d'une même fratrie présentaient régulièrement des traces suspectes, bleus, brûlures et excoriations.

Dès le 28 mars, Marie Darel, substitute au parquet de Paris, saisissait le service de police compétent aux fins de procéder à une enquête sur les faits dénoncés.

Les fonctionnaires de police procédaient à l'audition de la directrice et des enseignants des mineurs le 2 avril 2021 et convenaient d'entendre les trois mineurs au sein de leur école le lendemain, sans en informer leurs parents.

Ava, âgée de 9 ans, décrivait les coups portés par son père à l'aide d'une ceinture ou d'un câble d'ordinateur, parfois d'un fouet en caoutchouc sur elle-même et sur son frère et sa sœur, par exemple en cas de notes jugées insuffisantes, ou de bêtises. La semaine dernière, elle avait renversé à terre le bol de lait bouillant qu'elle avait dû sortir elle-même du four micro-ondes installé en hauteur ; son père lui avait gentiment proposé de refaire chauffer un bol de lait qu'il avait cette fois-ci lui-même retiré du four, pour le lui renverser aussitôt violemment sur les jambes. La fillette, en classe de CM1, affirmait se souvenir de coups dont elle avait été la victime depuis son entrée au cours préparatoire « mais moins fort et moins souvent » précisait-elle.

L'examen pratiqué à l'unité médico-judiciaire (UMJ) relevait des lésions cutanées d'allure traumatique anciennes « pouvant correspondre à l'action d'un tiers, et des brûlures récentes sur les membres inférieurs. Une ITT de 8 jours était fixée la concernant.

Noa, âgé de 7 ans, racontait être « embêté » par son père qui tentait de lui faire faire des additions à l'âge de 4 ans et le frappait sur le dos à l'aide d'une ceinture après l'avoir fait s'allonger au sol : l'enfant racontait encore que son père le faisait se tenir à genoux sur des cailloux pour le punir. Récemment il avait taché son cahier en faisant ses devoirs et son père lui avait porté plusieurs coups de poing sur le bras, « comme un boxeur » ajoutait-il.

Le compte rendu de l'UMJ relevait également sur le petit garçon des traces traumatiques de forme linéaire sur plusieurs centimètres en région lombaire, ainsi qu'un important hématome d'allure récente sur le haut du bras. Il était fixé une ITT de 6 jours.

Léna, âgée de 6 ans, restait mutique à l'évocation de son père. Elle se contentait d'affirmer qu'elle n'était pas toujours sage et que les parents punissent les enfants quand ils font des bêtises. Elle corrigeait toutefois en ajoutant que sa mère était toujours gentille et câline mais qu'elle pleurait beaucoup parce qu'elle avait souvent mal aux cheveux.

Le médecin qui l'examinait à l'UMJ ne retrouvait pas d'autres traces que des excoriations sur les mains et les genoux, qu'il ne pouvait cependant pas attribuer de façon certaine à l'action d'un tiers. Aucune ITT n'était fixée.

Les trois enfants confirmaient que leur père frappait leur mère qu'ils voyaient souvent pleurer le soir, Ava ajoutant qu'il la tapait « comme un chien, comme un animal ».

Les enquêteurs projetaient d'entendre la mère de famille le lundi suivant, lorsqu'elle accompagnerait ses enfants à l'école.

C'est ainsi que Sara Petit était finalement entendue en qualité de témoin, qui acceptait de suivre les fonctionnaires de police jusqu'à leur service. Mise en confiance, elle décrivait rapidement un quotidien difficile et violent. En effet, il arrivait à son mari de frapper ou de punir leurs enfants sans qu'elle n'ose s'interposer, tandis que de son côté, elle se trouvait régulièrement humiliée, rabaissée, voire giflée. S'il menaçait souvent les enfants d'une ceinture ou d'un câble, Il n'avait cependant jamais utilisé d'objet pour la frapper. Il avait toujours insisté pour qu'elle garde ses cheveux longs et il lui arrivait régulièrement de la tirer par les cheveux, au point qu'il lui en avait arraché plusieurs touffes. Questionnée sur la date des dernières violences, elle évoquait un épisode qu'elle datait d'une dizaine de jours : son mari avait tardé à venir se mettre à table et elle avait autorisé les enfants à commencer leur repas sans l'attendre, ce qui l'avait mis très en colère. Il avait alors balayé la table d'un revers de main, l'avait contrainte à tout ramasser en la tirant par les cheveux et lui avait porté plusieurs coups de pied, devant les enfants, alors qu'elle était accroupie.

Le médecin légiste qui examinait Sara Petit constatait un cuir chevelu irrité à plusieurs endroits, des zones d'alopécie, et des hématomes d'âges différents en région lombaire et sur les parties postérieures des membres inférieurs, justifiant une ITT de 20 jours.

Le même jour, les enquêteurs convoquaient oralement Olivier Petit, qui se présentait à eux. Entendu sous le régime de la garde à vue, il refusait de s'expliquer autrement qu'en affirmant qu'il élevait ses enfants comme il l'entendait et qu'il n'avait de leçon à recevoir de personne.

QUESTIONS POSÉES :

Au regard des faits exposés ci-dessus, il vous appartiendra de répondre par une argumentation juridique précise aux questions suivantes :

1) L'enquête judiciaire (6 points)

- Dans quel cadre légal d'enquête les enquêteurs agissent-ils ? (2 points)
- Quelles mesures d'enquête et de contrainte peuvent-elles être mises en œuvre ? (2 points)
- Qui a décidé de la garde à vue d'Olivier Petit ? (2 points)

2) Les qualifications (6 points)

- Quelles infractions, voire quelles circonstances aggravantes, sont-elles susceptibles d'être caractérisées ? (4 points)
- Quelles sont les peines encourues ? (2 points)

3) Les poursuites (8 points)

- Quelles sont les différentes options procédurales dont disposait le ministère public à l'issue de la mesure de garde à vue dont a fait l'objet Olivier Petit ? (5 points)
- Quelles mesures peuvent être envisagées pour protéger les victimes ? (3 points)

CORRIGÉ

Au regard des faits exposés, il nous appartient de répondre, par une argumentation juridique précise, à chacune des questions posées en débutant par celle relative aux qualifications pénales, dès lors que ces dernières sont déterminantes des règles procédurales applicables.

I - L'enquête judiciaire (6 points)

A - DANS QUEL CADRE LÉGAL D'ENQUÊTE LES ENQUÊTEURS AGISSENT-ILS ? (2 POINTS)

Le Livre premier du Code de procédure pénale distingue les investigations menées dans le cadre des enquêtes de police (Titre II) de celles réalisées au cours d'une information judiciaire (Titre III). En l'espèce, ni l'intervention d'un réquisitoire introductif, ni celle d'un juge d'instruction ne sont mentionnées. Le cadre particulier de l'information judiciaire doit donc être écarté.

Les enquêtes de police, au sens strict, recouvrent deux principaux cadres juridiques : l'enquête de flagrance et l'enquête préliminaire. Le domaine de l'enquête de flagrance est restreint. À défaut de réunir les conditions de la flagrance, l'enquête est menée sous la forme préliminaire. Ce sont les articles 53 et 67 du Code de procédure pénale qui définissent les conditions cumulatives de l'application du régime de l'enquête de flagrance. Il résulte de ces textes que l'enquête de flagrance nécessite la présence cumulative de trois critères.

Un critère de gravité, tout d'abord. La flagrance n'est possible que pour un crime ou un délit puni d'une peine d'emprisonnement, conformément aux dispositions de l'article 67 du Code de procédure pénale. Un critère d'apparence, ensuite. À ce propos, la jurisprudence exige que l'infraction ait été portée à la connaissance de l'autorité publique par le biais « d'indices apparents d'un comportement délictueux » (Cass. crim., 22 janvier 1953, arrêt *Isnard*). Un critère temporel, enfin. En effet, l'article 53 du Code de procédure pénale renvoie à l'infraction qui « vient de se commettre » ou qui se commet actuellement, à la situation de la personne trouvée en possession de traces ou d'indices laissant à penser son implication dans des faits très récents ou à la situation de la personne poursuivie par la clameur publique dans un temps très proche de la commission de l'infraction.

Par ailleurs, lorsque les conditions susmentionnées sont réunies, l'enquête de flagrance ne demeure qu'en présence d'une continuité journalière des actes d'enquête. Elle dure au maximum huit jours à compter de son déclenchement, ce délai pouvant être prolongé une seule fois pour le même délai par décision du procureur de la République, sous certaines conditions de gravité des faits, précisées au dernier alinéa de l'article 53 du Code de procédure pénale.

En l'espèce, les faits relatés relèvent bien de qualifications délictuelles, punies d'emprisonnement et décrites précédemment. Ces faits ont été portés à la connaissance des services de police, le 28 mars 2021, par saisine du parquet consécutive au courrier de signalement émanant du directeur de l'école élémentaire des enfants Petit. S'agissant d'un signalement provenant d'une autorité identifiée, l'objectivité de l'indice est établie.

Toutefois, les déclarations des personnes entendues ne permettent pas de dater précisément les dernières violences commises par Olivier Petit. Le 3 avril 2021, Ava évoque des faits survenus « la semaine dernière » et Noa fait état de violences subies « récemment ». Sara Petit, entendue le lundi 5 avril 2021, indique que les derniers coups datent d'une « dizaine de jours ». En outre, la voie du signalement par courrier puis le délai de transmission aux enquêteurs, imposent un délai séparant les constatations rapportées par le directeur de l'établissement et la saisine du service d'enquête. Dès lors, au moment de leur saisine, les enquêteurs ne pouvaient agir en flagrance.

En tout état de cause, l'énoncé ne fait état d'aucun acte d'enquête intervenu entre le 28 mars 2021 et le 2 avril 2021, de sorte qu'au-delà de l'absence de proximité temporelle suffisante des faits, la continuité de l'enquête ne saurait être retenue.

Pour l'ensemble de ces raisons, l'enquête se déroule dans le cadre préliminaire prévu au Chapitre II du Titre II du Livre premier du Code de procédure pénale.

B - QUELLES MESURES D'ENQUÊTE ET DE CONTRAINTE PEUVENT-ELLES ÊTRE MISES EN ŒUVRE ? (2 POINTS)

En premier lieu, il convient de souligner que l'enquête préliminaire portant sur un crime ou un délit puni d'emprisonnement reproché à un individu majeur permet aux enquêteurs de réaliser plusieurs actes d'enquête.

L'article 76 du Code de procédure pénale autorise ainsi les perquisitions, visites domiciliaires ou saisies de pièces à conviction, sous réserve d'un assentiment préalable et écrit des personnes au domicile desquelles elles ont lieu. Il peut être passé outre le refus ou l'absence d'assentiment, en présence d'un crime ou d'un délit puni d'une peine d'emprisonnement d'une durée égale ou supérieure à trois ans, sur autorisation du juge des libertés et de la détention requis par le procureur de la République, dans les conditions prévues au même article du Code de procédure pénale. En l'espèce, il paraîtrait opportun de réaliser une telle perquisition et d'éventuelles saisies au sein du domicile familial, pour vérifier la présence, ou non, des objets supposément utilisés pour commettre les violences alléguées. Ces mesures sont possibles, éventuellement de manière coercitive, puisque les infractions concernées sont punies de plus de trois années d'emprisonnement.

Durant l'enquête préliminaire, l'officier ou l'agent de police judiciaire peut également, sur autorisation du procureur de la République, requérir un tiers pour obtenir une prestation matérielle, des documents, des informations ou faire réaliser des constatations ou examens techniques ou scientifiques, conformément aux dispositions des articles 77-1 et suivants du Code de procédure pénale. En l'espèce, outre la réquisition déjà faite auprès de l'unité médico-judiciaire, les enquêteurs pourraient, afin d'être pleinement éclairés sur les circonstances de commission des faits et sur leurs conséquences, requérir un psychologue, pour examen psychologique des victimes, et un psychiatre, pour examen psychiatrique d'Olivier Petit, sur autorisation préalable du procureur de la République.

Les enquêteurs peuvent, en outre, procéder aux auditions et confrontations nécessaires (articles 77 et 61-1 du Code de procédure pénale). En l'espèce, les enquêteurs pourraient chercher à entendre tout témoin utile, notamment les voisins et les proches de la famille Petit. Ils pourraient également procéder à une mise en présence pour confrontation entre Olivier Petit et Sara Petit.

Notons, s'agissant de l'audition de la victime, que l'article 706-53 du Code de procédure pénale dispose que le mineur victime d'un crime ou d'un délit peut, à sa demande et à tous les stades de la procédure, être accompagné par son représentant légal, la personne majeure de son choix ou un représentant d'une association conventionnée d'aide aux victimes, sauf si un administrateur ad hoc a été désigné ou sur décision contraire motivée prise par l'autorité judiciaire compétente. En l'espèce, l'énoncé mentionne expressément que les mineurs ont été entendus sans information de leurs parents. L'absence d'avis aux représentants légaux peut s'entendre pour assurer l'efficacité de l'enquête et éviter toute pression. En outre, l'énoncé ne précise pas si les mineurs ont sollicité d'être accompagnés lors de ces auditions. Si tel était le cas, la régularité de l'audition exigerait qu'un administrateur ad hoc ait été désigné ou qu'une décision contraire motivée s'opposant à l'accompagnement ait été prise par le procureur de la République.

Notons également, s'agissant de l'audition de la personne à l'égard de laquelle il existe des raisons plausibles de soupçonner qu'elle a commis ou tenté de commettre une infraction, que cette audition ne peut intervenir que dans le cadre d'une audition libre ou d'une garde à vue (articles 61-1 et 62-2 du Code de procédure pénale). L'audition libre n'est possible qu'en l'absence d'une privation de liberté de la personne concernée. Elle impose la notification de droits, découlant des droits de la défense prévus à l'article 61-1 du Code de procédure pénale. À l'inverse, l'usage de la contrainte impose que l'audition de la personne mise en cause intervienne dans le cadre d'une mesure de garde à vue (articles 62-2 et suivants du Code de procédure pénale). En l'espèce, il est mentionné que Sara Petit a été entendue en qualité de témoin, alors que des raisons plausibles de soupçonner qu'elle a pu commettre une infraction existent, comme nous l'avons relevé plus haut. À cet égard, Olivier Petit pourrait soulever la nullité de l'audition de son épouse – qui l'accable – au motif d'une fraude aux droits de la défense. Néanmoins, une telle démarche apparaît vouée à l'échec dès lors, d'une part, que le moyen pris de l'irrégularité de l'audition d'un tiers ne peut être invoqué que par la personne qu'elle concerne et, d'autre part, qu'au moment où l'audition de Sara Petit est intervenue, il n'est pas certain qu'existait déjà une raison plausible de soupçonner qu'elle avait commis ou tenté de commettre une infraction (voir, sur ces points : Cass. crim., 10 octobre 2017, n° 16-86874).

En second lieu, il convient de rappeler que, dans le cadre d'une enquête préliminaire, les enquêteurs peuvent avoir recours à plusieurs actes de contrainte.

Ils peuvent ainsi appréhender sous la contrainte, sur autorisation préalable du procureur de la République, une personne qui, notamment, n'a pas répondu à une convocation à comparaître ou dont l'on peut craindre qu'elle ne réponde pas à une telle convocation (article 78 du Code de procédure pénale). Lorsqu'un tel ordre de comparution émanant du parquet ne peut être exécuté, faute d'éléments relatifs à la localisation de l'intéressé, il est possible de recourir à un mandat de recherche. En effet, conformément aux dispositions de l'article 77-4 du Code de procédure pénale, « si les nécessités de l'enquête portant sur un crime ou un délit puni d'au moins trois ans d'emprisonnement l'exigent, le procureur de la République peut décerner mandat de recherche contre toute personne à l'encontre de laquelle il existe une ou plusieurs raisons plausibles de soupçonner qu'elle a commis ou tenté de commettre l'infraction ».

En l'espèce, les enquêteurs n'ont pas eu à utiliser ces prérogatives car Olivier Petit a déféré à leur convocation orale. Pour autant, ce dernier a été placé en garde à vue, ce qui est susceptible de poser difficulté. En effet, conformément aux dispositions de l'article 62-2 du Code de procédure pénale, la garde à vue, en tant que mesure de contrainte, doit constituer l'unique moyen de parvenir à l'un au moins des objectifs énumérés par ce texte. La Cour de cassation est vigilante, à ce propos, et censure les décisions validant des mesures de garde à vue qui n'étaient pas nécessaires au regard des objectifs énumérés par le législateur (Cass. crim., 7 juin 2017, n° 16-87588). Pour autant, les faits de notre espèce permettent de justifier le recours à une telle mesure dès lors que le contexte de commission des faits reprochés à Olivier Petit laissait craindre des pressions sur les victimes. En outre, lesdits faits semblaient justifier le recours à un déferement, impliquant le placement du suspect en garde à vue, conformément aux dispositions de l'article 393 du Code de procédure pénale (voir, notamment : Cass. crim., 28 mars 2017, n° 16-85018).

C - QUI A DÉCIDÉ DE LA GARDE À VUE D'OLIVIER PETIT ? (2 POINTS)

L'article 62-2 du Code de procédure pénale dispose que la garde à vue est une mesure de contrainte décidée par un officier de police judiciaire, sous le contrôle de l'autorité judiciaire. En l'espèce, c'est donc l'officier de police judiciaire saisi de l'enquête qui a pris la décision de placement en garde à vue d'Olivier Petit.

Il y a lieu de préciser qu'afin d'assurer la « garantie judiciaire », notamment prévue par l'article 5 de la Convention européenne de sauvegarde des droits de l'Homme et des libertés fondamentales, le recours à une garde à vue, comme son exécution, sont placés sous le contrôle du procureur de la République (article 62-3 du Code de procédure pénale). C'est la raison pour laquelle, « dès le début de la mesure, l'officier de police judiciaire informe le procureur de la République, par tout moyen, du placement de la personne en garde à vue », tout retard injustifié dans cette notification constituant une cause de nullité assimilée à une nullité d'ordre public (voir, notamment : Cass. crim., 24 mai 2016, n° 16-80564). En l'espèce, informé immédiatement du placement en garde à vue d'Olivier Petit, le procureur de la République s'assurera, notamment, que l'officier de police judiciaire a suffisamment justifié sa décision de placement en garde à vue au regard, d'une part, de l'existence d'une ou plusieurs raisons plausibles de soupçonner que l'intéressé a commis ou tenté de commettre un crime ou un délit puni d'une peine d'emprisonnement et, d'autre part, des objectifs assignés à cette mesure par le législateur.

Il convient d'ajouter que la garde à vue s'exécute sous le contrôle du procureur de la République pour une durée de vingt-quatre heures. Cette mesure peut être prolongée une fois, pour la même durée, lorsque l'infraction reprochée est punie d'une peine égale ou supérieure à une année d'emprisonnement, ce qui est le cas en l'espèce, sachant que « le procureur de la République apprécie si le maintien de la personne en garde à vue et, le cas échéant, la prolongation de cette mesure sont nécessaires à l'enquête et proportionnés à la gravité des faits que la personne est soupçonnée d'avoir commis ou tenté de commettre » (article 62-3, alinéa 2, du Code de procédure pénale). En outre, cette mesure ouvre des droits qui doivent être notifiés à la personne mise en cause, celle-ci devant être mise en mesure de les exercer librement.

II - Les qualifications (6 points)

A - QUELLES INFRACTIONS, VOIRE QUELLES CIRCONSTANCES AGGRAVANTES, SONT-ELLES SUSCEPTIBLES D'ÊTRE CARACTÉRISÉES ? (4 POINTS)

Pour répondre de manière complète à cette question, il convient d'envisager la responsabilité pénale d'Olivier Petit (1) et celle de Sara Petit (2).

1. La responsabilité pénale d'Olivier Petit

Au titre de l'élément légal, il convient de rappeler que les articles 222-1 et suivants du Code pénal définissent et répriment les atteintes volontaires à l'intégrité des personnes.

L'élément matériel commun à ces infractions implique la réunion, d'une part, d'un ou plusieurs acte(s) positif(s) commis par l'auteur à l'encontre de la victime, d'autre part, d'un résultat, la victime devant avoir subi une souffrance psychologique ou/et physique et, enfin, d'un lien de causalité certain entre l'action de l'auteur et le résultat produit. En l'espèce, les déclarations d'Ava et de Noa rapportent des coups directement portés par Olivier Petit sur leur personne. Léna, plus jeune, évoque des punitions, sans énoncer expressément les coups qu'elle aurait reçus, ceux-ci étant rapportés par Ava et Sara Petit. Cette dernière rapporte enfin, comme les enfants, des tirages de cheveux et des coups commis sur sa personne par Olivier Petit. Chacune de ces quatre personnes a subi les répercussions physiques relevées par l'unité médico-judiciaire (UMJ), mais aussi les conséquences psychologiques résultant de tels actes.

Concernant l'élément moral, ces atteintes volontaires à l'intégrité des personnes nécessitent la preuve d'une intention, qui consiste dans la volonté, à la fois, de commettre l'acte positif et d'occasionner un choc physique et/ou émotif, peu important que ce dol soit indéterminé et notamment en deçà des conséquences réelles de l'acte. En l'espèce, les victimes décrivent des actes qui, par leur nature, leur répétition et le comportement qui les accompagne, traduisent l'intention de leur auteur de les commettre pour occasionner un choc physique et/ou émotif.

Il en résulte qu'Olivier Petit a commis des actes constituant des atteintes volontaires à l'intégrité physique d'Ava, de Noa, de Léna et de Sara Petit. La qualification précise de ces actes dépend ensuite, pour chaque victime, du résultat atteint et des circonstances de leur commission.

a) Les actes accomplis sur Ava, mineure âgée de neuf ans

Il résulte de l'énoncé qu'Ava, âgée de neuf ans au jour des faits, a subi, de la part de son père, Olivier Petit, des coups de ceinture, de câble et de fouet, ainsi que le renversement sur ces jambes de lait bouillant, engendrant une incapacité totale de travail de huit jours.

Parmi les atteintes volontaires à l'intégrité physique d'autrui, les articles 222-1 à 222-6-4 du Code pénal incriminent et répriment les tortures et actes de barbarie. La jurisprudence définit ces actes de manière restrictive comme étant ceux qui, d'une exceptionnelle gravité, occasionnent pour la victime une souffrance aiguë (voir, par exemple : CA Lyon, 19 janvier 1996). Par ailleurs, la loi pénale, d'interprétation stricte, emploie le pluriel (des tortures ou des actes de barbarie). Une pluralité d'actes de cette nature semble donc être exigée, ce qui rejoint la nécessité d'un acharnement évoquée en jurisprudence (voir, notamment : Cass. crim., 11 janvier 2005, n° 04-86210). En l'espèce, le fait de renverser sciemment du lait bouillant sur les jambes d'Ava pourrait être de nature, en raison de la gravité intrinsèque de l'acte et de l'intention perverse révélée, à constituer l'infraction de tortures et actes de barbarie. Cependant, l'intensité de la souffrance générée n'est pas rapportée. Par ailleurs, les autres gestes décrits ne démontrent pas un comportement d'acharnement. La qualification de tortures et actes de barbarie doit donc être écartée, à défaut d'un élément matériel pleinement caractérisé. Mais, d'autres qualifications pénales sont envisageables.

Ainsi, l'article 222-13, alinéa 26, du Code pénal prévoit que les peines principales de cinq ans d'emprisonnement et de 75.000 euros d'amende sont encourues lorsque les violences sont commises sur un mineur de quinze ans par un ascendant. En l'espèce, la minorité de quinze ans et le lien d'ascendance sont établis.

L'article 222-13, alinéa 27, du même Code prévoit les mêmes peines principales lorsque les violences sont commises sur un mineur par un ascendant, alors qu'un autre mineur assiste aux faits. En l'espèce, la minorité d'Ava, le lien d'ascendance et la présence d'autres mineurs sont établis.

L'article 222-13 dudit Code réprime également les violences ayant entraîné une incapacité totale de travail inférieure ou égale à huit jours, commise avec une ou plusieurs des circonstances prévues par ce texte, dont la minorité de quinze ans de la victime (article 222-13, 1°), la préméditation (article 222-13, 9°) et l'usage ou la menace d'une arme (article 222-13, 10°). Aux termes des dispositions de l'article 132-75 du Code pénal, constitue une arme par destination tout objet susceptible de présenter un danger pour les personnes dès lors qu'il est utilisé pour tuer, blesser ou menacer ou qu'il est destiné, par celui qui en est porteur, à tuer, blesser ou menacer. Par ailleurs, conformément aux dispositions de l'article 132-72 du même Code, la préméditation est le dessein formé avant l'action de commettre un crime ou un délit déterminé. Elle n'exige pas qu'un temps long de réflexion se soit écoulé entre l'idée et l'action. Il suffit que, entre la conception du délit et son exécution, « le coupable ait eu le recul suffisant pour se placer dans une détermination aggravante de son intention » (Y. Mayaud, *Répertoire de droit pénal et de procédure pénale*, éditions Dalloz). En l'espèce, les objets employés par Olivier Petit sur Ava, âgée de neuf ans au jour des faits, constituent des armes par destination car ils présentent un danger, étant utilisés pour la blesser. En outre, la description de la scène relative au renversement du lait bouillant montre qu'il s'agit d'un acte pleinement volontaire et prémédité, qu'Olivier Petit a conçu mentalement, avant de faire chauffer le lait et de le renverser sur la fillette pour la punir de sa maladresse. Commises avec ces trois circonstances aggravantes, les violences prévues à l'article 222-13 du Code pénal sont punies principalement de sept ans d'emprisonnement et de 100.000 euros d'amende (article 222-13, dernier alinéa, du Code pénal).

L'article 222-14 du Code pénal incrimine, quant à lui, les violences habituelles sur un mineur de quinze ans et prévoit les peines principales de cinq années d'emprisonnement et de 75.000 euros d'amende lorsqu'elles n'ont pas entraîné une incapacité totale de travail pendant plus de huit jours. Outre la minorité de quinze ans, l'élément matériel spécifique à cette aggravation réside dans la répétition de faits de violences. En l'espèce, les déclarations d'Ava, celles de sa mère et les constatations médicales révèlent des violences d'âges distincts, donc répétées dans le temps. Le caractère habituel des faits est ainsi constitué.

Il résulte de ce qui précède que les faits commis sur Ava sont susceptibles de revêtir quatre qualifications juridiques distinctes. En présence d'un tel concours de qualifications, il convient de retenir l'infraction spéciale ou, à défaut, celle la plus sévèrement réprimée. En l'espèce, aucune qualification ne paraît spéciale. En revanche, l'infraction de violences aggravées par trois circonstances ayant entraîné une incapacité totale de travail inférieure ou égale à huit jours est réprimée d'une peine supérieure à celles encourues pour les autres infractions. Cette infraction de violences aggravées par trois circonstances doit donc retenue à l'encontre d'Olivier Petit.

b) Les actes accomplis sur Noa, mineur âgé de sept ans

Il résulte de l'énoncé que Noa, âgé de sept ans au jour des faits, a subi des coups de ceinture, a été forcé à se mettre à genoux sur des cailloux et a reçu des coups de poing, engendrant une incapacité totale de travail de six jours.

L'article 222-13, alinéa 26, du Code pénal prévoit que les peines principales de cinq ans d'emprisonnement et de 75.000 euros d'amende sont encourues lorsque les violences sont commises sur un mineur de quinze ans par un ascendant. En l'espèce, la minorité de quinze ans et le lien d'ascendance sont établis.

L'article 222-13, alinéa 27, du même Code prévoit des peines principales identiques lorsque les violences sont commises sur un mineur par un ascendant, alors qu'un autre mineur assiste aux faits. En l'espèce, la minorité de Noa, le lien d'ascendance et la présence d'autres mineurs sont établis.

Par ailleurs, comme il a été exposé plus haut, l'article 222-13 du Code pénal réprime les violences ayant entraîné une incapacité totale de travail inférieure ou égale à huit jours, commise avec une ou plusieurs des circonstances prévues par ce texte, dont la minorité de quinze ans de la victime (article 222-13, 1°), la préméditation (article 222-13, 9°) et l'usage ou la menace d'une arme (article 222-13, 10°). En l'espèce, la ceinture et les cailloux employés par Olivier Petit à l'encontre de Noa, alors âgé de sept ans, constituent des armes par destination car ils présentent un danger et ont été utilisés pour le blesser. En revanche, si la description des faits permet de démontrer la commission d'actes volontaires, elle ne permet pas d'établir un dessein formé avant l'action. Les actes en cause apparaissent, en effet, avoir été conçus et aussitôt exécutés, sans qu'Olivier Petit en ait « discuté avec lui-même » (expression empruntée à Garçon : Code pénal annoté, articles 296 à 298, n° 8), ce qui exclut la circonstance aggravante de préméditation. Commises avec deux circonstances aggravantes, les violences prévues à l'article 222-13 du Code pénal font principalement encourir cinq ans d'emprisonnement et 75.000 euros d'amende (article 222-13, dernier alinéa, du Code pénal).

Enfin, l'article 222-14 du Code pénal incrimine les violences habituelles sur un mineur de quinze ans et prévoit les peines principales de cinq années d'emprisonnement et de 75.000 euros d'amende lorsqu'elles n'ont pas entraîné une incapacité totale de travail pendant plus de huit jours. Outre la minorité de quinze ans, l'élément matériel spécifique à cette aggravation réside dans la répétition de faits de violences. En l'espèce, les déclarations de Noa, celles de sa mère et les constatations médicales révèlent des violences d'âges distincts, donc répétées dans le temps. Le caractère habituel des faits est ainsi constitué.

Il résulte de ce qui précède que les faits commis sur Noa sont susceptibles de revêtir quatre qualifications juridiques distinctes. Les règles du concours de qualifications doivent donc être appliquées. Comme vu précédemment, aucune qualification ne paraît spéciale. Par ailleurs, les délits susceptibles d'être retenus sont tous punis de cinq années d'emprisonnement et de 75.000 euros d'amende. En opportunité, il conviendra de retenir la qualification de violences habituelles sur un mineur de quinze ans, manifestant la récurrence des faits commis par Olivier Petit.

c) Les actes accomplis sur Léna, mineure âgée de six ans

En l'espèce, Léna, âgée de six ans, n'évoque pas précisément de violences commises sur sa personne par son père. L'examen médico-légal ne retient aucune incapacité totale de travail et précise qu'il n'est pas possible d'attribuer de façon certaine à l'action d'un tiers les traces retrouvées sur elle. Cependant, Léna rapporte des « punitions ». Surtout, Ava et Sara Petit précisent que les trois enfants sont victimes des coups portés par Olivier Petit.

Comme vu plus haut, l'article 222-14 du Code pénal réprime les violences habituelles sur un mineur de quinze ans, de cinq années d'emprisonnement et de 75.000 euros d'amende lorsqu'elles n'ont pas entraîné une incapacité totale de travail pendant plus de huit jours. En l'espèce, le certificat médico-légal concernant Léna ne relève aucune incapacité totale de travail, ce qui exclut l'application de cette qualification.

Par ailleurs, l'article 222-13, alinéa 26, du Code pénal prévoit que les peines principales de cinq ans d'emprisonnement et de 75.000 euros d'amende sont encourues lorsque les violences sont commises sur un mineur de quinze ans par un ascendant. En l'espèce, la minorité de quinze ans et le lien d'ascendance sont établis.

L'article 222-13, alinéa 27, du même Code fulmine les mêmes peines principales lorsque les violences sont commises sur un mineur par un ascendant, alors qu'un autre mineur assiste aux faits. En l'espèce, la minorité de Léna, le lien d'ascendance et la présence d'autres mineurs sont établis.

Enfin, l'article 222-13 du Code pénal réprime les violences n'ayant entraîné aucune incapacité totale de travail, commise avec l'une des circonstances prévues par ce texte, dont la minorité de quinze ans de la victime. Ces violences sont principalement punies de trois ans d'emprisonnement et de 45.000 euros d'amende.

Il résulte de ce qui précède que les faits commis sur Léna sont susceptibles de revêtir trois qualifications juridiques distinctes. Les règles du concours de qualifications doivent être appliquées. Comme vu précédemment, aucune qualification ne paraît spéciale. En revanche, l'infraction de violences commises sur un mineur de quinze ans par un ascendant et celle de violences commises sur un mineur par un ascendant en présence d'un autre mineur sont punies d'une peine supérieure à celle encourue pour l'infraction de violences sans incapacité aggravée par une circonstance. En opportunité, il conviendra de retenir la deuxième qualification, sanctionnant également l'exposition d'un mineur à la violence. L'infraction de violences commises sur un mineur par un ascendant en présence d'un autre mineur, imposée à Léna, sera donc retenue à l'encontre d'Olivier Petit.

Pour finir à propos des actes accomplis sur les victimes mineures, il convient de rappeler que, sur le fondement de l'article 122-4 du Code pénal, la jurisprudence avait pu reconnaître que « le droit de correction » admis par la coutume civile pouvait justifier certains actes violents commis par un parent sur son enfant. Elle précisait que ce fait justificatif avait pour limite l'absence de dommages causés à l'enfant, la correction devant rester proportionnée au manquement commis et ne pas avoir de caractère humiliant (voir, notamment : Cass. crim., 29 octobre 2014, n° 13-86371). Par la suite, le Comité européen des droits sociaux, issu du Conseil de l'Europe, a, par une décision du 12 septembre 2014, rendue publique le 4 mars 2015 (réclamation n° 92/2013), estimé que le droit français ne prévoyait pas d'interdiction suffisamment claire, contraignante et précise des châtiments corporels à l'encontre des enfants, en violation de l'article 17 de la Charte sociale européenne. La loi n° 2019-721 du 10 juillet 2019, relative à l'interdiction des violences éducatives ordinaires, a ensuite modifié l'article 371-1 du Code civil qui prévoit désormais, dans son alinéa 3, que « l'autorité parentale s'exerce sans violences physiques ou psychologiques ». Il en résulte que la « correction » violente infligée par un parent à son enfant est désormais exclue par la loi, ce qui empêche de retenir, en l'espèce, malgré les propos tenus par Olivier Petit aux termes desquels il élève ses enfants comme il l'entend, un quelconque fait justificatif d'origine coutumière.

d) Les actes accomplis sur Sara Petit, épouse d'Olivier Petit

Il résulte de l'énoncé, en premier lieu, que les trois enfants et Sara Petit décrivent les coups et les tirages de cheveux commis sur cette dernière par son mari, Olivier Petit. L'incapacité totale de travail consécutive à ses faits est évaluée à vingt jours.

L'article 222-11 du Code pénal réprime les violences ayant entraîné une incapacité totale de travail pendant plus de huit jours. L'article 222-12 dudit Code prévoit qu'elles sont punies principalement de cinq ans d'emprisonnement et de 75.000 euros d'amende lorsqu'elles sont commises par le conjoint de la victime (article 222-12, 6°).

L'article 222-12 du même Code réprime, par ailleurs, principalement de dix années d'emprisonnement et de 150.000 euros d'amende, les violences ayant entraîné une incapacité totale de travail pendant plus de huit jours commises par le conjoint de la victime, alors qu'un mineur assiste aux faits (article 222-12, alinéa 26, du Code pénal). En l'espèce, les trois enfants étaient présents lors des violences commises par Olivier Petit à l'encontre de son épouse, subissant vingt jours d'incapacité totale de travail.

L'article 222-14 du Code pénal prévoit, enfin, que les violences ayant entraîné une incapacité totale de travail pendant plus de huit jours, commises de manière habituelle par le conjoint de la victime, sont punies principalement de dix années d'emprisonnement et de 150.000 euros d'amende. Outre le lien de couple marié qui résulte de l'énoncé, l'élément matériel spécifique de cette aggravation réside dans la répétition des faits de violences. En l'espèce, les déclarations de Sara Petit et des enfants, ainsi que les constatations médicales révélant des traces d'âges distincts, établissent des violences répétées dans le temps. Le caractère habituel des faits est ainsi constitué.

En conséquence, les faits commis sur Sara Petit sont susceptibles de revêtir trois qualifications juridiques distinctes. Les règles du concours de qualifications doivent être appliquées. Comme vu précédemment, aucune qualification ne paraît spéciale. Par ailleurs, les délits de violences par conjoint en présence d'un mineur et de violences habituelles par conjoint sont tous deux punis principalement de dix années d'emprisonnement et de 150.000 euros d'amende. En opportunité, il conviendra de retenir la seconde qualification, traduisant la récurrence des faits commis par Olivier Petit.

Il résulte de l'énoncé, en second lieu, que Sara Petit a rapporté un quotidien difficile, dans lequel elle se trouve « régulièrement humiliée, rabaissée » par son époux. Sous réserve de précisions qui pourraient être apportées lors d'une nouvelle audition, Olivier Petit paraît avoir adopté, à son encontre, des propos et comportements répétés se traduisant par une altération de sa santé mentale. Ces propos et comportements ont, de surcroît, été imposés en présence des enfants mineurs.

L'article 222-33-2-1 du Code pénal réprime de cinq ans d'emprisonnement et de 75.000 euros d'amende le fait de harceler son conjoint par des propos ou comportements répétés ayant pour objet ou pour effet une dégradation de ses conditions de vie se traduisant par une altération de sa santé physique ou mentale, lorsqu'ils ont, notamment, été commis alors qu'un mineur était présent et y a assisté. Il en résulte que l'infraction de harcèlement moral par conjoint en présence d'un mineur commis sur Sara Petit pourrait être retenue à l'encontre d'Olivier Petit.

2. La responsabilité pénale de Sara Petit

L'article 223-6 du Code pénal réprime la personne qui, pouvant empêcher par son action immédiate, sans risque pour elle ou pour les tiers, soit un crime, soit un délit contre l'intégrité corporelle de la personne, s'abstient volontairement de le faire. Ces faits sont punis principalement de cinq ans d'emprisonnement et de 75.000 euros d'amende. Ce texte prévoit que les peines principales sont portées à sept ans d'emprisonnement et 100.000 euros d'amende lorsque le crime ou le délit contre l'intégrité corporelle de la personne est commis sur un mineur de quinze ans. En l'espèce, il est rapporté que Sara Petit était présente lorsqu'Olivier Petit a commis des délits d'atteinte à l'intégrité physique sur leurs enfants, âgés de moins de quinze ans.

Cependant, les violences habituelles subies par Sara Petit témoignent pour elle d'un risque immédiat de représailles qui doit empêcher de retenir la caractérisation de cette infraction.

L'article 434-3 du Code pénal punit, quant à lui, à titre principal, de cinq ans d'emprisonnement et de 75.000 euros d'amende le fait, pour quiconque ayant connaissance de mauvais traitements infligés à un mineur de quinze ans, de ne pas en informer les autorités judiciaires ou administratives ou de continuer à ne pas informer ces autorités tant que ces infractions n'ont pas cessé. Contrairement aux dispositions de l'article 434-1 du Code pénal, l'article 434-3 de ce Code ne prévoit pas d'exemption de responsabilité du conjoint de l'auteur des mauvais traitements. En l'espèce, Sara Petit a constaté les traitements violents infligés par Olivier Petit sur leurs trois enfants, âgés de moins de quinze ans. Pourtant, elle ne les a pas spontanément dénoncés aux autorités pour les faire cesser, de sorte que l'infraction apparaît caractérisée. La contrainte morale ou physique ne sera sans doute pas retenue pour écarter la culpabilité de ce chef, étant rappelé qu'elle doit être imprévisible et irrésistible et que la jurisprudence est restrictive pour retenir son application (article 122-2 du Code pénal). En revanche, au stade de l'opportunité des poursuites, le parquet fera très probablement le choix de ne retenir aucune infraction à l'encontre de Sara Petit, ce qui sera cohérent avec le fait qu'elle a été entendue sous le seul statut de témoin par les enquêteurs.

B - QUELLES SONT LES PEINES ENCOURUES ? (2 POINTS)

Des infractions se trouvent en concours lorsqu'une seconde infraction est commise par une personne avant que celle-ci ait été définitivement condamnée pour une première infraction (article 132-2 du Code pénal). Dans ce cas, lorsque plusieurs peines de même nature sont encourues, il ne peut être prononcé qu'une seule peine de cette nature dans la limite du maximum légal le plus élevé (C. pén., art. 132-3).

En l'espèce, Olivier Petit est susceptible d'être poursuivi des chefs :

- de violences volontaires ayant entraîné une incapacité de travail inférieure ou égale à huit jours, commises sur Ava avec trois circonstances aggravantes, punies principalement de sept ans d'emprisonnement et de 100.000 euros d'amende ;

- de violences habituelles sur un mineur de quinze ans ayant entraîné une incapacité de travail inférieure ou égale à huit jours, commises sur Noa, punies principalement de cinq ans d'emprisonnement et de 75.000 euros d'amende ;

- de violences volontaires sans incapacité de travail, commises sur un mineur – Léna – par un ascendant en présence d'un autre mineur, punies principalement de cinq ans d'emprisonnement et de 75.000 euros d'amende ;

- de violences habituelles par conjoint ayant entraîné une incapacité totale de travail supérieure à huit jours, commises sur Sara Petit, punies principalement de dix années d'emprisonnement et de 150.000 euros d'amende ;

- de harcèlement moral par conjoint en présence d'un mineur, commis sur Sara Petit, puni principalement de cinq ans d'emprisonnement et de 75.000 euros d'amende.

En application des règles précédemment énoncées, si Olivier Petit était déclaré coupable des chefs de l'ensemble ou de plusieurs de ces infractions, il pourrait être condamné à des peines principales allant jusqu'à dix années d'emprisonnement et 150.000 euros d'amende. Sans citer la liste exhaustive des peines complémentaires, pour certaines obligatoires, qui pourraient ou devraient être prononcées à l'encontre d'Olivier Petit, il y a lieu de préciser que l'autorité parentale, ou son exercice, pourrait lui être retiré(e) par décision expresse de la juridiction de jugement, qui doit nécessairement statuer sur ce point (C. civ., art. 378 et C. pén., 222-48-2).

III - Les poursuites (8 points)

A - QUELLES SONT LES DIFFÉRENTES OPTIONS PROCÉDURALES DONT DISPOSAIT LE MINISTÈRE PUBLIC À L'ISSUE DE LA MESURE DE GARDE À VUE DONT A FAIT L'OBJET OLIVIER PETIT ? (5 POINTS)

Les pouvoirs du procureur de la République diffèrent selon que des investigations demeurent, ou non, nécessaires, à l'issue de la mesure de garde à vue dont a fait l'objet Olivier Petit.

Si des investigations demeurent nécessaires, le ministère public pourra envisager de poursuivre l'enquête préliminaire, étant rappelé que l'article 12 du Code de procédure pénale attribue la direction de la police judiciaire au procureur de la République et que l'article 41 du même Code prévoit qu'il lui revient de procéder ou faire procéder à tous les actes nécessaires à la recherche et à la poursuite des infractions à la loi pénale. Mais, le parquet pourra aussi estimer nécessaire d'ouvrir une information judiciaire en saisissant un magistrat instructeur des faits au moyen d'un réquisitoire introductif. En dehors de l'hypothèse de faits criminels, cette voie procédurale peut s'imposer au regard de la nature des investigations à réaliser, de la complexité des faits en cause, mais aussi des mesures de sûreté à mettre en œuvre. Par ailleurs, l'article 397-1-1 du Code de procédure pénale prévoit désormais la possibilité de recourir à la procédure de comparution à délai différé – pour des délits faisant encourir au moins deux ans d'emprisonnement, en enquête préliminaire, ou six mois, en enquête de flagrance –, si le procureur de la République estime qu'il existe contre la personne impliquée des charges suffisantes pour la faire comparaître devant le tribunal correctionnel, mais que l'affaire n'est pas en état d'être jugée parce que n'ont pas encore été obtenus les résultats de réquisitions, d'examens techniques ou médicaux déjà sollicités. Le juge des libertés et de la détention décide alors s'il est nécessaire d'ordonner, jusqu'à l'audience de jugement, un contrôle judiciaire, une assignation à résidence avec surveillance électronique ou, si la peine d'emprisonnement encourue est égale ou supérieure à trois ans, un placement en détention provisoire.

En l'espèce, l'énoncé ne précise pas si des auditions de proches ou de voisins ont été réalisées pour recevoir leurs témoignages et si une perquisition est intervenue pour rechercher les armes utilisées. Surtout, des examens psychologiques des victimes et psychiatriques du prévenu pourraient être réalisés pour évaluer les retentissements subis, d'une part, et le discernement et la dangerosité de l'auteur, d'autre part. Aussi, si l'ensemble de ces actes demeuraient à réaliser, une information judiciaire pourrait être ouverte afin de permettre, non seulement la poursuite des investigations, mais aussi la mise en œuvre de mesure de sûreté à l'égard d'Olivier Petit. En revanche, s'il ne restait qu'à faire intervenir un psychologue et un psychiatre, le procureur de la République pourrait décider de faire requérir ces professionnels, avant clôture des procès-verbaux, pour réaliser ces examens et déférer Olivier Petit pour la mise en œuvre d'une mesure de comparution à délai différé avec réquisitions de placement en détention provisoire. Cette mesure apparaîtrait, en effet, comme le seul moyen d'éviter le renouvellement des faits et les pressions sur les victimes et témoins, au vu du contexte familial de commission des infractions, de leur caractère réitéré et du positionnement du mis en cause.

Si plus aucune investigation n'apparaît nécessaire, à l'issue de la mesure de garde à vue dont a fait l'objet Olivier Petit, il convient de faire application des dispositions de l'article 31 du Code de procédure pénale selon lesquelles le ministère public exerce l'action publique et requiert l'application de la loi. Dans cette perspective, l'article 40-1 du Code de procédure pénale précise que le procureur de la République territorialement compétent décide, lorsqu'il estime que les faits qui ont été portés à sa connaissance constituent une infraction pour laquelle aucune disposition légale ne fait obstacle à la mise en mouvement de l'action publique, s'il est opportun de classer sans suite la procédure, dès lors que les circonstances le justifient, de mettre en œuvre une procédure alternative aux poursuites, en application des dispositions des articles 41-1 et suivants du même Code, ou d'engager des poursuites. Le procureur de la République prend notamment en compte la gravité des faits et du préjudice, la personnalité de l'auteur ainsi que son positionnement et le retentissement des faits sur l'ordre public. Le ministère public est également tenu par les conditions légales d'application des différentes orientations procédurales offertes, telles que l'interdiction des médiations pénales en matière de violences conjugales (CPP, art. 41-1, 5°) ou l'impossibilité de réaliser une composition pénale en présence d'un délit puni d'une peine d'emprisonnement excédant cinq ans (CPP, art. 41-2).

En l'espèce, le procureur de la République près le tribunal judiciaire de Paris, compétent territorialement au regard du lieu des faits, exclura nécessairement le classement sans suite et les alternatives aux poursuites en raison, d'une part, de la nature, de la gravité, de la durée et de la répercussion des faits et, d'autre part, du positionnement d'Olivier Petit. Ces critères empêcheront, en outre, d'envisager une comparution sur reconnaissance préalable de culpabilité, sans ou avec déferement, à défaut d'une reconnaissance de culpabilité par le mis en cause. La nécessité d'un jugement immédiat ou d'une mesure de sûreté imposera également au procureur de la République d'écarter la convocation par officier de police judiciaire ou la citation devant le tribunal correctionnel qui ne permettent pas le recours à de telles mesures de sûreté.

Aussi, il restera au ministère public la possibilité de faire déférer Olivier Petit en vue d'une convocation par procès-verbal (CPP, art. 394) ou d'une audience de comparution immédiate (CPP, art. 395 et s.). En cas de convocation par procès-verbal, la personne est convoquée pour être jugée dans un délai allant de dix jours à six mois. Dans l'intervalle, le juge des libertés et de la détention peut être saisi pour que soit décidé, à l'égard du prévenu, un placement sous contrôle judiciaire ou son assignation à résidence sous surveillance électronique. Néanmoins, l'assignation à résidence doit ici être exclue puisqu'elle aurait lieu au domicile familial. En outre, l'intensité du risque de renouvellement des faits et de pression sur les victimes, révélée par les faits en eux-mêmes et le positionnement du mis en cause, rend nécessaire le choix d'une audience de comparution immédiate. Des réquisitions de placement en détention provisoire seront prises, en cas d'impossibilité pour le tribunal de se réunir le jour même (article 396 du Code de procédure pénale) ou en cas de renvoi. Le délai de renvoi, qui sera de droit si Olivier Petit le demande, sera compris entre deux et six semaines ou deux et quatre mois, sur demande du prévenu, en présence d'une infraction punie de plus de sept années d'emprisonnement (CPP, art. 397-1).

B - QUELLES MESURES PEUVENT ÊTRE ENVISAGÉES POUR PROTÉGER LES VICTIMES ? (3 POINTS)

S'agissant des victimes mineures, le procureur de la République ou le juge d'instruction peuvent, comme évoqué plus haut, désigner un administrateur ad hoc lorsque la protection des intérêts de celles-ci n'est pas complètement assurée par leurs représentants légaux ou par l'un d'entre eux. L'administrateur ad hoc assure la protection des intérêts des mineurs et exerce, s'il y a lieu, au nom de ceux-ci les droits reconnus à la partie civile (CPP, art. 706-50).

Concernant l'ensemble des victimes, outre le recours à une mesure privative de liberté, à titre de mesure de sûreté ou dans le cadre de l'exécution d'une peine, le dispositif législatif français prévoit la possibilité d'interdire à la personne mise en cause d'entrer en contact avec elles et/ou de se présenter à leur domicile. Ces mesures peuvent être décidées dans le cadre :

- d'un contrôle judiciaire ordonné avant jugement, à la suite de l'ouverture d'une information judiciaire ou d'un déferement (CPP, art. 138, 9° et 17°, et 394) ;
- d'un sursis probatoire (C. pén., art. 132-45, 13° et 18°) ;

- d'une peine complémentaire ou alternative à l'emprisonnement, pour une durée n'excédant pas trois ans (C. pén., art. 131-6, 12° et 14°) ;

- dans le cadre de l'aménagement d'une peine ferme d'emprisonnement, telle que la détention à domicile sous surveillance électronique (CPP, art. 723-10).

Deux dispositifs peuvent venir compléter ces interdictions et permettre l'alerte en cas de manquement.

En premier lieu, le téléphone grave danger peut être attribué à la victime de violences conjugales par le procureur de la République, en cas de grave danger menaçant sa personne (CPP, art. 41-3-1). Ce dispositif de téléprotection, possible en l'absence d'une cohabitation et en présence d'une interdiction judiciaire de contact, permet à la victime d'alerter les autorités publiques en cas de non-respect de cette interdiction. En cas de danger avéré et imminent, il peut également être octroyé lorsque l'auteur des violences est en fuite ou n'a pas encore pu être interpellé, ou lorsque l'interdiction judiciaire d'entrer en contact n'a pas encore été prononcée.

En second lieu, le bracelet antirapprochement qui peut être mis en œuvre en matière pénale, comme en matière civile. Dans le cadre pénal, le juge peut décider la mise en place d'un dispositif avant toute condamnation, dans le cadre d'un contrôle judiciaire (CPP, art. 138-3 et 24-14) ou après une condamnation, comme une des obligations associées à une peine (C. pén., art. 132-45, 18° bis). Le fait pour la personne placée sous contrôle judiciaire de refuser la pose du dispositif constitue une violation des obligations qui lui incombent et peut donner lieu à la révocation de la mesure et à son placement en détention provisoire. En matière civile, le juge aux affaires familiales peut, après accord des parties, prononcer ce dispositif en interdisant à l'auteur de se rapprocher de la victime à moins d'une certaine distance (C. civ., art. 515-11-1).

Sans entrer dans les détails, il est également possible, en matière civile, d'une part, qu'une ordonnance de protection soit prise, aux mêmes fins, par le juge aux affaires familiales (C. civ., art. 515-9 et s.) et, d'autre part, qu'un accompagnement administratif de la famille ou que des mesures d'assistance éducative soient mis en œuvre, à condition dans ce dernier cas que la santé, la sécurité ou la moralité des mineurs soient en danger ou que les conditions de leur éducation ou de leur développement physique, affectif, intellectuel et social soient gravement compromises (C. civ., art. 375 et s.).

En l'espèce, il a été exposé que l'ampleur des faits, leur durée et le contexte familial, outre le positionnement du mis en cause, rendent nécessaire un placement en détention provisoire en cas de recours à l'ouverture d'une information judiciaire, à la comparution à délai différé ou en cas de présentation en comparution immédiate avec renvoi. Cette mesure de détention provisoire sera justifiée par le risque de renouvellement des faits, d'une part, de pression sur les victimes et témoins, d'autre part. Lors du jugement au fond, ces circonstances pourront fonder des réquisitions aux fins d'emprisonnement prononcé avec mandat de dépôt.

En l'absence de placement en détention provisoire avant jugement, un contrôle judiciaire comprenant une interdiction de contact avec les victimes, ainsi qu'une interdiction de se présenter au domicile conjugal et ses abords, semble devoir être ordonné par le magistrat instructeur (information judiciaire), le juge des libertés et de la détention (comparution à délai différé, réunion du tribunal impossible en vue d'une comparution immédiate ou comparution par procès-verbal) ou le tribunal correctionnel (renvoi de comparution immédiate). Ce contrôle judiciaire pourra également inclure la pose d'un dispositif anti-rapprochement. Le ministère public pourrait également décider d'octroyer un téléphone grave danger à Sara Petit, en parallèle du contrôle judiciaire prononcé à l'égard d'Olivier Petit.

Au stade de la condamnation, le tribunal correctionnel pourra imposer de telles interdictions comme mesures d'un aménagement d'une peine d'emprisonnement ferme, d'un sursis probatoire ou comme peines complémentaires ou alternatives à un emprisonnement. Le juge de l'application des peines en vérifiera le respect, si elles sont prononcées dans le cadre d'un sursis probatoire ou d'une mesure d'aménagement de peine d'emprisonnement.

Enfin, la protection des intérêts des enfants mineurs ne paraît pas pleinement assurée par Sara Petit, qui n'a pas signalé les faits. La désignation d'un administrateur *ad hoc* sera donc nécessaire. Une réquisition au Conseil départemental pour évaluation de la situation familiale pourra également être prise par le procureur de la République, si aucun juge des enfants n'était saisi de la situation. Sauf autre information inquiétante non portée à la connaissance du ministère public, l'éloignement d'Olivier Petit pourra permettre d'écarter le placement provisoire des enfants.

DROIT PUBLIC

QUESTIONS DE DROIT PUBLIC

Question 1 - L'administration et la laïcité

L'affirmation constitutionnelle du principe de laïcité est antérieure à la Ve République. On doit en effet à la IVe République d'avoir pour la première fois érigé au rang constitutionnel l'exigence de laïcité, s'inscrivant ainsi dans l'esprit des travaux de la IIIe qui, depuis la loi du 9 décembre 1905 n'avait cessé de renforcer la séparation entre les Églises et l'État.

Le concept de laïcité ne fait l'objet d'aucune définition à proprement parler. Le texte fondateur, c'est-à-dire la loi du 9 décembre 1905, n'emploie d'ailleurs pas le terme. La doctrine a bien multiplié les tentatives de formulation d'une définition en invoquant tantôt l'histoire (ce qui est laïc, c'est ce qui n'est pas clerc, ce qui n'est pas religieux), tantôt la loi de 1905 elle-même (ce qui est laïc, c'est ce qui ne « reconnaît, ne salarie, ni ne subventionne aucun culte ») mais le Conseil d'État, dans son étude de 2004 préparant le centenaire de la loi de 1905 a finalement reconnu que le concept était somme toute indéfinissable tant il est évolutif. Il n'en demeure pas moins identifiable. Il exprime la séparation de l'État de ce qui est religieux, sans pour autant prôner une totale étanchéité (comme en atteste par exemple la possible présence d'une aumônerie dans une école publique ou encore dans une prison).

L'administration n'est que le prolongement du pouvoir exécutif, chargée de veiller à la bonne application des lois dans la logique de Montesquieu. Elle est donc, en premier lieu, chargée de veiller au respect des exigences de la laïcité par les citoyens. Mais s'interroger sur l'administration et la laïcité, c'est s'interroger principalement sur la relation en quelque sorte interne : comment l'administration se soumet-elle, elle-même, à l'exigence de laïcité ?

À cette question, il est possible de répondre en deux temps. D'une part, les agents de l'administration, quel que soit leur statut, sont soumis dans l'exercice de leurs fonctions à cette exigence de laïcité (I). D'autre part, l'administration en tant qu'institution est intégralement soumise dans son action à cette neutralité religieuse que l'on nomme laïcité (II).

I - Des agents limités dans leurs expressions religieuses au nom de l'exigence laïcité de la République

La soumission des agents à l'exigence de laïcité est une soumission fonctionnelle (A), ce qui signifie qu'en dehors des nécessités liées aux fonctions, l'expression religieuse redevient possible (B).

A - UNE SOUMISSION FONCTIONNELLE

L'exigence de laïcité saisit l'administration au sens large du terme. Elle concerne tous les agents qui collaborent continûment à l'administration. Or, les contours de l'administration ont notablement évolué. S'il ne fait aucun doute qu'un agent public travaillant pour le compte d'une personne publique est bien assujetti à l'exigence de laïcité (et partant de neutralité religieuse) comme en atteste depuis 2000 la jurisprudence Marteaux (CE, avis contentieux, Marteaux, 2000), c'est bien sur les cas marginaux qu'il a fallu réfléchir. D'une part, est apparue la question des agents des services publics à caractère industriels et commerciaux (qui relevant du droit privé sous soumis au Code du travail) et d'autre part celui des agents travaillant pour le compte d'une personne privée gérant un service public, voire même le cas des agents ne travaillant pour le compte d'aucun service public. L'état du droit a été notablement clarifié par la jurisprudence Baby Loup (Cass. 2014). C'est bien le critère de la collaboration au service public qui justifie l'assujettissement à l'exigence de laïcité, et ce quelle que soit la nature du service public, quelle que soit la nature de la personne gestionnaire. En somme, tous les services publics sont soumis à l'exigence de laïcité mais seuls les services publics y sont soumis. Une entreprise privée ne prenant en charge aucune mission de service public ne peut se fonder sur la laïcité pour justifier une limitation à l'expression religieuse (affaire Baby Loup). Elle devra se fonder sur les besoins de l'entreprise.

Ce critère de la collaboration au service public a eu besoin d'être précisé. En effet, à l'occasion de l'affaire dite des collaborateurs occasionnels du service public, ce critère a été interrogé. En somme, une mère accompagnant les enfants lors d'une sortie organisée par une école collabore au service public et dès lors, doit-elle être regardée comme soumise à l'exigence de neutralité ? Le débat qui a un temps opposé le défenseur des droits, les juridictions administratives de première instance et le Conseil d'État a finalement été tranché par ce dernier (reprenant ici son avis de 2013) : il n'existe pas de régime juridique du collaborateur occasionnel du service public. L'accompagnateur n'est pas un agent du service public mais un simple usager. Cette « participation », à défaut d'être permanente, ne saurait suffire. C'est dans le même sens qu'a tranché le conseil d'État s'agissant du cas des élèves infirmiers : lorsque ces derniers sont à l'école, ils ne peuvent pas être considérés comme des agents du service public mais comme de simples usagers, ils retrouvent ainsi leur liberté d'expression religieuse (dans les limites liées à l'ordre public naturellement), en revanche, lorsqu'ils sont en stage, ils collaborent de manière continue au service public et ne peuvent exprimer leurs convictions religieuses (CE, 2017, Mme B.).

B - UNE SOUMISSION CIRCONSCRITE AUX NÉCESSITÉS LIÉES AUX FONCTIONS.

Les agents de l'administration ne sont limités par l'exigence de laïcité que dans l'exercice de leurs fonctions. En dehors de leurs fonctions, les agents retrouvent leur liberté d'expression religieuse dans le respect du devoir de réserve. En somme, un agent peut tout à fait se rendre à un office religieux en dehors de ses fonctions, il peut exercer des responsabilités au sein des cultes mais il ne saurait relier ses fonctions à cette activité qui doit demeurer privée. Est en cause ici l'image du service public et ce que l'on pourrait qualifier de théorie des apparences. C'est l'esprit de la jurisprudence Teissier (CE, 1953).

Parallèlement, l'administration doit faire preuve de neutralité à l'égard de ses agents et ne saurait se fonder sur une conviction religieuse pour refuser un avantage, une promotion ou encore une admission à concourir. S'il est vrai qu'historiquement le Conseil d'État a pu considérer que l'état d'ecclésiastique faisait obstacle à l'accès à la fonction publique (CE, 1912, Abbé Bouteyre), cet état du droit a rapidement été remis en cause (TA, 1970, Spagnol) avant d'être définitivement abandonné. Aujourd'hui, le législateur et le Conseil d'État veillent conjointement au respect de cette indifférence de l'administration à l'égard des convictions religieuses : aucune mention des convictions religieuses ne peut figurer dans le dossier de l'agent (depuis l'affaire des fiches du père Combes au début du XXe siècle), le Code pénal réprime les discriminations à raison des convictions religieuses et le Conseil d'État annule pour détournement de pouvoir les sanctions infligées à un agent en raison de ses opinions religieuses. L'administration demeure libre, dans l'intérêt d'une bonne administration du service public, d'octroyer en revanche des RTT pour des motifs religieux (comme cela se ferait pour un motif personnel) dès lors que cette demande est compatible avec les besoins du service public.

II - Une activité administrative empreinte de laïcité

Si les agents sont limités dans leurs expressions religieuses, c'est plus largement toute l'activité de l'administration qui est soumise à l'exigence de laïcité. Cette neutralité religieuse se traduit aussi bien dans la gestion matérielle (A) que dans la gestion juridique (B).

A - UNE GESTION MATÉRIELLE MARQUÉE DU SCEAU DE LA LAÏCITÉ

L'article 2 de la loi du 9 décembre 1905 dispose expressément « la République ne (...) subventionne aucun culte ». Cette formule marque en réalité une rupture avec le système des cultes dits reconnus issu du Concordat de 1801 où 4 cultes bénéficiaient d'un système de subventions alors que les autres, libres ou au moins tolérés, n'en bénéficiaient pas. La loi de 1905 place ainsi sur un pied d'égalité l'ensemble des cultes : aucune subvention n'est en principe accordée à un culte, ou plutôt, à une association cultuelle.

Ce principe d'interdiction des subventions directes s'étiole ou perd en lisibilité pratique (et non juridique) à l'épreuve de la réalité. Ainsi, dans une série d'arrêts rendus en 2011, le Conseil d'État est venu réaffirmer l'impossibilité de subventionner une association cultuelle (et tout ce qui a trait directement au culte). Mais, dans le même temps, il admet qu'un motif d'intérêt général puisse justifier le versement d'une subvention à une association (loi 1901) pour la réalisation d'un édifice (un ascenseur) permettant d'accéder à un édifice cultuel (par exemple, la basilique de Lyon). Ce n'est pas ici le culte qui est financé mais l'accès à un édifice drainant chaque année plusieurs millions de touristes. En somme, c'est bien l'intérêt général (le tourisme) qui justifie la subvention.

Dans le même sens, des exceptions ou limites ont pu apparaître. D'une part, il est loisible à l'administration de rémunérer un ministre du culte à l'occasion d'un service rendu (funérailles nationales par exemple) ou encore de permettre une mise à disposition de locaux (presbytère) à un tarif souvent avantageux. Surtout, le régime existant en Alsace Moselle permet encore une prise en charge de la rémunération des ministres du culte (pour les 4 cultes concordataires) par les pouvoirs publics en raison de l'exigence d'un PFRLR le justifiant (Cons. const., 2011, SOMODIA).

B - UNE PRODUCTION JURIDIQUE EMPREINTE DU SCEAU DE LA LAÏCITÉ

Les actes juridiques de l'administration doivent respecter le principe de laïcité, ce qui inclut d'une part une liberté de l'administration à l'égard du phénomène religieux, d'autre part une égalité de traitement des cultes par l'administration.

L'administration est tout d'abord libre de ses expressions religieuses et à ce titre, elle est libre de déterminer les programmes scolaires, d'aborder des thèmes qui peuvent heurter les convictions religieuses de chacun. L'affaire Samuel Paty est venue tristement illustrer les difficultés concrètes de ce principe. Mais, en droit, la liberté d'expression de l'administration s'impose sous les seules restrictions qui sont liées à l'ordre public ou au respect des droits d'autrui (injure à raison des convictions religieuses, diffamation, loi du 29 juillet 1881). Le droit français n'incrimine plus, même en Alsace-Moselle, le blasphème (C. pén., ancien art. 166).

L'administration doit par ailleurs assurer une égalité de traitement entre les cultes. À ce titre, les cultes, mêmes moins traditionnels, doivent pouvoir bénéficier d'une égalité de traitement. Un culte comme les témoins de Jéhovah, la scientologie ne saurait ainsi être moins bien traité que le culte catholique. Par exemple, l'administration ne saurait refuser l'accès d'un aumônier d'un de ces cultes aux prisons au simple motif que ce culte serait plusieurs fois visé dans une enquête de la MIVILUDES (CE, 16 octobre 2013).

Question 2 : Dans quelle mesure l'urgence peut-elle restreindre les libertés publiques ?

De manière assez symbolique, l'ancien premier ministre E. Phillipe avait été amené à déclarer devant la représentation nationale le 28 mai 2020, à l'occasion de la sortie de la première phase de confinement, que désormais « la liberté sera désormais la règle et la restriction l'exception », reprenant ainsi la célèbre formule du commissaire du gouvernement Corneille (CE, 1917, Baldy).

L'urgence renvoie à l'empressement, à ce qui doit être accompli promptement. Le droit public appréhende l'urgence de manière diverse. Ainsi, En cas d'exception d'urgence (théorie jurisprudentielle) la non-observation d'une demande d'avis (CE, sect., 1976, SGEN) ou encore le non-respect d'une mise en demeure préalable (CE, sect., 1982, Pérez) n'entraîne pas l'annulation d'une décision administrative dont l'édiction est rendue nécessaire par l'urgence. On relèvera également l'urgence dite « absolue », d'origine législative, qui dispense l'administration de son obligation de motivation des actes administratifs. C'est encore l'urgence qui conditionne l'exécution forcée des décisions administrative.

Cette adaptation de la légalité rend compte d'un souci de pragmatisme du juge face aux difficultés de l'action administrative et est à ce titre une solution ancienne, aussi dans la jurisprudence que la loi.

C'est pourtant à un renouvellement de la légalité dite de crise auquel nous assistons aujourd'hui, légalité qui emprunte, elle aussi, au vocabulaire de l'urgence.

Ce renouvellement est guidé par la nécessité de doter le pouvoir exécutif de dispositifs les plus adaptés afin de remplir ces missions, principalement le respect des objectifs de valeur constitutionnelle de sécurité publique et désormais de santé publique.

Face à cette multiplication le risque d'une « démesure » dans l'atteinte aux libertés constitue un risque pour l'État de droit. C'est la raison pour laquelle le rôle du juge, *lato sensu*, est particulièrement important.

Il est ainsi possible de relever que la restriction de liberté est inhérente à la situation d'urgence, cette restriction étant nécessaire au maintien de l'ordre public, elle offre aux autorités de police et au pouvoir exécutif un arsenal qui s'est diversifié (I), néanmoins ces restrictions demeurent contrôlées par le juge qui assure ainsi la conciliation entre la protection de l'ordre public et les protections des libertés (II).

I - La restriction de libertés inhérentes aux situations d'urgence

A - LES DISPOSITIFS D'URGENCE VARIÉS.

Les situations d'urgence peuvent certes atténuer les rigueurs de la légalité. La jurisprudence tient compte de l'urgence et elle a défini les circonstances exceptionnelles (CE, 28 juin 1918, Heyriès et 28 février 1919, dames Dol et Laurent). Régime essentiellement doctrinal, les circonstances exceptionnelles concernent les cas de guerre ou de catastrophe naturelle. Dans de tels cas de figure, le contrôle de qualification juridique des faits est assoupli afin de tenir compte des difficultés dans l'exercice des pouvoirs de police. Ainsi, il est possible pour les autorités de restreindre la liberté d'aller et venir, d'ordonner des mesures de fermeture d'établissement et d'interdire la circulation dans certains territoires.

Les pleins pouvoirs de l'article 16 : il n'est pas non plus inutile de faire référence à l'article 16 de la Constitution. En effet, bien que les conditions de mise en œuvre ne fassent pas référence à l'urgence, elles en sont le prolongement. De plus, si la décision de recourir à l'article 16 est un acte de gouvernement (CE, Rubin de Servens, 1962), les décisions prisent par le président de la République au titre du pouvoir réglementaire sont bien susceptibles de recours devant le Conseil d'État. Il refuse de contrôler les mesures prises dans le domaine de la loi, ce qui est gênant puisque cela recouvre le régime des libertés (CE, D'Oriano, 1964).

L'état de siège, défini par la loi du 9 août 1849 (votée par une Chambre monarchique en réaction à une manifestation populaire du 13 juin 1849 dirigée par Ledru-Rollin et modifiée par une loi du 3 avril 1878) correspond à un état militaire à la constitutionnalité aujourd'hui douteuse. Les décisions sont prises par l'autorité militaire dans le cadre d'un régime militaire suspendant les libertés publiques. Cet état organise donc un transfert de compétences des autorités civiles aux autorités militaires. L'état de siège est décrété en conseil des ministres, en vertu de l'article 36 de la Constitution de la Ve République, pour une durée de douze jours maximum au-delà de laquelle son maintien nécessite une prorogation autorisée par le Parlement. Cet état ne peut être déclaré qu'en cas de « péril imminent résultant d'une guerre étrangère ou d'une insurrection à main armée ». L'état de siège produit essentiellement trois effets. Il permet de transférer les pouvoirs de police aux autorités militaires. Il investit ces mêmes autorités de quatre pouvoirs exorbitants de la légalité classique (pouvoirs de faire des perquisitions de jour et de nuit dans les domiciles ; pouvoir d'éloigner les repris de justice et les non domiciliés de certaines zones ; pouvoir d'ordonner la remise des armes et des munitions ; pouvoir d'interdire les publications et les réunions susceptibles de provoquer le désordre). Enfin, il confie à des tribunaux militaires le soin de juger les crimes et délits commis contre la sûreté de l'État.

B - LA LÉGALITÉ DE CRISE, DES DISPOSITIFS D'URGENCE RENFORCÉS.

La légalité administrative connaît des adaptations dans les circonstances particulières qui ne sont pas toutes liées à un état de guerre. Si le terme de « guerre » a été utilisé par le président de la République après les attentats de la nuit du 13 novembre 2015, la déclaration de l'état d'urgence ne nécessite pas, juridiquement, que la France soit en état de guerre.

Parmi les différentes situations dites de crise, il semble être le seul en mesure de répondre à la menace terroriste. Le régime de l'état d'urgence a été créé en 1955 pour conférer au gouvernement une alternative à celui de l'état de siège. Le premier usage du régime de l'état d'urgence a été rendu possible par l'adoption de la loi n° 55-385 du 3 avril 1955 relative à l'état d'urgence, modifiée par la loi n° 55-1080 du 7 août 1955 et l'ordonnance n° 60-372 du 15 avril 1960. Or trois ans plus tard était adoptée la Constitution de 1958 qui prévoit en son article 36 le recours à l'état de siège. Le Conseil d'État a, en 2005, refusé de reconnaître l'abrogation implicite de la loi de 1955 compte tenu de l'entrée en vigueur de la Constitution de 1958 (CE, ord., 21 novembre 2005, Boisvert)

Le Conseil constitutionnel répond que le législateur peut déroger au fonctionnement normal des institutions car le législateur étant chargé par l'article 34 de la Constitution de fixer les règles concernant les garanties fondamentales accordées aux citoyens pour l'exercice des libertés publiques, il lui appartient « d'opérer la conciliation nécessaire entre le respect des libertés et la sauvegarde de l'ordre public sans lequel l'exercice des libertés ne saurait être assuré ». En conséquence, l'absence d'inscription constitutionnelle de l'état d'urgence, contrairement à l'état de siège, ne rend pas le dispositif inconstitutionnel. Dans ces conditions le projet de révision constitutionnelle consistant à procéder à une telle inscription à l'article 36-1 de la constitution était purement symbolique. Attention sur ce point seulement car le projet pouvait également en définir le régime, ce qui ne revient pas au même.

L'état d'urgence peut être déclaré sur tout ou partie du territoire métropolitain, des départements d'outre-mer, des collectivités d'outre-mer régies par l'article 74 de la Constitution et en Nouvelle-Calédonie, soit en cas de péril imminent résultant d'atteintes graves à l'ordre public, soit en cas d'événements présentant, par leur nature et leur gravité, le caractère de calamité publique. L'état d'urgence est déclaré par décret en Conseil des ministres. Ce décret détermine la ou les circonscriptions territoriales à l'intérieur desquelles il entre en vigueur. Dans la limite de ces circonscriptions, les zones où l'état d'urgence recevra application seront fixées par décret. La prorogation de l'état d'urgence au-delà de douze jours ne peut être autorisée que par la loi. Quant à la cessation, le Conseil d'État a eu l'occasion de préciser son contrôle sur la décision du président de la République. La réponse apportée n'est pas pourtant très claire : si le président de la République dispose d'un large pouvoir d'appréciation pour faire ou non usage de la faculté de mettre fin à l'état d'urgence, sa décision n'échappe pas à tout contrôle du juge de la légalité (CE, juge des référés, 27 janvier 2016, Ligue des droits de l'homme et autres).

L'article 6 prévoit qu'une personne peut faire l'objet d'une assignation à résidence. Cette prérogative soulève d'importantes questions de constitutionnalité. En effet, l'assignation à résidence peut être analysée comme une mesure de détention, puisqu'elle dure jusqu'à 12 heures renouvelable. Le Conseil d'État a accepté de transmettre cette QPC (CE, 11 décembre 2015, Cédric D.). Le Conseil constitutionnel a rendu sur ce point une décision (QPC, 22 décembre 2015, Cédric D.) qui ne surprend pas mais ne convainc pas non plus. En effet, c'est sans surprise au regard du contexte mais également de sa jurisprudence antérieure (le placement d'un étranger en zone d'attente n'est pas contraire à l'article 66 de la Constitution), mais une telle analyse est peu convaincante dans la mesure où le régime de l'assignation est équivalent à un régime de peine aménagée. Le principal problème en l'absence de contrôle de l'autorité judiciaire étant de mesurer l'efficacité du contrôle effectué par le juge administratif. Sur ce point on constatera que le Conseil d'État n'hésite pas à censurer certaines décisions d'assignation (Ord., 9 février 2016, M.C.) tout en posant une présomption d'urgence, ce qui allège les conditions d'application du référé pour le requérant.

Le Conseil constitutionnel était appelé à se prononcer sur la constitutionnalité de l'article 2 de la loi du 19 décembre 2016 prorogeant l'état d'urgence pour la 5e fois, article relatif au renouvellement pour 90 jours des assignations à résidence ayant déjà une durée cumulée supérieure à un an. L'article 2 de la loi n° 2016-1767 du 19 décembre 2016 prorogeant l'état d'urgence pour la 5e fois ne subordonne pas le renouvellement d'une assignation à résidence à l'existence d'un élément nouveau de dangerosité, alors que l'avis du Conseil d'État du 8 décembre 2016 comme le projet de loi présenté le surlendemain aux députés par le Gouvernement avaient retenu cet élément comme critère central de la prorogation des assignations au long cours. Avec sa décision n° 2017-624 QPC du 16 mars 2017, le Conseil constitutionnel a rendu une décision équilibrée relativement à la conformité à la Constitution des assignations à résidence de plus de douze mois prises dans le cadre de l'état d'urgence.

La loi du 30 octobre 2017 pour la sécurité et la lutte ne pérennise pas l'état d'urgence, mais lui succède pour une durée de trois ans (ce qui signifie qu'une évaluation de la loi sera effectuée passé ce délai) tout en reprenant l'essentiel du dispositif de l'état d'urgence, et n'empêche pas qu'il soit remis en application. Cette loi Collomb s'inspire de dispositifs de l'état d'urgence, tant en ce qui concerne la loi les assignations à résidence que ce qui concerne les perquisitions. Les appellations ont été modifiées : le régime juridique a été allégé. Il s'agit de « périmètre de protection », de « visites et saisie ». La loi du 30 octobre 2017 prévoit aussi que le prononcé de ces mesures n'est plus dans la compétence du préfet mais dans la compétence du juge des libertés du TGI et du premier président de la cour d'appel de Paris. Elles sont judiciaires et non plus administratives. Reste que cette législation n'a pas été contrôlée par voie d'action.

Dans le prolongement de la logique de lutte contre le terrorisme, le gouvernement a été conduit à adopter un nouveau dispositif d'état d'urgence afin de pouvoir répondre efficacement à la crise sanitaire déclenchée par la Covid-19. C'est ainsi que la loi du 23 mars 2020 a créé un état d'urgence sanitaire. Le Conseil constitutionnel, suivant la même logique que l'état d'urgence, désormais qualifié de sécuritaire, a reconnu la possibilité pour le législateur, sur le fondement de l'article 34 de la Constitution, d'instaurer un nouveau dispositif de crise. On relèvera néanmoins l'originalité de la décision du 26 mars 2020, Loi organique d'urgence pour faire face à l'épidémie de Covid-19, à l'occasion de laquelle, développant une nouvelle théorie des circonstances exceptionnelles, le Conseil constitutionnel a préféré ne pas censurer la violation, pourtant évidente, d'une règle de procédure relative aux délais d'examen des lois organiques.

Il s'agissait, dans ces circonstances d'offrir aux pouvoirs publics un cadre adapté à la situation, là où la loi de 1955 se serait révélée inefficace. En effet, contrairement à la logique présidant l'adoption de la loi du 20 novembre 2015, qui prévoit pour l'essentiel des mesures individuelles, la crise sanitaire nécessitait quant à elle de mettre en place des mesures collectives. La plus emblématique d'entre elles étant bien entendu le confinement de la population.

II - L'encadrement des régimes d'urgence par les juges

A - LE CONTRÔLE DU CONSEIL CONSTITUTIONNEL

En premier lieu, le Conseil constitutionnel a eu l'occasion de se prononcer sur la constitutionnalité de la plupart des dispositions relatives à l'état d'urgence, soit dans le cadre du contrôle a priori, à l'occasion des modifications successives décidées par le législateur depuis 2015, soit dans le cadre de la procédure de la question prioritaire de constitutionnalité (QPC). S'il a jugé conforme à la Constitution la plupart des mesures contestées devant lui, il a en revanche censuré les dispositions qui permettaient à l'autorité administrative de copier toutes les données informatiques auxquelles il était possible d'accéder au cours d'une perquisition administrative. Après avoir relevé que cette mesure était assimilable à une saisie, il a considéré que le législateur n'avait pas prévu de garanties légales propres à assurer une conciliation équilibrée entre l'objectif de valeur constitutionnelle de sauvegarde de l'ordre public et le droit au respect de la vie privée. En effet, la loi n'encadrait ni les conditions dans lesquelles ces données pouvaient être copiées, ni les conditions de leur utilisation (Cons. const., décision QPC du 19 février 2016, « Ligue des droits de l'Homme »). La loi du 21 juillet 2016 a réintroduit la faculté de copier des données informatiques mais l'a assortie de garanties. Ce nouveau cadre a été validé par le Conseil constitutionnel (Déc. n° 2016-600 QPC, 2 décembre 2016, M. Raïme A).

S'agissant de l'article 16 de la Constitution, Le Comité consultatif pour la révision de la Constitution (dit Comité « Vedel ») en 1993 tout comme le Comité de réflexion et de proposition sur la modernisation et le rééquilibrage des institutions de la Ve République (dit Comité « Balladur ») en 2007 préconisaient à cet égard de « juridictionnaliser » la procédure de l'article 16 et de définir les deux états de crise par une loi organique harmonisant les procédures avec notamment la ratification de leur prorogation autorisée par le Parlement dans des conditions identiques. Si la seconde proposition n'a pas été suivie d'effet en revanche, la Loi constitutionnelle du 23 juillet 2008 a permis au Président de l'Assemblée nationale, au Président du Sénat ou à soixante parlementaires de saisir le Conseil constitutionnel après trente jours d'exercice des pouvoirs exceptionnels « aux fins d'examiner si les conditions énoncées au premier alinéa demeurent réunies ». Ledit conseil se prononce dans les plus brefs délais par un avis public. Il peut au demeurant procéder de plein droit à ce même examen au terme de soixante jours d'exercice des pouvoirs exceptionnels et à tout moment au-delà de cette durée.

B - LE CONTRÔLE DU JUGE ADMINISTRATIF

En second lieu, la mise en œuvre de l'état d'urgence conduit à transférer de l'Autorité judiciaire au juge administratif la fonction de protection juridictionnelle des libertés publiques. Un tel transfert est admis par le Conseil constitutionnel dans la mesure où les mesures susceptibles d'être adoptées par l'administration ne sont pas attentatoires à la liberté individuelle au sens de l'article 66 de la Constitution et dès lors que ce transfert a un caractère temporaire lié à l'état d'urgence. Cette protection assurée par le juge administratif n'en demeure pas moins effective et efficace.

D'une part, loin d'être nouvelle, cette fonction est assurée de longue date par le juge administratif qui a intégré dans le bloc de légalité administrative les grandes libertés publiques et qui en application du principe selon lequel « la liberté est la règle et la restriction de police l'exception », a consacré de façon assez ancienne le contrôle de proportionnalité des mesures de police administratives (CE, 19 mai 1933, Benjamin).

Par ailleurs, le juge administratif bien qu'issu historiquement de l'administration dispose de solides garanties d'indépendance, jugées conformes aux exigences de l'article 6 §1 de la Convention EDH (CEDH, 9 novembre 2006, Sacilor-Lormines).

D'autre part, les procédures juridictionnelles disponibles devant lui sont de nature à prévenir et à sanctionner les atteintes arbitraires ou excessives aux libertés publiques prises dans le cadre de l'état d'urgence. Ainsi, des procédures d'urgence efficaces peuvent être exercées devant lui et plus particulièrement le « référé-liberté » qui lui permet de prononcer dans un délai de 48 heures toutes mesures en vue de faire cesser une atteinte grave et manifestement illégale aux libertés fondamentales causée par l'administration dans l'exercice de ses pouvoirs (CJA, art. L. 521-2). Cette procédure a d'ailleurs conduit le juge à suspendre plusieurs mesures d'assignation à résidence, notamment lorsque les faits retenus par l'administration pour les prononcer n'étaient pas suffisamment probants (CE, ord. du 9 février 2016, M.C). À cela s'ajoute la faculté d'agir en responsabilité contre l'État à raison des dommages causés par les mesures adoptées sur le fondement de la loi de 1955. Dans une décision du 6 juillet 2016, le Conseil d'État a ainsi défini le régime de l'action en responsabilité à raison des perquisitions administratives. Les personnes concernées par la perquisition peuvent engager la responsabilité de l'État pour faute. Une telle faute peut résulter de toute illégalité affectant la décision qui ordonne une perquisition mais elle peut également être commise dans l'exécution des perquisitions. Pour ce qui concerne les tiers, la responsabilité de l'État est engagée sans faute, sur le fondement de l'égalité des citoyens devant les charges publiques, en cas de dommages directement causés par des perquisitions. De la même façon, la loi du 21 juillet 2016 qui autorise à nouveau la saisie de données informatiques dispose qu'à la fin de la perquisition, l'autorité administrative demande au juge des référés du tribunal administratif l'autorisation d'exploiter ces données. Le législateur a ainsi tenu compte de la décision QPC du 19 février 2016, afin d'éviter une atteinte abusive à la vie privée. S'il résulte de ces éléments qu'une protection des libertés publiques est ainsi assurée dans le cadre de l'état d'urgence, ce dernier ne saurait revêtir qu'un caractère temporaire et exceptionnel et ne doit pas devenir un état permanent.

Au-delà de cet aspect, l'essentiel réside dans les garanties offertes par le juge administratif à la protection des libertés. Nous retiendrons, sans prétendre à l'exhaustivité, que la jurisprudence du Conseil d'État est marquée par l'application traditionnelle du contrôle renforcé des mesures de police. Selon la formule consacrée, ces dernières doivent être « nécessaires, adaptées et proportionnées ». C'est ainsi que le Conseil a refusé de faire droit à la demande de confinement stricte demandée par un syndicat de médecin (CE, 22 mars 2020, syndicat national des jeunes médecins), tout en enjoignant au gouvernement de préciser les situations où les sorties sont autorisées. Tels sont également le cas du refus d'une surveillance généralisée par les drones (CE, 18 mai 2020, Surveillance par drones) ou encore du refus du dépistage systématique et régulier des personnes en EPHAD (CE, 15 avril 2020). Quant à l'encadrement des pouvoirs de polices locaux, le Conseil d'État soucieux de préserver la cohérence de l'action au niveau national, a considérablement réduit l'initiative des maires (CE, 17 avril 2020, Commune de Sceaux), en se montrant très exigeant quant à l'existence de circonstances locales particulières (traditionnellement exigées pour les concours de polices CE, 1959, Lutétia) et en posant une nouvelle exigence relative à la cohérence de l'action nationale.

NOTE DE SYNTHÈSE

LE PRINCIPE DE DIGNITÉ DE LA PERSONNE ET LES CONDITIONS DE DÉTENTION

J. 21 1277

PREMIER CONCOURS D'ACCÈS

À L'ÉCOLE NATIONALE DE LA MAGISTRATURE

SESSION 2021

Jeudi 3 juin 2021

Quatrième épreuve d'admissibilité : 5h (coefficient 3)

NOTE DE SYNTHÈSE À PARTIR DE DOCUMENTS SE RAPPORTANT À DES PROBLÈMES JUDICIAIRES, JURIDIQUES OU ADMINISTRATIFS

Rédigez, à partir des documents joints, une note de synthèse de quatre pages environ sur le principe de dignité de la personne et les conditions de détention.

Tournez la page S.V.P.

<u>Liste des documents</u> :

<u>Document n° 1</u> : Extrait de l'arrêt de la Cour européenne des droits de l'homme : JMB c/ France du 30 janvier 2020 ;

<u>Document n° 2</u> : « J.M.B et autres contre France : surpopulation carcérale et absence de recours effectif » Article Dalloz-Etudiant du 24 avril 2020 ;

<u>Document n° 3</u> : « Conditions de détention indignes, le Conseil d'Etat répond à la CEDH » ; Dalloz actualité du 23 mars 2021 ;

<u>Document n° 4</u> : Avis oral de l'avocate générale Sandrine ZIENTARA-LOGEAY à l'audience du 17 juin 2020 devant la Cour de cassation ;

<u>Document n° 5</u> : Arrêt de la Cour de cassation du 8 juillet 2020 : « conditions indignes de détention et office du juge » ;

<u>Document n° 6</u> : Question prioritaire de constitutionnalité déposée devant la Cour de cassation n° 20-81.739 – site de la Cour de cassation ;

<u>Document n° 7</u> : Décision du Conseil constitutionnel n° 2020-858/859 – Question prioritaire de constitutionnalité du 2 octobre 2020 ;

<u>Document n° 8</u> : « Un recours juridictionnel en cas de conditions de détention indignes » Dalloz actualité du 8 mars 2021;

<u>Document n° 9</u> : Article du journal Le Monde du 21 mars 2021 : « Conditions de détention indignes : un recours très encadré pour les détenus » ;

Document n° 1

Extrait de l'arrêt de la Cour européenne des droits de l'homme : JMB c/ France du 30 janvier 2020

82 ARRÊT J.M.B. ET AUTRES c. FRANCE

C. Appréciation de la Cour

1. Principes généraux

254. La Cour renvoie aux principes pertinents à appliquer pour l'examen des cas de surpopulation carcérale ainsi qu'à ceux concernant d'autres aspects des conditions matérielles de détention tels qu'ils se trouvent énoncés dans les arrêts *Mursic* et *Rezmives et autres* précités. Elle rappelle, pour les besoins des présentes affaires, ce qui suit.

255. La norme minimale pertinente en matière d'espace personnel est de 3 m2, à l'exclusion de l'espace réservé aux installations sanitaires (*Mursic*, précité, §§ 110 et 114). Lorsque la surface au sol dont dispose un détenu en cellule collective est inférieure à 3 m2, la Cour considère ce qui suit :

« 137. (...) le manque d'espace personnel est considéré comme étant à ce point grave qu'il donne lieu à une forte présomption de violation de l'article 3. La charge de la preuve pèse alors sur le gouvernement défendeur, qui peut toutefois réfuter la présomption en démontrant la présence d'éléments propres à compenser cette circonstance de manière adéquate (...).

138. La forte présomption de violation de l'article 3 ne peut normalement être réfutée que si tous les facteurs suivants sont réunis :

1) les réductions de l'espace personnel par rapport au minimum requis de 3 m2 sont courtes, occasionnelles et mineures (...) ;

2) elles s'accompagnent d'une liberté de circulation suffisante hors de la cellule et d'activités hors cellule adéquates (...) ;

3) le requérant est incarcéré dans un établissement offrant, de manière générale, des conditions de détention décentes, et il n'est pas soumis à d'autres éléments considérés comme des circonstances aggravantes de mauvaises conditions de détention (...). »

(idem, *§§ 122 à 138).*

256. Dans les affaires où le surpeuplement n'est pas important au point de soulever à lui seul un problème sous l'angle de l'article 3, la Cour considère que d'autres aspects des conditions de détention sont à prendre en considération dans l'examen du respect de cette disposition. Parmi ces éléments figurent la possibilité d'utiliser les toilettes de manière privée, l'aération disponible, l'accès à la lumière et à l'air naturels, la qualité du chauffage et le respect des exigences sanitaires de base. Lorsqu'un détenu dispose dans la cellule d'un espace personnel compris entre 3 et 4 m2, le facteur spatial demeure un élément de poids dans l'appréciation du caractère adéquat ou non des conditions de détention. En revanche lorsqu'un détenu dispose de plus de 4 m2 d'espace personnel, ce facteur, en lui-même, ne pose pas de problème au regard de l'article 3 de la Convention *{Mursic,* précité, § 139 et *Rezmives et autres,* précité, § 78).

257. Concernant les installations sanitaires et l'hygiène, la Cour rappelle que l'accès libre à des toilettes convenables et le maintien de bonnes conditions d'hygiène sont des éléments essentiels d'un environnement humain, et que les détenus doivent jouir d'un accès facile à ce type d'installation, qui doit leur assurer la protection de leur intimité. À cet égard, la Cour rappelle qu'elle a déjà jugé qu'une annexe sanitaire qui n'est que partiellement isolée par une cloison n'est pas acceptable dans une

Tournez la page S.V.P.

cellule occupée par plus d'un détenu. Par ailleurs, la présence d'animaux nuisibles tels que les cafards, rats, poux, punaises ou autres parasites doit être combattue par les autorités pénitentiaires par des moyens efficaces de désinfection, des produits d'entretien, des fumigations et des vérifications régulières des cellules, en particulier la vérification de l'état des draps et des endroits destinés au stockage de la nourriture *(idem,* § 79 et les références citées).

2. Application de ces principes dans les espèces examinées

a) Remarques liminaires tenant aux preuves, aux périodes de détention et à l'absence de cloisonnement des toilettes dans les cellules

258. La Cour rappelle d'emblée que lorsque la description faite par les requérants des conditions de détention supposément dégradantes est crédible et raisonnablement détaillée, de sorte qu'elle constitue un commencement de preuve d'un mauvais traitement, la charge de la preuve est transférée au l gouvernement défendeur, qui est le seul à avoir accès aux informations susceptibles de confirmer ou d'infirmer les allégations du requérant. Le gouvernement défendeur doit alors, notamment, recueillir et produire les documents pertinents et fournir une description détaillée des conditions de détention du requérant. La Cour tient aussi compte, dans son examen de l'affaire, des informations pertinentes à ce sujet émanant d'autres organes internationaux, par exemple du CPT, ou des autorités et institutions nationales compétentes (*Mursic*, précité, § 128, *Utvenko et Borisov c. Russie*, nos 45767/09 et 40452/10, § 144, 5 février 2019).
259. Dans les espèces examinées, la Cour note que le Gouvernement a produit des informations sur la fin de la détention des requérants ou sur la date de leur fin de peine. En revanche, elle constate que la précision des informations communiquées par le Gouvernement sur l'espace personnel des requérants est limitée. Celles-ci sont parfois inexistantes, comme c'est le cas pour les détenus de Faa'a-Nuutania, Baie-Mahault et Nice. Pour d'autres, elles sont incomplètes car elles ne précisent pas toujours la superficie des cellules et n'indiquent pas si les annexes sanitaires sont comprises dans ces superficies. Enfin, les informations ne sont pas toujours étayées par un document écrit tel qu'un historique de codétention. La Cour a relevé ces insuffisances probatoires dans les requêtes concernant les prisons de Ducos et de Fresnes.
De plus, la Cour n'a pas pu connaître précisément la superficie de la partie sanitaire des cellules, à l'exception de celles de la MA de Nîmes, ce qui a rendu difficile le calcul de l'espace personnel des requérants lorsqu'elle a disposé d'informations sur la superficie totale de la cellule. Elle a alors présumé qu'un tel espace se situait entre 1 et 2 m2.
Finalement, seules les données communiquées par le Gouvernement quant à la superficie des cellules de la MA de Nîmes, bien qu'incomplètes pour deux d'entre elles (paragraphes 76 et 78 ci-dessus), ont permis à la Cour de déterminer de manière précise l'espace individuel alloué aux requérants concernés et les périodes au cours desquelles ils ont disposé de cet espace (paragraphes 271 et suivants ci-dessous).
260. Dans ces conditions, et alors qu'il admet la situation de surpeuplement de l'ensemble des prisons concernées, la Cour estime que le Gouvernement n'a pas réfuté de façon convaincante les allégations des requérants des CP de Ducos, Faa'a-Nuutania, Baie-Malhaut, Nice et Fresnes (s'agissant de *R.M.* et *A.T.* pour ce dernier établissement) selon lesquelles ils auraient disposé de moins de 3 m2 d'espace personnel pendant l'intégralité

de leur détention (paragraphes 29, 49, 59, 92 et 113 ci-dessus). Ces allégations sont en outre corroborées par les informations pertinentes des autorités nationales comme le CGLPL ou d'organes internationaux comme le CPT.

261. La Cour observe enfin que pour l'ensemble des prisons concernées, le Gouvernement donne une explication sécuritaire à l'absence de cloisonnement complet des sanitaires, en particulier des toilettes. Cette justification n'est pas compatible avec les exigences de la protection de l'intimité des détenus lorsqu'ils partagent des cellules sur-occupées (paragraphe 257 ci-dessus). Le cloisonnement partiel des WC constitue donc, en tout état de cause, un facteur aggravant du manque d'espace dont les requérants ont pu souffrir.

b) Les détenus du CP de Ducos

262. Eu égard à ce qu'elle a dit au paragraphe 260 ci-dessus, la Cour conclut à l'existence d'une forte présomption de violation de l'article 3 de la Convention. Cette présomption ne peut être remise en cause à défaut, en l'espèce, du premier des trois facteurs cumulatifs de réfutation de cette présomption, à savoir des périodes de réduction « courtes, occasionnelles et mineures » de l'espace personnel des requérants par rapport au minimum requis. Il s'ensuit qu'il n'y a pas lieu d'examiner les autres facteurs *(fnutatis mutandis, Nikitin et autres,* précité, § 184).

263. Ces circonstances suffisent à la Cour pour juger que les conditions de détention des requérants du CP de Ducos ont été ou sont constitutives d'un traitement dégradant prohibé par l'article 3.

264. La Cour prend note de l'information selon laquelle des travaux d'amélioration, dont la construction de cent soixante nouvelles places livrées à la fin de l'année 2016, ont contribué à réduire le taux d'occupation de la prison (paragraphe 14 ci-dessus). Toutefois, ce seul fait ne modifie pas substantiellement la situation des requérants toujours détenus (paragraphes 20 à 24 ci-dessus), compte tenu des informations dont elle dispose sur les conditions de détention indécentes, de façon générale, au sein du CP de Ducos. La Cour se réfère à cet égard au constat le plus récent du CGLPL (paragraphe 13 ci-dessus) qu'aucune information n'est venue contredire.

c) Les détenus du CP de Faa'a-Nuutania

265. Eu égard à ce qu'elle a dit au paragraphe 260 ci-dessus, la Cour conclut à l'existence d'une forte présomption de violation de l'article 3 de la Convention. Cette présomption ne peut être remise en cause à défaut, en l'espèce, du premier des trois facteurs cumulatifs de réfutation de cette présomption, à savoir des périodes de réduction « courtes, occasionnelles et mineures » de l'espace personnel des requérants par rapport au minimum requis. Il s'ensuit qu'il n'y a pas lieu d'examiner les autres facteurs *(mutatis mutandis, Nikitin et autres,*précité, § 184).

266. Ces circonstances suffisent à la Cour pour juger que les conditions de détention des requérants du CP de Faa'a-Nuutania ont été ou sont constitutives d'un traitement dégradant prohibé par l'article 3.

267. La Cour note que la construction d'un nouveau CD situé à Tahiti, livré en 2017, ne modifie pas substantiellement la situation des requérants toujours détenus (paragraphes 44 et 45 ci-dessus) compte tenu de l'absence d'amélioration des conditions de détention au sein du CP de Faa'a-Nuutania (paragraphe 40 ci-dessus).

Tournez la page S.V.P.

d) M. Mixtur

268. Eu égard à ce qu'elle a dit au paragraphe 260 ci-dessus, la Cour conclut à l'existence d'une forte présomption de violation de l'article 3 de la Convention. Cette présomption ne peut être remise en cause à défaut en l'espèce, du premier des trois facteurs cumulatifs de réfutation de cette présomption, à savoir des périodes de réduction « courtes, occasionnelles et mineures » de l'espace personnel du requérant par rapport au minimum requis. Il s'ensuit qu'il n'y a pas lieu d'examiner les autres facteurs *(mutatis mutandis, Nikitin et autres,* précité, § 184).
269. Ces circonstances suffisent à la Cour pour juger que les conditions de détention du requérant ont été ou sont constitutives d'un traitement dégradant prohibé par l'article 3.
270. La Cour note que la rénovation du CP de Baie-Mahault débutera en 2020 et elle en déduit que le requérant se trouve toujours détenu dans les conditions de détention dénoncées au moment de l'introduction de la requête.

e) Les détenus de Nîmes

271. La Cour observe que les requérants contestent la détermination faite par le Gouvernement de leur espace personnel. Leur récit concorde avec les constats du CGLPL, du juge des référés et du CPT (paragraphes 70, 72 et 152 ci-dessus), à savoir que les détenus sont souvent à trois dans des cellules de 9 m2 conçues pour deux personnes. Cela étant, la Cour n'a pas de raison de douter de l'authenticité des documents communiqués à la Cour par le Gouvernement. Elle examinera donc les périodes de détention selon les données communiquées par ce dernier.

i. F.R.

272. Pendant sa détention, *F.R.* a séjourné dans des cellules où il s'est vu attribuer un espace personnel entre 2,48 m2 et 3,72 m2.

α) Les périodes pendant lesquelles le requérant a disposé de moins de 3 m2

273. Les périodes au cours desquelles le requérant a disposé de 2,48 m2 sont les suivantes : du 11 septembre 2013 au 9 mai 2014 (sept mois et vingt-sept jours), du 26 mai 2014 au 8 septembre 2014 (trois mois et quatorze jours), du 22 septembre au 1er octobre 2014 (dix jours), du 17 décembre 2014 au 5 mai 2015 (quatre mois et dix-sept jours).
274. Compte tenu de ces périodes et des principes pertinents énoncés dans sa jurisprudence (paragraphe 255 ci-dessus), la Cour conclut qu'il y a en l'espèce une forte présomption de violation de l'article 3 de la Convention. Il lui faut donc vérifier s'il existe des facteurs propres à réfuter cette présomption.
275. À l'exception de la période de dix jours, la Cour note que les périodes pendant lesquelles le requérant a vu son espace personnel réduit à une surface inférieure à 3 m2 étaient longues et répétées (comparer avec *Mursic,* précité, §§ 151-152 où une période de vingt-sept jours n'a pas permis de réfuter la présomption). Cette circonstance suffit à la Cour pour conclure que pour ces périodes, la forte présomption de l'article 3 de la Convention ne peut être remise en cause.
276. La période du 22 septembre au 1er octobre 2014 n'ayant duré que dix jours, peut être considérée comme courte. Toutefois, resituée parmi les autres phases d'extrême restriction d'espace, elle ne peut être qualifiée

Page **6** sur **36**

d'occasionnelle. Au surplus, la Cour doit tenir compte des autres éléments pertinents, à savoir le caractère suffisant ou non de la liberté de circulation et des activités hors cellules ainsi que les conditions générales de détention du requérant. Il incombe au Gouvernement de prouver la présence de tels éléments.

Pour ce qui est de la liberté de circulation et des activités hors cellules, la Cour note que les déclarations du Gouvernement ne sont pas très détaillées car elles indiquent la participation des requérants à certaines activités

ARRÊT J.M.B. ET AUTRES c. FRANCE 87

sportives et culturelles mais non leurs fréquences. Ces activités semblent au demeurant très ponctuelles. Il apparaît en tout état de cause que les conditions dont se plaint le requérant sur ce point sont corroborées par les constats du CGLPL et du CPT qui concluent à l'insuffisance des activités (paragraphes 72, 151 et 152 ci-dessus). Pour ce qui est de la promenade dans les cours, le requérant n'en conteste pas la durée indiquée par le Gouvernement. Cela étant, les craintes qu'il fait valoir quant à la sécurité des promenades sont soulignées par le CGLPL dans son rapport de 2012 et attestent d'un problème qui, s'il semble résolu maintenant avec la création d'une cour de promenade réservée aux personnes vulnérables (paragraphe 72 ci-dessus), était bien réel. Dans ce contexte, la Cour est d'avis que l'on ne peut considérer que la liberté de circuler hors des cellules et les possibilités de s'occuper offertes à la MA de Nîmes constituent des éléments atténuant les inconvénients liés au manque d'espace personnel.

Pour ce qui est du point de savoir si les conditions matérielles dans lesquelles le requérant a été détenu à la MA de Nîmes étaient généralement décentes, la Cour note que les déclarations du Gouvernement ne sont pas très détaillées ni corroborées par des éléments de preuves suffisants, en particulier par des photos. Seules des photos de la nouvelle salle de musculation, du parloir et de la cour de promenade ont été jointes à ses déclarations selon lesquelles les conditions de détention à la MA ne dépassent pas le seuil de gravité de l'article 3 de la Convention. Au surplus, ces déclarations ne correspondent pas à certains des constats faits par le juge du référé, le CGLPL et le CPT (paragraphes 70, 72 et 152 ci-dessus) qui coiroborent davantage les affirmations des requérants (paragraphe 79 ci-dessus). La Cour rappelle à cet égard que le juge administratif a, par exemple, enjoint à l'administration de prendre des mesures pour améliorer les conditions matérielles d'installation des détenus durant la nuit au motif que les détenus dormaient souvent au sol, sur un matelas. Il a également demandé que l'accès aux produits d'entretien des cellules ainsi qu'à des draps et des couvertures propres soit amélioré (paragraphe 70 ci-dessus). De même, le CGLPL a souligné en 2012, comme en 2016, la vétusté des locaux de la MA ainsi que l'insuffisance des conditions d'hygiène, indiquant notamment que les espaces de douche étaient dégradés par l'humidité et l'absence d'aération (paragraphe 72 ci-dessus). Le CPT a par ailleurs qualifié les conditions de détention au sein de la MA d'extrêmement préoccupantes dans son rapport publié en 2017 (paragraphes 151 et 152 ci-dessus) et a notamment formulé des critiques sur les conditions de vie dans les cellules, l'aération et les températures. Enfin, la Cour renvoie à ce qu'elle a dit sur le manque d'intimité aux toilettes (paragraphe 261 ci-dessus). En conséquence, elle considère que les conditions de détention du requérant à la MA de Nîmes n'étaient pas de manière générale décentes.

277. Eu égard à ce qui précède, la Cour conclut, en ce qui concerne la période courte pendant laquelle le requérant a disposé de moins de 3 m2 d'espace personnel, que le Gouvernement n'a pas réfuté la forte présomption de violation de l'article 3 car l'intéressé a disposé d'une liberté

de circulation et d'activités hors cellule insuffisantes et qu'il était détenu dans un établissement offrant, de manière générale, des conditions indécentes. En conséquence, la Cour estime que les conditions de détention du requérant pendant les périodes où il a disposé de moins de 3 m2 d'espace personnel sont constitutives d'un traitement dégradant au sens de l'article 3 de la Convention.

β) Les périodes pendant lesquelles le requérant a disposé de 3 à **4 m2** d'espace personnel

278. Les périodes au cours desquelles le requérant a disposé d'un espace personnel se situant entre 3 et 4 m2 sont les suivantes : du 23 juillet au 11 septembre 2013 (un mois et dix-neuf jours - 3,72 m2>, du 9 au 26 mai 2014 (dix-huit jours- 3,72 m2), du 8 au 22 septembre 2014 (quinze jours- 3,72 m2), du 1er octobre au 22 novembre 2014 (un mois et vingt-et-un jours -3,72m2).
279. La Cour note qu'il ressort du paragraphe précédent que le requérant a disposé pendant plusieurs périodes non consécutives d'un espace personnel compris entre 3 et 4 m2- de 3,72 m2 exactement.
280. La Cour rappelle que lorsqu'un détenu dispose d'un espace personnel compris entre 3 et 4 m2, le facteur spatial demeure un élément de poids dans l'appréciation du caractère adéquat ou non des conditions de détention. En pareil cas, elle conclura à la violation de l'article 3 si le manque d'espace s'accompagne d'autres mauvaises conditions matérielles de détention, notamment d'un défaut d'accès à la cour de promenade ou à l'air et à la lumière naturelle, d'une mauvaise aération, d'une température insuffisante ou trop élevée clans les locaux, d'une absence d'intimité aux toilettes ou de mauvaises conditions sanitaires et hygiéniques (*Mursic,* précité, § 139).
281. Eu égard aux considérations exposées ci-dessus relativement à la période courte où le requérant a disposé de moins de 3 m2 d'espace personnel (paragraphe 276 ci-dessus), la Cour estime que les conditions de détention de l'intéressé pendant les périodes où il a disposé de 3 à 4 m2 d'espace personnel sont constitutives d'un traitement dégradant au sens de l'article 3 de la Convention.

ii. E.A.

282. *E.A.* a séjourné dans des cellules où il s'est vu attribuer un espace personnel se situant entre de 2,48 m2 et 3,72 m2.

α) Les périodes pendant lesquelles le requérant a disposé de moins de 3 m2

283. Les périodes au cours desquelles le requérant a disposé d'un espace personnel inférieur à 3 m2 sont les suivantes : du 14 au 21 novembre 2014 (huit jours- 2,48 m2), du 17 décembre 2014 au 15 février 2015 (un mois et vingt-neuf jours - 2,48 m2), du 4 au 12 septembre 2014 (neuf jours- 2,74 m2) et du 13 au 19 septembre 2014 (sept jours-2,74 m2).

β) Les périodes pendant lesquelles le requérant a disposé de 3 à 4 m2 d'espace personnel

284. Les périodes au cours desquelles le requérant a disposé d'un espace personnel se situant entre 3 et 4 m2 sont les suivantes : du 28 août au 5 septembre 2014 (huit jours - 3,72 m2), du 12 au 13 septembre 2014

(un jour- 3,29 m2), du 19 septembre au 14 novembre 2014 (vingt-cinq jours -3,72 m2).

Y) Conclusion

285. La Cour ne voit pas de raison de conclure différemment que dans le cas du requérant *F.R.* pour les périodes de détention où le requérant a disposé de moins de 3 m2 d'espace personnel, y compris lorsque ces périodes ont été courtes, et pour les périodes où il a disposé de 3 à 4 m2. Elle rappelle en outre qu'elle ne dispose pas de données chiffrées pour la fin de la période de détention du requérant (paragraphe 76 ci-dessus) et présume que son espace personnel est resté le même jusqu'à la fin de sa détention compte tenu notamment de ses allégations (paragraphe 240 ci-dessus) et des constats du CGLPL sur l'insuffisance de l'espace attribué aux personnes détenues à la MA de Nîmes (paragraphe 72 ci-dessus).
Eu égard à ce qui précède, la Cour estime que les conditions de détention de l'intéressé ont été constitutives d'un traitement dégradant au sens de l'article 3 de la Convention, toutes périodes de détention confondues.

Document n° 2

« J.M.B et autres contre France : surpopulation carcérale et absence de recours effectif » Article Dalloz-Etudiant du 24 avril 2020

LIBERTÉS FONDAMENTALES - DROITS DE L'HOMME

J.M.B et autres contre France : surpopulation carcérale et absence de recours effectif

Le 30 janvier 2020, avec un arrêt *J.M.B et autres contre France*, la Cour européenne des droits de l'homme a pointé du doigt la problématique structurelle de la surpopulation carcérale en France.

La France avait été condamnée pour la première fois au sujet de la maison d'arrêt Charles III de Nancy, en 2013 (CEDH 25 avr. 2013, *Canali c/France*, n° 40119/09), établissement qui a par la suite été détruit.
Pour autant, nos établissements pénitentiaires sont toujours surpeuplés et bien souvent les conditions de détention en leur sein sont inhumaines. Il est question de vétusté, d'insalubrité, de promiscuité. Le Contrôleur général des lieux de privation de liberté (CGLPL), Adeline Hazan, rédige de nombreux rapports dans différents établissements pénitentiaires, faisant état de cette surpopulation et de conditions inhumaines et dégradantes.
Dans l'arrêt du 30 janvier 2020, la Cour offre une réponse attendue et désirée aux 32 requêtes introduites par des personnes détenues et par l'Observatoire international des prisons (OIP), en condamnant la France pour violation des articles 3 et 13 de la Convention, relatifs respectivement à l'interdiction des traitements inhumains et dégradants et au droit à un recours effectif. Plusieurs établissements pénitentiaires sont visés dans cet arrêt, la Cour prend soin de détailler pour chaque établissement les problématiques d'insalubrité et de surpopulation relevées. Ces établissements sont les suivants : Ducos en Martinique, Baie-Mahaut en Guadeloupe, Faa'a Nuutania en Polynésie, Nimes, Nice et Fresnes. Pour certains établissements, le taux d'occupation pouvait aller jusqu'à 200% (213,7% dans le quartier maison d'arrêt du centre pénitentiaire de Ducos). Il est fait état de conditions de vie misérables, de présence de nuisibles, de nourriture insuffisante, de durée d'enfermement trop élevée et d'espace personnel insuffisant. Les requérants dénoncent également le fait de ne pas disposer d'un recours effectif pour faire cesser ces conditions de détention.

La Cour a donc eu à trancher la question suivante : les conditions de détention évoquées par les requérants sont-elles constitutives d'une violation des articles 3 et 13 de la Convention ?
Cette décision est d'une réelle ampleur quant à la problématique de la surpopulation carcérale, car la France est enfin condamnée, malgré plusieurs alertes lancées par la CGLPL. Cette condamnation était malheureusement prévisible. La Cour ne s'arrête pas à cela. Elle apporte également un élément de réponse quant à l'effectivité du référé-liberté en France, puisqu'elle nous condamne également pour violation du droit à un recours effectif.

■ Une décision prévisible et saluée sur la surpopulation carcérale
A la lumière des faits allégués par les différents requérants, des rapports du CGLPL et de ses décisions précédentes, les juges européens concluent à une violation par la France de l'article 3 de la Convention. Pour autant, cet arrêt ne répond pas à la procédure des arrêts pilotes, ce qui est regretté par des acteurs de l'affaire tels que l'OIP.

- **La violation de l'article 3 de la Convention européenne**

La Cour rappelle la lettre de l'article 3 de la Convention : « Nul ne peut être soumis à la torture ni à des peines ou traitements inhumains ou dégradants ». Dans les différents établissements en cause, les requérants soulèvent diverses problématiques d'ampleur : la présence d'animaux nuisibles (rats et souris), le manque d'aération (problématique pour les établissements situés en outre-mer), un cloisonnement partiel des toilettes dans la cellule, la surpopulation carcérale, mais aussi le manque d'espace personnel. Dans certaines cellules, certains détenus ne disposent même pas de 3m² d'espace personnel. Il est également relevé la vétusté des locaux, un accès au soin déraisonnable, un climat de violence, une absence d'eau chaude et d'eau potable, un manque global d'hygiène, d'activités proposés et de nourriture qui est en plus de qualité médiocre. La surpopulation carcérale est considérée comme chronique par les requérants. Dans la maison d'arrêt de Nîmes, certains affirment être enfermés entre vingt et vingt-quatre heures par jour.

Pour la question de l'espace personnel accordé aux personnes détenues, la Cour fait référence à une précédente décision, *Mursic c/ Croatie* du 20 octobre 2016. Dans cette affaire, la Cour avait considéré que la « norme minimale pertinente en matière d'espace personnel est de 3m², à l'exclusion de l'espace réservé aux installations sanitaires ». Cet arrêt prévoit que, dans le cas où ce minimum de 3m² n'est pas atteint, il y a une présomption de violation de l'article 3. Le Gouvernement doit donc démontrer la présence d'éléments propres à compenser cette circonstance de manière adéquate (par ex. si les réductions d'espace à moins de 3m² sont courtes, mineures ou occasionnelles, s'il existe une liberté de circulation à l'extérieure de la cellule suffisante, s'il n'y a pas d'autres éléments indécents).
La Cour rappelle ensuite concernant les installations sanitaires et l'hygiène que « l'accès libre à des toilettes convenables et le maintien de bonnes conditions d'hygiène sont des éléments essentiels d'un environnement

humain, et que les détenus doivent jouir d'un accès facile à ce type d'installation, qui doit leur assurer la protection de leur intimité ». Elle ajoute que les animaux tels que les rats et les souris doivent être éliminés par les autorités pénitentiaires.

En l'espèce, le Gouvernement n'a pas su démontrer que la réduction de l'espace personnel était compensée et concernant les toilettes, il a mis en avant un objectif sécuritaire à l'absence de cloison, ce qui est jugé incompatible avec la protection de l'intimité pour la Cour. Le cloisonnement partiel des toilettes est donc un facteur aggravant.

La Cour va ensuite étudier chaque établissement pénitentiaire, pour considérer que chaque allégation des différents requérants est constitutive d'un traitement inhumain et dégradant au sens de l'article 3. Tous les éléments factuels relatés par les requérants et pour lesquels aucune explication du Gouvernement n'est acceptable conduisent la Cour européenne à constater la violation de l'article 3.

La situation décrite par les requérants est considérée par la Cour comme un « commencement de preuve d'un mauvais traitement ». La charge de la preuve est donc transférée au défendeur, à savoir la France. Le Gouvernement a donc dû recueillir et produire des documents pertinents pour apporter une description détaillée des conditions de détention. « Dans les espèces examinées, la Cour note que le Gouvernement a produit des informations sur la fin de la détention des requérants ou sur la date de leur fin de peine. En revanche, elle constate que la précision des informations communiquées par le Gouvernement sur l'espace personnel des requérants est limitée ». Ainsi, la Cour estime que le défendeur n'a pas réfuté de façon convaincante les allégations de certains requérants.

Cet **arrêt est donc particulièrement important**. Enfin, une instance suprême a reconnu que **notre système carcéral était défaillant et inhumain**. La portée de cette décision peut être nuancée, notamment parce que la Cour n'a pas adopté ici la procédure de l'arrêt pilote.

- **L'absence d'arrêt pilote : une portée nuancée**

Malgré cette condamnation retentissante, la France échappe tout de même à la procédure dite de « **l'arrêt pilote** ». Cette procédure a été mise en place par l'arrêt *Broniowski c/Pologne* de 2004, et **permet à la Cour d'identifier des problèmes structurels dans des affaires répétitives et de demander à l'État concerné de les traiter en lui indiquant quelles mesures d'améliorations doivent être envisagées**. Les affaires sous la procédure d'arrêt pilote sont prioritaires, ce qui permet d'accélérer la réponse apportée aux requérants. Les principes dégagés seront imposés aux États concernés, ce qui permet de palier une éventuelle mauvaise volonté de l'état mis en cause.

Un arrêt pilote à l'encontre de la France aurait pu être prononcé, c'est d'ailleurs ce que souhaitait, et regrette donc, l'Observatoire international des prisons. En effet, la question de la surpopulation carcérale en France est une « maladie chronique », un problème récurrent que l'on peut qualifier de structurel. L'affaire *J.M.B et autres* le démontre bien, car elle relate les différentes actions du Défenseur des droits, de l'OIP, du CGLPL. De plus, la Cour a été saisie de 32 requêtes, ce qui traduit bien un problème structurel et non pas un cas isolé. Au sujet de la surpopulation carcérale, la Cour a portant déjà prononcé des arrêts pilotes à l'encontre de certains États, notamment avec l'arrêt *Iacov Stanciu c/ Roumanie* de 2012 et *Torregiani et a. c/ Italie* de 2013. La France échappe pourtant à cette procédure relativement humiliante pour un État. La Cour donne ainsi un dernier avertissement.

En ce qui concerne les requérants, la Cour a prononcé pour eux une indemnisation assez forte, allant de 4 000 à 25 000 euros en fonction de la durée de la détention. L'absence d'arrêt pilote ne semble donc pas pour eux être regrettée.

Beaucoup de commentateurs ont insisté sur la seule condamnation de la France concernant la surpopulation carcérale et les conditions de détention indignes. Il ne faut pourtant pas omettre l'autre apport tout aussi essentiel de cette condamnation, la violation de l'article 13 de la Convention relatif au droit à un recours effectif.

■ Une condamnation pour un recours jugé ineffectif

En plus des conditions de détention indignes et des conséquences de la surpopulation carcérale, les requérants considèrent que leur droit à un recours effectif est violé, puisqu'ils ne disposent d'aucun moyen de faire cesser ces conditions. La France a été condamnée une première fois dans ce sens avec l'arrêt *Yengo* le 21 mai 2015. Le Gouvernement français met donc en avant une évolution depuis cet arrêt, mais la Cour affirme par la suite les limites des mécanismes français existants, notamment le référé-liberté.

- **Une évolution favorable depuis l'arrêt *Yengo c/ France***

Pour rappel, l'article 13 de la Convention prévoit que : « Toute personne dont les droits et libertés reconnus dans la (...) Convention ont été violés, a droit à l'octroi d'un recours effectif devant une instance nationale, alors même que la violation aurait été commise par des personnes agissant dans l'exercice de leurs fonctions officielles ». Les personnes détenues doivent donc pouvoir disposer d'un moyen de recours pour faire cesser des conditions de détention portant atteinte à l'article 3 de la Convention. Dans un arrêt *Ananyev et autres c/ Russie* du 10 janvier 2012, la Cour rappelle que le recours offert aux personnes détenues doit être de nature à empêcher la continuation de la violation de l'article 3, de permettre une amélioration des conditions matérielles de détention, voire de mettre fin à une incarcération. Ce recours ne doit pas être nécessairement judiciaire, un juge administratif peut être compétent.

Concernant la prison de Nouméa en 2015, la Cour européenne des droits de l'homme a considéré qu'en France, il n'y avait pas de recours effectif. La Cour à l'époque avait observé qu'aucune juridiction française n'avait jamais ordonné la remise en liberté d'une personne détenue en se fondant sur le caractère inhumain et dégradant de ses conditions de détention.

Le Gouvernement rappelle que depuis cet arrêt *Yengo*, il y a eu une évolution notable. Selon lui, la saisine du juge des référés constitue une voie de recours susceptible de faire cesser ou d'améliorer les conditions de détention des détenus. Il se réfère à des décisions rendues en 2014, 2015 et 2017 concernant les maisons d'arrêt de Ducos, Nîmes et Fresnes. La France se dit convaincue de l'effectivité de la mesure de référé-liberté, elle cite l'exemple des procédures de dératisation à la prison de Ducos ainsi que plusieurs autres injonctions concernant l'hygiène. Il estime donc que le référé-liberté, ainsi que le référé mesures-utiles sont des recours préventifs effectifs qui répondent avec les exigences de l'article 13 de la Convention.
La Cour, se nourrissant des allégations des différents tiers (OIP, Défenseur des droits, CGLPL), va conclure à la non-effectivité du référé-liberté et va en exposer les limites.

- **L'absence de recours effectif en France**

La Cour considère que les recours présentés par le Gouvernement français (référé-liberté et référé mesures-utiles) sont inefficaces en pratique. Comme évoqué par les différents tiers invités à témoigner, la surpopulation carcérale en France est un réel problème structurel, d'ampleur. La Cour admet l'existence de cette procédure de référé-liberté devant le juge administratif, puisqu'elle remarque que ce dernier a été saisi par l'OIP et également par des personnes détenues. Elle prend en compte l'évolution favorable de la jurisprudence depuis l'arrêt *Yengo*. Elle considère que le juge des référés peut prendre des mesures urgentes et cite l'ordonnance de 2012 relative à la dératisation à la prison des Beaumettes. Pour autant, ce n'est pas l'existence du recours qui fait la satisfaction des exigences de l'article 13 mais bien son effectivité, et c'est cela que la Cour va examiner.
La Cour constate dans un premier temps que le pouvoir d'injonction conféré au juge des référés a une portée limitée. Il ne peut pas réaliser des travaux d'ampleur, suffisants pour mettre fin aux conséquences de la population carcérale portant atteinte aux droits des détenus. Il ne peut pas prendre des mesures de réorganisation du service public. En d'autres termes, le juge des référés ne s'en tient qu'à des mesures pouvant être mises en place rapidement et ne peut pas être à l'origine de mesures de fond, qui auraient pour conséquence une modification structurelle. La Cour ajoute « qu'il ne lui appartient pas de veiller à l'application par les autorités judiciaires des mesures de politique pénale ». Ensuite, elle considère que le juge du référé-liberté fait dépendre son office « du niveau des moyens de l'administration » et « des actes qu'elle a déjà engagés ». L'administration pénitentiaire n'a aucun pouvoir concernant les décisions de mise sous écrou ou de libération. Le juge des référés ne peut ainsi pas prendre de mesures « pérennes », il se contentera de mesures provisoires. Enfin, la Cour observe que les injonctions du juge des référés sont parfois exécutées avec certaine lenteur, d'autant que les budgets consacrés au service public pénitentiaire sont clairement insuffisants.
En définitive, la Cour considère que le référé-liberté et le référé mesures-utiles ne sont en pratique pas effectifs pour correspondre aux exigences de l'article 13 prévoyant le droit à un recours effectif. Elle conclue donc à la violation de l'article 13 de la Convention. Les voies de recours exposées par le Gouvernement français sont plus illusoires que réelles.

Avec cet arrêt, en plus des indemnisations allouées aux requérants, **la Cour recommande à la France d'adopter des mesures générales allant dans le sens de la satisfaction de trois objectifs** :

- **Supprimer le surpeuplement dans les établissements pénitentiaires ;**
- **Améliorer les conditions de détention ;**
- **Établir un recours effectif.**

Il faut donc s'attendre (nous l'espérons) à des modifications de notre système pénitentiaire. Le chemin risque d'être long, car des mesures isolées sont insuffisantes face à ce dysfonctionnement d'ampleur des prisons en France. Une refonde profonde de notre système carcéral serait idéale pour pallier ces problématiques qui, malheureusement, font partie du quotidien des personnes détenues et des personnels de l'administration pénitentiaire.

CEDH 30 janv. 2020, J.M.B. et autres c. France, n° 9671/15 et 31 autres

Références
▪ Sur cet arrêt, V. aussi : E. Senna, *D. actu, 6 févr. 2020 ; J.-P. Céré, AJ pénal 2020. 122*
▪ **CEDH 25 avr. 2013, *Canali c/ France***, n° 40119/09 : *D. 2013. 1138, obs. Léna ; AJ pénal 2013. 403, obs. Céré*
▪ **CEDH, gr.ch., 20 oct. 2016, *Mursic c/ Croatie***, n° 7334/13 : *AJDA 2017. 157, chron. L. Burgorgue-Larsen ; AJ pénal 2017. 47, obs. A.-G. Robert*
▪ **CEDH, gr. ch., 22 juin 2004, *Broniowski c/ Pologne***, n° 31443/96 : *AJDA 2004. 1809, chron. J.-F. Flauss ; D. 2004. 2542, obs. C. Birsan*
▪ **CEDH 24 juill. 2012, *Iacov Stanciu c/ Roumanie***, n° 35972/05 : *D. 2013. 201, obs. J.-F. Renucci, N. Fricero et Y. Strickler*
▪ **CEDH 8 janv. 2013, *Torreggiani et a. c/ Italie***, n° 43517/09 : *D. actu 24 janv. 2013, obs. Léna ; D. 2013. 1304, obs. Céré, Herzog-Evans et Péchillon ; AJ pénal 2013. 361, obs. Péchillon*
▪ **CEDH 21 mai 2015 *Yengo c/ France***, n° 50494/12 : *AJDA 2015. 1289, tribune A. Jacquemet-Gauché et S. Gauché ; D. 2016. 1220, obs. J.-P. Céré, M. Herzog-Evans et E. Péchillon ; AJ pénal 2015. 450, obs. E. Senna*
▪ **CEDH 10 janv. 2012, *Ananyev et a. c/ Russie***, n° 42525/07 : *D. 2013. 201, obs. J.-F. Renucci, N. Fricero et Y. Strickler*
▪ Fiche thématique de la CEDH : **Conditions de détention et traitement des détenus**
▪ Rép. pén. Dalloz, v° *Prison (normes européennes)*, par J.-P. Céré

Document n° 3

« Conditions de détention indignes, le Conseil d'Etat répond à la CEDH » ; Dalloz actualité du 23 mars 2021

ADMINISTRATIF | Droit fondamental et liberté publique | Procédure contentieuse | Service public

Seul le législateur peut faire évoluer l'office du juge du référé-liberté pour en faire une voie de recours effective pour remédier à des conditions de détention contraires à la dignité humaine.

par Marie-Christine de Montecler le 22 octobre 2020

CE 19 oct. 2020, req. n° 439372

Depuis que la Cour européenne des droits de l'homme a sommé la France de prendre des mesures pour remédier aux conditions de détention indignes dans ses prisons (CEDH 30 janv. 2020, n° 9671/15, *J.M.B. c/ France*, AJDA 2020. 263 ; *ibid.* 1064, note H. Avvenire ; D. 2020. 753, et les obs., note J.-F. Renucci ; *ibid.* 1195, obs. J.-P. Céré, J. Falxa et M. Herzog-Evans ; *ibid.* 1643, obs. J. Pradel ; JA 2020, n° 614, p. 11, obs. T. Giraud), la Cour de cassation a fait évoluer sa jurisprudence pour permettre au juge judiciaire de mettre fin à de telles situations (Crim. 8 juill. 2020, n° 20-81.739, AJDA 2020. 1383 ; *ibid.* 1383 ; D. 2020. 1774, note J. Falxa ; *ibid.* 1643, obs. J. Pradel ; AJ fam. 2020. 498, obs. Léa Mary ; AJ pénal 2020. 404, note J. Frinchaboy). De son côté, le Conseil constitutionnel a imposé au législateur de rendre possible un telle intervention dans le cas d'une détention provisoire (Cons. const. 2 oct. 2020, n° 2020-858/859 QPC, AJDA 2020. 1881 ; D. 2020. 1894, et les obs. ; *ibid.* 2056, entretien J. Falxa). On attendait la réaction du Conseil d'État, alors que la CEDH a jugé que le référé-liberté ne constituait pas un recours préventif effectif. Dans un arrêt du 19 octobre, la haute juridiction refuse de transformer l'office du juge du référé-liberté face à de telles situations, en s'appuyant explicitement sur les possibilités ouvertes par les décisions de la Cour de cassation et du Conseil constitutionnel.

Sa réponse est d'autant plus symbolique que l'espèce dont il était saisi concernait la prison de Ducos, à Nouméa, où ont été détenues plusieurs des personnes qui ont obtenu la condamnation de la France par la Cour de Strasbourg en janvier 2020. Les limitations de l'office du juge des référés, saisi sur le fondement de l'article L. 521-2 du code de justice administrative, estime la haute juridiction, « découlent des dispositions législatives qui ont créé cette voie de recours et sont justifiées par les conditions particulières dans lesquelles ce juge doit statuer en urgence. Au demeurant, il résulte des termes mêmes de l'arrêt de la Cour européenne des droits de l'homme que sa saisine a permis la mise en œuvre de mesures visant à remédier aux atteintes les plus graves auxquelles sont exposées les personnes détenues dans des établissements pénitentiaires, mais que la cessation de conditions de détention contraires aux exigences de l'article 3 de la convention est subordonnée à l'adoption de mesures structurelles à même de répondre à la vétusté et à la surpopulation du parc carcéral français. » Il n'appartient donc « qu'au législateur de tirer les conséquences de l'arrêt de la Cour s'agissant de l'absence de voie de recours préventive pour mettre fin aux conditions indignes de détention résultant de carences structurelles ».

Le Conseil d'État rappelle toutefois les obligations qui pèsent sur l'administration aux termes de sa propre jurisprudence (CE 28 juill. 2017, n° 410677, *Section française de l'Observatoire international des prisons*, Lebon avec les concl. ; AJDA 2017. 1589 ; *ibid.* 2540, note O. Le Bot ; D. 2018. 1175,

Tournez la page S.V.P.

obs. J.-P. Céré, M. Herzog-Evans et E. Péchillon ; AJ pénal 2017. 456. obs. J.-P. Céré). Il ajoute « qu'en parallèle de la procédure prévue à l'article L. 521-2 du code de justice administrative, qui permet d'ores et déjà de remédier aux atteintes les plus graves aux libertés fondamentales des personnes détenues, le juge de l'excès de pouvoir peut, lorsqu'il est saisi à cet effet, enjoindre à l'administration pénitentiaire de remédier à des atteintes structurelles aux droits fondamentaux des prisonniers en lui fixant, le cas échéant, des obligations de moyens ou de résultats. Il lui appartient alors de statuer dans des délais adaptés aux circonstances de l'espèce. »

Par conséquent, il maintient sa jurisprudence aux termes de laquelle, d'une part, le juge du référé-liberté ne peut pas ordonner de mesures d'ordre structurel insusceptibles d'être mises en œuvre à très bref délai et, d'autre part, les mesures qu'il prononce doivent s'apprécier en tenant compte des moyens dont dispose l'autorité administrative compétente.

À l'aune de cet office, le juge refuse d'enjoindre au ministre de la justice d'allouer des moyens à ses services en Nouvelle-Calédonie pour développer les mesures alternatives à l'incarcération ou de procéder à la rénovation du quartier des mineurs, du quartier disciplinaire ou de la cuisine du centre de Ducos, comme le demandait l'observatoire international des prisons. De même, il refuse d'enjoindre qu'il soit mis fin sans délai à l'hébergement de personnes détenues sur des matelas posés à même le sol.

Il considère, en revanche, que « l'absence d'abris dans certaines cours de promenade est de nature à caractériser une violation de l'article 3 de la convention européenne de sauvegarde des droits de l'homme et des libertés fondamentales. » L'implantation de tels équipements étant susceptible d'être mise en œuvre à très bref délai, l'injonction est prononcée. De même, dans les cellules occupées par plusieurs personnes, « l'absence de séparation des sanitaires par une cloison ou par des rideaux permettant de protéger suffisamment l'intimité est de nature tant à porter atteinte à la vie privée des détenus, dans une mesure excédant les restrictions inhérentes à la détention, qu'à les exposer à un traitement inhumain ou dégradant, portant une atteinte grave à ces deux libertés fondamentales. » Il est donc enjoint à l'administration d'assurer, « dans l'ensemble des cellules, la séparation de l'espace sanitaire du reste de l'espace. » Pour des raisons similaires, sont prononcées des injonctions de « prendre toute mesure susceptible d'améliorer la luminosité des cellules » et de « procéder au remplacement des fenêtres défectueuses ». Par ailleurs, le Conseil d'État sursoit à statuer sur les demande d'injonction de fermeture des salles de promenade situées dans des conteneurs et d'installation de toilettes dans toutes les cours de promenade. Il invite l'administration à lui fournir, dans les dix jours, des informations complémentaires sur les contraintes qui, selon elles, imposent ces situations et les solutions alternatives.

Document n° 4

Avis oral de l'avocate générale Sandrine ZIENTARA-LOGEAY à l'audience du 17 juin 2020 devant la Cour de cassation

Monsieur le président, Monsieur le doyen, Mesdames et Messieurs les conseillers,

I) **Le contexte**

"les Prisons : une humiliation pour la République"

Tel était le titre d'un rapport bien connu du Sénat, publié il y a 20 ans.
Les parlementaires stigmatisaient alors l'indignité des conditions de détention et la surpopulation des établissements.
Depuis lors et jusqu'en 2020, la surpopulation carcérale n'a fait que s'aggraver, malgré les programmes de construction et le développement de politiques pénales visant, depuis la loi pénitentiaire de 2009, à limiter le recours à l'incarcération et à favoriser les aménagements, au point que Jean-Marie Delarue a pu parler, à propos de la surpopulation carcérale française, je le cite, d'un "***phénomène structurel permanent***"
Je n'entrerai pas dans le détail des chiffres qui sont dans mon avis écrit.
Pour avoir un point de repère, je dirais juste que la France comptait en 2000 moins de 50 000 détenus et qu'à la veille du confinement elle en comptait 72 500, avec un taux moyen de sur-occupation des maisons d'arrêt de 140 % et des établissements où ce taux pouvaient atteindre de 200 %.
J'ajouterais encore que le nombre de prévenus, qui représentent environ 30 % des détenus, a récemment augmenté et explique, depuis 2014, en partie la hausse de la population carcérale.
Il n'est plus à démontrer que la surpopulation carcérale a pour effet, non seulement de priver la personne d'un minimum d'espace de vie individuel mais encore de porter atteinte à l'intimité et à l'hygiène, à la sécurité physique et à l'intégrité psychique, d'altérer les liens avec l'extérieur et enfin de freiner l'accès aux dispositifs de soins et de réinsertion, comme l'a démontré la contrôleure générale des lieux privatifs de liberté dans son rapport intitulé **les droits fondamentaux à l'épreuve de la surpopulation carcérale.**
Cette situation a conduit tout récemment à l'arrêt de la Cour européenne du 30 janvier 2020, que vous a présenté Monsieur le conseiller Guéry. Par cet arrêt, la cour a condamné la France, non seulement pour traitements inhumains et dégradants, ce qu'elle avait déjà fait par le passé, mais encore du fait de l'absence d'un recours préventif effectif, c'est à dire d'un recours qui offre une possibilité -réelle et concrète- à la personne incarcérée d'obtenir la cessation de conditions indignes de détention. Cette cessation s'entend soit de l'amélioration des conditions de détention soit de la remise en liberté.
Depuis que, dans le sillage de cette décision retentissante, les deux pourvois et les deux QPC que vous avez à traiter ont été déposés, la situation a, vous le savez, évolué de manière radicale à la faveur de la crise sanitaire puisqu'on comptait à la date du 24 mai, plus que 58 926 détenus en France, soit un taux d'occupation globale de 96%.
Cette baisse -remarquable et inédite- de la population carcérale fait suite à la fois à réduction de la délinquance et de l'activité judiciaire et à la mise en oeuvre d'une politique active et concertée en faveur de la diminution du nombre de détenus pour faire face à l'épidémie de covid-19, qui a entraîné la libération de 5300 personnes.
Cette évolution suscite d'évidents espoirs et la garde des sceaux dans sa circulaire du 20 mai 2020 a affirmé son souhait de continuer, je cite, une **"politique volontariste de régulation carcérale"**.
Cependant, au vu des leçons de l'histoire et du caractère toujours uniquement incitatif des mesures instaurées, nous ne pouvons, en aucun cas, affirmer que cette amélioration ne sera pas seulement conjoncturelle,
En un mot et pour en finir avec ces éléments très rapides de contexte, le problème qui vous est soumis aujourd'hui demeure entier.
Les enjeux des questions posés sont considérables et leur résolution particulièrement complexe.
J'ai conclu au rejet des pourvois et -résolument- à la transmission de la QPC, dans deux avis de prés de 70 pages au total, auquel je ne peux ici et dans le temps imparti, que renvoyer très largement pour le détail de l'argumentation juridique.

Tournez la page S.V.P.

Je vais donc concentrer mon propos sur deux aspects, étant précisé que, s'agissant de demandes de mise en liberté, la chambre a l'obligation de statuer sur les pourvois, même si elle transmet la question prioritaire de constitutionnalité.
En premier lieu, je m'interrogerai sur le point de savoir s'il faut -et comment- faire évoluer votre jurisprudence .
En second lieu, je montrerai pourquoi à mon sens la transmission de la QPC est indispensable dans tous les cas de figure,

2) Faut-il -et comment- faire évoluer votre jurisprudence ?
Dans une décision du 18 septembre 2019, à laquelle se réfèrent expressément les arrêts frappés de pourvois, votre chambre a énoncé un attendu de principe selon lequel ***"une éventuelle atteinte à la dignité de la personne en raison des conditions de détention (...) ne saurait constituer un obstacle légal au placement et au maintien en détention provisoire"***.
Cette position, radicale, était justifiée principalement par le fait que dans le cadre du dualisme juridictionnel français, c'est au juge administratif qu'il appartient de donner des injonctions à l'administration pénitentiaire pour faire cesser des conditions de détention constitutives de traitements inhumains et dégradants.
Or, à l'évidence, depuis l'arrêt du 30 janvier 2020 de la Cour de Strasbourg, cette porte de sortie s'est refermée.
La cour européenne, en effet, a estimé que le référé liberté devant le juge administratif était un recours insuffisamment effectif : elle a constaté que les mesures que ce juge peut être amené à prendre se heurtaient toujours à deux obstacles, la nécessité qu'elles permettent une amélioration rapide, ce qui exclut les mesures structurelles (par exemple des travaux d'envergure) et la prise en compte de la limite des moyens dévolus à l'administration pénitentiaire, qui ne peut, rappelons cette évidence, refuser l'écrou d'une personne.
À ce jour, rien ne permet de penser que le Conseil d'État, même s'il a beaucoup oeuvré pour l'effectivité des droits de détenus, soit prêt à évoluer sur cet office du juge des référés libertés en matière pénitentiaire.
Or, comme l'a énoncé la Cour de cassation dans son arrêt d'assemblée plénière du 15 Avril 2011 les Etats adhérents à la Convention sont tenus de respecter les décisions de la Cour européenne, **sans attendre d'avoir modifié leur législation** .
Dans ces conditions, si la voie administrative est fermée, la voie judiciaire parait nécessairement devoir s'ouvrir.
Ainsi, et a minima, dans le cadre du contrôle de conventionnalité qui vous incombe, il faudrait, je crois (je ne l'ai pas écrit clairement dans mon avis mais je le dis ici), énoncer, en revenant donc sur votre jurisprudence de septembre 2019, que les atteintes à la dignité de la personne peuvent constituer un obstacle légal au maintien en détention provisoire.
Il s'agit donc de réintroduire un contrôle du juge judiciaire sur les conditions de détention, qui est déjà prévu par l'article 66 de la Constitution, mais qui, à ce jour, n'est pas effectif, au sens de la Convention européenne.
Comment pourrait s'opérer ce contrôle ? Quelles conséquences pourrait tirer le juge judiciaire de la constatation de traitements inhumains et dégradants ? Et, enfin, vous appartient-il de le dire, aujourd'hui, dans le cadre de ces pourvois ? En premier lieu, il faut rappeler que le contrôle des conditions de détention repose toujours dans la jurisprudence européenne sur une approche in concreto de la situation personnelle du détenu. La Cour apprécie, dans chaque espèce, si le seuil de gravité qui permet de caractériser un traitement inhumain et dégradant est atteint, en prenant en compte la durée du traitement et ses effets sur la personne, qui varient suivant son âge, son sexe, son état de santé physique et psychique et sa vulnérabilité propre.
Il y a bien des standards minimaux, mais leur non respect constitue des présomptions, non des preuves, d'une violation de l'article 3. Ainsi un espace de vie personnel inférieur à 3 ou 4 m2 est certes un élément déterminant mais qui peut être compensé par un aménagement de la cellule préservant l'intimité, la participation à des activités journalières, l'accès à des espaces collectifs ...
Ainsi la personne qui allègue une violation de l'article 3, doit-elle décrire, de manière suffisamment détaillée, ses conditions personnelles de détention.
C'est le commencement de preuve exigé par la Cour européenne.
S'opère ensuite, comme le soutient à juste titre le moyen, un renversement de la charge de la preuve ; la Cour instaure une présomption de responsabilité de l'Etat, fondée sur la sujétion de la personne détenue et sur la difficulté dans laquelle se trouve cette dernière pour rapporter la preuve de ses allégations.

Au cas d'espèce, la première étape n'a pas été franchie puisque la chambre de l'instruction de Rennes a été saisie de conclusions stéréotypées, non individualisés.
M. X..., détenu au CP de Lorient-Plomeur, fait état d'un entretien dans la presse de la directrice de l'établissement et d'un rapport de visite de la Contrôleure mais datant de 2018. Il ne dit même pas, comme le relève la chambre de l'instruction, quelle est la taille de sa cellule et le cas échéant avec combien de détenus il la partage alors qu'il ne ressort pas des pièces produites que tous le détenus -sans exception- disposeraient d'une espace de vie inférieure à 3 m2.
Il en va de même de M. Y... détenu à la maison d'arrêt de Vannes, qui se contente de produire un entretien dans la presse du directeur de l'établissement et d'un rapport de visite du Contrôleur encore plus ancien, de 2013, ainsi qu' un communiqué syndical, qui ne renseignent en rien sur ses propres conditions de détention.
Le premier moyen des deux pourvois peut donc être rejeté puisque la cour d'appel de Rennes a, à juste titre, retenu que les éléments produits n'étaient pas suffisants pour renseigner sur la situation concrète des requérants.
A mon sens, il n'y a pas lieu d'aller plus loin et d'indiquer ce que la juridiction aurait du faire si ces éléments concrets de nature à établir un commencement de preuve d'un traitement inhumain et dégradant personnellement subi avaient été rapportés.
La jurisprudence, qui est créatrice de droits, pourrait certes préciser les modalités d'un tel contrôle mais se heurterait, je crois, aux limites des textes actuels, en ce qui concerne l'établissement de la preuve de la violation de l'article 3, mais surtout en qui concerne les conséquences à en tirer.
S'agissant de la preuve, le parquet pourrait en cas de demande de mise en liberté invoquant de manière précise et individualisée une violation de l'article 3, interroger l'administration sur la situation de la personne détenue, au moins sur des éléments très objectifs (taille de la cellule et nombre de détenus la partageant, durée de séjour dans celle-ci, participation ou non à des activités, fréquences de celle-ci...).
Mais les délais pour recueillir ces éléments peuvent être très courts si par exemple les conclusions sont déposées la veille de l'audience devant la chambre de l'instruction.
Surtout, certains éléments relatifs par exemple à l'hygiène, à l'état des matelas, à l'aération, à la température ou encore à la présence de nuisibles peuvent relever d'une appréciation plus technique qui ne permettrait pas à l'administration de réunir, si cela s'avérait nécessaire, des éléments suffisamment probants dans le temps imparti.
On pourrait toutefois envisager que la chambre de l'instruction diligente des vérifications, qui seraient considérées comme de nature à différer le délai qui lui est imparti pour statuer, et ce en application des articles 148 dernier alinéa et 194 du Code de procédure pénale, à l'instar de ce que vous avez jugé s'agissant de l'expertise médicale sur la compatibilité du maintien en détention provisoire avec l'état de santé. Rien n'est prévu pour l'article 148-2 toutefois.
Parmi ces vérifications, on peut envisager que la chambre de l'instruction interroge l'administration qui devrait rapporter la preuve de l'absence de véracité des allégations de la personne détenue, à l'instar de ce que peut faire, par exemple, le gouvernement devant la cour européenne. Il serait souhaitable que la loi vienne encadrer dans le temps cette prolongation des délais légaux pour vérifications, mais, à défaut d'un tel encadrement, il faudrait que le délai fixé à l'administration soit à tout le moins raisonnable.
On peut aussi envisager une visite ad hoc de l'établissements par les magistrats, en sus de celles qu'ils sont censés faire, en application de la loi pénitentiaire de 2009, annuellement, dans le cadre du contrôle des conditions de détention. Lorsque l'appréciation des conditions de détention paraîtrait demander un certain professionnalisme et relever d'une expertise complète et contradictoire, les membres des corps d'inspection ou les contrôleurs affectés au contrôle général des lieux de privation de liberté pourraient certainement utilement être saisis. Mais ils ne me semble pas que ceux-ci puissent intervenir, même à la demande d'un magistrat, sans un texte spécifique.
Au delà de l'établissement du recueil de la preuve des traitements inhumains et dégradants dont on mesure la difficulté, surtout si la juridiction saisie est confrontée à des demandes massives et successives, que pourrait faire la chambre de l'instruction, si la violation de l'article 3 est constatée ?
En l'état du droit français et du dualisme juridictionnel, le juge judiciaire n'a pas d'autre alternative que la remise en liberté ou le maintien en détention, nonobstant l'indignité des conditions de détention.
Or la remise en liberté, dans tous les cas, y compris pour un prévenu de faits criminels graves et d'une dangerosité avérée, ne parait pas raisonnable et serait même contraire à la Constitution

dans la mesure où, en l'état de la jurisprudence du Conseil, le principe de sauvegarde de la dignité humaine doit être concilié avec la prévention des atteintes à l'ordre public.
Il faudrait donc que la juridiction se livre à un contrôle de proportionnalité. Elle devrait prendre en compte les violations de l'article 3 et leur répercussion sur la personne détenue, sa santé psychique et physique en particulier, pour apprécier, au regard de la gravité des faits et du risque de renouvellement de ceux-ci, si la détention provisoire est néanmoins indispensable.
Cette création jurisprudentielle est envisageable.
Vous aviez d'ailleurs déjà fait application de l'article 3 de la convention pour introduire, avant que le législateur ne le fasse, la possibilité de mettre en liberté un prévenu au motif de l'incompatibilité de son état de santé avec les conditions de détention (arrêt du 2 sept 2009 que j'analyse dans mon avis).
Mais il me paraîtrait préférable, comme je l'indique dans mon avis, que le législateur réaménage lui même les critères de l'article 144 pour introduire les conditions de détention et préciser ceux des critères qui pourraient, à titre exceptionnel, justifier le maintien en détention malgré la violation de l'article 3.
De plus, je ne suis pas certaine que ce contrôle de proportionnalité, s'il n'est pas accompagné d'autres évolutions législatives, satisfasse aux exigences de la jurisprudence européenne.
L'article 3 de la convention selon lequel *"Nul ne peut être soumis à la torture ni à des peines ou traitements inhumains ou dégradants"* institue en effet un droit dit indérogeable et qui ne souffre donc d'aucune exception, même en cas d'état d'urgence. La Cour de Strasbourg ainsi que celle de Luxembourg, lorsqu'elle a validé dans le cadre de l'exécution de mandat d'arrêt européen le refus de remise à un Etat confronté à la surpopulation carcérale, l'ont affirmé.
La Cour a pu parfois faire varier le curseur en deçà duquel un traitement est qualifié d'inhumain et dégradant, en fonction de la situation de la personne, à la hausse pour un individu très vulnérable, à la baisse pour un individu jugé très dangereux. Mais dans ce dernier cas, ce fut toujours à propos de traitements délibérés et mis en oeuvre spécifiquement par l'administration pénitentiaire : par exemple et s'agissant de terroristes présentant des risques d'évasion, un placement pendant huit ans à l'isolement ou 26 changements d'établissements en 5 ans .
Mais elle n'a jamais mis en balance le droit à la dignité et l'exigence de sécurité lorsqu'il s'agissait des conditions matérielles de détention qui s'imposent à l'administration et que d'ailleurs elle déplore elle-même. Elle a, au contraire, dans les arrêts que je cite dans mon avis, affirmé le caractère intangible du droit protégé par l'article 3 dans ces circonstances, en refusant de prendre en compte par exemple un taux élevé de crime ou un manque de ressources financières, au motif, je cite que *"L'Etat est tenu d'organiser son système pénitentiaire de telle sorte que la dignité des détenus soit respectée"*.
La Cour ne privilégie pas la remise en liberté mais il me semble qu'elle l'envisage nécessairement comme voie ultime si, par ailleurs, le recours préventif ne permet pas une amélioration des conditions de détention.
A ce jour, il est vrai que la Cour européenne a validé comme effectifs des recours préventifs qui ne prévoyaient pas de remise en liberté. Il s'agit en particulier des recours créés par les Etats confrontés à une surpopulation carcérale endémique et pour lesquels la Cour avait formulé des recommandations dans des arrêts pilotes.
Mais ces recours, mis en oeuvre en Hongrie et en Italie, permettent dans tous les cas de faire cesser la violation de l'article 3 par une amélioration effective des conditions de 7 détention, qui peut passer une prise en charge spécifique, un changement de cellule ou d'établissement. En Italie en particulier, le juge de l'application des peines (mais dont l'intervention a été élargi aux prévenus) donne des injonctions à l'administration pénitentiaire. Et pour ces deux Etats la cour a pris en considération les résultats positifs des politiques mis en oeuvre pour réduire la population carcérale et grâce auxquels l'administration est en mesure de répondre aux injonctions de manière effective.
En l'état du droit français et du partage des compétences entre les deux ordres juridictionnels, le juge judiciaire ne peut pas donner, comme je l'explique dans mon avis, d'instructions à l'administration pour qu'elle remédie à la situation individuelle ou collective des prévenus.
Avant d'en arriver à la solution ultime qu'est la remise en liberté, le juge judiciaire français se trouve ainsi privé -de facto et de jure- de toute une gamme possible d'interventions intermédiaires, pourtant validées par la Cour européenne.
C'est là une vraie difficulté dont la résolution ne peut venir me semble-t-il que du législateur.
C'est la raison pour laquelle il me semble préférable de vous contenter de poser le principe selon lequel l'indignité des conditions de détention doit être prise en compte pour statuer sur la

détention provisoire, sans le décliner davantage puisque l'espèce ne vous y contraint pas, compte tenu du rejet des premiers moyens.
Je ne crois pas que cette avancée, même sans modus operandi sur le contrôle de proportionnalité, suscite des difficultés d'application compte tenu de la conjoncture actuelle. En effet, l'administration pénitentiaire s'attend, dans un premier temps, à une hausse limitée de la population carcérale, avec un nombre de détenus compris entre 60 000 et 65 000 au 1er janvier 2021.
Ainsi, avant que la surpopulation n'atteigne des taux à nouveau de nature à générer des traitements inhumains et dégradants, le législateur aura pu créer un dispositif ad hoc de nature à garantir l'effectivité du recours, surtout si le Conseil le lui enjoint.
J'en viens donc à la nécessaire transmission de la question prioritaire de constitutionnalité au Conseil.

3) La transmission de la Q P C est indispensable dans tous les cas de figure,
J'ai, dans mon avis écrit, auquel je me réfère pour l'essentiel, écarté le caractère nouveau de la question car le principe à valeur constitutionnelle de sauvegarde de la dignité humaine qui s'applique déjà, dans la jurisprudence du Conseil, aux conditions de détention, interdit implicitement mais nécessairement les traitements inhumains et dégradants qui constituent une négation de la dignité de la personne.
J'ai conclu au renvoi de la QPC sur le principe de sauvegarde de la dignité ainsi que sur le droit à un recours effectif prévu à l'article 16 de la déclaration des droits, qui suffisent à justifier le renvoi, sans qu'il y ait lieu d'examiner les autres principes invoqués.
Le Conseil exige que le respect du principe de sauvegarde de la dignité soit assorti de garanties légales et il se déduit de sa jurisprudence, comme je l'expose dans l'avis, qu'il incombe au juge judiciaire d'exercer un contrôle préventif sur les atteintes à la dignité des personnes incarcérées
Dans le cadre du dialogue des juges, le Conseil à l'évidence ne pourrait faire abstraction de la jurisprudence européenne pour apprécier si les dispositions législatives en matière de détention provisoire permettent l'exercice d'un contrôle préventif des atteintes à la dignité des personnes détenues.
Or, on a vu que, selon la Cour européenne, un tel recours n'existe pas, dans la mesure où, ni le recours administratif, ni le recours judiciaire ne permettent suffisamment d'obtenir la cessation des traitements indignes.
Dés lors la question parait manifestement sérieuse.
Elle le demeurera même si vous deviez, par voie prétorienne, élargir l'office du juge de la détention provisoire et créer un tel recours.
En effet dans ce cas, on l'a vu, il faudrait introduire un contrôle de proportionnalité de l'atteinte à la dignité au regard de la nécessité de maintenir la personne en détention provisoire. Dans les hypothèses où le juge serait à l'évidence contraint à la fois de constater la violation de l'article 3 et de maintenir la personne en détention provisoire, le recours ne serait pas effectif.
De plus, la Cour européenne exige que le redressement de la situation au regard de l'article 3 puisse consister en une mesure individuelle, qui affecte seulement le requérant ou consister en des mesures capables de résoudre des situations de violation massives et concurrentes des droits, résultat des conditions inadéquates dans un centre de détention donné, ce qui dépasserait l'office, même redéfini, du juge de la détention provisoire
En d'autres termes, ce serait un progrès mais encore insuffisant.
Il faut en réalité un nouveau dispositif qui permette au juge judiciaire de rechercher les possibilités d'amélioration des conditions de détention, avant d'envisager, à titre d'ultime sanction, la remise en liberté. Le juge judiciaire doit être doté de nouveaux moyens d'intervention sur les conditions de détention, moyens propres ou articulés avec ceux du juge administratif, qui pourrait lui même voir son office élargi. De plus et dans la mesure où la Cour européenne sanctionne comme non effectif les recours qui permettent d'améliorer les conditions de détention de certains détenus au détriment des autres, toute évolution de cette nature doit nécessairement s'accompagner de la création d'un mécanisme, certainement impératif plutôt qu'incitatif, de régulation carcérale, qui permettent de garantir à la fois que les capacités des établissements ne soient pas dépassés et qu'existe toujours un volet de places disponibles dans ceux qui doivent accueillir des prévenus.
J'esquisse à cet égard quelques pistes dans mon avis.
La question qui vous est posée dépasse certes largement la simple appréciation de la constitutionnalité des dispositions légales incriminées. La question des traitements inhumains et dégradants dus à la surpopulation carcérale relève, dans la jurisprudence européenne, selon le

Tournez la page S.V.P.

mot de madame le juge Tulkens, d'une ***approche globale intégrée***, c'est à dire portant sur l'ensemble des dispositifs législatifs et des politiques publiques en la matière,
Mais ceci ne constitue pas un obstacle à sa transmission dés lors que les textes incriminés pose une difficulté constitutionnelle sérieuse et que c'est sur le terrain de l'incompétence négative que nous nous situons.
La situation est, sauf erreur, inédite et rien n'interdirait au Conseil constitutionnel d'innover par rapport à l'étroitesse de sa saisine.
C'est une occasion unique et historique, qui vous est donnée, à vous, aujourd'hui, et j'espère, au Conseil constitutionnel, demain, d'en finir de manière durable avec la surpopulation carcérale, génératrice de traitements inhumains et dégradant
La prison a fait d'incontestables progrès depuis la loi pénitentiaire de 2009 au terme de laquelle la personne détenue est devenue un sujet de droits. Mais ces droits sont bien souvent demeurés formels en l'absence d'amélioration des conditions matérielles de détention
Contraindre par le droit le législateur à régler la question de la surpopulation carcérale, ce serait à la fois assurer le respect du principe de dignité, au fondement de nos démocraties et ouvrir la possibilité de faire de la prison un lieu de réinsertion, pour la sécurité de tous.

Document n° 5

Arrêt de la Cour de cassation du 8 juillet 2020 : « conditions indignes de détention et office du juge »

Arrêt n°1400 du 8 juillet 2020 (20-81.739) - Cour de cassation - Chambre criminelle

-ECLI:FR:CCAS:2020:CR01400

Rejet

- **Sommaire**

Il appartient au juge national, chargé d'appliquer la Convention, de tenir compte, sans attendre une éventuelle modification des textes législatifs ou réglementaires, de la décision de la Cour européenne des Droits de l'homme condamnant la France pour le défaut de recours préventif permettant de mettre fin à des conditions de détention indignes.

Le juge judiciaire a l'obligation de garantir à la personne placée dans des conditions indignes de détention un recours préventif et effectif permettant de mettre un terme à la violation de l'article 3 de la Convention européenne des droits de l'homme.

En tant que gardien de la liberté individuelle, il incombe à ce juge de veiller à ce que la détention provisoire soit, en toutes circonstances, mise en œuvre dans des conditions respectant la dignité des personnes et de s'assurer que cette privation de liberté est exempte de tout traitement inhumain et dégradant.

La description faite par le demandeur de ses conditions personnelles de détention doit être suffisamment crédible, précise et actuelle, pour constituer un commencement de preuve de leur caractère indigne.

Il appartient alors à la chambre de l'instruction, dans le cas où le ministère public n'aurait pas préalablement fait vérifier ces allégations, et en dehors du pouvoir qu'elle détient d'ordonner la mise en liberté de l'intéressé, de faire procéder à des vérifications complémentaires afin d'en apprécier la réalité.

Demandeur(s) : M. A... X...

Faits et procédure

1. Il résulte de l'arrêt attaqué et des pièces de la procédure ce qui suit.

2. Dans le cadre d'une information judiciaire ouverte le 13 mai 2019, M. A... X... a été mis en examen, le 29 novembre 2019, des chefs de meurtre commis en bande organisée, tentative de meurtre commis en bande organisée et participation à une association de malfaiteurs en vue de la préparation d'un crime.

3. Le même jour, il a été placé en détention provisoire par ordonnance du juge des libertés et de la détention du tribunal judiciaire de Rennes, au centre pénitentiaire de Ploemeur.

4. Par ordonnance du 28 janvier 2020, le juge des libertés et de la détention a rejeté une demande de mise en liberté présentée par l'intéressé.

5. M. X... a formé appel de cette décision.

Examen des moyens

Sur le deuxième moyen

Enoncé du moyen

6. Le moyen critique l'arrêt attaqué en ce qu'il a confirmé l'ordonnance entreprise rejetant la demande de mise en liberté de M. X..., alors « *que, les dispositions des articles 137-3, 144 et 144-1 du code de procédure pénale, en ce qu'elles ne prévoient pas, contrairement à la recommandation faite par la Cour européenne des droits de l'homme à la France dans son arrêt du 30 janvier 2020, que le juge d'instruction ou le juge des libertés et de la détention puisse, de manière effective, redresser la situation dont sont victimes les détenus dont les conditions d'incarcération constituent un traitement inhumain et dégradant afin d'empêcher la continuation de la violation alléguée devant lui, portent atteinte au principe de sauvegarde de la dignité de la personne humaine, au principe constitutionnel nouveau qui en découle d'interdiction des traitements inhumains et dégradants ainsi qu'à la liberté individuelle, le droit au respect de la vie privée, le droit au recours effectif ; que consécutivement à la déclaration d'inconstitutionnalité qui interviendra, l'arrêt attaqué se trouvera privé de base légale.* »

Réponse de la Cour

7. Par arrêt de ce jour, la Cour de cassation a renvoyé au Conseil constitutionnel la question prioritaire de constitutionnalité relative aux articles 137-3, 144 et 144-1 du code de procédure pénale.

8. L'article 23-5, alinéa 4, de l'ordonnance n° 58-1067 du 7 novembre 1958 portant loi organique sur le Conseil constitutionnel dispose que lorsque celui-ci a été saisi, le Conseil d'Etat ou la Cour de cassation sursoit à statuer jusqu'à ce qu'il se soit prononcé. Il en va autrement quand l'intéressé est privé de liberté à raison de l'instance et que la loi prévoit que la Cour de cassation statue dans un délai déterminé.

9. Il est rappelé que, dans sa décision n° 2009-595 DC du 3 décembre 2009, le Conseil constitutionnel a jugé que si l'alinéa 4 de l'article précité peut conduire à ce qu'une décision définitive soit rendue dans une instance à l'occasion de laquelle le Conseil constitutionnel a été saisi d'une question prioritaire de constitutionnalité et sans attendre qu'il ait statué, dans une telle hypothèse, ni cette disposition, ni l'autorité de la chose jugée ne sauraient priver le justiciable de la faculté d'introduire une nouvelle instance pour qu'il puisse être tenu compte de la décision du Conseil constitutionnel.

Sur le premier et le troisième moyens

Enoncé des moyens

10. Le premier moyen critique l'arrêt attaqué en ce qu'il a confirmé l'ordonnance entreprise rejetant la demande de mise en liberté de M. X..., alors :

1°/ que, lorsque la description faite des conditions de détention supposément dégradantes est crédible et raisonnablement détaillée, de sorte qu'elle constitue un commencement de preuve d'un mauvais traitement au sens de l'article 3 de la Convention européenne des droits de l'homme, la charge de la preuve est transférée au gouvernement défendeur, qui est le seul à avoir accès aux informations susceptibles de confirmer ou d'infirmer les allégations du requérant (Cour EDH, 30 janvier 2020, J.M.B et autres c. France, n° 9671/15, § 258) ; que M. A... X..., détenu à la maison d'arrêt de Lorient-Ploemeur depuis le 29 novembre 2019, dénonçait ses conditions de détention comme constitutives de traitements inhumains ou dégradants au sens de l'article 3 de la Convention, du fait de la surpopulation carcérale, du manque d'intimité et de l'insécurité qui en découlaient, faisant notamment état des propos tenus dans la presse par la directrice de l'établissement ainsi que d'un rapport du Contrôleur général des lieux de privation de liberté, de nature à donner du crédit à ses allégations ; qu'en relevant, pour confirmer l'ordonnance entreprise, qu'une telle violation « n'est pas démontré[e] de manière effective *» par le requérant, s'abstenant ainsi de fournir un quelconque élément de nature de nature à démontrer le respect de ces stipulations, la chambre de l'instruction, qui s'est livrée à un renversement indu de la charge de la preuve, a violé l'article 3 de la Convention européenne des droits de l'homme ;*

2°/ qu'au demeurant, lorsque la surpopulation d'un établissement pénitentiaire est telle qu'elle conduit à priver les personnes détenues d'un espace de vie personnel suffisant, cet élément peut suffire à révéler, en tant que tel, un traitement inhumain ou dégradant au sens de l'article 3 de la Convention européenne ; qu'en toute hypothèse, l'article 3 est violé si le manque d'espace s'accompagne d'autres mauvaises conditions matérielles de détention, notamment d'un défaut d'accès à la cour de promenade ou à l'air et à la lumière naturels, d'une mauvaise aération, d'une température insuffisante ou trop élevée dans les locaux, d'une absence d'intimité aux toilettes ou de mauvaises conditions sanitaires et hygiéniques ; que M. A... X..., détenu à la maison d'arrêt de Lorient-Ploemeur depuis le 29 novembre 2019, démontrait, aux termes du mémoire qu'il a régulièrement déposé, la surpopulation carcérale flagrante de l'établissement, dont il résultait un manque d'espace de vie personnel, à savoir un espace inférieur à 4 m², une atteinte grave à son intimité, ainsi que les conditions matérielles de détention alarmantes au regard de l'article 3 de la Convention, faisant notamment état des propos tenus dans la presse par la directrice de l'établissement ainsi que d'un rapport du Contrôleur général des lieux de privation de liberté, qu'en confirmant l'ordonnance entreprise, motifs pris que l'« affirmation péremptoire » du détenu ne permettait d'établir le caractère inhumain ou dégradant de ses conditions de détention, sans se prononcer sur la substance même des éléments de preuve produits par ce dernier, la chambre de l'instruction n'a pas justifié sa décision au regard de l'article 3 de la Convention européenne des droits de l'homme. »

11. Le troisième moyen critique l'arrêt attaqué en ce qu'il a confirmé l'ordonnance entreprise rejetant la demande de mise en liberté de M. X..., alors « *que, pour qu'un système de protection des droits des détenus garantis par l'article 3 de la Convention soit effectif, les remèdes préventifs et compensatoires doivent coexister de façon complémentaire. Le recours préventif doit être de nature à empêcher la*

continuation de la violation alléguée ou de permettre une amélioration des conditions matérielles de détention. Une fois que la situation dénoncée a cessé, la personne doit disposer d'un recours indemnitaire » (Cour EDH, 30 janvier 2020, J.M.B et autres c. France, n° 9671/15, § 167) ; qu'en relevant, pour confirmer l'ordonnance entreprise, que, d'une part, « aucune décision de la Cour européenne des droits de l'homme n'a posé le principe selon lequel toute violation de l'article 3 de la Convention éponyme devait être sanctionnée par la mise en liberté de la personne concernée » et, d'autre part, « la personne détenue dispose [...] d'un recours compensatoire » en responsabilité ainsi que « d'un recours préventif [...] devant la juridiction administrative » en référé-liberté, l'ordonnance entreprise, qui a ainsi manqué de garantir l'existence d'un recours préventif effectif pour faire immédiatement cesser des conditions indignes de détention, a violé les articles 3 et 13 de la Convention européenne des droits de l'homme. »

Réponse de la Cour

12. Les moyens sont réunis.

13. Il découle des articles 137-3, 144 et 144-1 du code de procédure pénale que le juge, pour apprécier la nécessité de placer ou maintenir une personne en détention provisoire, se détermine en tenant compte des impératifs de la procédure judiciaire, des exigences de préservation de l'ordre public et du caractère raisonnable de la durée de cette détention.

14. Jusqu'à présent, nonobstant l'article préliminaire III, alinéa 4, du code de procédure pénale, la Cour de cassation a posé en principe qu'une éventuelle atteinte à la dignité de la personne en raison des conditions de détention, si elle est susceptible d'engager la responsabilité de la puissance publique en raison du mauvais fonctionnement du service public, ne saurait constituer un obstacle légal au placement et au maintien en détention provisoire (Crim., 18 septembre 2019, pourvoi n°19-83.950, en cours de publication).

15. Ce n'est qu'en cas d'allégation d'éléments propres à la personne concernée, suffisamment graves pour mettre en danger sa santé physique ou mentale, que la Cour de cassation a estimé que les juges du fond pouvaient se déterminer par des motifs étrangers aux seules exigences des articles 137-3, 143-1 et suivants du code de procédure pénale (Crim., 29 février 2012, pourvoi n°11-88.441, Bull. crim., n° 58). L'article 147-1 du code de procédure pénale, issu de la loi n°2014-896 du 15 août 2014, a consacré cette jurisprudence, en disposant qu'en toute matière et à tous les stades de la procédure, sauf s'il existe un risque grave de renouvellement de l'infraction, la mise en liberté d'une personne placée en détention provisoire peut être ordonnée, d'office ou à la demande de l'intéressé, lorsqu'une expertise médicale établit que cette personne est atteinte d'une pathologie engageant le pronostic vital ou que son état de santé physique ou mentale est incompatible avec le maintien en détention.

16. Cependant, le 30 janvier 2020, la Cour européenne des droits de l'homme a condamné la France dans son arrêt JMB et autres, pour des conditions de détention contraires à l'article 3 de la Convention européenne des droits de l'homme, dans diverses prisons françaises (req. n° 9671/15 et 31 autres).

17. Elle a également prononcé une condamnation sur la base de l'article 13 de la Convention.

18. Après avoir constaté qu'il n'existait aucun recours préventif en matière judiciaire, la Cour européenne des droits de l'homme a estimé notamment que, si la saisine du juge administratif, en l'occurrence du juge du référé-liberté, avait permis la mise en oeuvre de mesures visant à remédier aux atteintes les plus graves auxquelles sont exposées les personnes détenues dans certains établissements pénitentiaires, le pouvoir d'injonction conféré à ce juge ne lui permet pas de mettre réellement fin à des conditions de détention contraires à la Convention.

19. Sur le fondement de l'article 46 de la Convention, elle a émis diverses recommandations, l'Etat français devant adopter des mesures générales aux fins de garantir aux détenus des conditions de détention conformes à l'article 3 de la Convention, d'établir un recours préventif et effectif, combiné avec le recours indemnitaire, permettant de redresser la situation dont les détenus sont victimes et d'empêcher la continuation d'une violation alléguée.

20. Les recommandations générales que contient cette décision s'adressent, par leur nature même, au Gouvernement et au Parlement. Cependant, il appartient au juge national, chargé d'appliquer la Convention, de tenir compte de ladite décision sans attendre une éventuelle modification des textes législatifs ou réglementaires.

21. A ce titre, le juge judiciaire a l'obligation de garantir à la personne placée dans des conditions indignes de détention un recours préventif et effectif permettant d'empêcher la continuation de la violation de l'article 3 de la Convention.

22. En tant que gardien de la liberté individuelle, il lui incombe de veiller à ce que la détention provisoire soit, en toutes circonstances, mise en œuvre dans des conditions respectant la dignité des personnes et de s'assurer que cette privation de liberté est exempte de tout traitement inhumain et dégradant.

23. Il résulte de ce qui précède que, lorsque la description faite par le demandeur de ses conditions personnelles de détention est suffisamment crédible, précise et actuelle, de sorte qu'elle constitue un commencement de preuve de leur caractère indigne, il appartient alors à la chambre de l'instruction, dans le cas où le ministère public n'aurait pas préalablement fait vérifier ces allégations, et en dehors du pouvoir qu'elle détient d'ordonner la mise en liberté de l'intéressé, de faire procéder à des vérifications complémentaires afin d'en apprécier la réalité.

24. Après que ces vérifications ont été effectuées, dans le cas où la chambre de l'instruction constate une atteinte au principe de dignité à laquelle il n'a pas entre-temps été remédié, elle doit ordonner la mise en liberté de la personne, en l'astreignant, le cas échéant, à une assignation à résidence avec surveillance électronique ou à un contrôle judiciaire.

25. Pour confirmer l'ordonnance rendue par le juge des libertés et de la détention, l'arrêt attaqué relève notamment que, s'il est soutenu que la détention provisoire de M. X... le place dans des conditions indignes relevant de l'article 3 de la Convention européenne des droits de l'homme, il s'agit d'une affirmation péremptoire reposant sur un article de presse et un rapport du contrôleur général des lieux de privation de liberté de 2018 qui ne renseignent en rien, in concreto, sur la situation de l'intéressé, incarcéré depuis le 29 novembre 2019.

26. Les juges ajoutent que la cour n'est pas en mesure d'apprécier si M. X... est dans une cellule double, triple, s'il est privé de lumière naturelle, de ventilation, qu'à supposer que ses conditions de détention relèvent effectivement de l'article 3 de la Convention, ce qui n'est pas démontré de manière effective, la sanction d'un tel traitement ne peut être la remise en liberté de l'intéressé au regard des droits constitutionnels imprescriptibles que garantit la détention provisoire par l'objectif de recherche d'auteurs d'infraction qu'elle poursuit en écartant la personne incarcérée de tout risque d'immixtion dans l'information judiciaire.

27. La cour retient qu'aucune décision de la Cour européenne des droits de l'homme n'a posé le principe selon lequel toute violation de l'article 3 de la Convention devait être sanctionnée par la mise en liberté de la personne concernée et que, dans un arrêt de principe (Crim. 18 septembre 2019, n° 19-83.950), la Cour de cassation a jugé qu'une éventuelle atteinte à la dignité de la personne en raison des conditions de détention, si elle est susceptible d'engager la responsabilité de la puissance publique en raison du mauvais fonctionnement du service public, ne saurait constituer un obstacle légal au placement et au maintien en détention provisoire.

28. Les juges concluent que la personne détenue dispose donc d'un recours compensatoire et qu'elle dispose également d'un recours préventif, par l'exercice, devant la juridiction administrative, d'un référé-liberté visé par l'article L. 521-2 du code de la justice administrative qui oblige le juge saisi à statuer dans les quarante-huit heures de sa saisine.

29. Pour les raisons précisées aux paragraphes 16 à 24, c'est à tort que la chambre de l'instruction a jugé qu'une éventuelle atteinte à la dignité de la personne en raison des conditions de détention ne saurait constituer un obstacle légal au placement ou au maintien en détention provisoire.

30. L'arrêt n'encourt néanmoins pas la censure dès lors que les allégations formulées par M. X... ne faisaient état que des conditions générales de détention au sein de la maison d'arrêt dans laquelle il est détenu, sans précisions sur sa situation personnelle, et notamment sur la superficie et le nombre des occupants de la cellule, son agencement intérieur et le nombre d'heures journalières d'occupation.

31. Le moyen doit, en conséquence, être rejeté.

32. Par ailleurs l'arrêt est régulier tant en la forme qu'au regard des dispositions des articles 137-3 et 143-1 et suivants du code de procédure pénale.

PAR CES MOTIFS, la Cour :

REJETTE le pourvoi ;

Président : M. Soulard
Rapporteur : M. Guéry
Avocat général : Mme Zientara-Logeay
Avocat(s) : SCP Spinosi et Sureau

Document n° 6

Question prioritaire de constitutionnalité déposée devant la Cour de cassation n° 20-81.739 – site de la Cour de cassation

Demandeur(s) : M. A... X...

La question prioritaire de constitutionnalité est ainsi rédigée :

« Les dispositions des articles 137-3, 144 et 144-1 du code de procédure pénale, en ce qu'elles ne prévoient pas, contrairement à la recommandation faite par la Cour européenne des droits de l'homme à la France dans son arrêt du 30 janvier 2020, que le juge d'instruction ou le juge des libertés et de la détention puisse, de manière effective, redresser la situation dont sont victimes les détenus dont les conditions d'incarcération constituent un traitement inhumain et dégradant afin d'empêcher la continuation de la violation alléguée devant lui, portent-elles atteinte au principe de sauvegarde de la dignité de la personne humaine, au principe constitutionnel nouveau qui en découle d'interdiction des traitements inhumains et dégradants ainsi qu'à la liberté individuelle, le droit au respect de la vie privée, le droit au recours effectif ? »

2. La disposition législative contestée est applicable à la procédure et n'a pas déjà été déclarée conforme à la Constitution dans les motifs et le dispositif d'une décision du Conseil constitutionnel.

3. La question, ne portant pas sur l'interprétation d'une disposition constitutionnelle dont le Conseil constitutionnel n'aurait pas encore eu l'occasion de faire application, n'est pas nouvelle.

4. La question posée présente un caractère sérieux en ce sens que, d'une part, les dispositions législatives qui régissent la détention provisoire ne subordonnent pas le placement ou le maintien de cette détention à la possibilité de garantir que l'incarcération respecte la dignité de la personne détenue, et d'autre part, il n'existe pas de recours ni de faculté d'injonction reconnue à une juridiction, permettant de mettre un terme à toute atteinte à la dignité de la personne incarcérée, résultant des conditions de sa détention.

5. En conséquence, il y a lieu de renvoyer la question au Conseil constitutionnel.

PAR CES MOTIFS, la Cour :

RENVOIE au Conseil constitutionnel la question prioritaire de constitutionnalité.

Président :	M. Soulard
Rapporteur :	M. Guéry
Avocat général :	Mme Zientara-Logeay
Avocat(s) : SCP Spinosi et Sureau	

Document n° 7

Décision du Conseil constitutionnel n° 2020-858/859 – Question prioritaire de constitutionnalité du 2 octobre 2020

LE CONSEIL CONSTITUTIONNEL A ÉTÉ SAISI le 9 juillet 2020 par la Cour de cassation (chambre criminelle, arrêts nos 1433 et 1434 du 8 juillet 2020), dans les conditions prévues à l'article 61-1 de la Constitution, de deux questions prioritaires de constitutionnalité. Ces questions ont été respectivement posées pour MM. Geoffrey F. et Ossama H. par la SCP Spinosi et Sureau, avocat au Conseil d'État et à la Cour de cassation. Elles ont été enregistrées au secrétariat général du Conseil constitutionnel sous les nos 2020-858 QPC et 2020-859 QPC. Elles sont relatives à la conformité aux droits et libertés que la Constitution garantit des articles 137-3, 144 et 144-1 du code de procédure pénale.

Au vu des textes suivants :

- la Constitution ;
- l'ordonnance n° 58-1067 du 7 novembre 1958 portant loi organique sur le Conseil constitutionnel ;
- la Convention de sauvegarde des droits de l'homme et des libertés fondamentales ;
- le code de justice administrative ;
- le code de procédure pénale ;
- la loi n° 2000-516 du 15 juin 2000 renforçant la protection de la présomption d'innocence et les droits des victimes ;
- la loi n° 2009-1436 du 24 novembre 2009 pénitentiaire ;
- la loi n° 2019-222 du 23 mars 2019 de programmation 2018-2022 et de réforme pour la justice ;
- la décision du Conseil d'État n° 410677 du 28 juillet 2017 ;
- les arrêts nos 1399 et 1400 de la Cour de cassation du 8 juillet 2020 (chambre criminelle, nos 20-81.731 et 20-81.739) ;
- le règlement du 4 février 2010 sur la procédure suivie devant le Conseil constitutionnel pour les questions prioritaires de constitutionnalité ;

Au vu des pièces suivantes :

- les observations en intervention présentées pour le Conseil national des barreaux et l'association Conférence des bâtonniers de France et d'outre-mer par la SCP Boré, Salve de Bruneton et Mégret, avocat au Conseil d'État et à la Cour de cassation, enregistrées le 29 juillet 2020 ;
- les observations en intervention présentées pour les associations Section française de l'observatoire international des prisons, Avocats pour la défense des droits des détenus et Ligue des droits de l'homme par la SCP Spinosi et Sureau, enregistrées le 30 juillet 2020 ;
- les observations présentées pour les requérants par la SCP Spinosi et Sureau, enregistrées le 31 juillet 2020 ;
- les observations en intervention présentées pour le syndicat des avocats de France par la SCP Sevaux et Mathonnet, avocat au Conseil d'État et à la Cour de cassation, enregistrées le même jour ;
- les observations présentées par le Premier ministre, enregistrées le même jour ;
- les secondes observations présentées pour le Conseil national des barreaux et l'association Conférence des bâtonniers de France et d'outre-mer par la SCP Boré, Salve de Bruneton et Mégret, enregistrées le 4 août 2020 ;
- les secondes observations présentées pour les requérants par la SCP Spinosi et Sureau, enregistrées le 17 août 2020 ;

- les autres pièces produites et jointes au dossier ;

Après avoir entendu Me Patrice Spinosi, avocat au Conseil d'État et à la Cour de cassation, pour le premier requérant et les associations Section française de l'observatoire international des prisons et Ligue des droits de l'homme, Me Maxime Gouache, avocat au barreau de Nantes, pour le second requérant, Me Amélie Morineau, avocate au barreau de Paris, pour l'association Avocats pour la défense des droits des détenus, Me Louis Boré, avocat au Conseil d'État et à la Cour de cassation, pour le Conseil national des barreaux et l'association Conférence des bâtonniers de France et d'outre-mer, Me Paul Mathonnet, avocat au Conseil d'État et à la Cour de cassation, pour le syndicat des avocats de France et M. Philippe Blanc, désigné par le Premier ministre, à l'audience publique du 22 septembre 2020 ;

Et après avoir entendu le rapporteur ;

LE CONSEIL CONSTITUTIONNEL S'EST FONDÉ SUR CE QUI SUIT :

1. Il y a lieu de joindre les deux questions prioritaires de constitutionnalité pour y statuer par une seule décision.

2. La question prioritaire de constitutionnalité doit être considérée comme portant sur les dispositions applicables au litige à l'occasion duquel elle a été posée. Dès lors, le Conseil constitutionnel est saisi de l'article 137-3 du code de procédure pénale dans sa rédaction résultant de la loi du 23 mars 2019 mentionnée ci-dessus, de l'article 144 du même code dans sa rédaction résultant de la loi du 24 novembre 2009 mentionnée ci-dessus et de l'article 144-1 du même code dans sa rédaction résultant de la loi du 15 juin 2000 mentionnée ci-dessus.

3. L'article 137-3 du code de procédure pénale, dans cette rédaction, prévoit :
« Le juge des libertés et de la détention statue par ordonnance motivée. Lorsqu'il ordonne ou prolonge une détention provisoire ou qu'il rejette une demande de mise en liberté, l'ordonnance doit comporter l'énoncé des considérations de droit et de fait sur le caractère insuffisant des obligations du contrôle judiciaire ou de l'assignation à résidence avec surveillance électronique et le motif de la détention par référence aux seules dispositions des articles 143-1 et 144.
« Dans tous les cas, l'ordonnance est notifiée à la personne mise en examen qui en reçoit copie intégrale contre émargement au dossier de la procédure ».

4. L'article 144 du code de procédure pénale, dans cette rédaction, prévoit :
« La détention provisoire ne peut être ordonnée ou prolongée que s'il est démontré, au regard des éléments précis et circonstanciés résultant de la procédure, qu'elle constitue l'unique moyen de parvenir à l'un ou plusieurs des objectifs suivants et que ceux-ci ne sauraient être atteints en cas de placement sous contrôle judiciaire ou d'assignation à résidence avec surveillance électronique :
« 1 ° Conserver les preuves ou les indices matériels qui sont nécessaires à la manifestation de la vérité ;
« 2 ° Empêcher une pression sur les témoins ou les victimes ainsi que sur leur famille ;
« 3 ° Empêcher une concertation frauduleuse entre la personne mise en examen et ses coauteurs ou complices ;
« 4 ° Protéger la personne mise en examen ;
« 5 ° Garantir le maintien de la personne mise en examen à la disposition de la justice ;
« 6 ° Mettre fin à l'infraction ou prévenir son renouvellement ;
« 7 ° Mettre fin au trouble exceptionnel et persistant à l'ordre public provoqué par la gravité de l'infraction, les circonstances de sa commission ou l'importance du préjudice qu'elle a causé. Ce trouble ne peut résulter du seul retentissement médiatique de l'affaire. Toutefois, le présent alinéa n'est pas applicable en matière correctionnelle ».

5. L'article 144-1 du code de procédure pénale, dans cette rédaction, prévoit :
« La détention provisoire ne peut excéder une durée raisonnable, au regard de la gravité des faits reprochés à la personne mise en examen et de la complexité des investigations nécessaires à la manifestation de la vérité.
« Le juge d'instruction ou, s'il est saisi, le juge des libertés et de la détention doit ordonner la mise en liberté immédiate de la personne placée en détention provisoire, selon les modalités prévues par l'article 147, dès que les conditions prévues à l'article 144 et au présent article ne sont plus remplies ».

6. S'appuyant sur l'interprétation de ces dispositions qu'aurait effectuée la Cour de cassation dans ses décisions de renvoi, les requérants, rejoints par les parties intervenantes, considèrent que, faute d'imposer au juge judiciaire de faire cesser des conditions de détention provisoire contraires à la dignité de la personne humaine, le législateur aurait méconnu l'étendue de sa compétence dans une mesure affectant le principe de sauvegarde de la dignité de la personne humaine, celui de prohibition des traitements inhumains et dégradants, la liberté individuelle, le droit à un recours juridictionnel effectif et le droit au respect de la vie privée. Les requérants dénoncent également, pour les mêmes motifs, la méconnaissance directe, par les dispositions renvoyées, des mêmes exigences constitutionnelles.

7. Par conséquent, la question prioritaire de constitutionnalité porte sur le second alinéa de l'article 144-1 du code de procédure pénale.

- Sur l'interprétation des dispositions soumises à l'examen du Conseil constitutionnel :

8. L'article 61-1 de la Constitution reconnaît à tout justiciable le droit de voir examiner, à sa demande, le moyen tiré de ce qu'une disposition législative méconnaît les droits et libertés que la Constitution garantit. En imposant, au cinquième alinéa de l'article 23-2 de l'ordonnance du 7 novembre 1958 mentionnée ci-dessus et au deuxième alinéa de son article 23-5, l'examen par priorité des moyens de constitutionnalité avant les moyens tirés du défaut de conformité d'une disposition législative aux engagements internationaux de la France, le législateur organique a entendu garantir le respect de la Constitution et rappeler sa place au sommet de l'ordre juridique interne.

9. Il s'en déduit que le juge appelé à se prononcer sur le caractère sérieux d'une question prioritaire de constitutionnalité ne peut, pour réfuter ce caractère sérieux, se fonder sur l'interprétation de la disposition législative contestée qu'impose sa conformité aux engagements internationaux de la France, que cette interprétation soit formée simultanément à la décision qu'il rend ou l'ait été auparavant. Il n'appartient pas non plus au Conseil constitutionnel saisi d'une telle question prioritaire de constitutionnalité de tenir compte de cette interprétation pour conclure à la conformité aux droits et libertés que la Constitution garantit.

10. En revanche, ces mêmes exigences ne s'opposent nullement à ce que soit contestée, dans le cadre d'une question prioritaire de constitutionnalité, la portée effective qu'une telle interprétation confère à une disposition législative, si l'inconstitutionnalité alléguée procède bien de cette interprétation.

11. Dès lors, en l'espèce, contrairement à ce que soutient le Premier ministre, il y a lieu pour le Conseil constitutionnel de se prononcer sur les dispositions contestées indépendamment de l'interprétation opérée par la Cour de cassation dans ses arrêts nos 1399 et 1400 du 8 juillet 2020 mentionnés ci-dessus, pour les rendre compatibles avec les exigences découlant de la Convention européenne de sauvegarde des droits de l'homme et des libertés fondamentales.

- Sur la conformité des dispositions contestées aux droits et libertés que la Constitution garantit :

12. Le Préambule de la Constitution de 1946 a réaffirmé et proclamé des droits, libertés et principes constitutionnels en soulignant d'emblée que : « Au lendemain de la victoire remportée par les peuples libres sur les régimes qui ont tenté d'asservir et de dégrader la personne humaine, le peuple français proclame à nouveau que tout être humain, sans distinction de race, de religion ni de croyance, possède des droits inaliénables et sacrés ». Il en ressort que la sauvegarde de la dignité de la personne humaine contre toute forme d'asservissement et de dégradation est un principe à valeur constitutionnelle.

13. Aux termes de l'article 9 de la Déclaration des droits de l'homme et du citoyen de 1789 : « Tout homme étant présumé innocent jusqu'à ce qu'il ait été déclaré coupable, s'il est jugé indispensable de l'arrêter, toute rigueur qui ne serait pas nécessaire pour s'assurer de sa personne doit être sévèrement réprimée par la loi ». Selon son article 16 : « Toute société dans laquelle la garantie des droits n'est pas assurée, ni la séparation des pouvoirs déterminée, n'a point de Constitution ». Il résulte de cette disposition qu'il ne doit pas être porté d'atteinte substantielle au droit des personnes intéressées d'exercer un recours effectif devant une juridiction.

14. Il s'en déduit qu'il appartient aux autorités judiciaires ainsi qu'aux autorités administratives de veiller à ce que la privation de liberté des personnes placées en détention provisoire soit, en toutes circonstances, mise en œuvre dans le respect de la dignité de la personne. Il appartient, en outre, aux autorités et juridictions compétentes de prévenir et de réprimer les agissements portant atteinte à la dignité de la personne placée en détention provisoire et d'ordonner la réparation des préjudices subis. Enfin, il incombe au législateur de garantir aux personnes placées en détention provisoire la possibilité de saisir le juge de conditions de détention contraires à la dignité de la personne humaine, afin qu'il y soit mis fin.

15. En premier lieu, si une personne placée en détention provisoire et exposée à des conditions de détention contraires à la dignité de la personne humaine peut saisir le juge administratif en référé, sur le fondement des articles L. 521-2 ou L. 521-3 du code de justice administrative, les mesures que ce juge est susceptible de prononcer dans ce cadre, qui peuvent dépendre de la possibilité pour l'administration de les mettre en œuvre utilement et à très bref délai, ne garantissent pas, en toutes circonstances, qu'il soit mis fin à la détention indigne.

16. En second lieu, d'une part, si, en vertu de l'article 148 du code de procédure pénale, la personne placée en détention provisoire peut à tout moment former une demande de mise en liberté, le juge n'est tenu d'y donner suite que dans les cas prévus au second alinéa de l'article 144-1 du même code. Or, il s'agit du cas où la détention provisoire excède une durée raisonnable, au regard de la gravité des faits reprochés et de la complexité des investigations nécessaires à la manifestation de la vérité, et du cas où la détention n'est plus justifiée par l'une des causes énumérées à l'article 144 du même code, qui relèvent toutes des exigences propres à la sauvegarde de l'ordre public ou à la recherche des auteurs d'infractions. D'autre part, si l'article 147-1 du même code autorise le juge à ordonner la mise en liberté d'une personne placée en détention provisoire, ce n'est que dans la situation où une expertise médicale établit que cette personne est atteinte d'une pathologie engageant le pronostic vital ou que son état de santé physique ou mentale est incompatible avec le maintien en détention. Dès lors, aucun recours devant le juge judiciaire ne permet au justiciable d'obtenir qu'il soit mis fin aux atteintes à sa dignité résultant des conditions de sa détention provisoire.

17. Par conséquent, et indépendamment des actions en responsabilité susceptibles d'être engagées à raison de conditions de détention indignes, les dispositions contestées méconnaissent les exigences constitutionnelles précitées. Sans qu'il soit besoin de se prononcer sur les autres griefs, elles doivent donc être déclarées contraires à la Constitution.

- Sur les effets de la déclaration d'inconstitutionnalité :

18. Selon le deuxième alinéa de l'article 62 de la Constitution : « Une disposition déclarée inconstitutionnelle sur le fondement de l'article 61-1 est abrogée à compter de la publication de la décision du Conseil constitutionnel ou d'une date ultérieure fixée par cette décision. Le Conseil constitutionnel détermine les conditions et limites dans lesquelles les effets que la disposition a produits sont susceptibles d'être remis en cause ». En principe, la déclaration d'inconstitutionnalité doit bénéficier à l'auteur de la question prioritaire de constitutionnalité et la disposition déclarée contraire à la Constitution ne peut être appliquée dans les instances en cours à la date de la publication de la décision du Conseil constitutionnel. Cependant, les dispositions de l'article 62 de la Constitution réservent à ce dernier le pouvoir tant de fixer la date de l'abrogation et de reporter dans le temps ses effets que de prévoir la remise en cause des effets que la disposition a produits avant l'intervention de cette déclaration. Ces mêmes dispositions réservent également au Conseil constitutionnel le pouvoir de s'opposer à l'engagement de la responsabilité de l'État du fait des dispositions déclarées inconstitutionnelles ou d'en déterminer les conditions ou limites particulières.

19. En l'espèce, l'abrogation immédiate des dispositions déclarées contraires à la Constitution, en ce qu'elle ferait obstacle à la remise en liberté des personnes placées en détention provisoire lorsque cette détention n'est plus justifiée ou excède un délai raisonnable, entraînerait des conséquences manifestement excessives. Par suite, il y a lieu de reporter au 1er mars 2021 la date de cette abrogation.

LE CONSEIL CONSTITUTIONNEL DÉCIDE :

Article 1er. - Le second alinéa de l'article 144-1 du code de procédure pénale, dans sa rédaction résultant de la loi n° 2000-516 du 15 juin 2000 renforçant la protection de la présomption d'innocence et les droits des victimes, est contraire à la Constitution.

Article 2. - La déclaration d'inconstitutionnalité de l'article 1er prend effet dans les conditions fixées au paragraphe 19 de cette décision.

Article 3. - Cette décision sera publiée au Journal officiel de la République française et notifiée dans les conditions prévues à l'article 23-11 de l'ordonnance du 7 novembre 1958 susvisée.

Jugé par le Conseil constitutionnel dans sa séance du 1er octobre 2020, où siégeaient : M. Laurent FABIUS, Président, Mme Claire BAZY MALAURIE, M. Alain JUPPÉ, Mmes Dominique LOTTIN, Corinne LUQUIENS, Nicole MAESTRACCI, MM. Jacques MÉZARD, François PILLET et Michel PINAULT.

Rendu public le 2 octobre 2020.

JORF n°0241 du 3 octobre 2020, texte n° 106
ECLI : FR : CC : 2020 : 2020.858.QPC

Document n° 8

« Un recours juridictionnel en cas de conditions de détention indignes » Dalloz actualité du 8 mars 2021

Un recours juridictionnel en cas de conditions de détention indignes

ADMINISTRATIF | PÉNAL

Le Sénat étudie aujourd'hui une proposition de loi visant à créer un recours juridictionnel en cas de conditions de détention indignes. Cette initiative du président de la commission des lois, François-Noël Buffet, permet de combler un manque dans notre droit, sanctionné par le Conseil constitutionnel. Mais elle est jugée insuffisante par des associations. Présentation de cette nouvelle voie de recours.

par Pierre Januelle 8 mars 2021

Proposition de loi tendant à garantir le droit au respect de la dignité en détention - dossier législatif

Une initiative sénatoriale

En octobre 2020, le Conseil constitutionnel avait sanctionné l'article 144-1 du code de procédure pénale, car « aucun recours devant le juge judiciaire ne permet[tait] au justiciable d'obtenir qu'il soit mis fin aux atteintes à sa dignité résultant des conditions de sa détention provisoire ». Le Conseil avait donné au législateur jusqu'au 1er mars pour agir. Le gouvernement pensait introduire cette réforme dans le projet de loi Parquet européen, mais il s'était fait refuser l'amendement comme cavalier législatif. Il a ensuite laissé pourrir la situation jusqu'à ce que François-Noël Buffet, le président de la commission des lois du Sénat, dépose sa proposition de loi. Interrogé par Dalloz actualité, le sénateur indique : « J'ai pris l'initiative de déposer un texte, proche de celui que souhaitait le gouvernement. Ce dernier s'est déclaré intéressé et a déclaré la procédure accélérée. » Après son passage au Sénat, le texte sera étudié en séance à l'Assemblée nationale dès le 19 mars.

Une nouvelle voie de recours

Selon le dispositif, tout détenu qui jugera ses conditions de détention « contraires à la dignité de la personne humaine » pourra saisir le juge de l'application des peines ou, s'il est en détention provisoire, le juge des libertés et de la détention. « Si les allégations figurant dans la requête sont circonstanciées, personnelles et actuelles, de sorte qu'elles constituent un commencement de preuve que les conditions de détention de la personne ne respectent pas la dignité de la personne », le juge déclare alors la requête recevable. Il pourra alors faire procéder aux vérifications nécessaires et recueillir les observations de l'administration pénitentiaire dans un délai compris entre trois et dix jours.

Toutefois, contrairement aux recours devant le tribunal administratif qui resteront possibles, le juge ne pourra enjoindre à l'administration de prendre des mesures déterminées. Cette dernière sera seule compétente pour apprécier les moyens à mettre en œuvre. Le recours ne sera pas non plus indemnitaire. Si, à l'issue du délai, le juge constate qu'il n'a pas été mis fin aux conditions indignes, le détenu pourra être transféré, bénéficier d'une libération conditionnelle ou d'un aménagement de peine. Toutefois, le juge pourra ne rien ordonner si le détenu s'est opposé au transfèrement proposé (sauf s'il s'agit d'un condamné et que ce transfèrement aurait causé un éloignement familial trop important).

Tournez la page S.V.P.

Un dispositif centré sur le transfèrement

C'est l'Observatoire international des prisons (OIP) qui, à l'issue d'une longue stratégie contentieuse, a conduit à la décision du Conseil constitutionnel. Pour Nicolas Ferran, responsable du pôle contentieux de l'association, « le dispositif crée une voie de recours en asséchant toute possibilité de sortie, car il est centré sur le transfèrement. Si les détenus doivent mettre en balance leurs conditions en détention avec le risque d'être transféré, il est possible qu'ils puissent avoir plus à perdre qu'à gagner. J'espère me tromper, mais je pense que cette nouvelle voie sera peu utilisée ».

Pour François-Noël Buffet, « le transfert est une possibilité, en aucun cas une obligation. Si le détenu ne veut pas être transféré, il ne le sera pas. L'enjeu est ici de créer une procédure qui permette à un détenu de saisir un juge judiciaire. Je vois mal les magistrats ensuite se désintéresser de la solution prise. Mais cette nouvelle voie n'est pas un moyen détourné de demander une mise en liberté ».

Autre point soulevé par l'OIP : la difficulté de créer une voie de recours individuelle quand le problème de l'indignité des conditions de détention et de la surpopulation est structurel. François-Noël Buffet en convient : « Ce texte n'a pas vocation à régler, en général, le problème de la surpopulation carcérale. Il a vocation à répondre à une injonction du Conseil constitutionnel et créer une voie de droit. La question de la surpopulation est plus globalement une question de la politique pénale et d'exécution des peines. »

Document n° 9

Article du journal Le Monde du 21 mars 2021 : « Conditions de détention indignes : un recours très encadré pour les détenus »

Les députés ont voté un texte censé répondre à la condamnation de la France par la CEDH.

Les députés ont adopté, vendredi 19 mars, à l'unanimité des présents la proposition de loi « tendant à garantir le droit au respect de la dignité en détention ». Déposée le 11 février par le président Les Républicains (LR) de la commission des lois du Sénat, François-Noël Buffet, et votée dès le 8 mars au Palais du Luxembourg avec le soutien du gouvernement, cette proposition de loi est censée mettre la législation en conformité avec les principes constitutionnels à la suite de la censure du Conseil constitutionnel du 2 octobre, des deux arrêts de la Cour de cassation du 8 juillet et, surtout, de la double condamnation de la France par la Cour européenne des droits de l'homme du 30 janvier 2020.

Ce texte organise un recours au juge judiciaire pour tous les détenus, en détention provisoire ou condamnés, afin de demander que soit mis fin à des conditions de détention qui seraient contraires à la dignité humaine. L'article 803-8 inséré dans le code de procédure pénale permettra au juge de demander à l'administration pénitentiaire de vérifier la situation d'un détenu ayant apporté un commencement de preuve avec des allégations *« circonstanciées, personnelles et actuelles »* et d'y apporter ses observations. S'il juge la requête fondée, le magistrat fera alors savoir à l'administration les conditions de détention qu'il estime indignes, et lui demandera d'y mettre fin en moins d'un mois, y compris au moyen d'un transfert du détenu. Si rien n'est fait, le juge pourra alors ordonner le transfèrement de la personne, ou une mise en liberté, s'il s'agit d'un prévenu, ou un aménagement de peine pour un condamné.

« Surpopulation chronique »

Le ministre de la justice, Eric Dupond-Moretti, a salué devant les députés un *« dispositif clair, lisible et efficace »*. Le garde des sceaux a souligné que ce nouvel article *« répond aux exigences d'humanité et de dignité qui doivent accompagner toute mesure privative de liberté »*.

Le paradoxe de ce texte, qui vient un peu plus d'un an après que la Cour de Strasbourg a qualifié de « structurel » le surpeuplement des prisons françaises, est qu'il ne va pas résoudre cette situation. La rapporteuse de la proposition de loi, Caroline Abadie (La République en marche), qui s'est opposée, comme M. Dupond-Moretti, aux amendements essentiellement venus de la gauche pour élargir la portée de ce nouveau recours, a reconnu que *« ce texte n'a en aucun cas vocation à devenir un outil de régulation carcérale »*. La députée de l'Isère a pourtant rappelé vendredi que *« la surpopulation carcérale est devenue chronique dans notre système pénitentiaire »* et que *« bien souvent* [elle] *conduit à des conditions de détention contraires à la dignité de la personne humaine »*.

 Tournez la page S.V.P.

Alors que les maisons d'arrêt affichaient au 1er février un taux d'occupation de 123%, la population carcérale augmente au rythme de mille détenus supplémentaires par mois. Cécile Untermaier (Parti socialiste), qui a voté le texte, déplore *« un effacement du juge au profit de l'administration pénitentiaire »*, notamment en le privant *« de la capacité de prononcer une injonction immédiate »*. Pascal Brindeau (UDI) s'est inquiété pour sa part d'un dispositif qui repose essentiellement sur les transfèrements de détenus. *« Or, passer d'un établissement surpeuplé à un autre établissement surpeuplé est-il une amélioration ? »* a-t-il interrogé.

L'un des objectifs du texte, assumé par le Parlement comme par le gouvernement, est d'encadrer suffisamment le dispositif créé pour ne pas saturer les juridictions de recours malgré la situation dans les établissements encore marqués par l'insalubrité et/ou la surpopulation.

Jean-Baptiste Jacquin

CORRIGÉ

Alors que la Constitution de 1946 a consacré le principe de dignité de la personne humaine en droit constitutionnel français, la France a été condamnée à plusieurs reprises par la Cour européenne des droits de l'homme (CEDH) pour ne pas respecter ce principe dans les établissements pénitentiaires, notamment dans un arrêt *JMB c/France* du 30 janvier 2020.

Si la Cour de cassation a tiré les conséquences de cet arrêt sanctionnant l'absence de droit effectif au recours (I), une censure de dispositions du Code de procédure pénale (CPP) par le Conseil constitutionnel a conduit à créer une voie de recours devant le juge judiciaire (II).

I - La Cour de cassation a tiré les conséquences de la condamnation de la France par la CEDH pour non-respect de la dignité de la personne détenue

A - L'ARRÊT *JMB C/ FRANCE* : UNE CONDAMNATION SUR LA DOUBLE BASE D'UN NON-RESPECT DU PRINCIPE DE DIGNITÉ EN DÉTENTION ET D'UNE ABSENCE DE DROIT EFFECTIF AU RECOURS

Dans l'arrêt *JMB c/France* du 30 janvier 2020, la CEDH a examiné *in concreto* 32 requêtes de personnes détenues dans divers établissements surpeuplés et conclu à une violation de la Convention européenne de sauvegarde des droits de l'homme et des libertés fondamentales (CESDHLF), en ses articles 3 (interdiction de la torture et des traitements inhumains et dégradants) et 13 (droit à un recours effectif) – mais sans rendre un arrêt pilote qui aurait imposé à la France d'apporter des réponses à un problème jugé structurel (**docs. 1, 2 et 4**).

Dans la continuité de sa décision *Mursic c/Croatie* du 20 octobre 2016, la CEDH estime que l'article 3 est présumé violé en cas d'espace personnel de détention inférieur à 3 m². La situation décrite est le « *commencement de preuve* » d'un mauvais traitement et la charge de la preuve incombe alors à l'État, qui doit apporter des éléments de compensation (comme la brièveté des périodes où l'espace est inférieur à 3 m², la liberté de circulation et les activités hors de la cellule). Des conditions sanitaires insuffisantes, telles qu'un cloisonnement partiel des toilettes ou la présence d'animaux nuisibles, sont des circonstances aggravantes ou conduisent à juger indigne la détention dans des cellules d'une taille de 3 à 4 m² (**docs. 1 et 2**).

S'agissant de l'article 13 de la CESDHLF, malgré les progrès par la France accomplis depuis une précédente condamnation (*Yengo*, 21 mai 2015) avec la possibilité de référés (liberté ou mesures utiles), la CEDH a estimé ces recours ineffectifs compte tenu des pouvoirs limités du juge administratif pour faire face à une surpopulation carcérale chronique (**docs. 1 et 2**).

B - DES CONSÉQUENCES IMMÉDIATEMENT TIRÉES PAR LA COUR DE CASSATION

Tirant les conséquences de l'arrêt *JMB* en opérant un contrôle de conventionnalité, ainsi que du refus du juge administratif statuant en référé de prendre des mesures d'ordre structurel (**doc. 3**), dans un arrêt du 8 juillet 2020, la Cour de cassation a suivi l'avis de l'avocate générale en procédant à un revirement de jurisprudence par rapport à un arrêt du 18 septembre 2019, qui considérait seulement la possibilité d'engager la responsabilité de la puissance publique : désormais, les atteintes à la dignité de la personne, principe intangible, peuvent faire obstacle à son placement ou son maintien en détention provisoire (**docs. 4 et 5**).

En tant que gardien de la liberté individuelle le juge judiciaire s'est reconnu compétent, sans attendre un changement législatif ou réglementaire et sans surseoir à statuer (dans l'attente de la réponse à la QPC) puisque l'intéressé était privé de liberté, pour assurer l'application de la CESDHLF, et notamment le droit à un recours préventif et effectif (**docs. 4 et 5**).

Si les éléments apportés par le requérant constituent un « commencement de preuve » donnant une description « suffisamment crédible, précise et actuelle » des conditions de détention, la chambre de l'instruction peut ordonner des mesures de vérification complémentaires pour apprécier la réalité des allégations (à l'instar de l'appréciation, depuis 2009, de la compatibilité entre l'état de santé et le maintien en détention), opérant le renversement de la charge de la preuve retenu par la CEDH. En cas d'atteinte avérée, le juge peut ordonner une mise en liberté, éventuellement sous assignation à résidence, contrôle judiciaire ou surveillance électronique. En l'espèce, les conditions posées n'étaient pas réunies : le requérant n'avait pas assez mis en avant sa situation personnelle (**docs. 4 et 5**).

Dans son arrêt du 8 juillet 2020, la Cour de cassation a par ailleurs adressé une QPC sur les articles 137-3, 144 et 144-1 du CPP, compte tenu du caractère sérieux de la question, au regard des principes de dignité de la personne humaine impliquant d'interdire les traitements inhumains et dégradants, de la liberté individuelle, du droit au respect de la vie privée et du droit à un recours effectif (**docs. 4 et 6**).

II - Une modification de la législation après une censure du Conseil constitutionnel

A - LA DÉCISION DU CONSEIL CONSTITUTIONNEL : LA CENSURE DE L'ABSENCE DE RECOURS EFFECTIF CONTRE LES CONDITIONS INDIGNES DE DÉTENTION DES PRÉVENUS

Dans sa décision rendue le 8 octobre 2020, le Conseil constitutionnel a déclaré contraire à la Constitution le deuxième alinéa de l'article 144-1 du CPP où ne figure pas le principe de dignité parmi les conditions permettant au juge judiciaire d'ordonner la mise en liberté d'une personne placée en détention provisoire, en observant que le référé liberté n'était pas suffisant pour garantir le droit au recours. L'abrogation a été différée au 1er mars 2021. Le Conseil a invoqué trois principes à valeur constitutionnelle : la sauvegarde de la dignité humaine figurant dans le préambule de la Constitution de 1946 ; la présomption d'innocence, garantie à l'article 9 de la Déclaration des droits de l'homme et du citoyen de 1789 (DDHC), et le droit à un recours effectif devant une juridiction, résultant de l'article 16 de la DDHC. En conséquence, les autorités administratives et judiciaires doivent veiller au respect de la dignité des personnes détenues, en prévenant et réprimant les atteintes à ce principe, réparer les préjudices subis et garantir le droit effectif au recours (**doc. 7**).

B - LA RÉPONSE DU LÉGISLATEUR : UNE ÉVOLUTION NE RÉSOLVANT PAS LA SURPOPULATION CARCÉRALE

D'initiative sénatoriale, la loi tendant à garantir le droit au respect de la dignité en détention tire les conséquences de la jurisprudence de la CEDH, de la Cour de cassation et du Conseil constitutionnel. Un détenu estimant indignes ses conditions de détention peut désormais saisir le juge judiciaire : le juge des libertés et de la détention en cas de détention provisoire, le juge de l'application des peines pour les personnes condamnées. Les allégations doivent être « *circonstanciées, personnelles et actuelles* » pour que la requête soit recevable. Le juge judiciaire peut alors ordonner des vérifications et l'administration pénitentiaire doit produire ses observations dans un délai de trois à dix jours. Elle peut se voir ordonner de remédier à l'indignité des conditions de détention dans un délai d'un mois. À défaut, le juge judiciaire peut ordonner un transfèrement, une mise en liberté immédiate ou un aménagement de peine (**docs. 8 et 9**). Dans la décision rendue le 8 juillet 2020, l'avocate générale avait évoqué un contrôle de proportionnalité avec les exigences du maintien de l'ordre public (**doc. 4**).

Le dispositif reste encadré – pour ne pas saturer les juridictions de recours – et des associations et élus d'opposition ont observé qu'il ne suffisait pas pour mettre fin à la surpopulation carcérale, reposant essentiellement sur des transfèrements (**docs. 8 et 9**).

ANNALES CONCOURS 2020

CULTURE GÉNÉRALE

DISSERTATION : FRATERNITÉ

Le mot frère est l'un des mots les plus simples des langues indo-européennes. De la racine *bhrater* sont issus des termes presque identiques : le grec *phratèr*, le latin *frater*, l'anglais *brother*, le français frère, etc. Il est également question de pays frères, de confréries qui témoignent que la fraternité ne concerne pas que les enfants d'un même lit. La fraternité renvoie ainsi à des gens unis par des liens variables et complexes. Les Grecs appelaient phratrie, la communauté de coutumes et de traditions rassemblant les membres defamilles proches. L'Antiquité nous a laissé la leçon de Sophocle dans *Antigone*. Suite à la mort fratricide de ses frères Etéocle et Polynice, qui s'étaient entre-tués pour le trône de Thèbes après la mort d'Œdipe, Antigone décide d'ensevelir Polynice, bravant l'interdiction faite par Créon qui fait office de régent. Antigone dans un mouvement de compassion oppose aux lois de Créon ces lois non-écrites, inébranlables, des dieux, Antigone qui rappelle qu'elle est née « non pour partager la haine, mais pour partager l'amour » (vers 523). L'Antiquité nous a légué l'humanisme : Térence considérait que rien de ce qui est humain ne lui est étranger (*Homo sum* ; *humani nihil a me alienum puto* (*Heautontimoroumenos*, v. 77)). Or, ce même Térence dont on dit qu'il sombra lors d'un naufrage en Méditerranée ou bien qu'il finit délaissé et pauvre nous renvoie à aujourd'hui, aux défis qui se posent en termes d'assistance fraternelle et de soutien aux plus démunis.

La fraternité, bien que présente comme valeur républicaine, est parfois méconnue dans sa portée réelle. Il s'agit de pouvoir assister quelqu'un, d'exprimer une solidarité tout en veillant à la tolérance. La société moderne, qui se caractérise notamment par l'individualisme et ses excès ou le fait numérique qui multiplie l'immédiateté, n'est pas sans contradictions. La tentation du repli sur soi ou bien le fait de privilégier certains au détriment de tous les autres constituent une réelle menace. Le lien social est fragile, à commencer pour les plus démunis. La solidarité, symbolisée pour partie par l'État-providence, ne suffit pas. La fraternité est aussi un engagement voire un devoir. Il ne faut pas négliger ici le fait que derrière « Fraternité », il existe une forme d'injonction. Il faut donc s'interroger sur les raisons justifiant ce besoin d'action en direction des autres et pas seulement de certains.

Dans ces conditions, cette valeur, qui est aussi un principe juridique inscrit dans la loi fondamentale, soulève des questions sur son utilité réelle. Dans quelle mesure s'agit-il réellement d'un engagement porteur de sens dans nos sociétés modernes ?

Valeur tardive et longtemps relative, la fraternité butte sur le principe de réalité (I). Idéal nécessaire, fraterniser est devenu un besoin d'engagement dans une société en quête de sens (II).

I - La fraternité, une valeur confrontée à la réalité

A - UNE VALEUR POLITIQUE TARDIVE ET RELATIVE

La fraternité est une valeur politique tardive et qui sur un plan juridique a bénéficié tardivement d'une reconnaissance.

La fraternité est une valeur ancienne mais elle est devenue progressivement une valeur politique.

L'idée d'un lien privilégié entre les hommes n'est pas nouvelle. Les liens fraternels ont constitué un élément essentiel à l'organisation des groupes humains, des clans aux tribus puis aux cités. Ils sont constitutifs d'un lien privilégié entre ceux qui partagent une proximité. Le clan, mot gaélique désignant une réalité sociale en Ecosse, est un groupe de parents fondé sur une règle de résidence territoriale et de descendance unilinéaire, à quoi s'ajoutent un sentiment d'appartenance, des signes de reconnaissance ou marques d'identité, et des activités communes. Dans de nombreuses sociétés, l'adoption est destinée à assurer la perpétuation de la parenté comme dans la Rome antique. Dans une certaine mesure, le fait qu'une pupille soit destinée à être épousée par son tuteur souligne la recherche d'une parenté, d'un lien privilégié (*L'École des femmes* de Molière ou *Le barbier de Séville* de Beaumarchais). La fraternité doit ainsi s'entendre de manière large. *Les Trois Mousquetaires* d'Alexandre Dumas montrent comment un jeune Gascon monté à Paris chercher fortune se lie d'amitié avec Athos, Porthos et Aramis, faisant du quatuor l'archétype des héros de cape et d'épée fort de leur devise « Un pour tous, tous pour un ».

Ces liens, y compris de sang, sont loin d'être absolus comme en témoigne Abel et Caïn. L'opposition entre deux frères (parfois jumeaux) est très répandue dans les mythes, contes et légendes. Ethnologues et historiens notent que dans ces récits mythiques, l'un des deux frères tue souvent l'autre, devenant ainsi la souche d'une lignée postérieure : Osiris et Seth dans la mythologie égyptienne, les frères Shun et Yao de la mythologie chinoise et enfin Rémus et Romulus dans le mythe de la fondation de Rome. Selon Tite-Live, c'est le droit de nommer la ville et donc celui de la gouverner qui serait à l'origine du conflit fratricide. Ce dernier exemple illustre les effets de l'irruption de la vie en cité. Dans *Horace* de Corneille, le combat fratricide entre Rome et Albe, les Horace et les Curiace, montre que la vertu, entendue comme l'amour de sa patrie, de sa cité, l'emporte sur les liens de sang et d'amitié (« Ta vertu met ta gloire au-dessus de ton crime »).

Des liens de proximité se créent à l'image du clientélisme romain. Toutefois, la cité, comme fait politique, introduit le besoin d'un projet commun, autour de certaines valeurs. Le siècle des Lumières, qui s'inspire des anciens et notamment des réflexions sur le modèle de cité (Platon, Aristote), se distingue avec les penseurs du contractualisme (Hobbes dès le XVIIe siècle, Locke, Montesquieu, Rousseau). Ces derniers s'intéressent aux principes et valeurs (distinction introduite par Montesquieu comme l'a démontré Raymond Aron dans ses *Grandes étapes de la pensée sociologique*) qui sont nécessaires à la cité moderne. Les valeurs de liberté et d'égalité se détachent tout en posant la question d'une éventuelle hiérarchie entre elles voire de leur contradiction. C'est dans ces conditions qu'en France, l'émergence de la valeur de fraternité est tardive, venant compléter les valeurs républicaines en 1848. La Constitution du 4 novembre 1848 mentionnait un devoir « d'assistance fraternelle » envers les citoyens nécessiteux. La réunion des trois termes est en réalité plus ancienne, s'imposant comme éléments constitutifs de la devise sous la Révolution. Tombée en désuétude sous le Directoire, elle redevient en 1848 la devise nationale. La vie en société peut témoigner parfois d'incompatibilités entre les principes de liberté et d'égalité entendue pour cette dernière comme une forme de justice sociale. L'extension de libertés individuelles ou de groupes peut se faire au détriment de l'égalité mais les soubresauts révolutionnaires (1789, 1830, 1848, 1871) soulignent des besoins d'assurer une égalité réelle. Les individus sont déclarés libres et égaux mais les faits tempèrent cette déclaration, d'où l'importance d'une autre valeur de partage que représente la fraternité. Selon l'historien Jules Michelet, on ne pouvait comprendre l'héritage de la Révolution française sans ce troisième volet, indispensable au lien social. Face aux révoltes ouvrières (les Canuts en 1831 par exemple) et à la disparition de corps intermédiaires plus ou moins protecteurs (la loi Le Chapelier de 1791), plusieurs auteurs comme Lamennais, Pecqueur ou Pierre Leroux insistent sur l'interdépendance entre les membres d'une société confrontée aux effets irrésistibles de la Révolution industrielle, le dernier étant à l'origine du terme de solidarité (*De l'humanité*, paru en 1840) ou de l'usage systématique de celui de socialisme.

La fraternité est en effet une valeur contestée. Aux yeux de certains tenants d'un ordre moral, elle constitue une valeur dangereuse en raison d'une connotation sociale qui risquait de remettre en cause les classes sociales. Derrière cette vision, se dessinait la crainte de ces classes laborieuses, classes dangereuses, pour reprendre le titre éponyme d'un essai de l'historien Louis Chevalier. D'autres privilégient la solidarité, préférant cette notion à celle de charité, qui repose sur une relation de certains vers d'autres, ou celle de fraternité. Pour Léon Bourgeois, qui fut président du conseil et Prix Nobel de la paix, dans sa *Doctrine de la solidarité* publiée en 1896, s'il y a un impératif de solidarité, il s'explique par la nécessité de vivre dans la sécurité et la paix en unissant les hommes qui composent la société « comme volontairement disciplinés par une même conception de la vie, de son but et de ses devoirs ». La solidarité est ainsi perçue comme une condition obligée des sociétés contemporaines. S'inspirant du vocabulaire juridique désignant en droit romain l'engagement par lequel les personnes s'obligent les unes pour les autres et chacune pour tous », la solidarité se distinguerait de la fraternité qui laisse à chacun le soin d'agir selon ses moyens dans un cadre plus ou moins organisé. Dès lors, il était nécessaire, pour que la fraternité s'affranchisse des critiques ou méfiances, que le corps social évolue. L'avènement de la société civile constitue à cet égard un élément important. Au sens d'Hegel ou de Gramsci, elle désigne un état social distinct de l'État. Au sens contemporain, elle recouvre notamment l'action des associations, des organisations non gouvernementales, considérées non comme des entités individuelles mais comme des institutions productrices de sens.

En réalité, pour certains, cet ajout était le prix d'une concession pour éviter de voir la République évoluer davantage vers ces classes sociales, dès lors que sa valeur juridique restait limitée. La notion de fraternité constitue ainsi un principe aux effets limités jusqu'à la moitié du XXe siècle. Il est possible de voir dans le préambule de la Constitution de 1946 une ébauche de mise en œuvre de cette valeur dans la cité. Après la Seconde Guerre mondiale, et la volonté d'appliquer le programme du conseil national de la résistance formulé en mars 1944, la fraternité commence à être prise en compte sur un plan juridique. Le Préambule de la Constitution du 4 octobre 1958 qualifie la fraternité, au même titre que la liberté et l'égalité, d'« idéal commun », sur lequel sont fondées les institutions nouvelles offertes aux territoires d'outre-mer. On peut considérer que la devise républicaine, rappelée à l'article 2 de la Constitution, est une composante de la souveraineté, c'est-à-dire un élément propre au système normatif, une condition de la légitimité du pouvoir. Le peuple français assigne aux pouvoirs constitutionnels un idéal.

La fraternité a trouvé une forme d'illustration avec l'essor de l'État-providence, qui en réalité désigne davantage la solidarité que la fraternité. Au demeurant, *La crise de l'État-providence*, titre de l'essai de Pierre Rosanvallon, publié la première fois en 1981, soit après les deux crises pétrolières mondiales, montre les limites de la solidarité face à des enjeux financiers et économiques.

B - UN PRINCIPE CONFRONTÉ À LA RÉALITÉ

L'affirmation d'un principe, y compris dans la loi fondamentale, ne suffit pas. Ce constat est partagé pour les trois valeurs de la devise républicaine mais il est certain que la fraternité est celle qui est moins sollicitée par le juge dans la cité contemporaine. Deux raisons au moins peuvent être avancées pour expliquer ce constat.

Tout d'abord, la fraternité exprime une forme d'empathie pour l'espèce humaine. Or, que ce soit dans les relations individuelles ou collectives, l'égoïsme est un fait incontestable. Propre au caractère humain, l'égoïsme s'est développé dans la société moderne en raison de l'individualisme et de l'affirmation selon laquelle la primauté du bonheur et de l'intérêt personnels l'emporte sur le bien commun comme l'ont montré différents sociologues (Gilles Lipotvesky, Alain Ehrenberg). A la différence des Anciens, la liberté moderne conduit l'homme à s'épanouir pour soi et non pour les autres (Benjamin de Constant, *De la liberté des anciens et des modernes*). Les valeurs collectives s'effacent derrière les valeurs individuelles et accentuent la transformation des sociétés et de la politique comme le craignait Tocqueville. La cité moderne est également confrontée au développement de la société de consommation. Pour Herbert Marcuse, dans *L'Homme unidimensionnel*, publié en 1964 et traduit en français en 1968, le pouvoir critique de l'individu définit le degré de démocratie d'une société. Dans une société de consommation, qui n'est pas sans dissimulation (Jean Baudrillard), les actes citoyens passent après ceux de l'individu. Cet égoïsme est renforcé par la société numérique. En effet, l'individualisme connecté ne crée pas de nouvelles relations mais de la solitude.

Dans certains cas, l'individu rejette même l'autre : c'est le personnage du *Misanthrope* chez Molière mais aussi, plus inquiétant, celui de Nemo chez Jules Verne dans *Vingt mille lieues sous les mers*, paru en 1869. Il s'agit là d'un héros des profondeurs, un être mystérieux dont le nom en latin signifie « personne ». Comme le suggèrent les deux syllabes de son nom, il nie le monde et s'en exclut. Il apparaît finalement à la fin de *L'île mystérieuse*, en 1874, où il se réconcilie avec l'humanité.

La fraternité renvoie également à une autre vision des relations internationales. Elle part du principe que les liens entre les êtres humains doivent dépasser les frontières des États ou les usages et coutumes des groupes humains. Or, avec l'État moderne, depuis les traités de Westphalie de 1648, l'État est défini par la conjonction d'un territoire, d'une juridiction et de populations. De nombreux États ont ainsi été construits sur la base d'une nation, voire d'une identité nationale, comme dans le cas de la France. La Première Guerre mondiale montre les excès des nationalismes, conduisant l'Europe à la ruine et à la prise de conscience que les civilisations sont mortelles selon les mots de Paul Valéry (« Nous autres, civilisations, nous savons maintenant que nous sommes mortelles », *Variété III*, paru au lendemain de la Première Guerre mondiale). Pour autant, plusieurs courants de pensée vont critiquer la course à la guerre, y voyant finalement un arrangement entre les puissances, et singulièrement les industries d'armement. L'appel au pacifisme se double d'un appel à la fraternité notamment entre les ouvriers des pays rivaux. Enfin, sur le front, des moments de fraternité sont venus faire oublier la violence de la guerre de position dans les tranchées.

Dans ces conditions, on peut s'interroger sur la place et l'avenir de la fraternité dans les sociétés actuelles.

II - Un idéalisme soumis à un impératif d'action

A - UN IDÉAL NÉCESSAIRE AUX VALEURS HUMANISTES

Au-delà des principes qui gouvernent la cité idéale ou plus prosaïquement les cités modernes, dont on a pu souligner combien la fraternité a été tenue à l'écart au départ, celle-ci est portée par les systèmes de pensées et les individus eux-mêmes.

Les systèmes de pensée ont très tôt considéré l'homme au centre des préoccupations humaines. Que ce soit le préfixe latin *cum* ou son équivalent grec *sun*, on obtient les mots de compassion ou de sympathie. Ces termes désignent une communauté de sentiments. La fraternité ou « solidarité longue » chez Pierre Leroux au XIXe siècle renvoie à la condition de frères humains. La fraternité signifie qu'il est de la nature de l'homme de porter un sentiment dans tous ses actes : les individus ne peuvent être en présence de son semblable sans avoir un sentiment à son égard. L'idéal du citoyen est d'aimer tous les autres hommes. Sans fraternité, la nature humaine n'existe pas faute d'être définie ou reconnue. C'est le sens des fêtes nationales établies par la Constitution du 3 septembre 1791 pour « entretenir la fraternité entre les citoyens et les attacher à la Constitution, à la Patrie et aux Lois ». La fraternité introduit aussi l'idée de tolérance vis-à-vis des autres. C'est d'ailleurs la raison du choix de William Penn pour désigner ce qui est aujourd'hui la sixième ville des États-Unis, Philadelphia (« l'amitié fraternelle »), en voulant en faire un ilot de tolérance religieuse. Cette exigence de tolérance est essentielle à la compréhension du besoin de fraternité. Montaigne fut parmi les premiers à promouvoir la notion d'humanité englobant sans distinction de race ou de civilisation toutes les formes de l'espèce humaine (« Chacun appelle barbare ce qui n'est pas de son usage »).

De leur côté, les systèmes religieux universalistes développent les principes de charité, de prise en compte d'autrui, comme en témoigne par exemple l'Encyclique « Fratelli Tutti » (*Tous frères. Sur la fraternité et l'amitié sociale*) d'octobre 2020, à l'occasion de laquelle le pape s'est rendu à Assise pour signer sur la tombe de saint François une encyclique qui reprend tous ses combats pour les pauvres, les migrants, les délaissés dans un esprit de la « culture de la rencontre ». Cette encyclique cite à plusieurs reprises l'iman du Caire Ahmad al-Tayeb. On connaît au demeurant la parabole du Bon Samaritain, qui selon l'Évangile, ramasse, soigne, sauve, un étranger agressé et blessé sur le bord du chemin, qui renvoie à l'amour de son prochain, premier de tous les commandements : « Tu aimeras ton prochain comme toi-même » (Lévitique 19:18). La fraternité permet de relier la famille spirituelle en reconnaissant un même Père selon la formule de Bossuet : « Dieu a établi la fraternité des hommes en les faisant tous naître d'un seul ». La fraternité consiste à garantir le bien de l'autre, à l'image de l'hospitalité. La loi du bon Samaritain (en anglais *Good Samaritan law*) est, aux États-Unis, un ensemble de règles destinées à protéger tout citoyen (et notamment les secouristes bénévoles) portant assistance contre toute poursuite judiciaire possible. Certes, certains mouvements philanthropiques ont pu être analysés comme étant ambigus. Peter Singer dans ses *Questions d'éthique pratique* nuance ces critiques en soulignant l'accommodement social qui rend possible finalement les objectifs contradictoires aux yeux de certains entre la liberté et l'égalité.

Il faut toutefois éviter que la fraternité soit détournée de cet objectif général humaniste. Or, la tentation de privilégier certains liens l'emporte parfois. C'est le principe du clientélisme (« des jeux et du pain » de la Rome antique analysés par Paul Veyne) qui en cas de difficultés, notamment économique, entraîne le populisme. Sans aller jusqu'à la « troublante alliance conclue entre la populace et l'élite » dénoncée par Hannah Arendt, il convient de se méfier de certains regroupements qui reposent en réalité sur l'exclusion de l'Autre et ce n'est pas un hasard si George Orwell, auteur par ailleurs de la « *common decency* », désigne la menace totalitaire dans 1984 sous la forme de « Big brother » : nombreux sont les tyrans à avoir exploité la thématique de la fraternité (*brother*) en la dévoyant : la société devenant famille, tout débat est suspendu et le « petit père des peuples » (pour Staline) fait entendre le son unique de la vérité. La fraternité poussée à son excès peut conduire à des errements. *L'Illiade* d'Homère commence par Achille et s'achève sur Hector. La colère du premier, consécutive à la mort de son meilleur ami Patrocle, le pousse au massacre de nombreux Troyens avant de mettre à mort finalement Hector : Achille, victime de l'hybris, cet orgueil qui pousse l'homme à dépasser les limites de l'humain, perd son humanité. Les combats fratricides illustrent également cette dérive meurtrière et souvent irréconciliable.

La fraternité ne peut pas être élective puisqu'elle est fondée sur le principe énoncé plus haut selon lequel rien de ce qui est humain ne m'est étranger. À cet égard, Charles Fourier, s'inspirant de Newton, pensait que le monde social est régi par la loi de l'attraction universelle. Au-delà de certaines utopies, notamment socialistes, les théoriciens modernes considèrent que les individus doivent être en mesure de dépasser leurs égoïsmes personnels, leurs intérêts privés. Ce dépassement de soi est indispensable : la cité a besoin d'une action collective qui soit autre chose que la somme des actions individuelles. Mais ce dépassement répond aussi à des mœurs collectives à commencer par la solidarité ou la fraternité. Pour Émile Durkheim, la division du travail produit une solidarité spécifique. Ce n'est pas seulement le fait de considérer chaque individu comme un échangiste comme disent les économistes, c'est le fait de créer entre les hommes tout un système de droits et de devoirs qui les lient les uns aux autres de manière durable. En société (entendue dans un sens large et commun), les similitudes sociales donnent naissance à un droit et à une morale. Le même auteur soulignait les dangers d'une fracture du lien social. Dans son livre sur les causes du suicide, paru en 1897, Émile Durkheim décrit l'anomie comme le sentiment associé d'aliénation et d'irrésolution. Le recul des valeurs conduit à la destruction et à la diminution de l'ordre social : les lois et les règles ne peuvent plus garantir la régulation sociale. Cet état amène l'individu à avoir peur et à être insatisfait, ce qui peut conduire au suicide. L'anomie provient ainsi du manque de régulation de la société sur l'individu. La fraternité peut ainsi être considérée comme le moyen de surpasser ce risque de fracture du lien social. C'est pour cette raison qu'il est devenu un impératif dans nos sociétés modernes.

B - UNE INJONCTION IMPÉRATIVE S'IMPOSANT DE PLUS EN PLUS

La fraternité s'impose de plus en plus dans les relations sociales. On entend par valeur une entité à laquelle un individu ou un groupe donnent la préférence et pour laquelle ils sont prêts à consentir des sacrifices. Les valeurs fondent la société qui les enseigne, les fabrique. Avec la société moderne, on passe à une société auto-référentielle (Jean-Marie Domenach, *Approches de la modernité*). La société moderne est obligée d'inventer sans cesse ses valeurs. Elle fabrique ainsi sa « *transcendance sociale* » (Durkheim). Or, justement, dans nos sociétés en crise de sens, de crise de valeurs, la fraternité prend un nouveau sens : d'idéal, elle devient une exigence. Le besoin d'une fraternité pourrait notamment s'expliquer par les difficultés de l'État-providence ou l'incapacité de l'État à réduire les fractures territoriales, sociales, conduisant à des tensions. À la crise de solvabilité s'ajoute une crise de légitimité.

Trois raisons au moins justifient cette évolution. La première et la deuxième se rejoignent derrière l'affirmation d'un « village planétaire ». La fraternité est d'abord universelle. Elle dépasse les frontières sous l'effet d'une société de plus en plus fluide. La société est marquée par le développement des médias, devant un « village planétaire » selon la formule de Macluhan. La multiplication et la rapidité des réseaux sociaux accentuent cette mutation qui a pour effet de développer une immédiateté. C'est ainsi que l'Europe a été submergée par l'émotion à l'occasion de la publication des photos du petit Aylan retrouvé noyé en 2015. Au demeurant, cette immédiateté peut conduire parfois à un oubli, une information effaçant la précédente. En tout état de cause, le besoin de fraternité a pris une ampleur dans cette société médiatique avec les migrants, entraînant des mouvements de solidarité allant jusqu'à l'accueil de migrants chez soi, ce qui a conduit la justice à être saisie du délit de solidarité. Le Conseil constitutionnel a rendu une décision largement commentée en 2018 à l'occasion de deux questions prioritaires de constitutionnalité relatives à la conformité aux droits et libertés que la Constitution garantit des articles L. 622-1 et L. 622-4 du Code de l'entrée et du séjour des étrangers et du droit d'asile (CESEDA), plus connus dans les médias et l'opinion publique comme le délit d'hospitalité ou délit de solidarité, infractions qui prévoient au demeurant des immunités familiales ou en lien avec un motif humanitaire. La décision du Conseil a été l'occasion de se prononcer pour la première fois sur la valeur constitutionnelle du principe de fraternité, y voyant ainsi deux faces, l'une de dimension collective, fondée sur l'exigence de solidarité, l'autre, de dimension individuelle fondée sur l'exigence de tolérance. Le Conseil en conclut qu'il découle de ce principe la liberté d'aider autrui dans un but humanitaire, sans condition de la régularité de son séjour sur le territoire national.

La fraternité, universelle, est également inscrite dans la durée, le temps. Il s'agit probablement là de l'élément le plus novateur. Les enjeux du changement climatique, portés notamment par des solidarités qui transcendent les frontières et les États, à l'image du mouvement autour de la jeune Greta Thunberg, soulignent la nécessité de dépasser son propre horizon. La fracture écologique expose encore davantage les plus démunis. Au-delà de la solidarité, illustrée par la conclusion d'accords internationaux comme la COP Paris 2015, la fraternité introduit davantage de sentiment faisant fi des exigences économiques ou des obstacles techniques. La fraternité, devenue injonction, oblige à agir et devient un cri d'indignation ou de colère.

En effet, la fraternité est un engagement personnel, témoignant d'une autre vision du fonctionnement des sociétés humaines, qui se caractérisent notamment par une plus grande mobilisation de bénévoles. Ainsi, en France, on compte environ 20 millions de bénévoles. Le fait de se mobiliser s'explique de multiples façons. Il peut s'agir d'une quête de sens dans une société de rationalisation et de sécularisation, portant les individus à se rendre utile autrement. Il peut aussi s'agir d'un acte d'engagement, de colère parfois contre une forme d'injustice. Car les affaires de la cité nécessitent des actions collectives spécifiques. Le lien social, fragilisé par le développement de l'économie de marché, doit être préservé. La cité peut être défaillante. Cette exigence a par ailleurs une autre vertu. La seule logique démocratique peut conduire selon Platon à des dangers illustrés selon lui par la dérive morale incarnée par le procès de Socrate. La pratique de l'isègoria, de l'égalité de parole tend à réduire les niveaux de parole. La parole du sage se perd donc dans la foule des autres discours. Le rôle de la société civile, à l'image des « nouveaux chiens de garde », est de peser sur la cité de façon pertinente. Cela suppose toutefois des conditions d'expression conformes à la cité. Les nouvelles formes de mobilisation ne doivent pas conduire toutefois à la remise en cause de la cité. Ces « institutions de fait » sont parfois productrices à leur tour de nouvelles régulations autonomes. Ces devoirs généraux sont indépendants de la cité ou de tout groupement à l'intérieur de la cité. Au-delà de la morale professionnelle (la société économique reposant sur la division du travail), c'est la morale civile que défend Émile Durkheim dans *Leçons de sociologie*. Cette morale civile dépend du développement effectif de certaines institutions. Tocqueville, inspiré de l'expérience américaine évoquait dans *De la démocratie en Amérique* le fédéralisme, la liberté d'association et un système de juges, comme « expédients démocratiques ». Dénonçant le déclin du « politique », elles se réclament de nouvelles formes de citoyenneté et d'engagement notamment dans la « cité-monde ». Le mouvement des indignés peut illustrer ce propos. *Indignez-vous !* est un essai de Stéphane Hessel publié en 2010. Cet opuscule, d'une trentaine de pages, qui défend l'idée selon laquelle l'indignation est le ferment de l'« esprit de résistance », est devenu un phénomène d'édition malgré la faiblesse de l'argumentaire. Les pouvoirs publics tentent d'accompagner ces évolutions avec la réserve civique, le service national universel ou la mise en place de plateformes d'intermédiation. La fraternité met au centre de l'expérience politique la problématique de la reconnaissance comme vecteur central et existentiel de l'engagement en politique (Axel Honneth).

Agir fraternellement, c'est-à-dire en paix et en faveur des autres, dépasse la charité et la solidarité. La fraternité tient compte de la capacité d'agir des uns et des autres et, dans un souci de tolérance, respecte le libre-arbitre des individus. La fraternité repose donc fondamentalement sur une leçon de tolérance.

Cela signifie aussi qu'il est important de connaître les autres et de se connaître soi-même, au risque dans ce dernier cas de s'interroger sur sa propre identité, son double, comme l'y invite le poète. Alfred de Musset, dans *La Nuit de décembre*, confronté à une grande crise sentimentale, fait état de ce jeune homme vêtu de noir, « qui me ressemblait comme un frère ».

DISSERTATION : LA RELATIVITÉ DE L'AUTORITÉ DE LA CHOSE JUGÉE

H. Motulsky affirmait que l'autorité de la chose « fait triompher la valeur de Sécurité sur la valeur de Justice ». La chose jugée et son prolongement l'autorité de la chose jugée fait partie de ces notions majeures qui, de tout temps, ont suscité l'intérêt des juristes. Il est vrai que les thèmes sont rares qui, comme l'autorité de la chose jugée, cumulent autant d'aspects théoriques tout en présentant un intérêt pratique aussi fondamental que celui de réguler l'accès à la justice.

La chose jugée au pénal est absolue et vaut à l'égard de tous. Les décisions rendues au criminel ont envers et contre tous autorité de chose jugée. À l'inverse, en droit civil le principe est la relativité de l'autorité de la chose jugée, en ce sens elle n'est pas absolue. L'autorité de la chose jugée est relative à ce qui a été jugé ; c'est ce que signifie l'article 480 du Code de procédure civile, qui dispose que le jugement a « l'autorité de la chose jugée relativement à la contestation qu'il tranche ». L'autorité de chose jugée crée une présomption de vérité légale au profit du jugement. Elle désigne l'autorité attachée à un acte juridictionnel, qui en interdit la remise en cause en dehors des voies de recours légalement ouvertes. Deux aspects caractérisent la notion d'autorité de la chose jugée. D'une part, l'autorité de la chose jugée peut revêtir un aspect positif. En effet, le plaideur dont le droit a été consacré par une décision de justice peut utiliser la chose jugée par la décision pour faire trancher un différend ultérieur. D'autre part, l'autorité de la chose jugée peut se manifester sous une forme négative, qui est historiquement sa première fonction. Le plaideur qui a succombé ne peut plus engager une nouvelle instance pour obtenir, d'une manière directe ou indirecte, ce qui lui a été refusé par un premier jugement (sous réserve de l'exercice des voies de recours). S'il formait une telle demande, son adversaire ne manquerait pas de la faire déclarer irrecevable en soulevant une fin de non-recevoir tirée de la chose jugée (CPC, art. 122). Cependant, il n'y a pas de différence de nature entre les aspects positif et négatif de l'autorité de la chose jugée : tous deux répondent à l'idée d'immutabilité de la solution juridictionnelle qui, une fois prononcée, ne doit pas être remise en cause. Mais il faut observer une différence dans les conditions de mise en œuvre de la chose jugée, selon qu'il s'agit de la fonction positive ou de la fonction négative. Dans l'aspect négatif, l'autorité de la chose jugée suppose, conformément à l'article 1355 du Code civil (C. civ., anc. 1351), une triple identité de parties, d'objet et de cause de la demande. En revanche, dans l'aspect positif, c'est à l'occasion d'un procès différent entre les mêmes parties que l'autorité de la chose précédemment jugée est opposée : l'autorité de la chose jugée suppose dès lors une identité de parties et une matière litigieuse différente par son objet ou sa cause.

Traditionnellement, la chose jugée repose sur une présomption légale de vérité : *res judicata pro veritate accipitur*. S'il est interdit de remettre en cause ce qui a été définitivement jugé, c'est parce que la loi présume de manière irréfragable que la décision du juge est le reflet exact de la vérité. Cette présomption de vérité ne peut être que relative et ne vaudra *erga omnes*. Toutefois, cette présentation traditionnelle a fait l'objet de profonds bouleversements contemporains par le juge où l'on reconnaît l'esprit de Motulsky, qui a considérablement modifié la physionomie du procès civil. Ainsi, le juge a modulé l'autorité de la chose jugée afin de réguler l'accès au juge pour respecter l'exigence de célérité et rendre la procédure civile plus efficace. L'objectif étant d'éviter que le procès ne recommence entre les mêmes parties, portant sur les mêmes faits et ayant le même objet.

Comment la relativité de l'autorité de la chose jugée a modifié la physionomie du procès civil ?

Aussi convient-il d'envisager d'une part, la conception traditionnelle de la chose jugée comme présomption de vérité relative (I) et, d'autre part, la conception renouvelée comme obstacle à la réitération de l'action (II).

I - La conception traditionnelle de l'autorité de la chose jugée comme présomption de vérité relative

L'autorité de la chose jugée implique respect et obéissance des parties au procès à l'égard de la chose jugée. Depuis le droit romain, jusqu'aux textes actuels du Code civil, l'autorité de la chose jugée trouve son fondement légal dans une présomption de vérité attribuée au jugement (A), qui emporte néanmoins des effets relatifs (B).

A - LE FONDEMENT LÉGAL D'UNE PRÉSOMPTION DE VÉRITÉ

Il convient d'envisager d'une part la dimension positive instaurant une présomption de vérité (1) et, d'autre part, que le jugement a un caractère obligatoire (2).

1. L'instauration légale d'une présomption de vérité

La chose jugée doit être comprise comme l'objet, le résultat du jugement. Les rédacteurs du Code civil, s'inspirant en cela de Pothier, ont présenté l'autorité de la chose jugée comme une présomption légale dans l'ancien article 1350, alinéa 3, et, décrivant l'effet relatif de la chose jugée, ils ont inséré le texte fondamental en la matière, l'article 1351 du Code civil, dans le paragraphe intitulé « des présomptions établies par la loi ». Selon l'ancien article 1350 du Code civil, « la présomption légale est celle qui est attachée par une loi spéciale à certains actes ou à certains faits… comme l'autorité que la loi attribue à la chose jugée ». Nul doute, que pour le législateur de 1804, la chose jugée doit toute son autorité à une présomption légale de vérité, *res judicata pro veritate accipitur*, dit l'adage. Dès lors, le principe de l'autorité de la chose jugée, principe général, s'attache même aux décisions erronées (Cass. 1re civ., 22 juillet 1986). Par conséquent, la chose irrévocablement jugée couvre même les erreurs du jugement : l'irrégularité dont peut être entachée une décision judiciaire, celle-ci eût elle-même statué *extra* ou *ultra petita*, ne saurait faire obstacle à ce que cette décision acquière l'autorité de la chose jugée, si elle n'a point été attaquée par les voies de recours (Cass. 1re civ., 3 novembre 1966). Comme le souligne le doyen Carbonnier, le droit « fait l'aveu hautain de l'irréalité de son univers : la chose jugée n'est pas la vérité ; elle est reçue (*accipitur*) par le bon peuple pour tenir lieu de vérité (*pro veritate*) ».

Mieux encore, cette présomption légale est une présomption irréfragable, c'est-à-dire qu'elle ne peut pas être renversée. Elle appartient à cette catégorie de présomptions qui constituent moins une règle de preuve qu'une règle de fond décidée par le législateur. En outre, le jugement a force probante d'un acte authentique (CPC, art. 457) : les énonciations du jugement, tout au moins les constatations personnelles du juge, font foi jusqu'à inscription de faux. Ainsi, la constatation faite par le juge du fond que le contenu de la pièce produite devant lui par une partie est contraire à ce qui est prétendu dans les conclusions de cette partie sur cette même pièce ne peut être contestée que par la voie de l'inscription de faux (Cass. 3e civ., 22 janvier 2014). Cet arrêt illustre parfaitement que les constatations du juge sont tenues pour vraie et que la seule voie de contestation du contenu substantiel d'une décision ne peut être que l'inscription de faux, comme pour les actes de l'état civil.

2. L'obligatoriété du jugement

Le jugement, la chose jugée, est une norme qui vient modifier l'ordonnancement juridique. Cet effet substantiel se décompose en un effet constitutif et un effet novateur. Un effet constitutif, car tout jugement porteur d'effets substantiels modifie les droits des parties. Un effet novateur, ensuite, car à la règle, se trouve substituée une décision. L'effet substantiel se caractérise essentiellement par la force obligatoire du jugement à l'égard des parties. Comme toute norme, le jugement est doué d'obligatoriété. Cette force obligatoire s'impose aux parties et permet d'expliquer la jurisprudence selon laquelle une ordonnance de référé, même si elle est dépourvue d'autorité de la chose jugée au principal (CPC, art. 488), s'impose néanmoins dans son efficacité substantielle au juge du fond ultérieurement (Cass. 3e civ., 15 octobre 2008). De même cela explique l'autorité de la chose jugée d'une décision à l'égard d'un arbitre (Cass. 1re civ., 30 juin 2016). Cette force obligatoire ne se confond d'ailleurs pas avec la force exécutoire, laquelle n'est que le degré supérieur de contrainte étant amené à jouer faute d'exécution spontanée. La force obligatoire constitue ainsi le support de la force exécutoire.

La chose jugée doit aussi être envisagée sous l'angle procédural, car le jugement bénéficie d'une présomption de validité et de régularité. Or cette présomption se renforce avec le temps, au fur et à mesure que les voies de recours ont été utilisées ou ont fait l'objet d'une renonciation. Lorsque le jugement est rendu, il a l'autorité de la chose jugée (CPC, art. 480). Mais l'intensité de la présomption attachée à cette autorité varie selon que sont ouvertes, ou non, des voies de recours contre ce jugement. La présomption gagne un degré supplémentaire en intensité dès lors que le jugement n'est pas ou n'est plus susceptible d'aucun recours suspensif d'exécution. L'on dit que le jugement a force de chose jugée. Cette dernière est l'efficacité particulière qu'a, ou obtient, une décision de justice lorsque, n'étant pas ou plus susceptible d'une voie recours suspensive, elle est exécutoire (CPC, art. 500). Ainsi, le jugement de divorce ne passe en force de chose jugée que lorsqu'il n'est susceptible d'aucun recours suspensif d'exécution (Cass. 1re civ., 31 mars 2010). Les recours visés par le Code de procédure civile sont l'opposition, l'appel, et le pourvoi en cassation dans les cas assez rares où il a un effet suspensif. De telles décisions seront d'ailleurs exécutoires, sous réserve d'être notifiées. La présomption se renforce encore pour devenir irréfragable à partir du moment où les voies de recours extraordinaires ne peuvent plus être exercées, soit que le délai pour ce faire est expiré, soit qu'il ait été fait usage de ces voies de droit (Cass. 1re civ., 19 novembre 1969). On rend compte de ce renforcement ultime de la présomption en qualifiant de jugements irrévocables les décisions qui ne sont pas ou plus susceptibles de voies de recours extraordinaires.

B - LA DIMENSION RELATIVE DE LA CHOSE JUGÉE

L'autorité de la chose jugée à une dimension relative car limitée aux parties (1) et aux décisions contentieuses (2).

1. L'autorité de la chose jugée limitée aux parties

L'acte juridictionnel, en dépit de la force de vérité légale qui le caractérise, n'a qu'une autorité limitée, qu'une autorité relative. Cette relativité est conséquente pour les tiers : la chose jugée qui lie les plaideurs n'a aucun effet à l'égard des tiers : « *Res inter alios judicata nec nocet, nec prodest* » (La chose conclue ou jugée entre les uns ne peut nuire ou profiter aux autres ou tiers). Ainsi, le jugement ne peut créer de droits ou d'obligations en faveur ou à l'encontre de ceux qui n'ont été ni parties ni représentés, de la même façon que le contrat ne produit d'effets qu'entre les parties contractantes (C. civ., art. 1199). Cela ne signifie pas que le jugement n'affecte pas les tiers. En effet, il leur est opposable. Mais cela implique qu'ils ne peuvent pas ignorer l'existence de la situation juridique substantielle née du fait du jugement. Le jugement, par son existence même, modifie l'ordonnancement juridique. Cette modification doit être reconnue et respectée par les tiers. Le principe d'opposabilité du jugement rend compte de cette nécessité pour les tiers de reconnaître et respecter la situation juridique substantielle née du jugement.

C'est précisément pour concilier autorité de chose jugée et opposabilité que le Code de procédure civile a ouvert aux tiers la voie de la tierce opposition qui, à la différence des autres voies de recours, n'est pas enfermée dans un bref délai, mais dans un délai de trente ans (CPC, art. 582 et s.). Celle-ci constitue une voie de recours extraordinaire ouverte à tous les tiers lorsqu'ils sont lésés ou même simplement menacés d'un préjudice par l'effet d'un jugement auquel ils n'étaient pas parties. Aussi, la jurisprudence retient que la tierce opposition ne peut être formée que par un tiers au jugement attaqué, c'est par une personne ni partie ni représentée à cette décision (Cass. 2e civ., 16 mai 1973). D'ailleurs la tierce opposition n'est ouverte que contre les jugements (Cass. 3e civ., 18 mai 1994). De plus, comme pour les parties, la tierce opposition n'est ouverte que contre le dispositif des décisions de justice et non contre les motifs (Cass. 2e civ., 3 juin 1970). En agissant de cette manière, ils pourront, si leur recours prospère, mettre un terme au préjudice causé par le jugement en obtenant sa réformation ou sa rétractation. En matière de tierce opposition, l'effet dévolutif est relatif. En effet, « le jugement primitif conserve ses effets entre les parties, même sur les chefs annulés » (CPC, art. 591).

2. L'autorité de la chose jugée limitée aux décisions contentieuses

L'activité juridictionnelle consiste à dire le droit. Le juge remplit ainsi une fonction sociale de pacification des rapports sociaux par le droit. Cette mission détermine le régime auquel est soumis l'acte juridictionnel. En effet, pour pouvoir remplir cette fonction, l'acte juridictionnel est doté d'une efficacité propre et est doté, en vertu de la loi, d'un certain nombre d'attributs, à commencer par l'autorité de la chose jugée. La question de savoir quelles sont les décisions qui bénéficient de l'autorité de la chose jugée est vaste. Elle implique, pour apporter des réponses, de se demander ce qu'est une juridiction et ce qu'est un juge. Ainsi, le jugement qui rejette une fin de recevoir a, de ce chef, l'autorité de la chose jugée (Cass. soc., 13 novembre 1985). Néanmoins, si la décision rejetant une fin de non-recevoir a autorité de chose jugée, cette autorité se limite au rejet de la fin de non-recevoir et ne s'étend pas au fond du litige (Cass. 3e civ., 18 octobre 2018). Également, la décision du conseiller de la mise en état statuant sur la fin de non-recevoir tirée de l'irrecevabilité du recours a autorité de chose jugée et devient irrévocable si elle n'a pas été déférée dans le délai de 15 jours à la cour d'appel (Cass. 1re civ., 4 novembre 2015).

Plusieurs types de décisions n'ont pas la nature d'un acte juridictionnel : la transaction, les mesures d'administration judiciaire (Cass. com., 17 septembre 2013), les décisions de donné acte, au sein desquelles il convient d'inclure les contrats judiciaires, qui n'ont donc pas autorité de la chose jugée. De plus, selon l'article 25 du Code de procédure civile, le « juge statue en matière gracieuse lorsqu'en l'absence de litige il est saisi d'une demande dont la loi exige, en raison de la nature de l'affaire ou de la qualité de requérant, qu'elle soit soumise à son contrôle ». De manière traditionnelle, et dès l'instant qu'en statuant en l'absence de litige le juge ne tranche aucune contestation, la jurisprudence refuse l'autorité de la chose jugée à ces décisions. Ainsi, la jurisprudence retient que les décisions judiciaires émanant de la juridiction gracieuse ne sont pas revêtues de l'autorité de la chose jugée, et restent susceptibles d'être rapportées ou modifiées, si les circonstances dans lesquelles elles ont été rendues ont elles-mêmes changé (Cass. civ., 25 octobre 1905 : requête en rectification d'un acte d'état civil).

L'autorité de la chose jugée sous l'angle substantiel est relative, dans la mesure où le jugement n'a d'effet qu'entre les parties. Dans sa dimension processuelle, l'autorité de la chose jugée est relative à l'objet, la cause et aux parties. De plus, elle s'attache au seul dispositif du jugement.

II - La conception moderne de l'autorité de la chose jugée comme obstacle à la réitération de l'action

L'autorité de la chose est toujours relative à une affaire spécifique, c'est-à-dire par rapport à son objet, sa cause et ses parties. Ces derniers ont fait l'objet d'une conception renouvelée par le juge (A) afin de contrôler le flux des affaires (A), en parallèle la Cour de cassation a précisé l'étendue de l'autorité de la chose jugée (B).

A - LA CONCEPTION RENOUVELÉE DE LA RÈGLE DE LA TRIPLE IDENTITÉ

Le renouvellement de la règle de la triple identité concerne essentiellement la cause (1), mais également la qualité des parties et de l'objet (2).

1. La conception étendue de la cause

Aux termes de l'article 1355 du Code civil, l'autorité de la chose jugée n'a pas lieu à l'égard d'une affaire qui présente une cause différente de celle précédemment jugée. Motulsky considérait que la cause de la demande est constituée par les circonstances de fait invoquées en vue d'établir le droit subjectif par lequel se traduit juridiquement la prétention soumise au juge (Motulsky H., La cause de la demande dans la délimitation de l'office du juge, D. 1964, chron., p. 236). Pendant longtemps, le seul changement de fondement juridique suffisait à caractériser un changement de cause, alors que la demande était la même et contre le même adversaire. Toutefois, la Cour de cassation a adopté une autre conception par un arrêt d'assemblée plénière, en date du 7 juillet 2006. Cette dernière considère que le fait d'invoquer un nouveau fondement juridique ne suffit pas à caractériser la nouveauté de la cause et, par suite, à écarter l'autorité de la chose jugée de la demande originaire (Cass. ass. plén., 7 juillet 2006). Dès lors, il incombe au demandeur de présenter dès l'instance relative à la première demande l'ensemble des moyens qu'il estimait de nature à fonder celle-ci. Le principe de concentration des moyens tend à empêcher les manœuvres dilatoires ou encore la stratégie procédurale qui n'aurait pour fin que de contourner la décision du juge précédemment rendue afin d'assurer la célérité de la justice.

Néanmoins, la Cour de cassation a tempéré les effets du principe de concentration des moyens. En effet, la fin de non-recevoir (CPC, art. 122) ne pourra jouer que si la situation qui a servi de fondement à la décision antérieure est demeurée identique. Il en va différemment, lorsque des événements postérieurs ont modifié la situation antérieurement reconnue en justice (Cass. 2e civ., 10 juillet 2008). A titre d'illustration, une seconde instance en divorce qui ne s'appuie que sur des faits intervenus antérieurement à la première décision se heurte à l'autorité de la chose jugée de cette dernière (Cass. 2e civ., 10 mars 1982). *A contrario*, si de nouveaux faits surviennent postérieurement au jugement refusant le divorce, une nouvelle procédure de divorce peut être intentée. Également, la question soumise au juge saisi d'une demande en changement de nom est celle de savoir si, au jour où il statue, le changement est conforme aux intérêts en présence ; cet intérêt peut changer avec les circonstances, notamment avec l'âge de l'enfant, de sorte que la décision qui a rejeté une première demande n'a pas, à l'égard d'une seconde demande, l'autorité de la chose jugée (Cass. 1re civ., 18 décembre 1979).

2. La conception stricte de la qualité des parties et de l'objet

Pour que joue l'effet négatif de chose jugée, il faut qu'il y ait une identité d'objet entre la nouvelle demande et le jugement déjà rendu. En effet, selon l'article 1355 du Code civil, l'autorité de la chose jugée n'a lieu qu'à condition « que la chose demandée soit la même ». L'article 4, alinéa 1re, du Code de procédure civile renvoie la définition de l'objet du litige à celle des prétentions. En effet, « l'objet du litige est déterminé par les prétentions des parties ». Si le Code de procédure civile s'abstient de donner, du moins directement, une définition de la prétention ; Motulsky voyait dans l'objet du litige l'avantage économique et social recherché par chacune des parties (*Motulsky H., Prolégomènes pour un futur Code de procédure civile, D. 1972, chron., p. 91, n° 31 et s.*). Aussi la jurisprudence retient que s'il incombe au demandeur de présenter dès l'instance relative à la première demande l'ensemble des moyens qu'il estime de nature à fonder celle-ci, il n'est pas tenu de présenter dans la même instance toutes les demandes fondées sur les mêmes faits (Cass. 2e civ., 26 mai 2011). À titre d'illustration, la demande en paiement des loyers n'a pas le même objet que la demande tendant à faire juger que la vente de l'immeuble était parfaite (Cass. 1re civ., 12 mai 2016).

Selon l'article 1355 du Code civil, un demandeur ne se heurtera dans une affaire à l'autorité de la chose jugée qu'à condition « que la demande soit entre les mêmes parties, et formée par elles et contre elles en la même qualité ». Pour déterminer la qualité de partie, il faut se référer au lien d'instance. Il s'agit du demandeur, du défendeur, des intervenants, on leur assimile les ayants cause. Ainsi, pour invoquer l'autorité que la loi attribue à la chose jugée, il faut, entre autres conditions, que la demande soit entre les mêmes parties et formée pour elles ou contre elles en la même qualité (Req., 28 février 1911). Le Code civil exige en outre une identité de qualité processuelle de partie, ce qui renvoie au caractère imprécis du concept de représentation lorsqu'il s'agit de savoir si une personne n'avait pas la qualité processuelle de partie a été représentée par un plaideur ou est restée un véritable tiers. À titre d'exemple, le jugement rendu en la seule présence des syndicats de réalisateurs de télévision agissant dans l'intérêt collectif de la profession, mais sans avoir reçu mandat de représenter les réalisateurs eux-mêmes, n'a pas autorité de la chose jugée à l'égard de ces derniers (Cass. soc., 7 octobre 1981). En revanche, la décision relative au sort d'un bien de la communauté, rendue à l'égard d'un des époux, a autorité de la chose jugée à l'égard de l'autre (Cass. 2e civ., 21 janvier 2010).

B - LA CONCEPTION RENOUVELÉE DE L'ÉTENDUE DE LA CHOSE JUGÉE

L'autorité de la chose jugée est attachée uniquement au dispositif (1), ce qui par extension exclue les motifs (2).

1. L'autorité de la chose jugée attachée exclusivement au dispositif

La chose jugée figure au sein du jugement. Toutefois, toutes les énonciations du jugement n'ont pas nécessairement autorité de la chose jugée. Ainsi lorsque le juge rappelle les termes du litige et les moyens des parties, il ne tranche pas une contestation. Il convient donc de déterminer la chose jugée au sein du jugement. Aussi, l'autorité de la chose jugée ne vaut que pour le dispositif (C. civ., art. 1355). En effet, lorsqu'on recherche, dans une décision de justice, ce qui a autorité de la chose jugée, il convient de ne s'attacher qu'au dispositif, c'est-à-dire à la partie conclusive généralement précédée de la formule « Par ces motifs ». La partie antérieure consacrée à l'exposé des motifs de la décision ne saurait contenir, en l'état de la jurisprudence actuelle, d'énoncés ayant autorité de la chose jugée, si bien que son rôle n'est que complémentaire. Ainsi, la Cour de cassation a décidé, par un arrêt de principe, au visa des articles 1351 du Code civil et 480 du Code de procédure civile que « l'autorité de la chose jugée n'a lieu qu'à l'égard de ce qui fait l'objet du jugement et a été tranché dans son dispositif » (Cass. Ass. plén., 13 mars 2009). L'article 455 du Code de procédure civile précise d'ailleurs que le jugement énonce « la décision sous forme de dispositif ».

Néanmoins, il serait erroné d'affirmer que toutes les indications figurant dans le dispositif ont indifféremment l'autorité de la chose jugée. En effet, cette autorité est limitée aux points litigieux ayant été effectivement tranchés par le juge. Il peut y avoir une difficulté pour les jugements qui prennent acte de la décision des autres. Il en va ainsi lorsque les parties sollicitent le juge pour constater leur conciliation (CPC, art. 129-1).

La Cour de cassation a pu considérer que « lorsque dans une instance une partie fait par conclusions des offres de nature à mettre fin au litige et que l'autre partie les accepte, les juges doivent en donner acte, afin de constater leur accord et de consacrer le contrat judiciaire qui est ainsi formé » (Cass. civ., 8 juill. 1925). L'acte ne fait que consacrer la volonté des parties. Également, l'autorité de la chose jugée est débattue pour les jugements « en l'état », ou « quant à présent et en l'état ». Il s'agit d'un jugement déboutant le plaideur en raison de l'insuffisance des justifications produites. Contrairement à ce que laisse croire sa dénomination, ce jugement ne permet pas le renouvellement d'une demande identique, fût-elle assortie de nouveaux éléments de preuve, car une telle demande porterait atteinte à l'autorité de la chose jugée dont le jugement en l'état est revêtu dès son prononcé. Mais cette solution ne concerne que le jugement ayant statué au fond. Si le jugement a déclaré une demande irrecevable en l'état, une nouvelle instance aux mêmes fins est possible après régularisation de la situation. La jurisprudence semble avoir posé une distinction. Par principe, un jugement rendu en l'état des justifications produites, s'il tranche dans son dispositif tout ou partie du principal, a dès son prononcé, autorité de la chose jugée relativement à la contestation qu'il tranche (Cass. com., 8 mars 1994). Ainsi, en principe, la mention « en l'état » est sans portée dans une décision statuant au fond (Cass. 2e civ., 10 décembre 1998). En revanche, l'autorité de la chose jugée ne s'attache qu'à ce qui a été décidé sans condition ni réserve (Cass. 1re, civ., 26 février 2016) et la décision qui n'a débouté le demandeur qu'en l'état et faute par lui de produire certaines pièces ne s'oppose pas à une nouvelle instance dans laquelle les documents ignorés des juges lors de la première décision sont versés au débat (Cass. com., 18 mai 1981).

2. L'autorité de la chose jugée exclue des motifs

Les motifs du jugement sont la raison de fait ou de droit qui commande la décision et que le jugement doit exposer avant le dispositif (CPC, art. 455). Il est traditionnellement admis que les motifs d'un jugement n'ont pas autorité de la chose jugée (Cass. 1re civ., 8 juillet 1994). Toutefois, il faut distinguer deux types de motifs. Les motifs décisifs sont les motifs qui constituent le soutien nécessaire de la solution énoncée dans le dispositif. Les motifs décisoires sont les motifs qui tranchent une question de fond, une partie du principal, sans être pour autant en relation avec le dispositif, sans en être le soutien nécessaire. Concrètement, et selon une formule doctrinale, il s'agit d'un dispositif égaré. Pour la jurisprudence, ces motifs avaient autorité de la chose jugée. La question s'est posée en particulier pour les jugements mixtes. Il s'agit d'une décision contenant à la fois des dispositions définitives et des dispositions avant dire droit. Il en va ainsi d'un jugement qui désigne le responsable d'un accident, dans les motifs, et ordonne, dans le dispositif, une expertise pour déterminer l'étendue du préjudice subi par la victime. Sur ce point, il y a eu une divergence jurisprudentielle : la deuxième chambre civile, la chambre commerciale et la chambre sociale ont considéré que de tels motifs sont dépourvus de l'autorité de chose jugée bien qu'ils tranchent une partie du principal, tandis que les autres chambres civiles ont statué en sens contraire (Cass. 1re civ., 1er avril 1981). Désormais, il n'y a plus lieu de conférer une quelconque autorité aux motifs décisoires. En effet, l'assemblée plénière de la Cour de cassation a énoncé clairement, au visa des articles 1351 du Code civil, et 480 du Code de procédure civile, que « l'autorité de chose jugée n'a lieu qu'à l'égard de ce qui fait l'objet du jugement et a été tranché dans son dispositif » (Cass. Ass. plén., 13 mars 2009). Selon le communiqué de la Cour, la formulation ferme et générale de l'arrêt dénie tout effet aux motifs, quels qu'ils soient. La jurisprudence promeut ainsi une position orthodoxe : seul le dispositif de la décision a autorité de la chose jugée ; les motifs en sont exclus. Ainsi, l'autorité est attachée à ce qui a été réellement jugé et non à ce qui en constitue la justification en fait et en droit.

Cette solution, semble également condamner la chose implicitement ou virtuellement jugée. Il s'agit dans le cadre de cette théorie, de reconnaître autorité, non pas aux antécédents logiques de la décision, mais à ses suites nécessaires. La Cour de cassation avait pu considérer qu'une condamnation sous astreinte d'une personne morale à modifier sa dénomination sociale emporte nécessairement l'interdiction d'utiliser la dénomination prohibée (Cass. 2e civ., 30 mai 2002). Également, un jugement déclarant « recevable la demande de révision du montant du loyer, l'arrêt avait nécessairement jugé que le bail contenait une clause d'échelle mobile ; cette décision qu'elle qu'en soit le mérite, s'imposait en conséquence à la juridiction saisie du même point litigieux à l'occasion d'un différend opposant les mêmes parties » (Cass. 3e civ., 13 novembre 1986). Ainsi, l'arrêt d'assemblée plénière du 13 mars 2009 rompt avec la solution traditionnelle admettant qu'avait autorité de la chose jugée tout ce qui constitue la suite nécessaire de la décision expresse (Cass. civ., 27 avril 1864).

La chose jugée est essentiellement régie par les articles 1355 désormais du Code civil et 480 du Code de procédure civile. Ces derniers posent une présomption de vérité légale, qui est limitée aux parties et aux jugements. Néanmoins, la Cour de cassation a fait évoluer la notion, notamment de causes et d'étendue de la chose jugée afin de responsabiliser les parties et le juge afin d'atteindre l'objectif de célérité. Cela dit, il faut rappeler que la procédure civile n'a pas pour seul objectif la régulation des flux judiciaires et que son but est aussi de sauvegarder la loyauté des débats et l'intérêt des plaideurs.

DROIT CIVIL ET PROCÉDURE CIVILE

CAS PRATIQUE : CAS MONSIEUR B. ET MADAME D.

SUJET

Monsieur B. demeurant à Rions (Gironde) a vécu maritalement avec Madame D., demeurant à Bordeaux, de 2006 à 2015.

Un enfant est issu de leur union, Malo né le 24 août 2009 à LANGON.

Le 17 mai 2011, Monsieur B. et Madame D. ont fait enregistrer au greffe du tribunal d'instance de Bordeaux leur pacte civil de solidarité (PACS).

Ce PACS a été dissous le 18 mai 2015.

Par arrêt définitif de la Cour d'appel de Bordeaux, la résidence principale de l'enfant a été fixée au domicile de la mère.

Pendant toute la durée de la vie commune, Monsieur B. et Madame D. résidaient dans un immeuble à usage d'habitation appartenant à Madame D.

De 2015 à 2016, Monsieur B. a effectué, à ses frais, un certain nombre de travaux :

- rénovation des chambres des 2 enfants issus d'une précédente union de Madame D. (peinture des murs et plafonds, rénovation du sol, décorations diverses) ;
- travaux d'amélioration du jardin ;
- réalisation et financement au sein d'un hangar d'une mezzanine (charpente, isolation, électricité, couchage) ;
- réfection de la peinture des salons, salle à manger, entrée, cuisine ;
- pose d'un W.-C. et aménagement d'une salle d'eau supplémentaire.

Entre 2011 et 2014 : nombreux travaux de rénovation de la piscine (réfection de la margelle, pose d'une clôture de sécurité, construction d'un abri bois, changement et pose d'un liner neuf).

Monsieur B. est en possession de l'ensemble des factures de matériaux réglées par ses soins qui ressortent au total à la somme de 20 993,04 €.

Suite à la dissolution intervenue en mai 2015, Monsieur B. a quitté les lieux.

Monsieur B. invoque le fait que l'ensemble des travaux effectués et financés par ses soins ont contribué à l'amélioration du confort et de l'habitabilité des lieux, Madame D. se refusant à l'indemniser de l'ensemble des améliorations ainsi apportées à un immeuble dont elle est propriétaire et dont elle a la jouissance exclusive.

Monsieur B. a, tout en invoquant la précarité de sa situation, parallèlement, contribué aux dépenses du couple (frais d'alimentation, téléphone fixe et internet, entretien et réparations du véhicule de Madame D., carburant, péages).

> ### Questions posées
>
> **Question 1.** Vous exposerez, succinctement, les caractéristiques du PACS :
> - Définition
> - Procédure
> - Effets
>
> (4 points)
>
> **Question 2.** Monsieur B. dispose-t-il d'un recours pour obtenir paiement de l'ensemble des améliorations apportées à l'immeuble de Madame D. auxquelles il a contribué ?
>
> Dans l'affirmative
> - devant quelle juridiction ? (1 point)
> - sur quels fondements ? vous analyserez la situation des sommes décaissées antérieurement et postérieurement à la dissolution du PACS (7 points).
>
> **Question 3.** Quels sont, selon vous, les moyens de forme (5 points) et de fond (3 points) que Mme D. pourra faire valoir en réponse aux demandes M. B ?

Monsieur B. et Madame D. ont vécu comme un couple marié de 2006 à 2015. Le 17 mai 2011, ils ont conclu un PACS, qui a été dissous le 18 mai 2015.

Des difficultés surviennent en raison de travaux réalisés par le partenaire.

Il convient d'appréhender les caractéristiques du PACS (I), le recours du partenaire relatif aux dépenses réalisées (II) et les moyens de forme et de fond de la partenaire (III).

I - Sur les caractéristiques du PACS

Un Pacs a été conclu entre deux personnes. Il convient d'envisager successivement la définition du PACS (A), la procédure (B) et les effets (C).

A - LA DÉFINITION

Le PACS est la dénomination donnée à l'accord conclu entre deux personnes de sexe différent ou de mêmes sexes, en vue d'organiser leur vie en commun (C. civ., art. 515-1 et s.).

En l'espèce, le PACS a été enregistré le 17 mai 2011 au greffe du tribunal d'instance de Bordeaux.

B - LA PROCÉDURE

Formellement, la conclusion d'un PACS se déroule en trois temps.

D'abord, le PACS doit être rédigé par acte sous seing privé ou par acte authentique (C. civ., art. 515-3). La loi n'impose aucun contenu particulier au contrat de PACS, laissant ainsi une grande liberté aux partenaires. En l'espèce, aucune information n'est relative à la forme de l'acte.

Ensuite, antérieurement au 1er novembre 2017 (date d'entrée en vigueur de la loi du 18 novembre 2016), les PACS étaient enregistrés auprès du greffe des tribunaux d'instance. En l'occurrence, le PACS a été enregistré au greffe du tribunal d'instance de Bordeaux le 17 mai 2011. Depuis le 1er novembre 2017, les personnes souhaitant conclure un PACS doivent faire une déclaration conjointe devant l'officier de l'état civil de la commune dans laquelle elles auront fixé leur résidence commune ou, en cas d'empêchement grave à cette fixation, devant l'officier de l'état civil de la commune où se trouve la résidence de l'une des parties (C. civ., art. 515-3, al. 1er).

Enfin, le PACS est publié sur les actes de naissance des partenaires. En effet, l'article 515-3-1 du Code civil dispose qu'« il est fait mention, en marge de l'acte de naissance de chaque partenaire, de la déclaration de pacte civil de solidarité, avec indication de l'identité de l'autre partenaire ». C'est donc désormais l'officier d'état civil qui transmet, après enregistrement du PACS, un avis de mention aux communes qui détiennent les actes de naissance des partenaires.

C - LES EFFETS

Le pacte civil de solidarité a pour but l'organisation de la vie commune de deux personnes. La conclusion d'un PACS entraîne des effets personnels (1) et patrimoniaux (2).

1. Les effets personnels du PACS

Selon les termes de l'article 515-4 du Code civil, les partenaires s'engagent à une vie commune et c'est cette vie commune qui caractérise le PACS et justifie l'existence des autres règles gouvernant cette vie commune : le devoir d'assistance morale et d'aide matérielle et la solidarité des dettes.

La loi du 23 juin 2006 a introduit l'obligation d'assistance réciproque. Elle fait ainsi du PACS une union à dimension personnelle et affective et pas seulement matérielle, comme en 1999.

2. Les effets patrimoniaux du PACS

L'article 515-4 du Code civil précise que les partenaires sont tenus solidairement à l'égard des tiers des dettes contractées par l'un d'eux pour les besoins de la vie courante.

Enfin, l'article 515-4 du Code civil prévoit une aide matérielle. Cette aide est proportionnelle aux facultés respectives des partenaires.

II - Le recours du partenaire relatif aux dépenses

Le partenaire souhaite obtenir le paiement de l'ensemble des améliorations apportées à l'immeuble de sa partenaire. Quelle est la juridiction compétente ? Quels sont les fondements de l'action ?

A - SUR LA JURIDICTION COMPÉTENTE

Il convient de distinguer la compétence matérielle (1), de la compétence territoriale (2).

1. La compétence matérielle

Pour la compétence matérielle, le tribunal judiciaire, étant une juridiction de principe, connaît « de toutes les affaires civiles et commerciales pour lesquelles compétence n'est pas attribuée, en raison de la nature de la demande, à une autre juridiction » (COJ, art. L. 211-3).

De plus, selon les termes de l'article L. 213-3 du Code de l'organisation judiciaire, dans chaque tribunal judiciaire, un ou plusieurs magistrats du siège sont délégués dans les fonctions de juge aux affaires familiales. Ce dernier connaît, notamment, des conséquences de la liquidation et du partage des intérêts patrimoniaux des personnes liées par un PACS.

Dès lors, c'est le juge aux affaires familiales du tribunal judiciaire qui sera compétent pour liquider et partager les intérêts patrimoniaux de Monsieur B. et de Madame D.

2. La compétence territoriale

Pour la compétence territoriale, le décret n° 2019-912 du 30 août 2019 modifie l'article R. 211-11 du Code de l'organisation judiciaire. Selon ce dernier, « les règles relatives à la compétence territoriale du tribunal judiciaire statuant en matière civile sont déterminées par le Code de procédure civile et les dispositions ci-après ainsi que par les autres lois et règlements ».

Il convient donc de se référer traditionnellement aux articles 42 et suivants du Code de procédure civile.

Toutefois, la compétence territoriale du juge aux affaires familiales est envisagée spécifiquement à l'article 1070 du Code de procédure civile. Il peut notamment s'agir du lieu où se trouve la résidence de la famille. Si les parents vivent séparément, Il peut s'agir du juge du lieu de résidence du parent avec lequel résident habituellement les enfants mineurs en cas d'exercice en commun de l'autorité parentale, ou du lieu de résidence du parent qui exerce seul cette autorité.

En l'espèce, il n'est pas mentionné de lieu de résidence de la famille. Toutefois, il est mentionné que par un arrêt définitif, la cour d'appel de Bordeaux a fixé la résidence principale de l'enfant chez la mère. Il est précisé que la mère demeure à Bordeaux.

En conséquence, il s'agira du juge aux affaires familiales du tribunal judiciaire de Bordeaux.

B - SUR LES FONDEMENTS

Il convient de distinguer les sommes déboursées avant la dissolution (1) et les sommes postérieures à la dissolution (2).

1. Les sommes avant la dissolution

Préalablement à la dissolution du PACS, le partenaire a réalisé des travaux de rénovation d'une piscine.

En matière de PACS, il appartient aux partenaires de procéder « eux-mêmes à la liquidation des droits et obligations résultant pour eux du pacte civil de solidarité » (C. civ., art. 515-7, al. 10).

Toutefois, des difficultés peuvent intervenir durant cette phase de liquidation.

Ainsi, à défaut d'accord, le juge statue sur les conséquences patrimoniales de la rupture (C. civ., art. 515-7).

La loi n° 2006-728 du 23 juin 2006 a précisé que, sauf convention contraire, les créances entre partenaires sont évaluées selon les règles prévues à l'article 1469 du Code civil (C. civ., art. 515-7, dern. al.).

Il s'agit donc de reprendre pour les créances des partenaires les règles de calcul des récompenses entre époux communs en biens.

Selon l'article 1469 du Code civil, le principe est que le montant de la créance sera, en général, égal « à la plus faible des deux sommes que représentent la dépense faite et le profit subsistant » (C. civ., art. 1469, al. 1er).

Toutefois, ce montant ne peut être inférieur à la dépense lorsque celle-ci était nécessaire (C. civ., art. 1469, al. 2).

En l'espèce, durant le PACS, le partenaire a réalisé des travaux de rénovation de la piscine, qui ne présentent pas le caractère de nécessité.

Ainsi, le partenaire pourra solliciter un montant égal à la plus faible des deux sommes que représentent la dépense faite et le profit subsistant.

2. Les sommes après la dissolution

Il est mentionné qu'après la dissolution du PACS, entre 2015 et 2016, le partenaire a effectué à ses frais de nombreux travaux dans l'habitation.

Se pose d'abord une difficulté relative à la qualification (a), qui conditionne le régime applicable (b).

a) Sur la qualification de la situation

Il est mentionné que le PACS a été dissous en date du 18 mai 2015. Monsieur B. a par la suite quitté les lieux. Dès lors, le régime du PACS n'est plus applicable. Néanmoins, la qualification de concubinage pourrait être retenue.

En effet, le concubinage selon les termes de l'article 515-8 du Code civil est « une union de fait, caractérisée par une vie commune présentant un caractère de stabilité et de continuité, entre deux personnes, de sexe différent ou de même sexe, qui vivent en couple ».

Monsieur B. ayant quitté les lieux en mai 2015, il ne sera pas possible de retenir la qualification d'une vie commune et donc d'un concubinage malgré les travaux réalisés.

Dès lors, ne reste comme fondement que le recours au droit commun des obligations : l'enrichissement sans cause.

b) L'enrichissement sans cause

La théorie de l'enrichissement sans cause, légalisée à l'article 1303 du Code civil, affirme que nul ne peut s'enrichir au détriment d'autrui.

D'abord l'action revêt un caractère subsidiaire. En effet, elle ne peut être admise qu'à défaut de toute autre action ouverte au demandeur.

En l'espèce, aucune autre action n'est envisageable, comme la société créée de fait entre concubins.

Ensuite, il faut rapporter l'existence d'un appauvrissement d'une part et, d'autre part, l'enrichissement de l'autre concubin.

En l'occurrence Monsieur B. s'est appauvri dans la mesure où il a financé et réalisé des travaux au domicile de son ancienne partenaire. En revanche, Madame D. s'est enrichie, car lesdits travaux ont apporté une plus-value à son bien immobilier.

Enfin, il doit être démontré une corrélation entre l'appauvrissement et l'enrichissement.

En l'espèce, le financement et l'exécution des travaux ont causé la plus-value réalisée par l'ancienne partenaire.

Dès lors, l'appauvri peut solliciter une indemnité égale à la moindre des deux valeurs de l'enrichissement et de l'appauvrissement (C. civ., art. 1303).

En conséquence, Monsieur B. est fondé à solliciter le remboursement des sommes déboursées pour les divers travaux réalisés.

III - Sur les arguments de Madame D.

En réponse à Monsieur B., Madame D. peut soulever des arguments de forme (A) et des arguments de fond (B).

A - LES ARGUMENTS DE FORME

Madame D. peut soulever deux moyens : sur le terrain de la preuve (1) et sur le terrain de la prescription (2).

1. La preuve des dépenses réalisées durant le PACS

La liquidation des intérêts patrimoniaux, malgré une apparente simplicité, conduit à des difficultés majeures liées au manque de preuve. Il en va notamment ainsi en cas d'améliorations ou de financement d'un bien personnel d'un partenaire par l'autre (Paris, 9 novembre 2006).

Également, dans le cadre de l'enrichissement sans cause, il revient au demandeur de rapporter la preuve de l'enrichissement sans cause.

Toutefois, en l'espèce, Monsieur B. a conservé l'ensemble des factures de matériaux des travaux antérieurs et postérieurs à la dissolution, pour une somme totale de 20 993,04 euros.

Restera à Madame D. la possibilité de contester la réalisation des travaux par Monsieur B. sur le terrain de la prescription.

2. La prescription

Dans le cadre de la prescription, il convient de distinguer les sommes déboursées antérieurement à la dissolution (a) et les sommes postérieures (b).

a) La prescription des sommes antérieures à la dissolution

Si l'article 2236 du Code civil précise que la prescription ne court pas ou est suspendue entre les partenaires, l'article 2224 du Code civil précise que « Les actions personnelles ou mobilières se prescrivent par cinq ans à compter du jour où le titulaire d'un droit a connu ou aurait dû connaître les faits lui permettant de l'exercer ». Ce dernier article a vocation à s'appliquer à la dissolution du PACS.

Aussi, le PACS de Monsieur B. et Madame D. a été dissous le 18 mai 2015.

Dès lors, Monsieur B. avait jusqu'au 19 mai 2020 pour intenter une action en vue de la liquidation des intérêts patrimoniaux du PACS.

Au regard de l'esprit du concours de l'ENM, le dispositif spécifique relatif à la crise sanitaire pouvait trouver application, mais n'était pas attendu.

En effet, l'ordonnance n° 2020-306 du 25 mars 2020, prise en application de la loi n° 2020-290 du 23 mars 2020 d'urgence pour faire face à l'épidémie de covid-19, a précisé les modalités de prorogation des délais échus pendant la période d'urgence sanitaire et l'adaptation des procédures pendant cette même période.

L'article 1er précise les délais concernés ou non par les dispositions de l'ordonnance. L'article 2 explicite le mécanisme de report de terme et d'échéance pour les actes, actions en justice, recours, formalités, inscriptions, déclarations, notifications, ou publications prescrits par la loi ou le règlement, à peine de nullité, sanction, y compris désistement d'office, caducité, forclusion, prescription, inopposabilité, irrecevabilité, péremption, application d'un régime particulier, non avenu ou déchéance d'un droit quelconque et qui devaient être réalisés dans la période mentionnée à l'article 1er, les délais sont prorogés à compter de la fin de cette période, pour la durée qui était légalement impartie, mais dans la limite de deux mois.

b) La prescription des sommes postérieures à la dissolution

La loi n° 2008-561 du 17 juin 2008, portant réforme de la prescription en matière civile, a raccourci le délai de la prescription extinctive de droit commun ; l'action en enrichissement injustifié, à défaut de dispositions légales contraires, doit être soumise au délai qui est de cinq ans (C. civ., art. 2224).

En l'occurrence les travaux se sont achevés en 2016, la prescription quinquennale n'a donc pas encore fait son œuvre.

Madame D. ne pourra donc pas invoquer un tel argument pour les sommes postérieures à la dissolution.

B - LES ARGUMENTS DE FOND

Il convient de distinguer les arguments relatifs aux dépenses réalisées durant le PACS (1) et les dépenses réalisées postérieures à la dissolution du PACS (2).

1. Pour les dépenses durant le PACS

Correctif d'équité, les créances entre partenaires peuvent être compensées avec les avantages que leur titulaire a pu retirer de la vie commune, notamment en ne contribuant pas à hauteur de ses facultés aux dettes contractées pour les besoins de la vie courante (C. civ., art. 515-7).

Toutefois, en l'espèce, un tel argument est difficilement envisageable puisqu'il est précisé que Monsieur B. a contribué aux dépenses du couple.

En effet, il est mentionné qu'il a participé aux frais d'alimentation, téléphone fixe et internet, à l'entretien et les réparations du véhicule de Madame D., au carburant et aux péages. De surcroît, Monsieur B. a contribué aux charges du ménage, malgré la précarité de sa situation.

Madame D. pourrait aussi avancer que son partenaire a profité gracieusement du logement. En effet il est indiqué que Monsieur B. a quitté les lieux en mai 2015.

En conséquence Madame D. devra démontrer, pour faire échec à la demande de son ancien partenaire, qu'il n'y a pas eu de déséquilibre durant la vie commune entre les travaux réalisés et l'hébergement de Monsieur B. En d'autres termes que les travaux liés à la piscine ont été compensés avec les avantages que Monsieur B. a pu retirer de la vie commune.

2. Pour les dépenses postérieures au PACS

Pour que l'action de *in rem verso* soit admise, un rapport de cause à effet doit exister entre l'appauvrissement du patrimoine du demandeur et l'enrichissement de celui du défendeur.

Cette corrélation doit cependant exister, et être prouvée par le demandeur.

Aussi, l'appauvrissement de Monsieur B. ne doit pas être justifié par des dispositions légales, contractuelles, d'une intention libérale, d'un délit ou d'un quasi-délit.

Or en l'espèce, l'appauvrissement de Monsieur B. pourrait trouver sa source dans l'exécution d'un devoir de l'appauvri.

Tel est le cas lorsque la prestation accomplie l'a été en exécution d'une obligation naturelle, d'un devoir moral, voire d'une simple relation d'amitié (Cass. 3e civ., 1er mars 1989).

En l'occurrence, les travaux réalisés par Monsieur B. peuvent se justifier par le lien d'amitié. De plus, ils peuvent se justifier par l'existence d'un devoir moral à l'égard non pas de la mère, mais de son enfant. En effet, il a notamment rénové les peintures du salon, la salle à manger, l'entrée et la cuisine, a posé un W.-C. et aménagé une salle d'eau ce qui profitera à son enfant.

Toutefois, pour les autres travaux l'existence d'un devoir moral de Monsieur B. est plus discutable surtout pour la rénovation des chambres des deux enfants issus d'une autre union.

En définitive, Madame D., pour faire échec aux demandes de Monsieur B., devra apporter la preuve que l'appauvrissement de ce dernier est justifié par une obligation.

DROIT PÉNAL ET PROCÉDURE PÉNALE

CAS PRATIQUE : CAS MONSIEUR DUBOIS

SUJET

Le 17 octobre 2019, un procès-verbal de renseignements était dressé par un policier du commissariat de Bordeaux indiquant que Victor DUBOIS, dirigeant d'une entreprise de construction, s'était présenté et avait relaté être victime depuis plusieurs semaines de relances de la part de trois individus qu'il connaissait, envoyés par un certain NICOLAS, pour l'obliger à remettre à celui-ci, en contrepartie d'une prétendue protection, une somme de 50 000 euros, faute de quoi ils mettraient le feu à ses engins de chantiers, voire s'en prendraient à sa famille. Le plaignant fournissait aux policiers, d'une part, l'enregistrement qu'il avait fait des propos menaçants que lui avaient tenus ses trois visiteurs en réitérant leur demande lors de leur dernière venue dans son entreprise, d'autre part, des captures d'écran de son téléphone portant sur des dizaines de messages reçus qui étaient autant de rappels et incitations.

Il ajoutait savoir qu'un groupe d'individus dont faisait partie probablement NICOLAS soumettait, sous le même prétexte, d'autres entreprises de construction à des paiements réguliers en les menaçant de destruction ou d'incendie. Le rapprochement de différentes enquêtes avait d'ailleurs permis de constater une recrudescence de vols et de sinistres inexpliqués, probablement d'origine criminelle, survenus sur des chantiers locaux.

Le procureur de la République étant avisé, un officier de police judiciaire utilisant un pseudonyme et se faisant passer pour le représentant de Victor DUBOIS était contacté le 25 octobre 2019 par une certaine SANDRINE avec laquelle il entreprenait des tractations portant sur les modalités de cette cession forcée. Il échangeait avec elle diverses conversations téléphoniques, dont certaines à son initiative, qui démontraient la constance des menaces et de la détermination de Nicolas MARTIN pour parvenir à ses fins. Ces échanges étaient enregistrés. Enfin, le 20 novembre suivant, le policier proposait un rendez-vous avec Nicolas MARTIN au prétexte de discuter de la question financière. Le 30 novembre, Nicolas MARTIN se présentait au rendez-vous, assisté par les trois individus qui avaient menacé Victor DUBOIS. Ils étaient tous interpellés puis placés en garde à vue, les droits attachés à cette mesure leur étant immédiatement notifiés et le procureur de la République étant aussitôt avisé.

Ce magistrat ouvrait, relativement aux faits concernant M. DUBOIS, une information du chef de tentative d'extorsion. Nicolas MARTIN et les trois autres hommes interpellés en même temps que lui étaient mis en examen et placés en détention provisoire.

L'enquête préliminaire qui était conduite en parallèle sur les faits révélés par M. DUBOIS dont auraient été victimes d'autres entreprises de la région et qui étaient susceptibles d'avoir été commis par un groupe d'individus dont Nicolas MARTIN pouvait faire partie, mettait en évidence la réalité des agissements délictueux dénoncés imputables à une organisation structurée pratiquant, à l'échelle de la région, l'extorsion auprès des entreprises de construction. Concernant des faits qui, selon lui, pouvaient recevoir la qualification d'extorsion en bande organisée et d'association de malfaiteurs, le magistrat du parquet estimait que les investigations devaient se poursuivre dans le cadre d'une information.

Sandrine BERNARD, qui avait été identifiée, était interpellée quelques semaines plus tard puis mise en examen du même chef que Nicolas MARTIN. Elle était placée en détention provisoire puis, trois mois plus tard, mise en liberté sous contrôle judiciaire dont elle ne respectait aucune des obligations à elle fixées.

À l'issue de l'information, les cinq mis en examen étaient renvoyés en qualité de coauteurs devant la juridiction de jugement, laquelle ne retenait à l'encontre de Sandrine BERNARD qu'une simple complicité.

Vous répondrez aux questions suivantes.

1. En vous appuyant sur un exposé précis de la jurisprudence pertinente européenne et interne sur l'application du principe de loyauté en matière pénale, vous examinerez si les divers actes accomplis en l'espèce par le policier sous pseudonyme, en amont des interpellations, peuvent être regardés comme une atteinte à ce principe de nature à affecter la validité de la procédure. (6 points).
2. Vous indiquerez la procédure à suivre pour sanctionner le non-respect par Sandrine BERNARD de son contrôle judiciaire. Si une réincarcération vous paraît possible, vous indiquerez son incidence sur les délais et la durée de la détention provisoire à venir. (3 points).
3. S'agissant des autres faits évoqués initialement par le plaignant, susceptibles d'avoir été commis au préjudice d'autres entreprises de construction et non visés par le réquisitoire introductif, vous indiquerez les options offertes au magistrat du parquet souhaitant la poursuite des investigations les concernant dans le cadre d'une information sous les qualifications d'extorsions en bande organisée et d'association de malfaiteurs. Vous expliquerez les incidences éventuelles de chaque option sur le régime de détention provisoire de Nicolas MARTIN, dans le cas où il serait également mis en examen pour ces faits distincts. (3 points).
4. Vous examinerez, au regard de la jurisprudence que vous exposerez, si une double qualification d'extorsion en bande organisée et d'association de malfaiteurs vous paraît possible ou non concernant ces autres faits. (4 points).
5. En analysant la jurisprudence européenne et interne pertinente, vous préciserez à quelles conditions de régularité était soumise la requalification en complicité opérée par la juridiction de jugement dans sa décision concernant Sandrine BERNARD. (4 points).

À titre liminaire, parce que cette étape est déterminante dans la vérification notamment, de la régularité des actes entrepris, il convient d'examiner la qualification juridique des faits relatés. À ce propos, l'énoncé distingue deux séries de faits : ceux dont a été victime Victor DUBOIS (I) et ceux dont ont été victimes plusieurs entreprises de la région (II).

I - Les faits commis à l'encontre de Victor DUBOIS

Il convient de distinguer la responsabilité pénale des trois individus envoyés par Nicolas MARTIN (A), celle de ce dernier (B) et celle de Sandrine BERNARD (C).

A - LA RESPONSABILITÉ PÉNALE DES TROIS INDIVIDUS ENVOYÉS PAR NICOLAS MARTIN

Le comportement adopté par les trois individus envoyés par Nicolas MARTIN auprès de Victor DUBOIS impose d'envisager, comme nous y invite l'énoncé, la qualification pénale d'extorsion. L'élément légal de ce délit réside dans l'article 312-1, alinéa 1er, du Code pénal aux termes duquel : « L'extorsion est le fait d'obtenir par violence, menace de violences ou contrainte soit une signature, un engagement ou une renonciation, soit la révélation d'un secret, soit la remise de fonds, de valeurs ou d'un bien quelconque ».

L'élément matériel de l'infraction consiste, notamment, dans le fait de forcer une personne à remettre des fonds, valeurs ou bien quelconque par l'emploi de violence, de menace de violences ou de contrainte. En l'espèce, il est manifeste que les trois individus envoyés par Nicolas MARTIN ont eu recours à de telles méthodes à l'encontre de Victor DUBOIS puisque l'énoncé mentionne que, dans l'objectif de se faire remettre une somme de 50 000 euros, ils l'ont menacé de mettre le feu à ses engins de chantiers – ce qui caractérise un acte de contrainte –, voire de s'en prendre à sa famille – ce qui est démonstratif d'une menace de violences. Il est aussi manifeste que les trois individus ont agi de la sorte afin de se faire remettre des fonds, en l'occurrence la somme de 50 000 euros, de sorte que l'élément moral de l'infraction est satisfait. Pour autant, l'énoncé ne mentionne finalement pas l'intervention d'une quelconque remise de fonds aux trois protagonistes, de sorte qu'il convient de nous interroger, comme nous y invite également l'énoncé, sur l'existence d'une tentative.

À ce propos, il y a lieu de rappeler que, conformément aux dispositions de l'article 121-4 du Code pénal, la tentative d'un délit n'est punissable que si le législateur l'a expressément prévu pour le délit en cause. S'agissant de l'extorsion, l'article 312-9 du Code pénal a effectivement prévu la punissabilité de la tentative. Il y a également lieu de rappeler que, conformément aux dispositions de l'article 121-5 du même Code, « la tentative est constituée dès lors que, manifestée par un commencement d'exécution, elle n'a été suspendue ou n'a manqué son effet qu'en raison de circonstances indépendantes de la volonté de son auteur ».

En l'espèce, le commencement d'exécution – qui est caractérisé « par des actes devant avoir pour conséquence directe et immédiate de consommer le crime, celui-ci étant entré dans la période d'exécution » (voir, notamment : Cass. crim., 25 octobre 1962, *Lacour, Bull. crim.* n° 292) – est établi au regard des multiples relances menaçantes adressées à Victor DUBOIS en vue de l'obtention de la somme d'argent et il n'est pas possible d'admettre l'existence d'un désistement volontaire dès lors que l'absence de remise des fonds trouve son origine dans l'interpellation par les forces de police des trois individus. En conséquence, il convient d'admettre la caractérisation, à l'égard de ces derniers, d'une tentative d'extorsion.

Aucun élément de l'énoncé ne permet de considérer que les trois individus puissent bénéficier d'une quelconque cause d'irresponsabilité pénale, qu'il s'agisse d'une cause de non-imputabilité ou d'un fait justificatif. Par ailleurs, le fait qu'il ne soit pas possible de déterminer précisément le comportement adopté par chacun des trois protagonistes ne constitue pas un obstacle à la répression puisqu'il est raisonnable de considérer qu'ils ont, ensemble, participé à une seule et même tentative d'extorsion, sur le modèle de la jurisprudence dite de la « scène unique de violences » (Cass. crim., 13 juin 1972, n° 71-92246). Ils encourent, au titre de cette tentative d'extorsion, les peines principales de sept années d'emprisonnement et de 100 000 euros d'amende (C. pén., art. 312-1), étant rappelé que, conformément aux dispositions de l'article 121-4 du Code pénal, l'auteur d'une tentative encourt les mêmes peines que l'auteur d'une infraction totalement consommée.

B - LA RESPONSABILITÉ PÉNALE DE NICOLAS MARTIN

Au regard de ce qui vient d'être développé à propos des trois individus, il serait tentant de considérer, comme l'évoque implicitement l'énoncé, que Nicolas MARTIN doit être qualifié co-auteur de la tentative d'extorsion commise à l'encontre de Victor DUBOIS. Néanmoins, dès lors que l'énoncé décrit le rôle exact de Nicolas MARTIN dans la commission des faits, il convient de retenir la qualification pénale la plus appropriée. Ainsi, il est expressément mentionné dans l'énoncé que les trois individus ont été envoyés par Nicolas MARTIN pour que ceux-ci exercent des pressions sur Victor DUBOIS en vue de se faire remettre une forte somme d'argent. Certes, il est également indiqué que, le 30 novembre 2019, Nicolas MARTIN s'est rendu, avec les trois individus, à un rendez-vous en vue de « discuter de la question financière ». Pour autant, cette circonstance ne permet pas d'établir que celui-ci a alors usé de violence, de menace de violences ou de contrainte. Faute d'élément factuel permettant de considérer que Nicolas MARTIN a commis l'infraction de tentative d'extorsion avec les trois individus, il convient d'envisager subsidiairement une qualification de complicité.

À ce propos, il y a lieu de rappeler que, conformément aux dispositions de l'article 121-7 du Code pénal, la complicité de tout délit est punissable, ce qui permet d'englober l'infraction de tentative d'extorsion. Ce délit constitue, par ailleurs, l'infraction principale punissable, condition préalable de la complicité envisagée à l'encontre de Nicolas MARTIN. Au titre de l'élément matériel, la complicité impose de démontrer que la personne concernée a adopté un comportement positif, causal et antérieur ou concomitant à l'infraction principale punissable.

Ces trois conditions sont, en l'espèce, satisfaites puisque le fait de dépêcher trois individus afin d'exercer des pressions sur un tiers constitue bien un comportement d'action, antérieur auxdites pressions et déterminant dans l'exercice de celles-ci, donc causal. Quant à la variété de complicité en cause, il convient de rappeler que la complicité par provocation implique de démontrer, à l'égard de la personne mise en cause, l'existence de certaines circonstances – « don, promesse, menace, ordre, abus d'autorité ou de pouvoir » (C. pén., art. 121-7) – qui ne résultent pas de l'énoncé. Eu égard au fait que, pour permettre aux trois individus d'exercer les pressions attendues, il était nécessaire de leur communiquer les informations utiles à leur mission (identité de la personne visée, coordonnées), il y a lieu de retenir une hypothèse de complicité par fourniture d'instructions. Enfin, au titre de l'élément moral, la complicité impose de démontrer que la personne mise en cause s'est délibérément associée au comportement infractionnel de l'auteur principal. En l'espèce, l'énoncé est éloquent puisqu'il insiste sur « la détermination de Nicolas MARTIN pour parvenir à ses fins ». En conséquence, il convient d'admettre la caractérisation, à l'encontre de Nicolas MARTIN, d'une complicité de tentative d'extorsion.

Aucun élément de l'énoncé ne permet de considérer que Nicolas MARTIN puisse bénéficier d'une quelconque cause d'irresponsabilité pénale, qu'il s'agisse d'une cause de non-imputabilité ou d'un fait justificatif. Il encourt, à titre principal, les peines de sept ans d'emprisonnement et de 100 000 euros d'amende (C. pén., art. 312-1), étant rappelé que, conformément aux dispositions de l'article 121-6 du Code pénal, le complice est puni comme auteur.

C - LA RESPONSABILITÉ DE SANDRINE BERNARD

Comme pour Nicolas MARTIN, il n'est pas démontré, à la lecture de l'énoncé, que Sandrine BERNARD a usé de violence, de menace de violences ou de contrainte. En effet, il est uniquement mentionné que celle-ci a fait office d'intermédiaire en participant à « des tractations portant sur les modalités de [la] cession forcée ». Faute d'élément factuel permettant de considérer que Sandrine BERNARD a commis, en tant que co-auteur, l'infraction de tentative d'extorsion avec les trois individus, il convient d'envisager, subsidiairement, une qualification de complicité.

À ce propos, il y a lieu de renvoyer aux développements précédents concernant Nicolas MARTIN pour ce qui concerne l'élément légal et la condition préalable de la complicité. S'agissant de l'élément matériel de la complicité, les trois conditions sus-évoquées sont satisfaites puisqu'en faisant office d'intermédiaire dans le cadre de la tentative d'extorsion commise à l'encontre de Victor DUBOIS, Sandrine BERNARD a bien adopté un comportement positif, antérieur à l'infraction principale punissable et causal, c'est-à-dire utile à la réalisation de cette infraction principale punissable. Quant à la variété de complicité en cause, après avoir éliminé les hypothèses de provocation et de fourniture d'instructions, qui ne sont pas démontrées à la lecture des faits, il convient de considérer que le comportement adopté par Sandrine BERNARD relève de l'hypothèse de la complicité par aide : en faisant office d'intermédiaire, elle a effectivement facilité la réalisation de l'infraction principale punissable. Enfin, pour ce qui concerne l'élément moral, l'énoncé ne laisse pas de place au doute en insistant sur la pluralité des interventions de Sandrine BERNARD en vue de concrétiser la cession forcée au détriment de Victor DUBOIS, ce qui est démonstratif de son adhésion à l'infraction principale punissable. En conséquence, comme l'évoque l'énoncé dans ses développements finaux, il convient d'admettre la caractérisation, à l'encontre de Sandrine BERNARD, d'une complicité de tentative d'extorsion.

Aucun élément de l'énoncé ne permet de considérer que Sandrine BERNARD puisse bénéficier d'une quelconque cause d'irresponsabilité pénale, qu'il s'agisse d'une cause de non-imputabilité ou d'un fait justificatif. Elle encourt, à titre principal, les peines de sept ans d'emprisonnement et de 100 000 euros d'amende (C. pén., art. 312-1), étant rappelé que, conformément aux dispositions de l'article 121-6 du Code pénal, le complice est puni comme auteur.

II - Les faits commis à l'encontre d'entreprises de la région

L'énoncé ne mentionnant pas le rôle de chacune des personnes impliquées, il y a lieu d'exclure une décomposition du raisonnement par protagoniste. En revanche, eu égard aux qualifications visées dans l'énoncé, il convient de distinguer la préparation des faits (A) de leur réalisation (B).

A - LA PRÉPARATION DES FAITS

À propos de la préparation des faits commis à l'encontre de plusieurs entreprises de la région, l'énoncé mentionne la qualification d'association de malfaiteurs, délit prévu par les articles 450-1 et suivants du Code pénal. Cette qualification apparaît effectivement applicable, en l'espèce, puisqu'elle peut être mise en œuvre lorsqu'est projetée la réalisation d'un ou plusieurs crimes ou d'un ou plusieurs délits punis d'au moins cinq ans d'emprisonnement. Or, le délit d'extorsion est puni *a minima* de sept années d'emprisonnement. Quant à l'élément matériel, il consiste dans le fait de participer à un groupement formé ou une entente établie en vue de la préparation, caractérisée par un ou plusieurs faits matériels, de l'infraction projetée. L'évocation par l'énoncé de l'existence d'« une organisation structurée pratiquant, à l'échelle de la région, l'extorsion auprès des entreprises de construction » permet d'établir cette participation à un groupement délictueux. S'agissant de l'élément moral, qui consiste dans la conscience de la participation à ce groupement délictueux et dans la volonté de préparer l'infraction projetée, il se déduit de l'énoncé qui fait référence à une organisation structurée tendue vers la commission d'infractions d'extorsion.

Aucune cause d'irresponsabilité pénale ne pouvant être utilement invoquée à la lecture de l'énoncé, les personnes concernées par la qualification d'association de malfaiteurs encourent principalement cinq ans d'emprisonnement et 75 000 euros d'amende. Toutefois, s'il est établi qu'elles participent sciemment à la préparation d'extorsions en bande organisée, qualifications criminelles, elles encourent principalement dix ans d'emprisonnement et 150 000 euros d'amende (C. pén., art. 450-1). Cette dernière remarque nous permet alors d'envisager la réalisation des faits commis à l'encontre de plusieurs entreprises de la région.

B - LA RÉALISATION DES FAITS

Les faits décrits permettent d'envisager, comme nous y invite l'énoncé, une qualification d'extorsion commise en bande organisée. Cette infraction, au plan de l'élément légal, est prévue par l'article 312-6 du Code pénal.

Quant à l'élément matériel, celui-ci apparaît démontré à la lecture de l'énoncé qui mentionne qu'à la suite des révélations de Victor DUBOIS, il a pu être mis en évidence « qu'un groupe d'individus [...] soumettait, sous le même prétexte, d'autres entreprises de construction à des paiements réguliers en les menaçant de destruction ou d'incendie » : ces faits sont démonstratifs, à la fois, d'actes de contrainte et de remises de fonds. Par ailleurs, ces faits ont bien été commis en « bande organisée ». En effet, la bande organisée, définie par l'article 132-71 du Code pénal « comme tout groupement formé ou toute entente établie en vue de la préparation, caractérisée par un ou plusieurs faits matériels, d'une ou de plusieurs infractions », implique, selon la jurisprudence constante de la Cour de cassation, la « préméditation des infractions » et, à la différence de l'association de malfaiteurs, « une organisation structurée et durable entre plusieurs membres, agissant de concert dans le but de commettre les infractions » projetées (voir, notamment : Cass. crim., 8 juillet 2015, n° 14-88329 et 20 juin 2018, n° 17-84740). Or, en l'espèce, l'énoncé mentionne l'existence d'une « organisation structurée pratiquant, à l'échelle de la région, l'extorsion auprès des entreprises de construction » : la structure et la durabilité du groupement ne font donc aucun doute. L'élément moral, quant à lui, ne pose pas de difficulté particulière puisque, tels que relatés, en particulier dans le cadre d'une organisation structurée, les faits permettent d'établir que les personnes impliquées ont agi de manière préméditée, afin de se faire remettre des fonds. En conséquence, il convient d'admettre la caractérisation d'extorsions commises en bande organisée.

Aucun élément de l'énoncé ne permet de considérer que les personnes impliquées puissent bénéficier d'une quelconque cause d'irresponsabilité pénale, qu'il s'agisse d'une cause de non-imputabilité ou d'un fait justificatif. Par ailleurs, comme évoqué précédemment, le fait qu'il ne soit pas possible de déterminer précisément le comportement adopté par chacune des personnes impliquées ne constituent pas un obstacle à la répression puisqu'il est possible de considérer qu'elles ont, ensemble, participé à une *bande organisée en vue de* commettre des extorsions, sur le modèle de la jurisprudence précitée dite de la « scène unique de violences » (Cass. crim., 13 juin 1972, n° 71-92246). Les personnes impliquées encourent, à titre principal, les peines de vingt ans de réclusion criminelle et de 150,00 euros d'amende (C. pén., art. 312-6).

Question 1 - En vous appuyant sur un exposé précis de la jurisprudence pertinente européenne et interne sur l'application du principe de loyauté en matière pénale, vous examinerez si les divers actes accomplis en l'espèce par le policier sous pseudonyme, en amont des interpellations, peuvent être regardés comme une atteinte à ce principe de nature à affecter la validité de la procédure. (6 points)

Après avoir exposé la jurisprudence relative au principe de loyauté en matière pénale (I), nous examinerons, à l'aune de ce principe, la régularité des preuves obtenues avant qu'il ne soit procédé à l'interpellation des suspects (II).

I - La jurisprudence relative à l'application du principe de loyauté en matière pénale

Conformément aux dispositions de l'article 427, alinéa 1er, du Code de procédure pénale, « hors les cas où la loi en dispose autrement, les infractions peuvent être établies par tout mode de preuve ». Ceci s'explique par l'objet de la preuve pénale, relatif à l'existence d'une infraction, fait juridique, qui, à la différence de l'acte juridique, se prouve, en principe, par tout moyen. Contrastant avec ce principe de liberté de la preuve, la loyauté implique « une manière d'être de la recherche des preuves, conforme au respect des droits de l'individu et à la dignité de la justice » *(P. Bouzat, « La loyauté dans la recherche des preuves », in Mélanges L. Hugueney, Sirey, 1964, n° 20, p. 172)*. Cette exigence de loyauté doit ainsi mener à l'exclusion de méthodes probatoires non conformes aux principes fondamentaux de notre ordre juridique, tels que la tromperie, les ruses, les stratagèmes. Elle pose donc la question, traditionnelle en procédure pénale, de la fin et des moyens : si l'exclusion de toute forme de déloyauté contribue à conférer à la justice une plus grande légitimité, cette légitimité est, elle-même, subordonnée à son efficacité qui peut impliquer le recours à une certaine déloyauté. En d'autres termes, l'exigence de loyauté impose de s'interroger sur la pertinence de la célèbre formule du juge anglais Crompton : « De quelque façon que vous l'ayez obtenue, même si vous l'avez volée, la preuve sera recevable ».

À ce propos, la Cour européenne des droits de l'Homme affirme traditionnellement que, si l'article 6 de la Convention européenne de sauvegarde des droits de l'Homme et des libertés fondamentales garantit le droit à un procès équitable, il ne réglemente pas, pour autant, l'admissibilité des preuves en tant que telle, de sorte qu'il ne lui appartient de se prononcer, en principe, sur la recevabilité des preuves pénales. Il lui incombe seulement de rechercher si la procédure pénale a présenté dans l'ensemble un caractère équitable en prenant en compte, notamment, la qualité de l'élément de preuve litigieux, y compris le point de savoir si les circonstances dans lesquelles il a été recueilli font douter de sa fiabilité ou de son exactitude (voir, notamment : CEDH, 12 juillet 1988, *Schenk c/ Suisse*, n° 10862/84).

Ainsi, à propos de l'exigence de loyauté de la preuve pénale, la Cour de Strasbourg admet que les autorités puissent avoir recours à des méthodes d'enquête spéciales – telles que des opérations d'infiltrations –, notamment dans les affaires de crime organisé et de corruption. Néanmoins, elle affirme que l'intérêt public ne saurait justifier l'utilisation d'éléments recueillis à la suite d'une provocation policière, un tel procédé étant susceptible de priver *ab initio* et définitivement l'accusé d'un procès équitable. La Cour définit cette provocation par référence à la situation où les agents impliqués – membres des forces de l'ordre ou personnes intervenant à leur demande – ne se limitent pas à examiner d'une manière purement passive l'activité délictueuse, mais exercent sur la personne qui en fait l'objet une influence de nature à l'inciter à commettre une infraction qu'autrement elle n'aurait pas commise, pour en rendre possible la constatation, c'est-à-dire en apporter la preuve et la poursuivre (voir, en particulier : CEDH, 9 juin 1998, *Teixeira de Castro c/ Portugal*, n° 25829/94 et CEDH, gde ch., 5 février 2008, *Ramanauskas c/ Lituanie*, n° 74420/01).

Dans la lignée de cette jurisprudence européenne, la Cour de cassation affirme que le principe de loyauté dans l'administration de la preuve en matière pénale s'impose aux autorités publiques chargées de l'instruction et des poursuites. Ainsi, un juge renie sa fonction s'il triche (Cass. ch. réun., 31 janvier 1888, affaire *Wilson*, S. 1889, 1, 241 : à propos du juge d'instruction qui, au téléphone, se fait passer pour un tiers afin d'obtenir les confidences d'un suspect). Surtout, il ressort de la jurisprudence de la Cour de cassation que le recours à la ruse ou à un stratagème, par un représentant de l'autorité publique, est déloyal s'il a pour objet ou effet de pousser à la commission de l'infraction qui, sans cela, n'aurait pas été commise (voir, par exemple : Cass. crim., 4 juin 2008, n° 08-81045, à propos de la création et de l'exploitation d'un site de pornographie infantile ayant incité à la commission de l'infraction de détention d'images pédopornographiques). En revanche, une forme de déloyauté des autorités publiques est admise lorsqu'elle n'a pas pour effet de déterminer les agissements délictueux, mais seulement d'en révéler l'existence, afin d'en permettre la constatation ou de mettre fin à leur continuation (voir, par exemple : Cass. crim., 8 juin 2005, n° 05-82012, à propos de la ruse employée par des enquêteurs dans un contexte préexistant de trafic de stupéfiants).

Mais, au-delà de cette prohibition de la « provocation à l'infraction », la Cour de cassation censure également le recours par l'autorité publique à tout mode de preuve qui résulterait d'un procédé déloyal consistant à s'exempter des garanties inhérentes au cadre légal d'investigation normalement applicable. Ainsi, à la suite de la Chambre criminelle, l'Assemblée plénière a jugé que le placement, au cours d'une mesure de garde à vue et durant les périodes de repos séparant les auditions, de deux personnes retenues dans des cellules contiguës, préalablement sonorisées, de manière à susciter des échanges verbaux qui seraient enregistrés à leur insu pour être utilisés comme preuve, constituait un procédé déloyal d'enquête qui avait mis en échec le droit de se taire et celui de ne pas s'incriminer soi-même et, ainsi, avait porté atteinte au droit à un procès équitable (Cass. crim., 7 janvier 2014, n° 13-85246 et Cass. ass. plén., 6 mars 2015, n° 14-84339). L'exclusion de cette forme de « provocation à la preuve » a pour objectif de garantir l'effectivité des principes directeurs de procédure pénale, en particulier des droits de la défense et du droit de ne pas contribuer à sa propre incrimination.

Pour autant, s'il est possible de démontrer que la méthode d'investigation employée consistait en un simple « stratagème passif » – par opposition au « stratagème actif » prohibé –, n'ayant pas déterminé l'apparition de la preuve, mais ayant simplement facilité son recueil, alors ladite preuve peut être admise. Ainsi en est-il d'enquêteurs qui se cachent dans un placard afin de constater des faits de corruption (Cass. crim., 22 avril 1992, n° 90-85125), qui laissent se réaliser sous leurs yeux, sans le déterminer, un trafic de stupéfiants (Cass. crim., 15 novembre 2017, n° 16-87382) ou qui consignent dans un procès-verbal les propos spontanés auto-incriminants tenus par une personne entendue (Cass. crim., 7 janvier 2020, n° 19-84246). Dans le même ordre d'idée, l'Assemblée plénière a rejeté le pourvoi formé contre un arrêt qui, pour dire n'y avoir lieu à annulation des procès-verbaux de retranscription d'enregistrements de conversations privées produites par un particulier, avait retenu que le seul reproche d'un « laisser faire » des policiers, dont le rôle n'avait été que passif, ne pouvait suffire à caractériser un acte constitutif d'une véritable implication (Cass. ass. plén., 10 novembre 2017, n° 17-82028).

Synthétisant la jurisprudence de la Haute juridiction judiciaire, l'Assemblée plénière a récemment affirmé, d'une part, que « constitue une violation du principe de loyauté de la preuve toute provocation à la commission de l'infraction de la part des agents de l'autorité publique », d'autre part, que « le stratagème employé par un agent de l'autorité publique pour la constatation d'une infraction ou l'identification de ses auteurs ne constitue pas en soi une atteinte au principe de loyauté de la preuve » et, enfin, que « seul est proscrit le stratagème qui, par un contournement ou un détournement d'une règle de procédure, a pour objet ou pour effet de vicier la recherche de la preuve en portant atteinte à l'un des droits essentiels ou à l'une des garanties fondamentales de la personne suspectée ou poursuivie ». Cet arrêt a été rendu dans une affaire médiatique qui, sur fond de chantage à la divulgation d'une vidéo à caractère sexuel, avait donné lieu à l'intervention d'un enquêteur autorisé à négocier par téléphone avec le « *maître chanteur* », en prétendant être le mandataire de la victime supposée (Cass. ass. plén., 9 décembre 2019, n° 18-86767). Ainsi résumés, les faits ayant donné lieu à l'arrêt du 9 décembre 2019 apparaissent similaires à ceux relatés dans l'énoncé.

II - La conformité au principe de loyauté en matière pénale des preuves obtenues en amont des interpellations

Il convient, en faisant application du principe de loyauté et de ses déclinaisons jurisprudentielles, d'examiner les faits relatés dans l'énoncé sous trois aspects : d'une part, celui de la recevabilité des éléments de preuve produits par Victor DUBOIS (A) ; d'autre part, celui de la provocation à l'infraction (B) ; enfin, celui de la provocation à la preuve (C).

A - LA RECEVABILITÉ DES ÉLÉMENTS DE PREUVE PRODUITS PAR VICTOR DUBOIS

S'agissant, en premier lieu, de la recevabilité des éléments de preuve produits par Victor DUBOIS, il convient de rappeler que, si l'autorité judiciaire est, en principe, tenue de respecter l'exigence de loyauté dans l'administration de la preuve, le juge répressif ne peut écarter les moyens de preuve produits par les parties privées au seul motif qu'ils auraient été obtenus de façon déloyale (voir, par exemple, à propos de l'admissibilité d'enregistrements effectués par un ancien salarié démontrant la commission d'infractions par le dirigeant d'une société : Cass. crim., 7 mars 2012, n° 11-88118) voire illégale (voir, notamment, à propos de fichiers informatiques dérobés par des salariés : Cass. crim., 27 novembre 2013, n° 13-85042). Cette jurisprudence permissive est, notamment, justifiée par le fait que les méthodes probatoires employées par les particuliers ne sont pas des actes ou pièces de la procédure pénale, au sens de l'article 170 du Code de procédure pénale, et, comme telles, susceptibles d'être annulées. En d'autres termes, la nullité d'un acte de procédure, et donc de la preuve qu'il permet d'obtenir, ne concerne que les investigations menées par les autorités publiques et non celles entreprises par les particuliers. Ainsi, en l'espèce, l'enregistrement auquel a procédé Victor DUBOIS des propos menaçants que lui ont tenus ses trois visiteurs ne saurait être affecté d'une quelconque nullité tirée de la déloyauté de la méthode probatoire employée. Quant à la production par celui-ci des captures d'écran de son téléphone, « portant sur des dizaines de messages reçus qui étaient autant de rappels et incitations », au-delà de l'inopérance du principe de loyauté appliqué à la preuve produite par un particulier, il convient de souligner que ce principe de loyauté n'est, en tout état de cause, pas méconnu puisque les messages n'ont pas été obtenus par Victor DUBOIS au moyen d'un quelconque stratagème.

B - LA RECEVABILITÉ DES PREUVES OBTENUES PAR LE POLICIER AGISSANT SOUS PSEUDONYME À L'AUNE DE LA NOTION DE PROVOCATION À L'INFRACTION

Pour ce qui concerne, en deuxième lieu, l'analyse des divers actes accomplis par le policier agissant sous pseudonyme, en amont des interpellations, au regard de la prohibition de la provocation à l'infraction, il convient de vérifier si ces actes ont eu pour objet ou effet de pousser à la commission de l'infraction qui, sans cela, n'aurait pas été commise ou s'ils ont simplement permis d'en révéler l'existence, afin d'en permettre la constatation ou de mettre fin à leur continuation. À ce propos, il résulte de l'énoncé que le policier en question, qui s'est fait passer pour le représentant de Victor DUBOIS, a été contacté, postérieurement aux pressions dénoncées par ce dernier, dans le cadre de tractations portant sur les modalités de la cession forcée, sachant que les diverses conversations téléphoniques ont permis de démontrer « la constance des menaces ». Il apparaît donc que, même si certaines conversations téléphoniques sont intervenues à l'initiative de l'enquêteur, le policier qui a tenu un rôle d'intermédiaire s'est inséré dans un processus infractionnel et n'a pas provoqué la commission de l'infraction qui préexistait. Cette argumentation a, d'ailleurs, été celle développée par la Chambre de l'instruction, dans l'affaire ayant donné lieu à l'arrêt précité du 9 décembre 2019, et a été validée par l'Assemblée plénière de la Cour de cassation. Elle rejoint, en outre, la position de la Cour de Strasbourg qui estime que la connaissance par le requérant des modalités de l'infraction ainsi que son manquement à renoncer à la transaction, alors qu'il en avait eu plusieurs fois la possibilité, sont des éléments indicatifs d'une activité ou d'une intention délictueuse préexistante permettant d'exclure l'existence d'une provocation policière à la preuve (voir, par exemple : CEDH, 4 avril 2017, *Matanovic c/ Croatie*, n° 2742/12). En conséquence, la provocation à l'infraction ne saurait, en l'espèce, être considérée comme établie.

C - LA RECEVABILITÉ DES PREUVES OBTENUES PAR LE POLICIER AGISSANT SOUS PSEUDONYME À L'AUNE DE LA NOTION DE PROVOCATION À LA PREUVE

S'agissant, en troisième lieu, de l'analyse des divers actes accomplis par le policier agissant sous pseudonyme, en amont des interpellations, au regard de la notion de provocation à la preuve, il convient de s'interroger sur le cadre légal de ces actes. En effet, si, en principe, il n'est pas possible aux enquêteurs de recourir à des méthodes probatoires déloyales, il en va différemment lorsque la déloyauté est autorisée par la loi.

Ainsi en est-il, par exemple, en matière d'interceptions de télécommunications qui, parce qu'elles sont réalisées à l'insu des personnes concernées, constituent un stratagème, celui-ci étant, toutefois, autorisé par le législateur et encadré par lui (CPP, art. 100 et s.). Néanmoins, en l'espèce, il n'est pas possible de considérer que le stratagème auquel a eu recours le policier agissant sous pseudonyme entre dans le champ d'une méthode probatoire autorisée par la loi. Il ne saurait, en effet, s'agir d'une infiltration dès lors que l'enquêteur ne s'est pas fait passer comme l'un des coauteurs, complices ou receleurs des personnes suspectées (CPP, art. 706-81 et s.). Il ne saurait davantage s'agir d'une enquête sous pseudonyme qui consiste à autoriser les enquêteurs, dans le cadre de procédures judiciaires, à communiquer sur internet, sans utiliser leur véritable identité, avec des personnes susceptibles de commettre certaines infractions visées par la loi (CPP, art. 230-46).

Pour autant, le principe de liberté de la preuve, corrélé à l'objectif de manifestation de la vérité, doit permettre aux enquêteurs de faire usage d'un pseudonyme lorsque cela se révèle approprié, ce qui est d'ailleurs admis en jurisprudence (Cass. crim., 25 octobre 2000, n° 00-80829). La régularité de cet usage doit alors s'évaluer au regard de la distinction susmentionnée entre le « stratagème actif » et le « stratagème passif », implicitement reprise par l'Assemblée plénière de la Cour de cassation dans son arrêt précité du 9 décembre 2019. Or, en l'espèce, il est manifeste que le comportement adopté par le policier agissant sous pseudonyme n'a pas été purement passif. Il est ainsi mentionné dans l'énoncé que ce policier a échangé, avec la « représentante » des malfaiteurs, plusieurs conversations téléphoniques, « dont certaines à son initiative », lesdites conversations étant enregistrées. En agissant de la sorte, l'enquêteur a bel et bien employé un « stratagème actif », à l'origine de l'apparition de preuves incriminantes, ayant porté atteinte aux droits de la défense puisqu'en l'absence de recours aux procédures protectrices de l'audition libre (CPP, art. 61-1) ou de la garde à vue (CPP, art. 62-2 et s.), les suspects ont été privés, notamment, du droit à l'intervention d'un avocat et de la notification du droit au silence.

Il s'agit bien là d'une méthode probatoire qui, « par un contournement ou un détournement d'une règle de procédure, a pour objet ou pour effet de vicier la recherche de la preuve en portant atteinte à l'un des droits essentiels ou à l'une des garanties fondamentales de la personne suspectée ou poursuivie » (Cass., ass. plén., 9 décembre 2019, n° 18-86767). C'est d'ailleurs la solution à laquelle est parvenue la Chambre criminelle dans l'affaire sus-évoquée, similaire à celle décrite dans l'énoncé, de chantage à la divulgation d'une vidéo à caractère sexuel (Cass. crim., 11 juillet 2017, n° 17-80313). Certes, dans son arrêt du 9 décembre 2019, concernant la même affaire, l'Assemblée plénière a rejeté le pourvoi formé par les personnes mises en cause, mais ce rejet ne signifie pas que la méthode employée a été considérée comme conforme à l'exigence de loyauté de la preuve pénale puisqu'il est justifié par le simple fait que « le moyen, [...] se borne à invoquer le fait que le procédé prétendument déloyal a conduit à l'interpellation [des suspects], sans démontrer ni même alléguer une atteinte à l'un de leurs droits ».

Cette méconnaissance du principe de loyauté en matière pénale constitue une cause de nullité des actes litigieux pour laquelle l'existence d'un grief est présumée (voir, notamment : Cass. ass. plén., 6 mars 2015, n° 14-84339). Toutefois, cette nullité n'est pas de nature à affecter l'ensemble de la procédure pénale. En effet, traditionnellement, la Chambre criminelle affirme que, lorsqu'un acte de la procédure est annulé, cette annulation n'entraîne la nullité des actes subséquents que s'ils trouvent leur fondement nécessaire dans les actes viciés (voir, notamment : Cass. crim., 14 octobre 2019, n° 19-83285). Or, en l'espèce, il est manifeste que des éléments à charge préexistants et recevables existent à l'encontre des suspects, en particulier les éléments de preuve régulièrement produits par Victor DUBOIS. Les poursuites pénales ne seront donc pas affectées par la méconnaissance relevée de l'exigence de loyauté de la preuve pénale.

Question 2 - Vous indiquerez la procédure à suivre pour sanctionner le non-respect par Sandrine BERNARD de son contrôle judiciaire. Si une réincarcération vous paraît possible, vous indiquerez son incidence sur les délais et la durée de la détention provisoire à venir. (3 points)

Sandrine BERNARD a été mise en examen du chef de tentative d'extorsion. Elle a été placée en détention provisoire et, trois mois plus tard, remise en liberté sous contrôle judiciaire. Il résulte de l'énoncé qu'elle n'a pas respecté les obligations qui lui étaient imposées dans le cadre de ce contrôle judiciaire. Le placement sous contrôle judiciaire de Sandrine BERNARD apparaît conforme au principe de subsidiarité de la détention provisoire résultant de l'article 137, alinéa 3, du Code de procédure pénale. Ce placement sous contrôle judiciaire est décidé soit par le juge d'instruction, soit par le juge des libertés et de la détention. Il permet de soumettre une personne mise en examen à une ou plusieurs obligations ou interdictions limitativement énumérées par l'article 138 du Code de procédure pénale, telles que l'interdiction de sortir de certaines limites territoriales ou l'obligation de se présenter périodiquement aux services ou autorités désignés par le magistrat.

Conformément aux dispositions de l'article 141-2 du Code de procédure pénale, si la personne mise en examen se soustrait volontairement aux obligations du contrôle judiciaire, comme c'est le cas de Sandrine BERNARD en l'espèce, le juge d'instruction peut décerner à son encontre un mandat d'amener ou d'arrêt afin que l'intéressée lui soit présentée en vue, par exemple, d'un resserrement des obligations mises à sa charge. Mais, le magistrat instructeur peut également saisir le juge des libertés et de la détention d'une requête aux fins de placement en détention provisoire de la personne mise en examen. Aux termes des dispositions de l'article 145 du Code de procédure pénale, dans une telle hypothèse, un débat contradictoire doit avoir lieu devant le juge des libertés et de la détention au cours duquel l'assistance du mis en examen par un avocat, choisi ou commis d'office, est obligatoire. La personne mise en examen peut solliciter un délai pour préparer sa défense et, dans ce cas, le juge des libertés et de la détention peut prescrire son incarcération provisoire pour une durée déterminée qui ne peut en aucun cas excéder quatre jours ouvrables. Au terme du débat contradictoire devant le juge des libertés et de la détention, ce magistrat peut décerner à l'encontre de la personne mise en examen, quelle que soit la peine d'emprisonnement encourue, une ordonnance de placement en détention provisoire, sachant que cette ordonnance peut être motivée par référence à la seule violation des obligations du contrôle judiciaire (Cass. crim., 13 octobre 1998, n° 98-84260).

En l'espèce, il est donc manifeste que Sandrine BERNARD peut faire l'objet d'une réincarcération, même si elle a déjà effectué, préalablement à son placement sous contrôle judiciaire, une détention provisoire d'une durée de trois mois. Dans une telle hypothèse, en effet, la durée de la détention provisoire déjà effectuée n'est pas, en principe, prise en compte (Cass. crim., 15 avril 1991, n° 91-80650 et 4 mars 2009, n° 08-88420). Néanmoins, en la matière, il convient de rappeler que, conformément aux dispositions de l'article 141-3 du Code de procédure pénale, lorsque la détention provisoire est ordonnée à la suite de la révocation d'un contrôle judiciaire concernant une personne antérieurement placée en détention provisoire pour les mêmes faits, la durée cumulée des détentions provisoires ne peut excéder de plus de quatre mois la durée maximale de la détention prévue pour les faits objets de l'information judiciaire. Par ailleurs, lorsque la peine encourue est inférieure à trois ans, la durée totale des détentions ne peut excéder quatre mois. Or, Sandrine BERNARD a été mise en examen du chef de tentative d'extorsion, délit faisant encourir principalement sept années d'emprisonnement et 100 000 euros d'amende (C. pén., art. 312-1), de sorte qu'en application des dispositions combinées des articles 141-3 et 145-1 du Code de procédure pénale, le maximum de la durée globale de sa détention provisoire doit être fixé à un an et quatre mois. Sachant que la durée de la première détention provisoire que l'intéressée a effectuée est de trois mois, celle-ci n'aura pas d'impact sur la durée de sa seconde détention provisoire, plafonnée, hors cas particuliers, à un an en matière correctionnelle (CPP, art. 145-1).

En outre, puisque l'article 141-3 du Code de procédure pénale porte une limite uniquement pour ce qui concerne la durée maximale de la détention provisoire, la nouvelle détention provisoire court pour un nouveau délai identique à celui qui courait avant le placement du mis en examen sous contrôle judiciaire (Cass. crim., 20 décembre 1983, n° 83-94128). En conséquence, la détention provisoire de Sandrine BERNARD peut être prolongée, au-delà de quatre mois, dans les conditions prévues par l'article 145-1 du Code de procédure pénale, sans qu'il y ait lieu, pour le calcul de cette période de quatre mois à l'issue de laquelle le juge des libertés et de la détention peut ordonner la prolongation, de tenir compte des périodes de détention accomplies antérieurement à la révocation du contrôle judiciaire (Cass. crim., 2 décembre 2003, n° 03-85460 et 22 mars 2011, n° 10-88849). Rappelons, en la matière, que toute décision de prolongation de la détention provisoire de Sandrine BERNARD doit avoir donné lieu à une ordonnance du juge des libertés et de la détention, prise au terme d'un débat contradictoire, auquel l'avocat de la mise en examen doit avoir été convoqué (CPP, art. 145-1), et motivée conformément aux critères énoncés par l'article 144 du Code de procédure pénale.

Question 3 - S'agissant des autres faits évoqués initialement par le plaignant, susceptibles d'avoir été commis au préjudice d'autres entreprises de construction et non visés par le réquisitoire introductif, vous indiquerez les options offertes au magistrat du parquet souhaitant la poursuite des investigations les concernant dans le cadre d'une information sous les qualifications d'extorsions en bande organisée et d'association de malfaiteurs. Vous expliquerez les incidences éventuelles de chaque option sur le régime de détention provisoire de Nicolas MARTIN, dans le cas où il serait également mis en examen pour ces faits distincts. (3 points)

Conformément aux dispositions de l'article 40 du Code de procédure pénale, le procureur de la République reçoit les plaintes et les dénonciations et apprécie la suite à leur donner. Ce principe d'opportunité des poursuites permet au magistrat du parquet, informé de la commission d'un crime ou d'un délit, notamment, de saisir un juge d'instruction afin que les investigations utiles à la manifestation de la vérité soient réalisées. En l'espèce, la qualification d'extorsions en bande organisée relevant de la catégorie des crimes (C. pén., art. 312-6), l'ouverture d'une information judiciaire est obligatoire (CPP, art. 79), de sorte que le choix du magistrat du parquet est justifié. Sachant que les mêmes individus, en particulier Nicolas MARTIN, sont susceptibles d'être impliqués dans les faits qualifiés d'extorsions en bande organisée et d'association de malfaiteurs, commis à l'encontre de plusieurs entreprises, et dans ceux qualifiés de tentative d'extorsion, commis à l'encontre de Victor DUBOIS et ayant déjà donné lieu à l'ouverture d'une information judiciaire, le magistrat du parquet dispose, en application des dispositions de l'article 80 du Code de procédure pénale, d'une option. Il peut, en effet, décider d'ouvrir une information judiciaire distincte de celle concernant les faits commis à l'encontre de Victor DUBOIS, éventuellement confiée au même juge d'instruction, en délivrant un réquisitoire introductif visant les faits qualifiés d'extorsions en bande organisée et d'association de malfaiteurs. Il peut également décider de saisir de ces faits le même juge d'instruction, dans le cadre de la même information judiciaire que celle déjà ouverte à propos de la tentative d'extorsion concernant Victor DUBOIS, au moyen d'un réquisitoire supplétif.

En outre, il convient de souligner que les faits commis à l'encontre de plusieurs entreprises de la région sont qualifiés d'extorsion en bande organisée et d'association de malfaiteurs, de sorte qu'ils relèvent des dispositions de l'article 706-73 du Code de procédure pénale (8° et 15°) et permettent donc la mise en œuvre des dispositions des articles 706-75 et suivants du même Code concernant la compétence des juridictions spécialisées en matière de criminalité et de délinquance organisées. À ce propos, aux termes des dispositions de l'article 706-75-1 dudit Code, au sein de chaque tribunal judiciaire spécialisé, le premier président de la Cour d'appel désigne, notamment, le (ou les) juge(s) d'instruction chargé(s) spécialement de l'instruction des infractions relevant de la criminalité et de la délinquance organisées. Par ailleurs, l'article 706-77 du Code de procédure pénale dispose que le procureur de la République près un tribunal judiciaire peut requérir le juge d'instruction de se dessaisir au profit de la juridiction d'instruction spécialisée compétente. En l'espèce, il résulte de l'énoncé que les faits ont été commis dans la région de Bordeaux dont le tribunal judiciaire est une juridiction spécialisée en matière de criminalité et de délinquance organisées, conformément aux dispositions de l'article D. 47-13 du Code de procédure pénale. Dans l'hypothèse où le juge d'instruction initialement saisi des faits commis à l'encontre de Victor DUBOIS ne serait pas un magistrat chargé spécialement de l'instruction des infractions relevant de la criminalité et de la délinquance organisées, le parquet pourrait donc requérir son dessaisissement afin que soient regroupés, au sein de la même information judiciaire dirigée par un magistrat instructeur spécialisé, l'ensemble des faits d'extorsion.

S'agissant des incidences de chaque option sur le régime de la détention provisoire de Nicolas MARTIN, dans le cas où il serait également mis en examen pour les faits qualifiés d'extorsion en bande organisée et d'association de malfaiteurs, il convient de distinguer deux hypothèses : celle de l'ouverture d'une information judiciaire distincte et celle du regroupement de l'ensemble des faits au sein d'une même information judiciaire au moyen, soit d'un réquisitoire supplétif, soit d'un dessaisissement du premier juge d'instruction saisi. Dans la première hypothèse, l'ouverture d'une information judiciaire distincte, même au cabinet du même juge d'instruction, fait repartir une détention provisoire nouvelle, de sorte que la détention provisoire déjà effectuée par Nicolas MARTIN, dans le cadre de l'instruction préparatoire concernant les faits commis à l'encontre de Victor DUBOIS, n'a pas à être prise en considération. En revanche, dans la seconde hypothèse concernant le regroupement de l'ensemble des faits au sein d'une même information judiciaire, le principe posé par la Chambre criminelle est celui de la détention unique qui court à compter de la date du premier mandat de dépôt et épouse le régime le plus sévère (voir, notamment : Cass. crim., 29 octobre 1991, n° 91-84772). Ainsi, par exemple, le point de départ du délai de renouvellement de la détention provisoire, prévu par l'article 145-2 du Code de procédure pénale, doit être fixé au jour du titre initial (Cass. crim., 9 juin 2004, n° 04-81901). En conséquence, la durée de la détention provisoire déjà effectuée par Nicolas MARTIN, dans le cadre de l'instruction préparatoire concernant les faits commis à l'encontre de Victor DUBOIS, devra être prise en considération dans la détermination de la durée maximale de cette mesure de sûreté.

Le choix du magistrat du parquet entre les différentes options sus-évoquées devra donc être déterminé en fonction, d'une part, de l'objectif de bonne administration de la justice – qui tend plutôt au regroupement des faits au sein d'une même information judiciaire – et, d'autre part, de la nécessité de protéger l'ordre public, en particulier en garantissant la prévention du renouvellement de l'infraction – qui implique plutôt une possibilité accrue de recours à une mesure de sûreté.

Question 4 - Vous examinerez, au regard de la jurisprudence que vous exposerez, si une double qualification d'extorsion en bande organisée et d'association de malfaiteurs vous paraît possible ou non concernant ces autres faits. (4 points)

En droit pénal, de fond comme de forme, la règle « *non bis in idem* » signifie qu'un individu ne peut être jugé deux fois pour les mêmes faits. Ainsi, l'action publique s'éteint, notamment, par la chose jugée (article 6 du Code de procédure pénale), de sorte qu'une personne définitivement acquittée ne peut être poursuivie à raison des mêmes faits, même sous une qualification différente (CPP, art. 368). Cette règle, qui est notamment énoncée par l'article 4 du protocole n° 7 additionnel à la Convention européenne de sauvegarde des droits de l'Homme et des libertés fondamentales, trouve son origine dans les principes de nécessité et de proportionnalité (DDHC, art. 5 et 8 ; voir, notamment : Cons. const., déc. n° 2016-546 QPC du 24 juin 2016) et dans celui de sécurité juridique (voir, en particulier : CEDH, gde ch., 15 novembre 2016, *A. et B. c/ Norvège*, n° 24130/11 et 29758/11). Elle a pour conséquence, notamment, qu'un même fait ne peut venir au soutien de la caractérisation, à la fois, d'une infraction et d'une circonstance aggravante. La Chambre criminelle de la Cour de cassation a ainsi censuré des décisions de juges du fond qui, pour caractériser la contrainte ou la surprise comme élément constitutif d'une agression sexuelle, s'étaient fondées sur le jeune âge de la victime ou sur l'autorité de fait ou de droit exercée par l'auteur, tout en retenant concomitamment la circonstance aggravante de la minorité de quinze ans de la victime ou de l'autorité de l'auteur (voir, par exemple : Cass. crim., 10 mai 2001, n° 00-87659). Identiquement, la Cour européenne des droits de l'Homme refuse qu'un même fait matériel puisse donner lieu à plusieurs qualifications relevant de la matière pénale (voir, en particulier : CEDH, gde ch., 10 février 2009, *Zolotoukhine c/ Russie*, n° 14939/03).

Pour autant, la règle « non bis in idem » n'a pas pour conséquence d'exclure systématiquement le recours à plusieurs qualifications pénales concernant un même fait. En effet, la Chambre criminelle considère que, lorsque le comportement adopté par la personne mise en cause est démonstratif d'une volonté de porter atteinte à des intérêts juridiques protégés distincts, plusieurs qualifications pénales peuvent être retenues concernant un même fait, dès lors que ces qualifications pénales ont pour objet la protection de valeurs sociales différentes. Ainsi, se prononçant au sujet d'un individu qui avait lancé une grenade dans un café, blessant des personnes et provoquant des dégâts matériels – fait susceptible d'être qualifié de tentative de destruction d'édifices par explosif et de tentative d'assassinat –, la Chambre criminelle de la Cour de cassation a constaté que les deux incriminations protégeaient des valeurs sociales différentes – la propriété et la vie – et que les deux infractions se distinguaient par leur élément moral. En conséquence, elle a décidé qu'il ne s'agissait pas d'« un crime unique, dont la poursuite sous deux qualifications différentes serait contraire au vœu de la loi, mais de deux crimes simultanés, commis par le même moyen, mais caractérisés par des intentions coupables essentiellement différentes » (Cass. crim., 3 mars 1960, *Ben Haddadi, Bull. crim*. n° 138).

Cette décomposition d'un même fait matériel en plusieurs qualifications pénales, fondée sur l'existence d'intentions coupables distinctes, a été réaffirmée à plusieurs reprises par la Cour de cassation. Ainsi, a été admis le cumul des qualifications de harcèlement moral et de dégradations volontaires à propos de faits matériels identiques (Cass. crim., 27 mars 2019, n° 18-82178). De même, a été rejeté le pourvoi, fondé sur une méconnaissance alléguée de la règle « *non bis in idem* », dirigé à l'encontre d'une condamnation prononcée, à propos de la publication d'un même dessin, des chefs d'injure envers un groupe de personnes à raison de leur appartenance à une religion déterminée et de contestation de crimes contre l'Humanité (Cass. crim., 26 mars 2019, n° 18-81770). En particulier, rappelant sa jurisprudence *Ben Haddadi* précitée, dans un arrêt du 14 novembre 2019, la Chambre criminelle n'a pas remis en cause une condamnation prononcée, non seulement des chefs d'assassinats et de tentatives d'assassinat, mais aussi des chefs de dégradations volontaires par l'effet d'une substance explosive, à l'encontre d'un homme qui, en 1974, n'avait accompli qu'un seul acte matériel : le jet, depuis le premier étage du *Drugstore Publicis* à Paris, d'un engin explosif (Cass. crim., 14 novembre 2019, n° 18-83122).

Néanmoins, cette jurisprudence a évolué puisque la Cour de cassation affirme désormais, de manière traditionnelle, que la règle « non bis in idem » a pour conséquence que « des faits qui procèdent de manière indissociable d'une action unique caractérisée par une seule intention coupable ne peuvent donner lieu, contre le même accusé, à deux déclarations de culpabilité de nature pénale, fussent-elles concomitantes » (voir, notamment : Cass. crim., 26 octobre 2016, n° 15-84552 et 28 mars 2018, n° 17-81114). Ainsi, en employant cette formule, la Chambre criminelle a considéré que des faits d'usage de faux sont de nature à procéder des mêmes faits que ceux qui sont caractéristiques des manœuvres frauduleuses de l'escroquerie, de sorte que ces deux qualifications ne sauraient être retenues cumulativement (voir, notamment : Cass. crim., 13 juin 2019, n° 18-83071 et 9 septembre 2020, n° 19-84301), alors même qu'elles ont pour objet de protéger des valeurs sociales distinctes : la propriété d'autrui pour l'escroquerie, la confiance publique pour le faux et l'usage de faux. De la sorte, sans mettre en cause radicalement la possible décomposition d'un fait matériel en plusieurs qualifications pénales, comme l'illustrent les précédents arrêts récents précités rendus en la matière, la Cour de cassation limite les hypothèses dans lesquelles un tel concours idéal d'infractions est admis.

En outre, au moyen de la même formule, la Chambre criminelle s'est inscrite dans une démarche de resserrement de la notion de concours réel d'infractions – désignant, cette fois, l'hypothèse de faits matériels distincts. Selon cette jurisprudence, un tel concours réel d'infractions ne doit pas être considéré comme établi lorsque le premier fait matériel constitue une opération préalable du second fait matériel. Ainsi, dans l'arrêt précité du 14 novembre 2019, concernant le jet d'un engin explosif au *Drugstore Publicis* à Paris, la Haute juridiction judiciaire a cassé l'arrêt de la Cour d'assises d'appel qui avait retenu, outre les qualifications susmentionnées, celle de port d'un engin explosif sans motif légitime. Pour ce faire, la Cour de cassation affirme que « l'infraction de port ou transport d'une grenade était une opération préalable nécessaire à la commission des autres infractions, perpétrées le même jour, dont l'accusé a été reconnu coupable. Cette infraction à la législation sur les armes et les explosifs procède, de manière indissociable, d'une action unique avec les autres infractions dont l'accusé a été reconnu coupable, caractérisée par une seule intention coupable, et ne pouvait donner lieu à une déclaration de culpabilité distincte ».

S'agissant, comme en l'espèce, de la question du cumul d'une infraction aggravée par la circonstance de la bande organisée et de l'infraction autonome d'association de malfaiteurs, la jurisprudence a longtemps considéré que « l'association de malfaiteurs constitue un délit distinct tant des crimes préparés ou commis par ses membres que des infractions caractérisées par certains faits qui la concrétisent ». Le cumul de ces qualifications était donc possible dès lors que les faits matériels visés dans la prévention étaient distincts (voir, notamment : Cass. crim., 15 juin 2011, n° 09-87135 ; voir, également : CEDH, 19 décembre 2017, *Ramda c/France*, n° 78477/11). Néanmoins, dans le mouvement de resserrement précité, la Chambre criminelle a récemment affirmé qu'à l'égard de la même personne, l'infraction d'association de malfaiteurs ne peut être retenue cumulativement avec l'infraction finalement réalisée aggravée par la circonstance de bande organisée, non seulement lorsque les mêmes faits viennent au soutien des deux qualifications (Cass. crim., 9 juin 2019, n° 18-82800 et 25 mars 2020, n° 19-84290), mais aussi lorsque sont visés des faits matériels distincts (Cass. crim., 16 mai 2018, n° 17-81151 et 19 juin 2019, n° 18-83659). La Cour de cassation n'admet désormais un tel cumul de qualifications que dans l'hypothèse où l'association de malfaiteurs a pour objet la préparation de faits distincts de ceux venant au soutien de la qualification aggravée par la circonstance de bande organisée (Cass. crim., 9 juin 2019, n° 18-82885 et 22 avril 2020, n° 19-84464). Dans cette dernière situation, en effet, il n'est pas possible de considérer que l'infraction finalement réalisée est la suite logique de l'association de malfaiteurs : il n'y a pas alors « une action unique caractérisée par une seule intention coupable ».

En l'espèce, conformément à la jurisprudence ci-dessus exposée, il n'y a pas d'obstacle à ce que soient retenues cumulativement, au sein d'une même procédure pénale, les qualifications d'association de malfaiteurs et d'extorsions commises en bande organisée, dès lors que sont concernés des protagonistes différents. Ainsi, au sein d'une même procédure pénale, les instigateurs et les organisateurs d'extorsions, finalement non réalisées ou tentées – puisque la consommation ou la tentative de ces infractions doit alors permettre de retenir la complicité –, peuvent se voir imputer la qualification d'association de malfaiteurs, tandis que les exécutants peuvent se voir reprocher les faits, finalement réalisés ou tentés, d'extorsions commises en bande organisée. En revanche, en application de cette même jurisprudence, il n'apparaît pas judicieux de retenir le cumul des qualifications d'association de malfaiteurs et d'extorsions commises en bande organisée à l'égard d'une même personne qui aurait, à la fois, préparé et réalisé lesdites extorsions. En effet, l'« organisation structurée pratiquant, à l'échelle de la région, l'extorsion auprès des entreprises de construction », évoquée dans l'énoncé, a manifestement permis la réalisation des extorsions projetées, de sorte que, pour chacune de ces opérations, existe « une action unique caractérisée par une seule intention coupable ». En conséquence, il serait préférable de retenir la seule qualification, à la fois plus haute et plus appropriée, d'extorsions commises en bande organisée. En définitive, à l'égard d'une même personne, le cumul des qualifications susmentionnées ne sera possible que s'il est démontré, d'une part, qu'elle a œuvré à la préparation d'extorsions finalement ni réalisées, ni tentées – ce qui caractérise une association de malfaiteurs – et, d'autre part, qu'elle a participé à la perpétration d'autres extorsions tentées ou réalisées.

Question 5 - En analysant la jurisprudence européenne et interne pertinente, vous préciserez à quelles conditions de régularité était soumise la requalification en complicité opérée par la juridiction de jugement dans sa décision concernant Sandrine BERNARD. (4 points)

Aux termes de l'énoncé, il apparaît qu'à l'issue de l'information judiciaire concernant les faits commis à l'encontre de Victor DUBOIS, les cinq mis en examen ont été renvoyés devant la juridiction de jugement en qualité de coauteurs d'une tentative d'extorsion. Néanmoins, le tribunal correctionnel a décidé d'opérer une requalification à l'égard de Sandrine BERNARD en la condamnant du chef de complicité de tentative d'extorsion. Cette requalification apparaît appropriée au regard de la description du rôle joué par l'intéressée dans les faits concernant Victor DUBOIS, comme nous l'avons démontré dans nos développements liminaires. Pour autant, une telle requalification opérée par le tribunal correctionnel est soumise à deux conditions de régularité.

En premier lieu, il convient de rappeler que le tribunal correctionnel, à l'instar de l'ensemble des juridictions répressives, est saisi *in rem*, de sorte qu'il doit statuer sur tout ce dont il a été saisi, mais seulement sur ce dont il a été saisi. Ainsi, s'il appartient à la juridiction de jugement de restituer aux faits leur exacte qualification pénale, sans être tenu par la qualification visée dans l'acte de poursuite (voir, notamment : Cass crim., 25 mai 1992, n° 91-82934), cette requalification ne peut avoir pour effet d'ajouter à sa saisine initiale. Pour autant, si tel est le cas, il est possible de recourir à la comparution volontaire (CPP, art. 388), forme d'acceptation expresse par le prévenu d'être jugé sur des faits non compris dans la poursuite (voir, notamment : Cass. crim., 23 janvier 2001, n° 00-80600). En l'espèce, la description dans l'énoncé des faits imputables à Sandrine BERNARD permet, comme nous l'avons expliqué dans nos développements liminaires, de considérer que la qualification pénale la plus appropriée est celle de complicité de tentative d'extorsion. Sous réserve que l'acte de poursuite reprenne effectivement les circonstances relatées dans l'énoncé – à savoir, le fait d'avoir agi comme intermédiaire entre Nicolas MARTIN et Victor DUBOIS –, la requalification opérée à l'égard de Sandrine BERNARD apparaît conforme à la règle de la saisine *in rem* du tribunal correctionnel.

En second lieu, il est impératif de rappeler que toute requalification des faits doit être respectueuse du principe du contradictoire et des droits de la défense, tels que prévus et protégés, notamment, par les articles préliminaires du Code de procédure pénale et 6 de la Convention européenne de sauvegarde des droits de l'Homme et des libertés fondamentales. Ainsi, pour la Cour européenne des droits de l'Homme, si la requalification n'est pas interdite par la Convention, c'est à la condition qu'elle n'ait pas pour effet d'empêcher « l'accusé de connaître en détail l'accusation portée contre lui ou de préparer efficacement sa défense » (CEDH, 25 mars 1999, *Pélissier et Sassi c/ France*, n° 25444/94). Cette position est également celle adoptée par la Chambre criminelle qui affirme, aux termes d'une jurisprudence constante, que le prévenu doit avoir été mis en mesure de s'expliquer sur la requalification envisagée (voir, notamment : Cass. crim., 16 mai 2001, no 00-85066 et 16 mai 2007, n° 06-87866). En l'espèce, la requalification opérée à l'égard de Sandrine BERNARD n'est régulière qu'à la condition que le président du tribunal correctionnel ait indiqué aux parties qu'une telle requalification était envisagée, leur ait permis d'organiser leur argumentation à ce propos – en accordant, par exemple, un report de l'examen de l'affaire en fin d'audience ou en faisant droit à une demande de renvoi – et les ait autorisées à formuler leurs observations sur ce point. À défaut, la requalification, réalisée de manière clandestine en cours de délibéré, constitue une violation du principe du contradictoire et des droits de la défense, sanctionnée par la nullité du jugement en cause (voir, notamment : Cass. crim., 7 mai 2008, n° 07-86931).

DROIT PUBLIC — QUESTIONS DE DROIT PUBLIC

Question 1 - Les extensions exceptionnelles de compétence du pouvoir exécutif en droit public français contemporain

Dans son *Traité sur le gouvernement civil* publié en 1690, John Locke envisage déjà l'existence d'un pouvoir exécutif confié à un organe exerçant par ailleurs le pouvoir fédératif. Montesquieu, quant à lui, dans *L'esprit des lois* qu'il publiera en 1748 proposera un pouvoir exécutif chargé principalement d'assurer l'exécution des lois, alors même que le pouvoir exécutif qu'il décrit, celui de la Constitution d'Angleterre, excède largement la stricte mission d'exécution des lois. En somme, le pouvoir exécutif, dès sa conceptualisation, n'a jamais été limité au simple rôle d'exécution des lois.

La Constitution du 4 octobre 1958 n'échappe pas à la règle historique. Le pouvoir exécutif bicéphale y excède largement en temps normal le strict cadre de l'exécution des lois. Que l'on évoque le pouvoir de négociation des traités internationaux (article 55), l'existence d'un pouvoir réglementaire autonome (article 37), la Constitution confie au pouvoir exécutif un pouvoir fort, conformément à l'esprit de ses initiateurs en 1958, au premier rang desquels De Gaulle. Du reste, le droit public de manière générale permet au pouvoir exécutif d'étendre encore ces compétences, de manière exceptionnelle.

D'une part, certaines circonstances exceptionnelles lui permettent d'étendre ses pouvoirs. Il s'agit alors des régimes d'exception, réponses graduées à une menace pesant sur les institutions. Lorsque les pouvoirs publics constitutionnels sont interrompus, c'est l'article 16 de la Constitution qui peut être mis en œuvre (sous réserve par ailleurs que les institutions de la République, l'indépendance de la nation, l'intégrité du territoire ou le respect des engagements internationaux de la France soient par ailleurs menacés). Le recours à ce régime, décidé en dernier ressort par le président de la République permet alors à ce dernier d'exercer directement le pouvoir législatif ; la révision constitutionnelle de 2008 permettant simplement un mécanisme d'alerte confié au Conseil constitutionnel afin de déterminer si les conditions du recours sont encore réunies. Alerte et non sanction, le Conseil constitutionnel ne pouvant y mettre un terme. Lorsqu'une insurrection armée se produit, c'est le mécanisme de l'état de siège (article 36) qui peut être mis en œuvre permettant alors au pouvoir exécutif d'étendre sa compétence pour faire face à cette situation et de s'appuyer sur l'armée pour le rétablissement de la paix publique. Lorsqu'un péril imminent résultant d'atteintes graves à l'ordre public se présente, lorsque des événements présentent, par leur nature et leur gravité, le caractère de calamité publique le pouvoir exécutif peut par décret et pour 12 jours seulement (au-delà, une prorogation par le parlement s'impose), recourir à l'état d'urgence, renforçant ainsi les pouvoirs de police administrative et permettant dès lors la mise en œuvre de perquisitions administratives, d'assignation à résidence… Plus récemment, la loi du 23 mars 2020 étend la compétence du pouvoir exécutif en cas de catastrophe sanitaire. Ces extensions de compétence sont encadrées par des textes (constitutionnel ou législatif) et sont contrôlées en temps réel par le parlement au travers de commissions parlementaires, de questions au gouvernement. Parfois, le Conseil constitutionnel est amené à se prononcer sur les conditions de fond (article 16) ou sur le dispositif susceptible d'être consacré (contrôle classique de constitutionnalité des lois).

D'autre part, certaines extensions qui avaient vocation à n'être qu'exceptionnelles se sont insérées dans la pratique comme figurant le droit commun. Ainsi, l'article 38 de la Constitution permet au pouvoir exécutif d'adopter des ordonnances, c'est-à-dire des dispositions intervenant dans le domaine de la loi. Ce dispositif qui devait faire figure d'exception et qui ne fut utilisé au départ que pour des raisons techniques ou pour la détermination des dispositions applicables à l'outre-mer a cessé d'être l'exception. Si le contrôle parlementaire a été renforcé par la révision constitutionnelle de 2008 qui exige désormais que lesdites ordonnances soient expressément ratifiées par le parlement (et donc contrôlées et validées par lui), cette extension n'a plus rien d'exceptionnel au point qu'il s'agit là du mode normal de législation. Dans le même sens, la jurisprudence *Dehaene* (CE, 1950) confiait dès 1950 à l'autorité administrative la charge de réglementer l'exercice du droit de grève en l'absence d'une législation complète relative au droit de grève des agents du service public. Plus de 70 ans plus tard, cette extension exceptionnelle de compétence demeure le droit commun.

On peut donc affirmer que les extensions exceptionnelles de compétence sont à la fois consacrées (par des textes le plus souvent, parfois la jurisprudence) mais limitées et contrôlées. À ce titre, il y a lieu de rappeler que l'incompétence d'une autorité est sanctionnée par le juge administratif sur le fondement de l'incompétence de son auteur, qui est un moyen d'ordre public et que le juge devra relever d'office... à moins, précisément, que ne puisse jouer la théorie des circonstances exceptionnelles (CE, 1918, Heyriès).

Question 2 - Les sanctions de la méconnaissance de la norme constitutionnelle en droit public contemporain

L'affirmation de la suprématie de la norme constitutionnelle, constitutive de l'État de droit ainsi que de la hiérarchie des normes, rend nécessaire l'existence de contrôles assurant le respect de la norme constitutionnelle par les autres. Cette évidence qui permet de ne pas laisser l'affirmation à l'état de pétition dépourvue de valeur juridique s'est pourtant tardivement imposée dans le système juridique français.

S'agissant de la sanction à proprement parler, elle peut revêtir différentes formes, que ce soit l'éviction de la loi à l'occasion d'un contrôle par voie d'exception, de son abrogation ou encore de sa disparition *ante nativitatis* lors du contrôle *a priori* de la constitutionnalité des lois. Ainsi, elle peut varier selon deux types de facteurs, d'une part, le juge ou l'organe en charge du prononcé de la sanction, d'autre part, la norme objet de la sanction.

Si l'apparition du contrôle de constitutionnalité des lois fut précoce outre-atlantique (CS, 24 février 1803, Madison vs Marbury), il ne s'imposa qu'avec une grande difficulté en Europe, et particulièrement en France. Le contrôle de constitutionnalité des lois a longtemps suscité en France une réticence certaine de la part des hommes politiques comme des juristes, tous persuadés que son introduction conduirait à une profonde altération des souverainetés législative et populaire au regard de l'article 6 de la Déclaration du 26 août 1789 (« *La loi est l'expression de la volonté générale* »). Ils rejoignaient à cet égard la conception dégagée par Jean-Jacques Rousseau dans son ouvrage majeur « *Du Contrat Social* » (1762) au sein duquel il confère une supériorité juridique à la loi. Cette conception « *rousseauiste* » de la loi, faisant de cette dernière un acte inconditionnel, irrésistible, incontestable et irréprochable, a toujours été invoquée pour dénier à toute autorité juridictionnelle le pouvoir de contrôler la conformité de la loi à la Constitution dans le cadre d'une activité de collation des textes.

Dans ces conditions de sacralisation syncopée de la loi, la création d'un Conseil constitutionnel en 1958 par la Constitution du 4 octobre (Titre VII *Le Conseil constitutionnel*) constitue une innovation institutionnelle majeure que la pratique du régime a considérablement développée. En dépit des propos peu amènes assénés par certains au début du régime (François Mitterrand le qualifiait d'organe qu'« *une simple poignée d'avoine fera rentrer à l'écurie* », « *Le coup d'État permanent* », 1964), le juge constitutionnel est parvenu à occuper une place centrale, à jouer un rôle d'acteur à part entière au sein des institutions de la Ve République. Le juge constitutionnel a diligenté à travers sa jurisprudence un mouvement de « *constitutionnalisation* » du Droit en dégageant des principes à valeur constitutionnelle (ou des objectifs à valeur constitutionnelle) que les pouvoirs publics ne sauraient négliger. Ce faisant, la France rejoint les autres grandes démocraties occidentales déjà accoutumées à la « culture constitutionnelle », comportant toutes une juridiction constitutionnelle suprême (Cour suprême américaine, Tribunal constitutionnel allemand, Cours constitutionnelles espagnole et italienne). Seule la Grande-Bretagne échappe à cet ensemble, ce pays ne s'organisant pas autour d'une Constitution écrite mais de « *constitutional conventions* ». Toutes ces institutions juridictionnelles sont donc destinées à assurer, à protéger la supériorité du texte constitutionnel et des nombreux principes qu'il recèle, afin d'empêcher l'édiction de loi liberticide et inconstitutionnelle. La présence d'un juge constitutionnel apparaît dès lors comme la condition d'un État de droit dans lequel l'État, dans ses relations avec ses sujets et pour la garantie de leur statut individuel, se soumet lui-même à un régime de Droit.

C'est ainsi que les objections initiales une fois dépassées, un arsenal de sanction à l'irrespect de la Constitution a pu se développer, illustrant tout aussi bien une banalisation de la sanction (I) et une diversification des sanctions (II).

I - La banalisation des sanctions de l'inconstitutionnalité

A - LES VICISSITUDES DE LA SANCTION *A PRIORI* DE L'INCONSTITUTIONNALITÉ DE LA LOI

Le constitutionnaliste Olivier Duhamel a pu évoquer l'« *extravagante histoire du Conseil constitutionnel* ». Il faut reconnaître que ce dernier n'a pas été conçu pour être ce qu'il est indéniablement devenu, à savoir une véritable juridiction constitutionnelle, garante des droits fondamentaux. Le général de Gaulle ne disait-il pas « *en France, la Cour suprême, c'est le peuple !* » ?

En matière de contrôle de constitutionnalité, la Constitution de 1958 comporte une innovation certes, mais pas une révolution. L'innovation consiste dans la création d'un organe indépendant qui est chargé non seulement de veiller à la régularité des élections nationales ainsi qu'au respect du domaine réglementaire, mais aussi (et surtout) à la conformité des traités (Const., art. 54), des lois organiques, des règlements d'assemblée et des lois ordinaires à la Constitution (Const., art. 61). L'institution d'un contrôle de constitutionnalité des lois est remarquable dans un pays de tradition « légicentriste » comme la France. Cela étant, il n'y a pas de révolution. En effet, le contrôle ainsi instauré se heurte à une triple limite. La première a trait au contenu de la « Constitution » que le Conseil constitutionnel doit protéger et les deux secondes tiennent aux modalités de saisine du Conseil constitutionnel.

Tout d'abord, la Constitution « *stricto sensu* », c'est-à-dire limitée aux articles de la loi fondamentale, comporte davantage de règles procédurales que de règles de fond. On n'y retrouve pas, par exemple, de liste des droits et libertés des citoyens. Certes, le Préambule de 1958 comporte une référence aux droits de l'Homme consacrés par la déclaration de 1789 et dans le Préambule de 1946. Mais, dans l'esprit des constituants, ce préambule n'avait pas une valeur constitutionnelle…

Ensuite, les conditions de saisine du Conseil constitutionnel sont très limitées. Si les lois organiques et les règlements d'assemblée sont automatiquement déférés au Conseil constitutionnel, les lois ordinaires ne seront contrôlées que si ce dernier est saisi par un nombre restreint de personnalités (Président de la République, Premier ministre et Présidents des assemblées).

Enfin, le contrôle ne peut intervenir qu'« *a priori* » c'est-à-dire entre le vote définitif de la loi et sa promulgation. Les lois qui ont échappé au contrôle du Conseil constitutionnel ne peuvent plus lui être déférées, ce qui constitue une véritable faille dans l'État de droit, surtout au regard du grand nombre de lois adoptées avant 1958…

À partir du début des années 1970, ces limites vont être remises en cause. Le mérite en revient tout d'abord au Conseil constitutionnel lui-même ! Ce dernier va en effet reconnaître la pleine valeur constitutionnelle du Préambule de 1958 et des textes auxquels ce dernier renvoie en visant « la Constitution, notamment son Préambule » (Cons. const., 16 juillet 1971, *liberté d'association*). Désormais, la loi sera contrôlée sur la base de principes substantiels et, pour tout dire, abstraits, voire imprécis (égalité devant la loi, droit de grève, solidarité nationale...). Certains ne manqueront pas de dénoncer, alors, un gouvernement des juges. Mais la plupart se rangeront à l'opinion de R. Badinter : « *mieux vaut un gouvernement des juges qu'un gouvernement sans juge !* »...

En témoigne la deuxième évolution, à savoir l'extension de la saisine du Conseil constitutionnel à 60 députés ou 60 sénateurs par une révision constitutionnelle de 1974, promue par le nouveau président de la République Valéry Giscard d'Estaing. Le Conseil constitutionnel est ainsi érigé en « *arbitre juridique des conflits politiques entre la majorité et l'opposition* » (O. Duhamel) et il sera amené pour des raisons assez évidentes à contrôler un nombre accru de lois...

Cette insuffisance de contrôle rejaillit alors sur le rôle du Conseil d'État, incompétent pour corriger *a posteriori*, une absence de contrôle de la loi ou une inconstitutionnalité acquise par son application. En raison de la théorie de la loi écran le bloc de constitutionnalité ne connaît qu'une invocabilité limitée dans le contentieux des actes administratifs. Le juge administratif se refuse depuis toujours à contrôler la constitutionnalité des lois (CE, 6 nov. 1936, Arrighi). Cela résulte de la tradition légicentriste française : parce qu'elle exprime, en vertu de l'article 6 de la DDHC, la volonté générale, la loi ne peut faire l'objet d'un quelconque contrôle juridictionnel. Par ailleurs, la création en 1958 d'une juridiction spéciale pour exercer le contrôle de constitutionnalité des lois conforte cette solution, le choix d'un modèle de contrôle dit « concentré » exclut l'intervention des juges ordinaires. Les moyens tirés de l'inconstitutionnalité de la norme législative sont donc considérés comme inopérants par le juge administratif. Ce refus de contrôler la norme législative par rapport à la Constitution est susceptible d'avoir des incidences sur le contrôle des actes administratifs qui se bornent à mettre en œuvre la loi. En effet, dans cette hypothèse, la loi fera écran au contrôle du juge. Cependant, cette théorie de la loi écran ne doit pas être exagérée et cela pour deux raisons. D'abord, elle ne vaut que pour les actes qui interviennent en application d'une loi et ne peut trouver application lorsqu'est en cause le pouvoir réglementaire autonome, pouvoir dont le domaine a été largement étendu par l'article 37. En outre, les ordonnances non encore ratifiées ont une simple valeur réglementaire et, bien qu'elles interviennent dans la matière législative, elles peuvent faire l'objet d'un contrôle par le juge administratif, y compris au regard de la Constitution (CE, 24 nov. 1961, Fédération nationale des syndicats de police).

B - LES LIMITES DE LA COMPLÉTUDE DES SANCTIONS DE L'INCONSTITUTIONNALITÉ DE LA LOI

La loi organique du 10 décembre 2009 a permis l'entrée en vigueur de cette nouvelle procédure qu'elle qualifie de « question prioritaire de constitutionnalité » (ci-après « QPC »). Trois précisions doivent être apportées ici.

D'abord, un filtrage des questions est organisé par la loi organique. Concrètement, lorsqu'une QPC est soulevée devant lui, le juge doit la transmettre sans délai au Conseil d'État ou à la Cour de cassation mais après avoir vérifié que trois conditions sont remplies. Il faut que la question mette en cause une disposition législative applicable au litige, que le Conseil constitutionnel ne se soit pas déjà prononcé sur la constitutionnalité de ladite disposition (mais une exception est prévue en cas de changement de circonstances) et que le moyen ne soit pas dépourvu de caractère sérieux. La Cour de cassation et le Conseil d'État vérifient ensuite, à leur tour, le respect des deux premières conditions et ils doivent vérifier, de surcroît, que la question est « nouvelle » ou « sérieuse » ce qui implique un examen plus approfondi et les fait participer « négativement » au contrôle de constitutionnalité des lois. Les deux Hautes juridictions doivent se prononcer dans un délai de trois mois. Lorsqu'il est saisi, le Conseil constitutionnel a, à son tour, un délai de trois mois pour se prononcer.

Ensuite, la question est « prioritaire ». Le juge qui en est saisi doit surseoir à statuer et attendre qu'il y soit répondu, avant de prononcer au fond. Surtout, s'il est saisi simultanément de moyens tirés de l'inconstitutionnalité de la loi et de moyens tirés de son inconventionnalité, le juge doit d'abord se prononcer sur la transmission de la question de constitutionnalité et attendre que le Conseil constitutionnel se soit prononcé avant de contrôler, le cas échéant, la conventionnalité de la loi. Cette règle de la priorité d'examen est en réalité très largement atténuée lorsqu'est en cause le droit de l'Union européenne.

Enfin, la notion de « dispositions législatives » est largement entendue par le Conseil constitutionnel puisque ce dernier considère que tout justiciable a le droit de contester en QPC la portée effective qu'une interprétation jurisprudentielle constante confère à une disposition législative (Cons. const., 14 octobre 2010, n° 2010-52 QPC). Le Conseil constitutionnel peut donc contrôler la jurisprudence de la Cour de cassation et du Conseil d'État ce qui en fait une « quasi-Cour suprême » (B. François).

II - La diversification des sanctions de la méconnaissance de la norme constitutionnelle

A - LA SANCTION MODULÉE DE L'INCONSTITUTIONNALITÉ DE LA LOI DEVANT LE CONSEIL CONSTITUTIONNEL

Il est parfois nécessaire que l'exigence de sanction soit conciliée avec le réalisme qu'impose la sécurité juridique. C'est la raison pour laquelle le Conseil constitutionnel peut soit différer l'effet de l'inconstitutionnalité, soit neutraliser l'inconstitutionnalité.

C'est ainsi que lors de l'examen de la garde à vue par QPC (Cons. const., 30 juillet 2010, Daniel W.), le Conseil a différé l'effet de la déclaration d'inconstitutionnalité, laissant ainsi au législateur le temps nécessaire à la modification du régime tout en préservant la possibilité pour les pouvoirs publics de pouvoir continuer de procéder à des gardes à vue.

Ou encore à l'occasion d'une récente décision le Conseil constitutionnel jugeant qu'il incombe au législateur de garantir aux personnes placées en détention provisoire la possibilité de saisir le juge de conditions de détention contraires à la dignité de la personne, afin qu'il y soit mis fin affirmait ainsi : « Constatant que l'abrogation immédiate des dispositions déclarées contraires à la Constitution entraînerait des conséquences manifestement excessives, en ce qu'elle ferait obstacle à la remise en liberté des personnes placées en détention provisoire lorsque cette détention n'est plus justifiée ou excède un délai raisonnable, il a reporté au 1er mars 2021 la date de cette abrogation. » (Cons. const., 2 oct. 2020, n° 2020-858/859 QPC, M. Geoffrey F. et autre Conditions d'incarcération des détenus).

Afin d'éviter une déclaration inutile d'inconstitutionnalité, la Conseil constitutionnel peut aussi neutraliser les dispositions contraires à la Constitution par la technique de la réserve d'interprétation. Un spécialiste de cette question, Thierry Di Manno, en donne la définition suivante : « Par cette technique non prévue par les textes et purement prétorienne, le Conseil constitutionnel s'affranchit du carcan du schéma décisionnel binaire, pour agir directement sur la substance normative de la loi afin de la mettre en harmonie avec les exigences constitutionnelles ». Ainsi, parmi les nombreux exemples illustrant la jurisprudence peut-on relever : « que, toutefois, l'interdiction de dissimuler son visage dans l'espace public ne saurait, sans porter une atteinte excessive à l'article 10 de la Déclaration de 1789, restreindre l'exercice de la liberté religieuse dans les lieux de culte ouverts au public ; que, sous cette réserve, les articles 1er à 3 de la loi déférée ne sont pas contraires à la Constitution » (Cons. const., 7 oct. 2010, n° 2010-613 DC, Loi interdisant la dissimulation du visage dans l'espace public).

Plus récemment, à l'occasion de la consécration de l'état d'urgence sanitaire, le Conseil constitutionnel a été amené à « neutraliser » une inconstitutionnalité procédurale : « Compte tenu des circonstances particulières de l'espèce, il n'y a pas lieu de juger que cette loi organique a été adoptée en violation des règles de procédure prévues à l'article 46 de la Constitution » (Cons. const., 26 mars 2020, Loi organique d'urgence pour faire face à l'épidémie de covid-19).

B - LA SANCTION RENOUVELÉE DE L'INCONSTITUTIONNALITÉ DEVANT LE JUGE ADMINISTRATIF

La loi ne fait écran au contrôle des actes pris en application d'une loi que dans la mesure où l'examen du moyen tiré de l'inconstitutionnalité de l'acte administratif implique nécessairement pour le juge de contrôler la constitutionnalité de la loi. Lorsque l'acte administratif viole la Constitution par lui-même, le contrôle est possible (CE, 17 mai 1991, Quintin). Dans ce cas, le juge considère que le vice d'inconstitutionnalité est propre à l'acte, l'écran devient alors transparent. Plus récemment, le Conseil d'État a semblé élargir l'hypothèse de l'écran transparent. Ainsi, dans sa décision Fédération nationale de la pêche en France du 12 juillet 2013, il énonce que la loi ne fait écran entre la Charte de l'environnement et le décret qu'à la condition que le décret se borne à tirer les conséquences de la loi. Cet assouplissement, quoiqu'exceptionnel en jurisprudence, renforce néanmoins le contrôle de constitutionnalité des décrets.

Plus significatif encore, le juge administratif reconnaît sa compétence pour apprécier l'abrogation de la loi. L'abrogation explicite de la loi ne pose pas de difficulté. En effet, le Conseil d'État est, dans cette situation, conduit à reconnaître une situation qui n'est pas la conséquence de sa compétence juridictionnelle mais bien celle du Conseil constitutionnel. Saisi d'un contrôle de constitutionnalité de l'acte administratif découlant d'une loi abrogée par le Conseil constitutionnel, il se bornera à exercer le contrôle comme si l'écran n'avait jamais existé.

Bien plus délicate est la question de l'abrogation implicite. Bien que cette situation ne se présente que rarement dans la jurisprudence administrative, la question mérite une attention particulière en raison de sa singularité et de deux décisions récentes. Lorsque la révision de la Constitution (et *a fortiori* l'adoption d'une nouvelle constitution), est incompatible avec la législation en vigueur, le Conseil d'État accepte de prononcer l'abrogation implicite de la loi. Si les conséquences pour la législation sont inexistantes, le juge ne peut abroger réellement la loi ; la nature du contrôle exercé par le juge laisse perplexe. En effet, reconnaître la loi incompatible avec la Constitution, fût-ce avec une disposition nouvelle, revient de fait à exercer un contrôle de la loi au regard de la Constitution (CE, 12 décembre 1960, Eky). Sans donc le dire expressément le Conseil constitutionnel se reconnaît un pouvoir de censurer la loi (ou au moins de l'écarter du litige) en raison de son inconstitutionnalité. Dans deux décisions, le Conseil constitutionnel a été amené à faire application de cette technique, que ce soit au regard de la Constitution ou de son préambule (CE, 16 décembre 2005, Syndicat national des huissiers de justice, les dispositions de la loi relative au statut des huissiers de justice ont été implicitement abrogées par le préambule de 1946 en raison de leur contrariété avec la liberté syndicale), ou bien encore en raison d'une révision de la Constitution (CE, 3 octobre 2008, Commune d'Annecy). Enfin, plus récemment la compétence constitutionnelle du Conseil d'État s'est renforcée, assurant encore davantage le respect de la Constitution. En effet, si à l'occasion de l'arrêt *Arcelor* (CE, 8 février 2007), le Conseil a reconnu la possibilité de transmuter un grief d'inconstitutionnalité en grief d'inconventionnalité, assurant par là même le respect des exigences de la Cour de Justice (CJUE,

10 décembre 1970, Handeslgesellechaft), il n'en demeure pas moins qu'il affirme à cette occasion sa compétence pour contrôler la constitutionnalité d'un décret faisant une exacte transposition d'une directive lorsque le principe constitutionnel dont la violation est alléguée n'a pas d'équivalent (principe inhérent à l'identité constitutionnelle de la France au sens de la jurisprudence du Conseil constitutionnel). À cela s'ajoute désormais la consécration, sans réelle surprise, de la responsabilité de l'État du fait des lois inconstitutionnelles (CE, 24 décembre 2019, Société Paris Clichy).

NOTE DE SYNTHÈSE — LE BLASPHÈME ET LA LIBERTÉ D'EXPRESSION

SUJET

Rédigez, à partir des documents joints, une note de synthèse de quatre pages environ sur le blasphème et la liberté d'expression

Liste des documents

Document n° 1 : : Code de droit canonique (extraits)

Document n° 2 : Cour de cassation, chambre criminelle, 28 juin 2017, n° de pourvoi 16-83680

Document n° 3 : « Le blasphème est essentiellement une infraction politique », Jacques de Saint Victor, mardi 12 juillet 2016, lhistoire.fr

Document n° 4 : « L'Europe n'a pas évacué le blasphème, elle l'a transformé », Matthieu Stricot, publié le 29 juin 2016- lemonderesreligions.fr, Festival Philosophia

Document n° 5 : « Le blasphème, c'est sacré ! », 1er septembre 2019, Revuepolitique.fr

Document n° 6 : Droit au blasphème : une croisade laïque et démocratique, le 8 juin 2012, contepoints.org

Document n° 7 : Cour européenne des droits de l'homme, note d'information sur la jurisprudence de la Cour 222/octobre 2018 ; E.S c. Autriche, 38450/12, arrêt 25/10/2018 (section V)

Document n° 8 : Délit de blasphème : « La CEDH n'est pas Charlie ! », Lefigaro.fr

Document n° 9 : Blasphème en France : frontière entre liberté d'expression et délit raciste, sélectionné par Perrine Debreu, Observatoirepharos.com

Document n° 10 : « Le blasphème fait partie des droits de l'homme, pas des bonnes manières », publié le 12 mars 2015, Lemonde.fr

Document n° 11 : Le blasphème en France et en Europe : droit ou délit ? Trois questions à Anastasia Colosimo, interview, 13 novembre 2018, institutmontaigne.org

Document n° 1

Code de droit canonique (extraits)

LIVRE VI LES SANCTIONS DANS L'ÉGLISE

DEUXIÈME PARTIE LES PEINES POUR DES DÉLITS PARTICULIERS

TITRE I LES DÉLITS CONTRE LA RELIGION ET L'UNITÉ DE L'ÉGLISE

Can. 1369 - Qui, dans un spectacle ou une assemblée publique, ou dans un écrit répandu dans le public, ou en utilisant d'autres moyens de communication sociale, profère un blasphème ou blesse gravement les bonnes mœurs, ou bien dit des injures ou excite à la haine ou au mépris contre la religion ou l'Église, sera puni d'une juste peine.

Tournez la page S.V.P.

Document n° 2

Cour de cassation, chambre criminelle, 28 juin 2017, N° de pourvoi: 16-83680

Sur le pourvoi formé (...) contre l'arrêt de la cour d'appel de PARIS, chambre 2-7, en date du 11 mai 2016, qui, pour entrave concertée avec violences ou voies de fait à la liberté d'expression, a condamné (...) à des peines d'amende ou de jours-amende ;
(...)
Sur le moyen unique de cassation, pris de la violation des articles 10 de la Convention européenne des droits de l'homme, 431-1 du code pénal et 593 du code de procédure pénale ;

" en ce que l'arrêt attaqué a confirmé la culpabilité des demandeurs du chef d'entrave à la liberté d'expression et les peines prononcées par les premiers juges et, sur l'action civile, les a condamnés à payer la somme de un euro aux parties civiles ;

" aux motifs qu'en ce qui concerne l'entrave à une liberté publique, en l'espèce la liberté d'expression, cette notion ne suppose pas nécessairement une action ayant rendue impossible l'exercice de cette liberté, la perturbation ou l'interruption d'un spectacle dans la limite de la résistance opposée aux perturbateurs correspondant à l'infraction visée par le texte qui fonde la prévention ; que, par ailleurs, si c'est à bon droit que les prévenus opposent leur propre liberté d'expression à celle du spectacle (sic) qu'ils ont entravé, celui-ci ne saurait être admis en l'espèce dans la mesure où leur action n'est pas la réaction spontanée d'un spectateur à une représentation, dont il critique la qualité ou le contenu, mais la volonté d'entraver un spectacle qui ne leur était nullement imposé ; que leur sera encore proposé l'attitude des quelques prévenus dont la désapprobation s'est exprimée par le seul fait de quitter la salle éventuellement en exprimant d'une phrase du type « c'est un scandale » leur indignation ;/ .../ ; qu'en effet, leurs interventions orales limitées ou assumées ne dépassent pas les limites de la liberté d'expression en ce qu'elles n'étaient pas de nature à provoquer l'interruption du spectacle ; qu'il n'en est pas de même du fait de monter sur la scène, ou encore de manifester la volonté de le faire dans des conditions telles que la nécessaire intervention des services de sécurité entraîne l'interruption, même provisoire, du spectacle, tous comportements qui caractérisent la voie de fait ; que la déclaration de culpabilité de l'ensemble des autres prévenus sera donc confirmée, de même que des peines exactement adaptées ;/ .../ ; que les parties civiles dont la recevabilité n'a pas été contestée, soit celles de M. Roméo V..., de M. Giancarlo W...et du Théâtre de la Ville ont donc, en des conclusions communes, sollicité chacune la condamnation des prévenus à leur payer un euro de dommages-intérêts au titre de leur préjudice moral ;/ .../ ; que les parties civiles font valoir le fondement même de la poursuite, soit l'atteinte à leur liberté d'expression ; que les prévenus ont fait plaidé (sic), selon les cas alternativement ou cumulativement, que leur action correspondait à l'exercice de leur propre liberté d'expression, ainsi que l'atteinte portée par les parties civiles à leurs convictions religieuses, les parties civiles étant à ce dernier titre à l'origine de leur propre dommage, ils s'opposent, en conséquence, à une réparation, même symbolique ; que les prévenus condamnés au titre de l'action publique seront nécessairement tenu (sic) à la réparation de l'incontestable préjudice moral subi par les parties civiles ; que la décision du tribunal sera sur ce point confirmée ;

" 1°) alors que l'entrave au sens de l'article 431-1 du code pénal suppose une action concertée en vue d'empêcher totalement l'exercice de la liberté d'expression ; que le seul trouble momentané dans le déroulement d'un spectacle ne saurait donc constituer une entrave ; qu'en l'espèce, le comportement des prévenus, qui relevait de l'exercice de leur liberté d'opinion, comprise dans celle d'expression, leur droit à leur liberté de conscience ayant été bafoué par l'injure faite à un symbole sacré de leur religion, n'a perturbé que momentanément le déroulement du spectacle, qui a ensuite repris son cours sans être annulé ; que l'atteinte à la liberté d'expression des parties civiles a donc été proportionnée et a poursuivi un but légitime, l'exercice de leurs libertés d'expression et de conscience par les prévenus ; que la cour d'appel a pourtant considéré que l'entrave à la liberté d'expression « ne suppose pas nécessairement une action ayant rendue impossible l'exercice de cette liberté, la perturbation et l'interruption du spectacle » « correspondant à l'infraction visée par le texte qui fonde la prévention » ; qu'en statuant ainsi, la cour d'appel a violé l'article 431-1 du code pénal ;

" 2°) alors que le juge pénal ne peut prononcer de peine qu'autant qu'il a caractérisé tous les éléments constitutifs de l'infraction ; qu'il lui incombe, s'agissant du délit d'entrave à la liberté d'expression, de caractériser notamment la voie de fait, qui, en l'absence de définition légale, s'entend de tout acte qui, sans atteindre physiquement la personne, est susceptible de lui causer une impression vive, une émotion violente et de troubler sa sécurité ; qu'en l'espèce, la cour d'appel a considéré que le « fait de monter sur la scène, ou encore de manifester la volonté de le faire dans des conditions telles que la nécessaire intervention des services de sécurité entraine l'interruption, même provisoire, du spectacle » caractérisaient la voie de fait ; qu'en prononçant comme elle l'a fait, sans caractériser en quoi le fait de monter sur scène, de prier, de chanter l'Ave Maria, de crier au blasphème, à la christianophobie et au scandale ou encore vive le Christ avait fait subir aux parties civiles une émotion violente et suscité la crainte pour leur sécurité et sans prendre en compte le fait qu'elles ont pris, en toute connaissance de cause, le risque de choquer profondément des croyants en insultant un symbole sacré de leur religion chrétienne et qu'aucun acteur ou metteur en scène ne peut prétendre ignorer que, si sa liberté d'expression est sacrée, elle peut trouver ses limites dans la souillure de ce qui est sacré pour d'autres, dont la réaction est donc prévisible, la cour d'appel a violé l'article 431-1 du code pénal ;

" 3°) alors que dans l'hypothèse d'un conflit dans lequel les parties invoquent l'atteinte à l'exercice d'une même liberté, le juge doit mettre en balance les intérêts de chaque partie, afin de rechercher si les deux atteintes s'équilibrent ou si l'une est abusive et de s'assurer que la protection de la liberté d'une partie n'entraine pas le sacrifice de celle de l'autre ; qu'en l'espèce, la cour d'appel était invitée à mettre en balance la liberté d'expression des prévenus, qui revendiquaient leur droit de protester contre une injure faite à un symbole de la religion, et celle des parties civiles, qui opposaient leur droit de mettre en scène un spectacle scatologique se terminant par la souillure du visage du Christ ; que la cour d'appel a pourtant considéré que « si c'est à bon droit que les prévenus opposent leur propre liberté d'expression à celle du spectacle (sic) qu'ils ont entravé, celui-ci ne saurait être

Tournez la page S.V.P.

admis en l'espèce dans la mesure où leur action n'est pas la réaction spontanée d'un spectateur à une représentation, dont il critique la qualité ou le contenu, mais la volonté d'entraver un spectacle qui ne leur était nullement imposé ; que leur sera encore proposé l'attitude des quelques prévenus dont la désapprobation s'est exprimée par le seul fait de quitter la salle éventuellement en exprimant d'une phrase du type « c'est un scandale » leur indignation ;/ .../ ; qu'en effet, leurs interventions orales limitées ou assumées ne dépassent pas les limites de la liberté d'expression en ce qu'elles n'étaient pas de nature à provoquer l'interruption du spectacle » ; qu'en statuant ainsi, sans mettre en balance les intérêts en cause, en réduisant la liberté d'expression des prévenus à la faculté de quitter individuellement la salle, en pouvant « éventuellement » exprimer leur désapprobation, et en protégeant de manière absolue la liberté d'expression des parties civiles en occultant totalement celle des demandeurs, la cour d'appel a violé l'article 10 de la Convention européenne des droits de l'homme " ;

Attendu qu'il résulte de l'arrêt attaqué, du jugement qu'il confirme et des pièces de procédure que trois représentations du spectacle intitulé " Sur le concept du visage du fils de Dieu " ont été perturbées et momentanément interrompues par des spectateurs qui, de façon concertée, sont montés sur la scène, en criant, chantant et priant, ou encore, lors de la dernière représentation concernée, ont lancé des boules puantes ; que M. X...et les autres demandeurs au pourvoi, ainsi que huit autres personnes, ont été poursuivis devant le tribunal correctionnel, du chef susvisé ; que les juges du premier degré ont déclaré coupables les demandeurs au pourvoi autres que M. Christian I...; que ces prévenus, ainsi que les parties civiles et, à titre incident, le ministère public, ont relevé appel de cette décision ;

Attendu que, pour confirmer le jugement à l'égard de vingt-six des trente appelants, l'arrêt énonce notamment que l'entrave à la liberté d'expression ne suppose pas nécessairement une action ayant rendu impossible l'exercice de cette liberté, mais est caractérisée par la perturbation ou l'interruption d'un spectacle dans la limite de la résistance opposée aux perturbateurs ; que les juges, après avoir relaxé quatre prévenus qui ont quitté la salle en exprimant éventuellement d'une phrase leur indignation et n'ont ainsi pas outrepassé les limites de leur liberté d'expression, ajoutent que les autres prévenus ne sauraient invoquer, en l'espèce, l'exercice de leur propre liberté d'expression, dès lors que, loin de manifester spontanément leur désapprobation, ils avaient la volonté d'entraver un spectacle qui ne leur était nullement imposé ; que la cour d'appel retient enfin que le fait de monter sur la scène ou de tenter de le faire dans des conditions obligeant à l'intervention des services de sécurité, fait qui a entraîné l'interruption, même momentanée, du spectacle, caractérise la voie de fait ;

Attendu qu'en l'état de ces énonciations, procédant de son appréciation souveraine des faits et circonstances de la cause, dont il résulte qu'elle a, sans insuffisance ni contradiction, caractérisé, en tous ses éléments, tant matériel qu'intentionnel, le délit d'entrave concertée avec voies de fait à la liberté d'expression dont elle a déclaré les prévenus coupables, la cour d'appel a justifié sa décision sans méconnaître les dispositions légales ou conventionnelles visées au moyen, lequel doit, en conséquence, être écarté ;

(...)

II. Sur le pourvoi en tant qu'il est formé pour les autres demandeurs : Le REJETTE ;

(...)

Décision attaquée : Cour d'appel de Paris, du 11 mai 2016

Document n° 3

« Le blasphème est essentiellement une infraction politique », Jacques de Saint Victor, mardi 12 juillet 2016, lhistoire.fr

Michel Winock a interviewé pour L'Histoire Jacques de Saint Victor qui a remporté le prix du Sénat du livre d'histoire 2016 pour son ouvrage Blasphème, brève histoire d'un crime imaginaire.

L'Histoire : Quelle définition donnez-vous du blasphème ?

Jacques de Saint Victor : Le blasphème a une définition extrêmement souple. C'est ce que l'on appelle une infraction molle, c'est une injure, un outrage à la divinité. Il évoque la désacralisation de ce qui est sacré : « Paroles qui outragent la divinité », dit le Littré. L'intérêt et la difficulté de ce thème en histoire du droit tiennent au fait que cette infraction religieuse est essentiellement une infraction politique. En conséquence, sa définition évolue beaucoup selon les contextes politiques ou théologico-politiques.

L'Histoire : Le blasphème existe avant tout dans les religions monothéistes et aurait donc commencé avec les Hébreux. Que représentait pour eux le blasphème ? Est-il différent du blasphème chrétien ?

Jacques de Saint Victor : Chez les Hébreux, le blasphème est puni de mort parce que Moïse a annoncé aux enfants d'Israël : « Qui blasphème le nom de Yahvé devra mourir, toute la communauté le lapidera. Qu'il soit étranger ou citoyen, il mourra s'il blasphème le Nom. » Les premiers chrétiens furent moins sévères que les Juifs. Il faut se souvenir que le Christ lui-même fut accusé de tenir des propos blasphématoires. Aussi les chrétiens sont-ils assez compréhensifs, notamment avec ce qu'ils appellent le « blasphème d'amour », comme le cri de Léon Bloy dans Le Désespéré (1887). Chez les chrétiens, le blasphème y est le plus souvent considéré comme un péché dont il faut s'amender plutôt que comme un crime qu'il faut punir de mort. Dès lors, c'est bien souvent la législation civile – et non la législation canonique – qui condamnait le plus sévèrement le blasphème. Au Moyen Age, les rois craignent que le blasphème ne suscite les foudres divines contre leur royaume.

L'Histoire : Ce mot vient du latin. On parlait donc déjà de blasphème à Rome ?

Jacques de Saint Victor : Le blasphème était déjà présent chez les Grecs, on le retrouve, par exemple, dans certains textes de Platon. Mais il ne prend son sens et ne devient véritablement un crime grave et passible de mort en Occident qu'avec l'empereur Justinien (Novelle 77). Le droit romain chrétien reprend la sanction des Hébreux. C'est ce qui explique qu'il y ait eu, notamment à partir du XIIIe siècle – où l'on redécouvre le corpus juridique romain –, cette tentation de faire du blasphème un crime passible de la peine de mort. Saint Louis (1226-1270), par exemple, était désireux de condamner à mort le blasphémateur et c'est le pape Clément IV qui, tout en le félicitant, lui recommanda de comprendre la singularité de cette infraction. On se limita alors au couple amende/pénitence.

Tournez la page S.V.P.

L'Histoire : Le blasphème est une notion relative, puisque l'on peut toujours être traité de blasphémateur par quelqu'un qui n'a pas la même religion, je pense aux guerres de Religion, par exemple…

Jacques de Saint Victor : Bien sûr. A partir de la Renaissance et des guerres de Religion le blasphème devient ce que l'on peut appeler un crime identitaire : le blasphémateur, c'est « l'Autre », celui qui n'a pas la même religion. C'est un point particulièrement intéressant parce qu'on va voir le blasphème être utilisé comme une arme pour s'imposer. Pour les fanatiques, la religion de l'autre est forcément une religion « blasphématrice ». C'est une conception qui durera au moins jusqu'aux traités de Westphalie de 1648. Au XVIIe siècle, ce qu'on a appelé la « configuration blasphématoire » perd sa dimension politico-religieuse. Car les États européens cherchent à retrouver leur unité religieuse à travers la consécration du principe « Cujus regio, ejus religio », « la religion du prince est la religion du peuple ».

L'Histoire : Sous l'Ancien Régime le blasphème était donc un délit politique ?

Jacques de Saint Victor : Il peut être considéré comme un délit politique car il est associé au crime de lèse-majesté. Louis XIV s'en préoccupe : plusieurs déclarations royales, notamment en 1651 et 1666, officialisent la condamnation à mort pour les « blasphèmes énormes ». Ce qui n'avait pas été prévu au Moyen Age devient possible sous la monarchie absolue qui voit le triomphe du droit divin des rois. Celui qui outrage la divinité outrage par conséquent le roi. Les crimes de lèse-majesté divine et de lèse-majesté royale ne font pour ainsi dire plus qu'un. Mais ce qui est beaucoup plus intéressant, c'est que, très vite, dès la fin du règne de Louis XIV, la conception du blasphème évolue : ce dernier va s'apparenter désormais à un trouble à l'ordre public. Au fond, ce n'est plus tellement parce qu'il offense Dieu que le blasphémateur sera poursuivi mais essentiellement parce qu'il trouble l'ordre public en blessant ceux qui croient.

L'Histoire : Est-ce le cas du chevalier de La Barre, condamné à mort pour blasphème en 1766 ?

Jacques de Saint Victor : On l'accuse de plusieurs choses. Au départ il est soupçonné d'avoir tailladé un Christ sur la croix du pont d'Abbeville dans la nuit du 9 août 1765. Mais ensuite des éléments supplémentaires alourdissent le dossier ; on l'accuse, par exemple, de ne pas s'être découvert lors d'une procession. On découvre chez lui, et c'est l'élément clé dans cette affaire, le Dictionnaire philosophique portatif de Voltaire. Cette affaire s'inscrit dans un contexte de règlement de comptes entre les jansénistes du parlement de Paris et le clan des philosophes, en particulier Voltaire, qui explique la dramatique condamnation à mort de La Barre. Mais on peut dire que lorsque commence l'affaire ce qui choque en premier lieu, c'est que l'on ait blessé les croyants.

Les recueils de jurisprudence de l'époque, comme le Répertoire universel de Guyot ou celui de Merlin, soulignent tous que les juges ne doivent plus chercher à venger Dieu mais à protéger les consciences en condamnant ceux qui « attaquent la religion ». L'idée médiévale selon laquelle il faudrait condamner une offense à Dieu car elle risquerait de porter préjudice au royaume n'est plus la conception qui prime en ce siècle des Lumières. On pense surtout à préserver le bon ordre d'une société chrétienne déjà en bonne partie sécularisée. La place du divin y est souvent moins marquée qu'aux siècles passés.

L'Histoire : Cette affaire du chevalier de La Barre marque donc un tournant dans l'histoire du blasphème ?

Jacques de Saint Victor : Oui. C'est cette condamnation qui, en ayant bouleversé l'opinion, conduira à l'abolition du délit de blasphème dans le premier Code pénal de 1791.

L'Histoire : La Révolution a aboli le blasphème, mais vous écrivez que ce fut une « abolition en trompe l'œil »...

Jacques de Saint Victor : En effet, une loi du 17 mai 1819 (dite loi de Serre), supprimant la censure et réprimant les délits de presse, crée dans son article 8 l'infraction « d'outrage à la morale publique et religieuse ». Par ce dernier mot, elle rétablissait le délit de blasphème, tel qu'il était entendu au XVIIIe siècle, c'est-à-dire un trouble à l'ordre public pour des propos blessants la religion. Pendant longtemps, les historiens se sont focalisés sur la loi de 1825 rétablissant la peine de mort pour le sacrilège. Mais cette loi grotesque n'a jamais été appliquée et elle a été abolie dès 1830. Alors que l'article 8 de la loi de Serre, aggravé en 1822, est resté en vigueur jusqu'en 1881 ! C'est grâce à ce texte qu'on a pu poursuivre Flaubert, qu'on a pu condamner Baudelaire et Proudhon et tant d'autres. Dès le vote du texte, Daru, à la Chambre des pairs, ne s'était pas trompé : « On commencera par proscrire un livre licencieux et on finira par [...] mutiler l'Esprit des lois ». La répression fut de plus en plus pointilleuse, surtout sous le Second Empire. Benjamin Constant avait bien résumé le danger : ce délit allait transformer les tribunaux en « arènes de métaphysique ».

L'Histoire : Il fallut donc attendre la IIIe République pour en finir avec le délit de blasphème ?

Jacques de Saint Victor : C'est la loi du 29 juillet 1881 sur la liberté de la presse qui va supprimer l'outrage à la morale religieuse. On peut désormais critiquer librement les religions, à condition de ne pas injurier ni diffamer les croyants. Ajoutons qu'on peut aussi caricaturer les religions (la législation contre les caricatures avait été très instable durant tout le XIXe siècle, le siècle de la caricature). On peut dire que la loi de 1881 crée le meilleur régime de liberté « encadrée ». Ce n'est pas la liberté totale, comme aux États-Unis, car il existe de nombreuses limites (art. 23 à 40), notamment en matière d'injures et de diffamations. Mais elle préserve entièrement le débat d'idées.

Je voudrais évoquer un point très éclairant. La droite catholique la plus conservatrice, représentée à l'époque par Mgr Freppel, évoqua le « respect des croyances » pour essayer de préserver le délit d'outrage à la morale religieuse. Il fallait, selon Mgr Freppel, protéger ce qu'il y avait « de plus auguste et de plus sacré dans le monde », c'est-à-dire Dieu. Il évoque les mots qui blessent, etc. Par une sorte d'ironie de l'histoire, on voit aujourd'hui certains de ceux qui ont attaqué en justice Charlie Hebdo reprendre mot pour mot les arguments de la droite catholique la plus conservatrice de l'époque. Revanche posthume de Mgr Freppel ? A l'époque,

Tournez la page S.V.P.

Clemenceau avait balayé tous ces arguments d'un revers de manche : « Dieu se défendra bien lui-même ; il n'a pas besoin de la Chambre des députés. » Dès lors, un climat de liberté d'expression s'imposa en France.

L'Histoire : Pourtant, en 1972, tout semble avoir été remis en question par la loi Pleven, et vous dites qu'aujourd'hui le délit de blasphème n'a jamais compté autant de défenseurs ?

Jacques de Saint Victor : Aujourd'hui, la situation est très paradoxale. Il est clair que le délit de blasphème ne risque pas d'être rétabli en France. La République laïque l'empêche, malgré les hésitations du droit européen et les tentatives de certains juristes catholiques, dans les années 1980, de le restaurer subrepticement par le biais de la réparation de la « blessure aux convictions intimes ». Les arrêts de la Cour de cassation du 12 juillet 2000, que Me Henri Leclerc a justement qualifiés de « révolution du droit de la liberté d'expression », ont définitivement écarté ces tentatives.

Pourtant, à la même époque, c'est-à-dire dès le début des années 2000, on voit bien que la liberté d'expression est en crise : il y a un courant croissant de l'opinion, notamment dans les milieux islamistes, désireux de confondre critique de la religion et insulte aux croyants. Cette évolution est liée au retour du religieux que Daniel Bensaïd a bien résumé : « Quand la politique est à la baisse, la théologie est à la hausse. » Ce ne sont plus seulement les penseurs réactionnaires qui remettent en cause l'héritage des Lumières, de Spinoza à Kant. La critique des religions devient suspecte aux yeux de certains « progressistes ». En outre, la rédaction maladroite de la loi Pleven de 1972, créant le délit de « provocation à la discrimination, à la haine ou à la violence » commises envers une personne non seulement à raison de sa race mais aussi de son « appartenance à une religion déterminée » (comme si on « appartenait » à une religion), a involontairement tendu un piège en voulant bien faire. Désireuse de combattre à juste titre le racisme, elle a permis à des associations de porter plainte en justice, alimentant non seulement le climat de judiciarisation du débat public mais aussi sa dérive communautariste. La justice a commis l'erreur d'autoriser à contester juridiquement non seulement des associations universalistes condamnant le racisme, comme la Ligue des droits de l'homme, mais aussi des associations religieuses, souvent intégristes. Du coup, le fondement même du combat antiraciste a basculé. De l'affirmation de notre commune et égale appartenance au genre humain, il se métamorphose en exaltation des différences et des croyances, pour revendiquer une différence d'identité, de culture ou de religion. Il n'est pas sûr que nous ayons beaucoup à y gagner en terme de cohésion publique.

(Propos recueillis par Michel Winock)

Document n° 4

« L'Europe n'a pas évacué le blasphème, elle l'a transformé » Matthieu Stricot - publié le 29/06/2016 - Lemondedesreligions.fr FESTIVAL PHILOSOPHIA

Entre théologie politique et philosophie, la question du blasphème a été le point de départ du débat Religions, croyances et interdits, organisé en mai dernier dans le cadre du festival Philosophia, à Saint-Émilion.

«Depuis quelques décennies, nous assistons à un choc des cultures entre les discours religieux et le monde sécularisé.» Isabelle Francq, journaliste à l'hebdomadaire La Vie, a animé le débat Religions, croyances et interdits le 29 mai dernier, à l'occasion du Festival Philosophia, à Saint-Émilion (Gironde). «De la fatwa émise par l'ayatollah Khomeini contre l'écrivain britannique Salman Rushdie en 1989 aux attentats contre Charlie Hebdo en 2015, la notion de blasphème revient sur le devant de la scène.»

Sur ces mots, les cloches de l'église collégiale de Saint-Émilion se mettent à résonner dans le cloître qui abrite le débat. Anastasia Colosimo, doctorante à Sciences Po et spécialiste en théologie politique, ne se laisse pas impressionner : «Le blasphème est présent dans toutes les cultures. Ce concept multiforme est d'origine théologico-politique, car toute politique se fonde sur une théologie.»

La jeune doctorante rappelle que, si le philosophe grec Socrate a été condamné à mort pour impiété, c'est qu' «il est allé à l'encontre des dieux de la Cité. Par extension, contre la Cité elle-même». Elle signale également une autre grande figure condamnée pour blasphème par le Sanhédrin : Jésus. «L'entité blasphémée a toujours été soit Dieu, soit le Prince.»

Avec la séparation de l'Église et de l'État, ce concept devrait ne plus avoir de sens. «Sauf que tout s'est complexifié. Nous assistons à une sécularisation du blasphème dans les sociétés occidentales.» Certains pays européens résistent encore à la modernité : en Italie catholique, le blasphème est une infraction. Dans la Grèce orthodoxe, il constitue un délit. «Pas seulement quand cela concerne la religion majoritaire. La législation est valable pour l'ensemble des religions présentes sur leur territoire.»

L'apparition du « croyant offensé »

Si ce délit n'existe plus en France, la loi sur la presse de 1881 reconnaît toutefois la diffamation envers une personne ou un groupe de personnes en rapport à leur appartenance ou non à une religion déterminée (article 32).

La loi Pleven de 1972 relative à la lutte contre le racisme est plus précise. «Cette dernière introduit l'interdiction de provocation à la haine et à la discrimination de toute race, ethnie, croyance... Par conséquent, elle autorise des communautés de victimes à porter plainte, pour faire valoir leurs droits. L'Europe n'a pas évacué le blasphème, mais l'a transformé.»

Tournez la page S.V.P.

Auparavant, les cas de blasphème ne renvoyaient qu'à deux entités : le blasphémateur et l'entité blasphémée. «Par un contournement juridique, la modernité en a introduit un troisième : le croyant offensé. Dans les pays musulmans également, la question de l'insulte aux croyants est davantage mise en avant que l'insulte au Prophète». Pour Anastasia Colosimo, «le retour du religieux a replacé l'homme là où il ne doit pas être. D'où une incompréhension. La démocratie devrait permettre toutes les opinions».

Isabelle Francq s'interroge : «Après les attentats contre Charlie Hebdo, les chrétiens se sont prononcés en masse pour la liberté d'expression. Pourquoi cette liberté passe-t-elle bien dans nos sociétés judéo-chrétiennes, alors qu'elle est plus difficile à concevoir pour d'autres communautés?»

Des religions, plusieurs réalités

«Il faut d'abord s'interroger sur le sens du mot "religion", qui cache des réalités très différentes», rappelle la philosophe Sophie Nordmann, enseignante à l'École pratique des hautes études (EPHE) et à l'École Polytechnique. «Commencer par questionner ce qui semble aller de soi, comme l'expression "les monothéismes" ou l'association de la religion à la croyance en Dieu.»

Spécialiste de la philosophie juive contemporaine, Sophie Nordmann rappelle que le mot « religion » n'existe pas en hébreu ancien. «Le mot "dat" apparaît dans le livre d'Esther, mais ce terme issu du perse signifie "loi". Cette idée de "loi" est centrale dans le judaïsme, contrairement au christianisme qui s'est affirmé contre la loi juive.»

De plus, il n'y a pas d'équivalent du baptême dans le judaïsme, «pas même la circoncision. On naît juif. Ensuite, c'est une question de transmission de la loi, de la tradition». Alors que les orthodoxes souhaitent garder cette tradition la plus intacte possible, les courants juifs libéraux préfèrent l'adapter aux conditions de vie.

En outre, contrairement au christianisme, il n'y a pas de credo dans le judaïsme. «Le concept de credo lui-même est problématique. En effet, le judaïsme lutte contre toute idolâtrie, contre toute idée de maître qui nous serait supérieur. La croyance en Dieu peut être une question, mais pas un présupposé. Dès lors, de quoi parle-t-on lorsque l'on évoque des croyants ? La confusion découle du manque de discernement entre ces différents termes.»

«Malgré ces différentes réalités, nous sommes bien obligés de dialoguer , remarque Isabelle Francq. Pourquoi la laïcité, qui devrait nous permettre de vivre ensemble, est-elle remise en cause par certains et défendue par d'autres ?»

Laïcité et intérêt général

Pour Anastasia Colosimo, le problème réside dans le fait que «l'État prend le religieux dans sa globalité, alors que les rapports à chaque religion sont différents». La laïcité française, issue du conflit entre l'État et la communauté catholique, s'inscrit dans un régime républicain. La spécialiste distingue deux visions de la laïcité et du bien commun : «Pour la conception anglo-saxonne, la somme des biens de tous les particuliers donne l'intérêt général. La philosophie politique française est plus ambitieuse : l'intérêt général se place au-dessus de tous les intérêts particuliers. Dans l'espace public, nous sommes tous égaux.»

Par conséquent, l'État ne s'adresse jamais à des communautés, mais à des citoyens. «Nous refusons ainsi de prendre en considération l'appartenance communautaire.» Après les attentats contre Charlie Hebdo, les pays anglo-saxons avaient accusé la France d'avoir un système coercitif. «Pourtant, la laïcité française n'a aucune volonté de réprimer les appartenances. Elle a seulement la volonté d'émanciper l'homme, par un seuil, un "SMIC" de valeurs non négociables.»

Comment adapter cette conception à l'islam, dont «la foi se révèle dans l'observance de la loi ? Faut-il adapter la laïcité, prévoir des lois d'exception ? Il faut adopter un discours mesuré. Nous avons vocation à défendre le système pour s'accomplir, appartenir à l'humanité.»

Sacralisation de l'État ?

La philosophe Sophie Nordmann différencie toutefois le contexte de 1905 de celui d'aujourd'hui : «D'une opposition passée entre laïques et antilaïques, nous sommes arrivés à un conflit entre différentes conceptions de la laïcité.» Certes, rares sont ceux qui rejettent le principe de séparation de l'Église et de l'État. Le débat porte plutôt sur la visibilité dans l'espace public : «Cet espace doit-il être neutre ou doit-il permettre à toutes les singularités de s'y exprimer ? Le concept de transparence est omniprésent : doit-on privilégier l'invisible ou le tout-visible ? Les opposants comme les défenseurs du port du voile disent agir au nom de la laïcité.»

Finalement, cette laïcité n'a-t-elle pas pour conséquence une «sacralisation de l'État» ? Cette question d'un spectateur à Anastasia Colosimo revient sur la polémique apparue lorsque La Marseillaise avait été sifflée au Stade de France en octobre 2001, avant un match de football France-Algérie. La spécialiste de théologie politique rappelle que, si «la Révolution française était censée abolir l'ancien monde et le pouvoir de l'Église, les républicains ont mis en place le culte de l'Être Suprême, le baptême républicain, et même l'Évangile républicain».

Théologique et sacré constituent la politique : «Si l'on veut se débarrasser complètement du religieux, il faut abandonner ses rituels et changer de langage. Mais il demeure très difficile de faire sans le sacré, sachant que le mot existe.»

Pas d'autorité sans sacralité. «Cependant, le politique doit être capable de ne pas molester ses contradicteurs.»

Tournez la page S.V.P.

Document n° 5

« Le blasphème, c'est sacré ! » 1er septembre 2019 Revuepolitique.fr

Lors de sa conférence sur la laïcité aux AMFiS d'été de la France insoumise le week-end dernier, Henri Peña-Ruiz a déclaré qu'on avait « le droit d'être islamophobe ». Depuis, le philosophe est accusé de racisme et est l'objet d'insultes et de menaces. Réaction de Laurence Taillade, Présidente de Forces Laïques.

La polémique engagée autour des propos d'Henri Peña-Ruiz, lors de l'université d'été de la France insoumise, doit nous alerter sur la montée d'une forme de bien-pensance qui veut imposer à tout prix un retrait de nos principes fondamentaux.

Accusé de racisme, au prétexte d'avoir défendu le droit d'être islamophobe, athéophobe ou cathophobe, le philosophe, connu pour son œuvre au service de la lutte contre toutes les formes de xénophobie et à la promotion de la laïcité, est calomnié d'une manière totalement injuste.

Le terme islamophobie vient de la contraction entre islam, qu'il n'est pas nécessaire de traduire ici et « phobie », de la racine grecque φόβος signifiant « frayeur » ou « crainte ». L'association de ces deux mots devrait désigner la crainte, la frayeur, éventuellement la haine de l'islam.

Nulle référence aux musulmans ne pourrait y être associée.

Il n'est d'ailleurs pas admissible de critiquer un croyant du fait de sa croyance.

Pourtant on assiste à la naissance d'une véritable fumisterie intellectuelle avec le détournement de sens d'un mot qui trouverait sa source au XXe siècle. Tariq Ramadan, petit-fils du fondateur des Frères musulmans, s'en sert, au début des années quatre-vingt-dix, pour désigner une forme de harcèlement des musulmans, comparable à l'antisémitisme. Quelques années plus tôt, les Mollahs iraniens en font un anathème contre leurs opposants, militants laïques et féministes, principalement. L'utilisation de ce terme prend alors les contours d'un chantage au racisme, interdisant toute critique de l'islam et de ses dérives.

Ainsi, par un simple mot, ils ont trouvé le moyen de fracturer la Nation sans résistance, de communautariser, de repousser les limites de la République. Les Français de confession musulmane se sont trouvés sous la coupe d'islamistes, qui nous ont désarmés intellectuellement. On a laissé ces individus coller des cibles sur le front de ceux qui ont voulu résister par leur plume. Toute l'équipe de Charlie Hebdo en a été la sanglante victime. Laissant la France dans la stupeur.

Faut-il le rappeler, être qualifié d'islamophobe tue.

Certains semblent trouver un malin plaisir à lister, jeter à la vindicte ceux dont les propos ne leur conviennent pas. A commencer par le CCIF, cette officine qui tente de revenir, notamment, sur les lois de 2004 et 2010, qu'ils jugent islamophobes.

D'autres, au sein de la France insoumise, portent les discours haineux de ce collectif, ou du Parti des Indigènes de la République. Ils attisent les tensions communautaristes et défendent l'indéfendable, sur les réseaux sociaux. Youssef Brakni tient des meetings politiques dans les mosquées et apporte son soutien au terroriste Georges Ibrahim Abdallah. Danièle Obono défraye la chronique en affichant son amitié pour Houria Bouteldja, que Jean-Luc Mélenchon, lui-même, qualifie de « racialiste, antisémite, communautariste ». Ils sont loin d'être isolés.

Ces dissensions internes entre insoumis sont le révélateur de ce qui se joue au sein de la gauche de notre pays.

Elle a quitté le terrain des valeurs humanistes pour se consacrer à une lutte contre le racisme dévoyée en communautarisme en faveur des musulmans, nouveaux damnés de la terre.

En agissant ainsi, elle se détourne de ses luttes originelles et offre un bien triste spectacle, considérant que les maghrébins ne peuvent s'extraire de leur condition de musulmans issus de pays colonisés. Il s'agit d'une honteuse et larmoyante condescendance.

Le mal s'est métastasé à tous les partis prétendument progressistes. L'Observatoire de la laïcité n'y est pas étranger. Ses dirigeants ont banalisé le détournement cette expression. Alors qu'Elisabeth Badinter, sur les ondes de France Inter en janvier 2016, assumait qu' « il ne faut pas avoir honte d'être traité d'islamophobe », Nicolas Cadène, rapporteur de cette instance gouvernementale, s'en était violemment pris à elle, sans jamais avoir été blâmé.

L'islam n'est ni une origine, ni une ethnie mais bien une religion qui doit, au même titre que les autres cultes, se prêter à l'exercice de la raison critique. Or, si toute exégèse de cette religion se trouve interdite, par cette malhonnêteté intellectuelle qu'est l'islamophobie, on se retrouve face à un retour en force du délit de blasphème, ce qui semble totalement incongru, eu égard à notre histoire.

La France, pays de la Révolution et des Lumières, celle qui a inventé la séparation des Eglises et de l'Etat et le principe de liberté absolue de conscience, se voit interdire la possibilité de critiquer l'islam !

Ainsi, l'esprit même de la loi de 1905 se retrouve bafoué par des individus aculturés, au mieux, dangereux, au pire, si l'objectif visé est bien d'imposer la censure.

Où est passé l'esprit de concorde apporté par les Lumières ?

Y renoncer, c'est accepter le retour des persécutions au nom de la foi et des épisodes pas si lointains de notre histoire comme l'affaire Callas, la torture et la mise à mort du chevalier de La Barre, des massacres comme celui de la Saint Barthélémy. Sommes-nous devenus tous si incultes ou amnésiques pour être incapables de nous accrocher à ce qui nous rend libres et égaux en droit et nous protège d'un retour des affrontements sanglants qu'ont provoqués les religions sur notre sol ?

Tournez la page S.V.P.

Cette poussée de l'indigénisme et de son corollaire, le communautarisme, est aussi le fait d'une classe politique sans principe, prête à toutes les compromissions pour se faire élire, se maintenir, de l'élu local au parlementaire.

Les manœuvres deviennent mêmes grossières, comme l'exposé des motifs de la loi Avia, reprenant ce terme, pour justifier son adoption, ce qui, d'une part, créait une inégalité de traitement entre les religions mais aussi, de fait, réactivait le délit de blasphème.

Nous avons vécu l'apogée de cette séquence avec la prise de parole d'un ministre qui n'a pu s'empêcher de se fendre d'un tweet pour condamner les propos de l'un de nos plus brillants penseurs de la laïcité. Quel manque de culture et d'humilité !

Il revient aux élus de la République de garantir les principes républicains. La Laïcité est inscrite à l'article 1 de notre Constitution et son cadre est posé dans la loi de 1905. Il serait temps que chacun prenne conscience de l'importance de cet héritage que ce gouvernement avait qualifié de poussiéreux, il y a moins d'un an, pour tenter de la modifier.

La Laïcité est le seul principe qui garantit notre liberté de pensée, de croire et de ne pas croire, de pratiquer un culte de notre choix, d'en changer, de n'en pratiquer aucun.

Elle est l'assurance de notre égalité de tous face à la loi, d'une fraternité renouvelée, car nous basons nos relations sur le socle qu'est la citoyenneté

Il est temps que nous retrouvions le chemin de la philosophie, celle qui fait naître la pensée et la nourrit. Celle qui nous aide à regarder tous ensemble dans la même direction : vers le progrès de l'Homme et de la société.

Laurence Taillade Présidente de Forces Laïques

Document n° 6

Droit au blasphème : une croisade laïque et démocratique, le 8 juin 2012
Contrepoints.org

Au-delà des manifestations de violence à l'égard de ceux qui tournent en dérision et/ou émettent des critiques sur des religions, se cache une véritable « croisade » juridique visant à saper l'un des corollaires de la liberté d'expression : le droit au blasphème. Par Samy Sidis.

L'incendie des locaux de Charlie Hebdo il y a quelques mois n'a pu qu'émouvoir tout démocrate qui se respecte, de la même manière que les violents incidents ayant succédé à la publication de caricatures de Mohammed dans un quotidien danois n'avaient pu manqué de nous interpeller. Certains se souviendront enfin du tollé suscité il y a quelques années par le film « La dernière tentation du Christ » de Martin Scorsese.

Ce serait oublier qu'outre ces manifestations de violence à l'égard de ceux qui tournent en dérision et/ou émettent des critiques sur des religions, se cache une véritable « croisade » juridique visant à saper l'un des corollaires de la liberté d'expression : le droit au blasphème.

Le blasphème constitue « la parole ou le discours qui outrage la divinité, la religion ou ce qui est considéré comme respectable ou sacré ». Il s'agit d'un droit acquis de haute lutte dans la plupart des démocraties occidentales au cours des XIX et XXèmes siècles. Il subsiste néanmoins dans toute une série d'arsenaux pénaux, tels que les codes italien, finlandais, grec ou encore allemand. De même, le délit de blasphème existe en common law anglaise. Il est néanmoins réservé aux atteintes à la religion anglicane. Cette interprétation restrictive permit à la High Court of Justice d'acquitter Salman Rushdie, accusé de blasphème par des extrémistes musulmans au moment de la publication des « Versets sataniques ». La Belgique et la France ont pour leur part évacué ce délit de leur code pénal.

La liberté d'expression est la pierre angulaire de toute démocratie. Elle ne peut être réduite à pouvoir dire si l'on préfère la bière au vin, le bleu au vert ou encore les brunes aux blondes. À partir du moment où l'on ne porte pas atteinte aux droits d'autrui (en l'occurrence, le droit de pratiquer librement sa religion), chacun doit pouvoir être libre de porter le jugement qu'il désire quant aux croyances des uns et des autres, quitte à le faire d'une manière maladroite voire imbécile.

Ce droit de critiquer la religion d'autrui, corollaire du droit à ne pas croire, est pourtant aujourd'hui menacé, non seulement par des comportements absolument inacceptables dans une démocratie, mais également au sein de diverses instances internationales, et non des moindres.

Ainsi assiste-t-on, au sein du Conseil des droits de l'Homme de l'ONU, à une offensive diplomatique de grande ampleur émanant des États membres de l'OCI (Organisation de la Conférence Islamique). Elle vise à obtenir

Tournez la page S.V.P.

l'assimilation de la critique d'une religion à du racisme, par le biais du recours au concept de « diffamation des religions ».

Ce concept constitue un danger pour nos droits et libertés. Si cette proposition venait à aboutir un jour, elle aurait notamment pour résultat de permettre à certains États, peu soucieux de protéger la liberté d'expression, de restreindre les droits humains de leurs dissidents ainsi que de leurs minorités religieuses. Elle aurait aussi pour conséquence de remettre en cause le droit au blasphème...y compris dans les États occidentaux !

De même, il semble que tant la Commission européenne que le Conseil de l'Europe aient fait le choix de consacrer cette assimilation. À titre d'exemple, l' « islamophobie » (qui consiste, étymologiquement, dans la « peur de l'islam » – non des personnes d'origine arabo-musulmane) est mise sur le même plan que l'antisémitisme (qui désigne la haine des Juifs – non de la religion juive) dans plusieurs communications relatives à la lutte contre le racisme émanant de ces deux organisations.

Enfin, la jurisprudence de la Cour européenne des droits de l'Homme est extrêmement préoccupante en matière de droit au blasphème.

Dans un arrêt « Handyside », la Cour déclarait que relevaient également de la liberté d'expression les propos qui « choquent, heurtent ou inquiètent ». Ce faisant, elle donnait à la liberté d'expression une portée maximaliste. Elle a cependant, et à plusieurs reprises, témoigné d'une approche extrêmement dangereuse en matière de droit au blasphème.

Dans deux arrêts, la Cour valida des condamnations pour blasphème prononcées au Royaume-Uni (arrêt « Wingrove ») et en Autriche (arrêt « Otto Preminger Institut ») à l'encontre de films tournant en dérision les fondamentaux du christianisme. Dans un autre arrêt, elle valida la condamnation d'un auteur turc pour avoir publié un ouvrage insultant à l'égard de Mahomet (arrêt « I.A. »).

Si elle admit que les religions pouvaient faire l'objet de critiques, elle estima néanmoins qu'en matière de liberté artistique, et s'agissant des droits d'autrui (en l'occurrence, les sentiments religieux), il convenait de reconnaître une large marge d'appréciation aux États dans la mesure où « comme pour la « morale », il n'est pas possible de discerner à travers l'Europe une conception uniforme de la signification de la religion dans la société ».

L'argument est fallacieux : le droit au blasphème est un acquis de haute lutte des démocraties. Le fait pour des particuliers de critiquer une religion ne constitue pas en soi une atteinte à la liberté de culte des personnes pratiquant la religion visée. Ainsi, la diffusion d'un film ou la publication d'un livre blasphématoires ne remettent en cause ni le droit des catholiques de pratiquer leur culte, ni celui des musulmans de croire en la vie exemplaire de leur prophète. Par contre, la censure avalisée par la Cour européenne des droits de l'Homme force la liberté d'expression du cinéaste ou de l'auteur à s'effacer devant la croyance d'autrui.

Ces éléments, lus à la lumière des événements de cette semaine, ne peuvent bien évidemment que nous interpeller au plus haut point. Il apparaît de plus en plus clairement que le combat en faveur du maintien du droit au blasphème devra se poursuivre au niveau européen (Union européenne et Conseil de l'Europe). Il devient en outre urgent de prendre conscience qu'une telle approche du droit au blasphème ne peut, à terme, que nous mener à une forme de censure incompatible avec un régime démocratique dont le fonctionnement optimal ne peut être assuré que moyennant une liberté d'expression la plus étendue possible (tant qu'elle n'aboutit pas à la calomnie, la diffamation, l'appel à la haine raciale ou à la violence – les fameux « fighting words » de la Cour suprême des États-Unis).

C'est à la volonté d'imposer une vérité parmi d'autres comme étant « la » Vérité à s'effacer face à la liberté d'expression. Non l'inverse. Que certains fassent un mauvais usage de cette liberté est un fait. Mais sommes-nous arrivés à un stade où nous devons interdire tout ce qui déplaît ? Si la liberté d'expression ne permet plus de remettre en cause les interdits des uns et les tabous des autres, à quoi bon continuer à exprimer ses idées sur les grands sujets de société ?

C'est parce que des philosophes ont estimé, à l'époque des Lumières, que chacun devait pouvoir avoir le choix de respecter ou non les religions et leurs dogmes, que les conditions de la neutralité de l'État et, partant, de son impartialité à l'égard des croyances de ses citoyens, ont pu être réunies.

Toute religion pratiquée dans le respect des droits et libertés fondamentaux est respectable. Mais la liberté d'expression est l'un des biens les plus précieux de notre démocratie. Sommes-nous prêts à la sacrifier sur l'autel des fanatismes ?

En tout état de cause, face au retour du religieux, notamment l'islam, dans les sociétés occidentales, la puissance publique se doit d'adopter une position extrêmement ferme et intransigeante afin d'assurer une société harmonieuse, respectueuse des croyances de chacun (y compris de ceux qui ne croient pas ou ne veulent pas croire). Les valeurs fondamentales de notre démocratie ne sont pas, et ne seront jamais, négociables. À défaut, nous mettrons le doigt dans un engrenage dont nul ne sait où il ne mènera. Car, comme l'écrivit un jour Heinrich Heine : « Là où l'on brûle des livres, on finit aussi par brûler des hommes ».

Tournez la page S.V.P.

Document n° 7

Cour européenne des droits de l'homme
Note d'information sur la jurisprudence de la Cour 222 / Octobre 2018
E.S. c. Autriche - 38450/12 Arrêt 25.10.2018 [Section V]

Article 10 Article 10-1 Liberté d'expression

Condamnation pénale et amende infligées à l'auteure de propos accusant le prophète Mahomet de pédophilie : non-violation

En fait – La requérante tint des séminaires intitulés « Informations de base sur l'islam » à l'institut d'éducation du Parti libéral autrichien ancré à droite. Lors de l'un de ces séminaires, elle évoqua le mariage entre le prophète Mahomet et la jeune Aïcha alors âgée de six ans et le fait que ledit mariage aurait été consommé lorsque celle-ci avait neuf ans. Elle déclara entre autres à ce sujet que Mahomet « aimait le faire avec des enfants », elle évoqua « l'histoire avec Aïcha et les relations sexuelles avec des enfants » et elle s'interrogea en ces termes : « un homme de cinquante-six ans avec une fille de six ans, comment appelles-tu cela ? Donne-moi un exemple ? De quoi s'agit-il, si ce n'est de pédophilie ? ».

Du fait de ces déclarations, la requérante fut condamnée en 2011 pour dénigrement de doctrines religieuses en application de l'article 188 du code pénal. Elle se vit infliger une amende de 480 euros, susceptible d'être remplacée par une peine d'emprisonnement de 60 jours en cas de non-paiement. Les juridictions nationales firent une distinction entre le mariage avec des enfants et la pédophilie. Elles estimèrent qu'en accusant Mahomet de pédophilie, la requérante avait simplement voulu le diffamer sans apporter aucune preuve que l'intérêt sexuel du prophète pour Aïcha tenait à ce que celle-ci n'avait pas encore atteint la puberté ou que les autres épouses ou concubines de Mahomet étaient toutes aussi jeunes. Elles reprochèrent en particulier à la requérante de ne pas avoir tenu compte du fait que le mariage en question s'était prolongé jusqu'au décès du prophète et qu'à ce moment-là, Aïcha avait atteint l'âge de dix-huit ans et donc passé la phase de la puberté.

En droit – Article 10 : Prévue par la loi, l'ingérence poursuivait le but légitime de la défense de l'ordre en préservant la paix religieuse et en protégeant les convictions religieuses d'autrui, ce qui relève de la protection des droits d'autrui au sens de l'article 10 § 2 de la Convention.

Compte tenu du caractère particulièrement sensible de l'objet de la présente affaire, les autorités nationales bénéficiaient d'une ample marge d'appréciation, car elles étaient mieux placées pour déterminer quelles étaient les déclarations susceptibles de troubler la paix religieuse dans le pays.

Pour ce qui est du contexte des déclarations litigieuses, les séminaires ont fait l'objet d'une large publicité sur internet et au moyen de tracts envoyés par le chef du Parti libéral de droite notamment à de jeunes électeurs auxquels ils étaient présentés comme des « séminaires de grande qualité » dans le cadre d'un « programme d'enseignement gratuit ». Le titre du séminaire donnait l'impression – rétrospectivement trompeuse – qu'il contiendrait des informations objectives sur l'islam. Toute personne intéressée pouvait s'y inscrire et la requérante ne pouvait donc pas présumer que seules des personnes partageant son point de vue seraient présentes ni ignorer que certains participants pourraient être heurtés par ses déclarations.

Les propos de la requérante étaient susceptibles de provoquer une indignation justifiée étant donné qu'ils n'ont pas été tenus d'une manière objective contribuant à un débat d'intérêt général, mais pouvaient uniquement être compris comme ayant visé à démontrer que Mahomet n'était pas digne d'être vénéré. La requérante se décrivait comme une experte dans le domaine de la doctrine de l'islam, elle tenait des séminaires de ce type depuis déjà un certain temps, et elle était donc certainement consciente que ses déclarations reposaient en partie sur des faits inexacts et de nature à susciter l'indignation (justifiée) d'autrui. Des représentations provocatrices d'objets de vénération religieuse susceptibles de heurter les adeptes de cette religion peuvent passer pour une violation malveillante de l'esprit de tolérance, qui est l'un des fondements d'une société démocratique.

La requérante a subjectivement taxé Mahomet de pédophilie, y voyant sa préférence sexuelle générale, sans donner à son auditoire des informations neutres sur le contexte historique, ce qui a empêché tout débat sérieux sur la question et s'analyse donc en un jugement de valeur dépourvu d'une base factuelle suffisante. Elle n'a produit aucun élément qui aurait pu permettre de qualifier ses propos de déclarations factuelles. Quant à son argument selon lequel quelques déclarations individuelles sont tolérables au cours d'une discussion animée, il n'est pas compatible avec l'article 10 de la Convention de faire des déclarations accusatrices sous le couvert de l'expression d'une opinion par ailleurs acceptable et de prétendre que cela rend tolérables ces déclarations qui outrepassent les limites admissibles de la liberté d'expression. C'est en outre à tort que la requérante a considéré que des attaques injurieuses contre des groupes religieux devaient être tolérées même si elles se fondaient sur des faits inexacts. La Cour a au contraire déjà jugé que les déclarations fondées sur des faits (manifestement) contraires à la vérité ne bénéficient pas de la protection de l'article 10.

Concernant la proportionnalité de la sanction, la requérante a été condamnée pour ses trois déclarations à verser une amende d'un montant modeste s'élevant à seulement 480 EUR, alors même que le code pénal prévoyait une peine de six mois d'emprisonnement. Cette amende se situait dans le bas de l'échelle des peines et la sanction pénale en question ne saurait donc passer pour disproportionnée.

En conclusion, les juridictions nationales ont apprécié de façon exhaustive le contexte général dans lequel la requérante a formulé les déclarations en cause et elles ont soigneusement mis en balance le droit de celle-ci à la liberté d'expression et le droit des autres personnes à la protection de leurs convictions religieuses et à la préservation de la paix religieuse dans la société autrichienne. Elles ont discuté de la limite entre la critique admissible de dogmes religieux et leur dénigrement et elles ont conclu que les déclarations de la requérante étaient de nature à susciter une indignation justifiée chez les musulmans. La Cour observe par ailleurs que ces propos n'ont pas été tenus d'une manière neutre dans le but de contribuer objectivement à un débat d'intérêt général concernant le mariage des enfants, mais qu'ils s'analysent plutôt en une généralisation dépourvue de base factuelle. En

Tournez la page S.V.P.

considérant les déclarations litigieuses comme ayant outrepassé les limites admissibles d'un débat objectif et en les qualifiant d'attaques abusives contre le prophète de l'islam risquant d'engendrer des préjugés et de menacer la paix religieuse, les juridictions nationales sont parvenues à la conclusion qu'elles étaient susceptibles d'inciter à l'intolérance religieuse. Elles ont ainsi avancé des motifs pertinents et suffisants à l'appui de leurs décisions et n'ont pas excédé leur ample marge d'appréciation. L'ingérence dans l'exercice par la requérante de ses droits découlant de l'article 10 répondait à un besoin social impérieux et elle était proportionnée au but légitime poursuivi.

Conclusion : non-violation (unanimité).

Document n° 8

Délit de blasphème : «La CEDH n'est pas Charlie !» Lefigaro.fr

FIGAROVOX/ENTRETIEN - Selon le docteur en droit Grégor Puppinck, en confirmant jeudi la condamnation d'une Autrichienne qui avait évoqué en public la «pédophilie» de Mahomet, la CEDH reconnaît l'existence d'un délit de blasphème. Par Paul Sugy Publié le 26 octobre 2018

Grégor Puppinck est docteur en droit et directeur du Centre européen pour le droit et la justice (ECLJ). Il est membre du panel d'experts de l'OSCE sur la liberté de conscience et de religion. Il est l'auteur d'une étude sur l'objection de conscience et les droits de l'homme, publiée aux éditions du CNRS en 2016. Prochain livre à paraître: Les droits de l'homme dénaturé (Le Cerf, novembre 2018).

Les faits. En Autriche, lors d'une conférence organisée au sein du FPÖ et intitulée «connaissance élémentaire de l'islam», la conférencière et responsable du FPÖ a été condamnée pour avoir dit, à propos du mariage de Mahomet avec une fillette de 6 ans et de sa consommation sexuelle à l'âge de 9 ans: «Comment appelons-nous cela, si ce n'est de la pédophilie?». Elle voulait notamment alerter sur la pratique du mariage des mineurs dans l'islam, suivant l'exemple de Mahomet. Alors qu'elle a contesté en 2012 cette condamnation devant la Cour européenne des droits de l'homme, cette dernière a confirmé la décision des juges autrichiens dans un arrêt rendu public jeudi 25 octobre. L'ECLJ est intervenu dans cette affaire pour défendre la plaignante.

FIGAROVOX.- La Cour européenne des droits de l'homme vient de confirmer la condamnation d'une Autrichienne qui avait évoqué lors d'un meeting la «pédophilie» de Mahomet. Sur quel motif s'appuie cette condamnation?

Grégor PUPPINCK.- Le seul véritable motif de cette décision est la peur des musulmans. La Cour le dit expressément: les autorités autrichiennes ont eu raison de condamner ces propos pour préserver la «paix religieuse» et la «tolérance mutuelle» dans la société autrichienne. Selon la Cour, les États auraient à présent, et c'est nouveau, «l'obligation d'assurer la coexistence pacifique de toutes les religions et de ceux n'appartenant à aucune religion, en garantissant la tolérance mutuelle».

La Cour développe plusieurs arguments à l'appui de sa conclusion.

D'abord, elle juge l'intention même de la conférencière, et la condamne en estimant qu'elle n'a pas tant cherché à informer le public qu'à «dénigrer» Mahomet et à démontrer «qu'il n'est pas digne d'être vénéré», et par suite à inciter à la violence. Ainsi, dénigrer Mahomet n'est pas protégé par la liberté d'expression: il ne faudrait en parler qu'avec respect et des bonnes intentions!

Tournez la page S.V.P.

La Cour a jugé ensuite - de façon incroyable - que ces propos n'étaient pas l'expression d'un fait mais d'un jugement de valeur personnel et hostile, car la conférencière n'aurait pas resitué les faits dans leur contexte historique, ni précisé que la première épouse de Mahomet était bien plus âgée que lui. Dès lors, elle aurait «généralisé» la pédophilie de Mahomet de façon malveillante. Pour la Cour, alors, la conférencière était de mauvaise foi, et c'est «légitimement» que les musulmans auraient pu se sentir «offensés» par ces propos et que les juridictions autrichiennes les ont condamnés.

Cette décision est grave à mes yeux. D'abord parce qu'elle se résigne à l'intolérance et même à la violence des musulmans face à la critique, et qu'elle renonce à défendre fermement la liberté d'expression sur l'islam. En fait, c'est la violence même des musulmans qui justifierait et exigerait que leurs croyances soient davantage protégées contre les critiques.

Plus profondément, cette décision est aussi très grave car elle fait primer les objectifs de «tolérance mutuelle» et de «coexistence pacifique» sur la liberté de pensée et d'expression en matière religieuse. Elle permet de museler la critique de l'islam au nom du vivre-ensemble. Cela va à rebours de la modernité occidentale qui exige au contraire de soumettre l'islam à la critique historique, sans peur de bousculer les croyances de ses adeptes et même de provoquer des tensions.

La décision rendue par la CEDH aurait justifié la condamnation des caricatures de Charlie Hebdo.

Mais pour estimer et protéger le débat critique et la controverse, il faut encore croire en la vérité et en la vertu. Ce n'est malheureusement pas le cas de cette décision qui est purement relativiste. Faire de la tolérance et de la coexistence des valeurs et des objectifs en soi est une abdication de l'esprit. La société européenne ne doit pas renoncer à être fondée sur la justice et la vertu qui sont, par définition, intransigeantes.

Ultimement, la logique de la coexistence et du vivre-ensemble repose sur le dogme absurde de l'égalité des religions. Pour ma part, je suis convaincu qu'il est urgent de détruire ce dogme, de critiquer et de comparer les religions par rapport à leur contribution au bien de l'humanité. Quant à la liberté d'expression, je pense que seule la diffusion d'obscénités gratuitement offensantes et inutiles au débat ainsi que les propos incitant à la violence immédiate peuvent être restreints. Tout autre propos - surtout lorsqu'il s'appuie sur des faits réels - devrait être protégé au titre de la liberté d'expression.

La décision rendue par la CEDH aurait justifié la condamnation des caricatures de Charlie Hebdo, mais aussi de Voltaire, Ernest Renan ou encore Auguste Comte. La Cour européenne des droits de l'homme n'est pas vraiment Charlie...

N'est-il pas étonnant de voir la CEDH maintenir un «délit de blasphème» alors même que, partout en Europe, il tend à disparaître? Les Irlandais s'apprêtent par exemple à le retirer de leur Constitution.

Oui, il est vrai que depuis 2009, les instances internationales et européennes se sont toutes déclarées en faveur de l'abolition du délit de blasphème. C'est pourquoi il a été retiré du droit local alsacien en 2016, et que les Irlandais s'apprêtent à faire de même prochainement. Cette décision de Strasbourg va donc à contre-courant.

La Cour a adopté une position inverse en accordant sa protection à des blasphèmes contre la religion chrétienne.

En fait, cette tendance est une réaction de défense face à l'offensive menée à l'ONU par l'Organisation de la Conférence Islamique pour créer en droit international un délit de blasphème sous l'appellation de «diffamation de l'islam». Il y a donc eu un conflit en droit international entre les conceptions musulmane et occidentale de la liberté d'expression en matière religieuse. La Cour, dans cette affaire, a opté pour la conception musulmane... conforme à la charia.

En somme, la CEDH défend ceux qui blasphèment contre le christianisme, mais condamne ceux qui blasphèment contre l'islam...

Force est de constater que dans deux jugements récents, la Cour a adopté une position inverse en accordant sa protection à des blasphèmes contre la religion chrétienne. Il ne s'agissait pas, dans ces affaires, de débat historique, mais de simples publicités commerciales et d'activisme politique.

Il y a d'abord eu l'affaire des publicités représentant le Christ et la Vierge Marie comme des junkys tatoués et lascifs. La Cour de Strasbourg n'a pas admis la condamnation de ces publicités, alors même qu'elles choquaient gratuitement, dans un seul objectif commercial. Elle a condamné la Lituanie.

Il y a ensuite eu l'affaire des «Pussy Riot», ce fameux groupe d'agitatrices punk qui avait été lourdement condamné en Russie pour avoir organisé un concert sauvage dans le chœur de la Cathédrale orthodoxe de Moscou. Ici encore, la CEDH a protégé leur liberté d'expression, reconnaissant tout au plus qu'une réaction au manquement à des règles ordinaires de conduite dans un lieu de culte aurait pu être justifiée.

On peine à s'expliquer la divergence d'approches de la Cour entre ces différentes affaires.

Ailleurs dans le monde, une jeune femme, Asia Bibi, a été condamnée à mort pour blasphème. Que font les défenseurs des droits de l'homme?

Tournez la page S.V.P.

L'ECLJ dispose d'un bureau au Pakistan qui y défend courageusement les nombreux chrétiens persécutés, tels qu'Asia Bibi. Face à l'islam, nous avons aussi besoin en Europe de défenseurs courageux des droits de l'homme. Ce n'est pas le signal que donne la Cour européenne avec cette décision... J'espère que cette affaire sera rejugée, en appel, devant la Grande Chambre de la Cour européenne, et que celle-ci saura alors faire preuve du courage qu'exigent les circonstances actuelles.

Document n° 9

Blasphème en France : frontière entre liberté d'expression et délit raciste, sélectionné par Perrine Debreu, Observatoirepharos.com

En droit français, le droit au blasphème à proprement parler n'existe pas. La liberté d'expression, elle, si. Elle s'établit dans les articles 10 et 11 de la Déclaration des Droits de l'Homme et du Citoyen de 1789. La Troisième République les complète avec la loi du 21 juillet 1881 relative à la liberté de la presse, dont les limites, l'injure et la diffamation, sont rares. Cette loi de 1881 abolit le délit de blasphème. Néanmoins, en juillet 1972, des limites à la liberté d'expression surviennent avec la loi Pleven, du nom du ministre l'ayant portée, qui vient amender la loi de 1881. La loi – et notamment ses articles 24 et 32 – sanctionne le racisme, qui n'est dès lors plus considéré comme une opinion. L'insulte, la diffamation et l'incitation à la haine, à la violence ou à la discrimination fondées sur la race, l'ethnie, la nation ou la religion sont interdites. L'interprétation de ce texte a donné lieu à nombre de débats autour des notions de liberté de la presse se heurtant au sentiment religieux.

Dans un rapport de décembre 2013 intitulé Blasphème : Information sacrifiée sur l'autel de la religion, Reporters Sans Frontières (RSF) a examiné l'impact des accusations de blasphème contre des journalistes du monde entier. Était notamment analysé le danger que les accusations représentent lorsqu'elles servent à restreindre la liberté d'expression. La France se place à la 32ème place dans le classement mondial 2019 de la liberté de la presse, derrière ses voisins européens, entre autres. La censure pour cause de blasphème peut être une des clés de compréhension de ce classement. RSF interroge sur le sentiment croyant : Le sentiment religieux peut-il être considéré comme un droit de l'Homme ? Si tel est le cas, prime-t-il sur ce droit fondamental qu'est la liberté d'expression, et donc d'information ?

Blasphème : droit ou délit ? Un débat sans fin

Il est impossible d'aborder les limites à la liberté de la presse sans évoquer les attaques de Charlie Hebdo de 2015. Selon les mots du Président François Hollande à l'époque, « attaquer la liberté d'expression, la liberté de la presse revient à attaquer la République ». Mais insulter un symbole religieux, ou attaquer une religion en général revient-il à porter atteinte aux croyants ? Le jugement relatif aux attentats de Charlie Hebdo a permis aux juges d'éclaircir cette question : il est autorisé d'insulter une religion et ses symboles, mais il est interdit d'en insulter les membres. A titre d'exemple, quand Brigitte Bardot, ancienne actrice française, écrit à propos des musulmans qu'ils « détruisent la France », elle est poursuivie par la justice. En revanche, quand l'auteur Michel Houellebecq qualifie l'Islam de « religion stupide », il est acquitté. Cette frontière entre droit et délit n'est toutefois pas toujours évidente. De nombreux jugements font en effet référence aux notions d'injure, de diffamation ou d'incitation à la haine raciale sans mentionner le blasphème en soi.

Cette distinction reflète une vision propre à la France, où les citoyens sont protégés, et non pas les cultes et idéologies. Ainsi, au moment du retour de la République en 1871, l'une des priorités des républicains était de mettre fin à l'hégémonie de l'Eglise catholique sur le pays. Ces tensions entre République et groupes religieux génèrent parfois discordes et divisions. L'obsession liée à la question du blasphème, à savoir

Tournez la page S.V.P.

ce qui en est et ce qui n'en est pas, peut en quelque sorte représenter une forme d'excès favorisant la désunion sociale. Puisque dans notre société laïcisée il n'est plus possible d'appeler à rendre illégal le blasphème, les groupes religieux se réfèrent au langage de la modernité, soit à l'offense envers les croyants. La mise en concurrence de ces deux arguments – l'un religieux, l'autre laïque – mène à un débat sans fin. Les sensibilités de tous doivent-elles être à tout prix protégées au détriment de la liberté d'expression ? Ces sensibilités méritent-elles d'être érigées en droit fondamental ?

Liberté à géométrie variable ?

Aussi, le fait que des groupes, des associations, et pas seulement les individus eux-mêmes puissent invoquer le délit de blasphème pose question. La liberté d'expression, de presse, est entravée par ces groupes s'exprimant au nom de personnes et communautés qui se disent victimes de racisme. Près de 10 ans avant les attentats de 2015, Charlie Hebdo avait déjà été induit en justice par l'Union des organisations islamiques de France (UOIF) et la Mosquée de Paris, pour ses caricatures du prophète. En parlant au nom d'une communauté entière, les groupes dont les discours écartent parfois la complexité relative à ces corps sociaux créent in fine une catégorie que l'inconscient collectif a tendance à considérer par la suite comme homogène. Ces catégorisations tendent à accentuer divisions et compétitions, tout en limitant la liberté d'expression.

Pour autant, s'évertuer à définir les contours de cette liberté d'informer ne permet en rien de l'appuyer, bien au contraire : cela accentue ses limites. Cependant, les lois fondatrices de la République, relatives aux libertés des citoyens, sont gravées dans le marbre et les abroger serait une manière de légitimer les discours et comportements haineux. Elles sont nécessaires au respect mutuel et au vivre-ensemble mais doivent d'abord et surtout protéger les individus eux-mêmes. Ce danger, le journal Charlie Hebdo en a été victime. Aujourd'hui, un exemplaire vendu sur deux sert à couvrir les coûts liés à la sécurisation des locaux du journal, et à assurer la protection de ses journalistes. Riss, caricaturiste présent lors des attentats, met alors en garde : « la liberté de la presse est en passe de devenir un luxe ». Mais la liberté véritable, l'indépendance de la pensée, ne s'achète pas : elle se conquiert, se prend, et se défend, quoi qu'il en coûte.

Document n° 10

**« Le blasphème fait partie des droits de l'homme, pas des bonnes manières »
publié le 12 mars 2015, Lemonde.fr**

Entretien avec André Comte-Sponville. Pour le philosophe, les opinions sont libres, tout comme l'est la critique de ces opinions, qu'elles soient religieuses ou idéologiques. S'opposer à une religion est un droit, comme celui d'être antifasciste ou anticommuniste. Par Yann Plougastel et Yves Daudu Publié le 12 mars 2015

Agrégé de philosophie, auteur d'une vingtaine d'ouvrages, dont Du tragi-que au matérialisme (et retour), paru en janvier aux PUF, André Comte-Sponville a pour pères spirituels Epicure, les stoïciens, Montaigne et Spinoza. Il se définit comme matérialiste, rationaliste et humaniste. Fortement influencé par l'héritage philosophique des Lumières, il défend une éthique humaniste et une spiritualité sans dieu. Nous l'avons interrogé sur les spécificités françaises en matière de liberté d'expression dans la pensée française.

La liberté d'expression est une liberté fondamentale. Comme toute liberté naturelle, on la voudrait absolue ; comme toute liberté socialement réglementée, elle connaît des limites. Mais pourrait-on imaginer ou réclamer une liberté d'expression sans limites ?

Il n'y a pas de liberté absolue. Même à l'état de nature, à supposer qu'il ait existé, la liberté de chacun dépend de la force dont il est capable ; elle est doublement -limitée, et par sa propre faiblesse, et par la force des autres. C'est vrai a fortiori dans un Etat de droit. Pas de liberté sans lois, pas de loi sans contraintes. On prend souvent l'exemple du code de la route : s'il n'existait pas, ma liberté de circuler, théoriquement plus grande, serait en pratique presque nulle. S'agissant de la liberté d'expression, c'est différent. On pourrait envisager qu'aucune loi ne la limite. Mais est-ce souhaitable ? Il faut bien interdire la diffamation, les appels au meurtre, protéger le droit d'auteur et les secrets commerciaux ou industriels... Même les Etats-Unis, où le Premier amendement garantit une liberté d'expression plus grande que chez nous, lui reconnaissent certaines limites. Idem en France, qui interdit en outre les incitations à la haine raciale ou religieuse, le négationnisme et les atteintes à la vie privée. On peut discuter le détail de ces interdits (contre le négationnisme, je ne suis pas certain qu'une loi soit la -meilleure arme), mais guère en contester le principe.

La liberté d'expression est un droit essentiel de notre vie publique, mais la liberté est-elle une fin en soi, un absolu dénué de toute responsabilité ?

Oui, la liberté est une fin en soi, autrement dit une valeur, qui mérite qu'on se batte pour elle, voire qu'on lui sacrifie sa vie. C'est vrai notamment de la liberté d'expres-

Tournez la page S.V.P.

sion, sans laquelle toute autre liberté serait tronquée ou vaine. Nous exempte-t-elle pour autant de toute responsabilité ? Evidemment pas. C'est d'ailleurs ce qui est clairement énoncé par la Déclaration des droits de l'homme et du citoyen de 1789 : « La libre communication des pensées et des opinions est un des droits les plus précieux de l'homme ; tout citoyen peut donc parler, écrire, imprimer librement, sauf à répondre de l'abus de cette liberté dans les cas déterminés par la loi. » Mais il n'y a pas que la loi : il y aussi la morale. Il arrive qu'on s'interdise de dire certaines choses, non parce que ce serait pénalement répréhensible, mais parce que ce serait manquer de douceur, de compassion ou de délicatesse. Au peuple d'en décider, pour ce qui relève de la loi. A chacun d'en juger, pour ce qui ne relève que de sa conscience.

La liberté véritable va-t-elle sans conscience de la responsabilité qui lui est intrinsèque ?

Aucune liberté ne vaut sans responsabilité. Mais si vous pensez à l'équipe de Charlie Hebdo, il me semble que ce serait aller trop vite que de les traiter d'irresponsables. On peut au contraire penser qu'ils ont assumé jusqu'au bout leur responsabilité de citoyens laïques ou libertaires… Personne n'est juge, moralement, de la responsabilité d'autrui. Juridiquement, les tribunaux le sont, et il est arrivé plusieurs fois qu'ils condamnent Charlie Hebdo. Ce ne fut pas le cas lors des caricatures de Mahomet, et il me semble que le tribunal, dans cette affaire, eut raison.

La dénonciation des religions est un droit incontestable, mais quels sont ses objectifs ?

Les objectifs varient selon les individus, comme toujours. Simplement, les opinions sont libres, donc aussi la critique des opinions. Cela vaut pour les religions comme pour n'importe quelle idéologie. Cela pose le problème de l'islamophobie. Le mot est équivoque. Si l'on entend par « islamophobie » la haine ou le mépris des musulmans, ce n'est qu'une forme de racisme, aussi haïssable qu'elles le sont toutes. Est-elle très répandue ? Je n'en ai pas l'impression : un arabe athée ou un noir catholique sont sans doute davantage -victimes du racisme qu'un musulman de type européen. Mais, même marginal, ce racisme-là doit évidemment être combattu. En revanche, si on entend par « islamophobie » non pas la haine ou le mépris des musulmans mais le refus, la critique ou la peur de l'islam (c'est le sens étymologique du mot « islamophobie »), ce n'est qu'une position idéologique comme une autre, qu'aucun Etat démocratique ne saurait interdire. On a le droit d'être antifasciste, anticommuniste ou antilibéral. Pourquoi n'aurait-on pas le droit de s'opposer au christianisme, au judaïsme ou à l'islam ?

La laïcité est-elle là pour garantir la liberté d'expression ?

Pas seulement. Pas d'abord. La laïcité est là pour garantir la liberté de croyance ou d'incroyance, donc aussi pour permettre la cohabitation paisible des différentes religions ou idéologies. Un Etat laïque n'est ni athée ni religieux. C'est pourquoi il protège toutes les religions, comme il garantit le droit de n'en avoir aucune et de les critiquer toutes. « Je hais tous les dieux », disait le Prométhée d'Eschyle. C'est une opinion que nul n'est tenu de partager, mais que personne, dans un Etat laïque, n'a le droit d'interdire. Et comme il n'y a pas de liberté d'opinion effective sans liberté d'expression, l'Etat, pour protéger celle-là, se doit aussi de garantir celle-ci.

Contrairement à plusieurs pays européens, l'interdiction du blasphème ne figure pas dans la législation française. Est-ce un des piliers, selon vous, de la liberté d'expression ?

Un pilier, ce serait sans doute trop dire. Mais que le droit de blasphémer soit un élément, parmi d'autres, de la liberté d'expression, je ne vois guère comment un laïque pourrait le contester. J'ai relu il y a peu la définition que je donnais du blasphème, dans mon Dictionnaire philosophique. Permettez moi d'en citer la dernière phrase : « Le blasphème fait partie des droits de l'homme, pas des bonnes manières. » Dans les situations ordinaires de la vie, mieux vaut donc éviter, individuellement, de le pratiquer. A quoi bon choquer ou blesser les croyants ? Dans le cas de Charlie Hebdo, c'est différent : on ne va pas demander à un journal satirique et humoristique de respecter les bonnes manières ! J'ajoute qu'un droit que personne ne pratiquerait jamais risquerait fort de tomber en désuétude. Il est donc précieux qu'un journal comme Charlie Hebdo existe et transgresse régulièrement ces bonnes manières que nous continuons, dans la vie quotidienne, de respecter.

Comment différencier ce qui entre dans le cadre de la liberté d'expression et ce qui en sort ?

Moralement, c'est à chacun d'en juger. Politiquement, cela relève du peuple souverain, donc du législateur. On a le droit de critiquer une loi. Pas de la violer.

Jusqu'où va la tolérance ?

Jusqu'au point où elle risque de se détruire elle-même. On peut tolérer des opinions dissidentes, et même il le faut. On ne peut pas accepter que certains prétendent, par la violence, renverser les institutions qui garantissent la liberté de tous.

On attribue à Voltaire la formule suivante : « Je ne suis pas d'accord avec ce que vous dites mais je me battrai jusqu'à la mort pour que vous ayez le droit de le dire. » Est-ce toujours d'actualité ? Ou revient-on à la formule attribuée à Saint-Just : « Pas de liberté pour les ennemis de la liberté » ?

Tournez la page S.V.P.

La formule attribuée à Voltaire, même apocryphe, est belle. Celle de Saint-Just est outrancière. Si des gens publient des livres ou manifestent paisiblement pour demander la fin de la démocratie, il n'y a pas lieu de les sanctionner. S'ils fomentent une émeute ou un coup d'Etat, c'est autre chose ! L'expression des idées est libre – dans les limites prévues par la loi. Mais l'ordre républicain doit s'imposer à tous.

Régis Debray notait : « La démocratie, c'est ce qui reste de la République quand on a éteint les Lumières. » Lors des grandes manifestations du 11 janvier, Voltaire fut souvent cité. A votre avis, plus qu'une affaire de religion, ces événements ne posent-ils pas la question de la liberté d'expression et du fanatisme, déjà soulevée par les Lumières ? Le combat serait donc toujours le même et seuls les adversaires auraient changé ?

Oui, le combat reste le même : pour les Lumières, pour la liberté de conscience et d'expression, contre le fanatisme et l'obscurantisme. Et oui aussi, les adversaires ont changé. L'Eglise catholique, qui l'a tant combattue, a fini par accepter la laïcité. C'est une grande victoire. Les laïques auraient tort de faire la fine bouche, mais aussi de s'endormir sur leurs lauriers. « Ecrasons l'infâme », -aimait à répéter Voltaire. L'infâme, pour lui, c'était le fanatisme, à l'époque surtout catholique. Que le fanatisme, aujourd'hui, soit plus souvent le fait de musulmans, ce n'est pas une raison pour cesser de le combattre – ni bien sûr pour en accuser tous les musulmans, qui en sont, de par le monde, les premières victimes. La ligne de front ne passe pas entre les croyants et les incroyants (Voltaire n'était pas athée) : elle passe entre les esprits libres, ouverts et tolérants, qu'ils aient ou non une religion, et les esprits intolérants ou fanatiques, quel que soit le Dieu dont ils se réclament et quand bien même ils seraient athées.

Dans une tribune publiée dans Libération, vous écrivez : « Le blasphème fait partie des droits de l'homme. L'humour, des vertus du citoyen. » Peut-on rire de tout ? Et avec tout le monde ?

Desproges a répondu une fois pour toutes : « On peut rire de tout, mais pas avec n'importe qui. » Rire de Moïse, de Jésus ou de Mahomet, pourquoi pas ? Mais pas avec un antisémite, un terroriste antichrétien ou un raciste antimusulman !

On entend beaucoup l'idée selon laquelle il y aurait « deux poids, deux mesures », d'un côté Charlie Hebdo « caricaturant » le Prophète, et de l'autre Dieudonné « caricaturant » les juifs : on rit dans le cas du premier, on punit dans l'autre. Ne traite-t-on pas de manière différenciée les religions ?

Qu'on traite, de fait, les religions de manière différenciée, ce n'est pas exclu. Il est plus facile, dans notre pays, de se moquer des chrétiens que des juifs ou des musulmans. Cela peut d'ailleurs s'expliquer par de bonnes raisons : les chrétiens, en France, ne sont guère victimes de racisme ou de ségrégation ; on peut donc penser qu'ils ont moins besoin d'être protégés... Rappelons en passant qu'il en va tout autrement dans de nombreuses régions du globe : les chrétiens, aujourd'hui, sont sans doute la communauté religieuse la plus persécutée du monde (le plus souvent par des fanatiques musulmans).

S'agissant de Dieudonné et de Charlie Hebdo, c'est différent. La loi interdit les incitations à la haine raciale, donc notamment l'antisémitisme. Elle n'interdit pas le blasphème. Faire « deux poids, deux mesures » n'est condamnable que s'il s'agit de deux objets identiques ou très proches. Mais il s'agit ici de deux objets clairement différents : la dénonciation d'un groupe ethnique, d'une part, la caricature d'un personnage religieux, d'autre part. Comme je n'ai vu aucun spectacle de Dieudonné, je me garderai bien de me prononcer sur son cas. Mais on ne peut pas reprocher aux juges d'appliquer la loi.

Tournez la page S.V.P.

Document n° 11

Le blasphème en France et en Europe : droit ou délit ? Trois questions à Anastasia Colosimo - interview - 13 novembre 2018 - Institumontaigne.org

Anastasia Colosimo PROFESSEURE DE THÉOLOGIE POLITIQUE À SCIENCES PO PARIS

Le 25 octobre 2018, la Cour Européenne des Droits de l'Homme (CEDH) a validé la condamnation pour blasphème d'Elisabeth Sabaditsch-Wolff, personnalité autrichienne qui avait qualifié le prophète Mahomet de "pédophile" lors d'une conférence du parti d'extrême-droite FPÖ en 2009. La CEDH a estimé que cette déclaration menaçait la préservation de la paix religieuse, et que le verdict prononcé par la justice autrichienne ne contrevenait pas à l'article dix de la Convention européenne des droits de l'Homme relatif à la liberté d'expression. Anastasia Colosimo, professeur de théologie politique à SciencesPo Paris, décrypte pour l'Institut Montaigne l'évolution de la question du blasphème en France et en Europe.

Alors que la CEDH a validé la condamnation d'une femme autrichienne pour blasphème le 25 octobre dernier, le "droit au blasphème" consacré par l'Etat français est-il amené à évoluer ?

Il n'y a pas à proprement parler de "droit au blasphème" dans la loi française. La liberté d'expression compte, en France, parmi les libertés fondamentales, puisqu'elle est l'objet des articles 10 et 11 de la Déclaration des droits de 1789 qui laissent au législateur le soin d'en établir les limites. Avec la loi du 21 juillet 1881 sur la liberté de la presse, qui par ailleurs s'applique plus généralement à toute forme d'expression, la IIIème République impose une législation libérale dont les limites, toutes strictement définies, ne constituent que des exceptions justifiées à la règle générale de liberté. La loi de 1881 abolit définitivement le délit de blasphème, même dans sa forme sécularisée d'atteinte à la morale religieuse. Cependant, à ce régime de liberté élargi suit un régime de liberté plus restrictif, notamment à partir de la loi Pleven de 1972 qui amende la loi de 1881 en créant les délits d'injure, de diffamation et de provocation à la haine, à la violence ou à la discrimination en raison de l'appartenance ou de la non-appartenance à une race, une ethnie, une nation ou une religion.

En France, il est possible d'insulter une religion, ses figures et ses symboles, il est en revanche interdit d'insulter les adeptes d'une religion.

L'introduction de ces nouveaux délits a entraîné des difficultés d'interprétation qui se sont matérialisées par des décisions de justice parfois douteuses et une réflexion jurisprudentielle intense sur le sens à accorder à l'injure, la diffamation et la provocation en raison de l'appartenance ou de la non-appartenance à une religion. Autrement dit, la question a été de savoir si insulter une religion en soi, ou des figures et des symboles d'une religion revenait à offenser les adeptes de cette religion.

Le procès intenté contre l'hebdomadaire Charlie Hebdo en 2007 pour la publication des caricatures de Mahomet a fini de clarifier la position des juges. En France, il est possible d'insulter une religion, ses figures et ses symboles, il est en revanche interdit d'insulter les adeptes d'une religion.

Néanmoins la différence entre l'un et l'autre est parfois ténue, ce qui a entraîné une inflation de procès "en blasphème", sans que le mot ne soit jamais prononcé. On parle, vous l'aurez compris, d'injure, de diffamation et de provocation à la haine, à la violence ou à la discrimination en raison de l'appartenance ou de la non-appartenance à une religion.

Ainsi, la position française, même si elle est en soi discutable et parfois ambiguë, est, en réalité, assez compatible avec la jurisprudence de la Cour européenne des droits de l'homme et ne devrait pas être amenée à évoluer, même si un excès de zèle de notre législateur est toujours à craindre.

De toutes les manières, en matière de liberté d'expression, comme en matière de liberté religieuse, la Cour européenne des droits de l'homme laisse une certaine marge d'appréciation aux États. Raison pour laquelle, d'ailleurs, elle a validé la condamnation d'Elisabeth Sabaditsch-Wolff, car l'article 188 du Code pénal autrichien condamne toute "humiliation du dogme religieux".

La République d'Irlande a voté en faveur de l'abrogation du délit de blasphème le 26 octobre 2018. Cette décision est-elle représentative de l'évolution de la question du blasphème dans les autres pays européens ?

Toute la difficulté tient au processus de traduction qui, dans la plupart des pays européens, a fait passer le blasphème compris comme insulte à la divinité à un blasphème compris comme offense aux croyants ou à une atteinte à l'ordre public – c'est sous cet angle de la préservation de l'ordre public qu'il faut d'ailleurs comprendre le concept de "préservation de la paix religieuse" défendu par la CEDH dans son arrêt.

Le mot "blasphème" a le plus souvent disparu des législations européennes, mais le blasphème a trouvé des traductions séculières qui, souvent, ont permis de perpétuer sa condamnation par d'autres moyens. Une approche comparative de ces différentes législations témoigne, en réalité, de l'extrême polysémie du lexique pénal autour de cette question. Là où il n'y a pas d'incrimination stricto sensu pour blasphème, il existe une protection des bonnes mœurs ou de la pudeur, un régime d'autorisation ou de classification en matière cinématographique ou médiatique, une règlementation des messages publicitaires, un droit réprimant la diffamation de groupe et punissant l'incitation à la discrimination ou à la haine, ces dispositions

Tournez la page S.V.P.

étant pour tout ou partie applicables au fait religieux. Au sein de ces législations à géométrie variable, se dégagent néanmoins trois formes distinctes de protection :

- celle sanctuarisant une vérité considérée comme sacrée par la collectivité, c'est le cas par exemple en Italie et en Grèce, mais aussi en Irlande jusqu'à très récemment ;
- celle préservant les sentiments des croyants, c'est le cas par exemple en Autriche, en Allemagne ou encore en Espagne ;
- celle, enfin, condamnant l'hostilité envers un groupe ou un individu causée par leur libre affiliation ou appartenance, comme en France.

Les pays européens ayant totalement aboli tout ce qui pourrait se rapprocher, de près ou de loin, d'un délit de blasphème, sont, à vrai dire, rares. L'Angleterre en est un, mais le délit de blasphème n'y a été aboli qu'en 2008 et différents groupes de pression continuent à contester cette abrogation, justement au nom de la protection des sentiments des croyants.

La décision de l'Irlande d'abolir sa loi antiblasphématoire est donc à saluer ! Il faut tout de même noter qu'il est, évidemment, plus facile d'abolir une loi explicitement antiblasphématoire que des lois implicitement antiblasphématoires. Si le délit de blasphème stricto sensu tend naturellement à disparaître, ses traductions séculières prolifèrent dans un contexte européen de rétrécissement toujours plus important de la liberté d'expression.

La "préservation de la paix religieuse" défendue par la CEDH est-elle compatible avec la "liberté d'expression" inscrite dans la Déclaration des droits de l'Homme et du Citoyen de 1789 ?

La "préservation de la paix religieuse" se présente comme une sorte d'avatar de la préservation de l'ordre public, cette dernière faisant naturellement partie des prérogatives d'un État de droit. Ce motif, celui de la préservation de l'ordre public, a pu être utilisé dans certaines décisions de justice en France concernant les atteintes religieuses sans jamais trop convaincre. Le législateur et le juge ont préféré le terrain individuel ou communautaire, en condamnant, comme nous l'avons déjà évoqué, l'injure, la diffamation, la provocation à la haine, à la violence ou à la discrimination en raison de l'appartenance ou de la non-appartenance à une religion. Du reste, le motif de préservation de l'ordre public et même d'un ordre public immatériel a pu être utilisé dans d'autres affaires concernant la liberté d'expression, notamment celle autour du spectacle de Dieudonné en 2015.

Concernant la CEDH, l'invocation de la "préservation de la paix religieuse" n'est pas nouvelle. Dans son arrêt Otto-Preminger-Institut contre Autriche de 1994, la Cour européenne a validé l'interdiction d'un film jugé blasphématoire par les autorités autrichiennes en invoquant à la fois la "préservation de la paix religieuse" et la protection des sentiments des croyants : "En saisissant le film, les autorités autrichiennes ont agi pour protéger la paix religieuse dans cette région et pour empêcher que certains se sentent attaqués dans leurs sentiments religieux de manière injustifiée et offensante." (§56)

La liberté d'expression telle qu'inscrite dans la Déclaration des droits de l'Homme de 1789 est une liberté comprise au sens large qui autorise la critique de toutes les religions.

Commentant cet arrêt, le philosophe Guy Haarscher parle d'une "dramatisation hobbesienne" excessive qui viserait à faire croire que la simple diffusion d'un film pourrait mettre le feu aux poudres et déclencher de sérieux troubles à la paix civile et religieuse. On est évidemment tenté de penser la même chose concernant les propos d'Elisabeth Sabaditsch-Wolff. Rien ne laisse penser que ses propos auraient pu entraîner de tels troubles.

Ce qui se joue derrière, c'est toujours ce processus de traduction dont la Cour européenne, tout comme de nombreuses tribunaux européens, semble être tout à fait dupe. Il faut dire que l'argument est subtil. En vidant le délit de blasphème de tout caractère religieux, les groupes confessionnels ont réussi un coup de maître.

Pour ce qui est spécifiquement de la France, la "préservation de la paix religieuse" ne peut en aucun cas concerner l'État qui est tenu à une neutralité totale vis-à-vis des différentes religions présentes sur le territoire national. La liberté d'expression telle qu'inscrite dans la Déclaration des droits de l'Homme de 1789 est une liberté comprise au sens large qui autorise la critique de toutes les religions. La loi Pleven de 1972 qui est venue modifier la loi sur la liberté de la presse de 1881 a néanmoins infléchi cette conception vers toujours plus de restrictions et il ne serait pas étonnant de retrouver ce motif de "préservation de la paix religieuse" dans de futures décisions de justice. Ce serait là, à mon sens, une régression par rapport à la tradition française d'irrévérence qui fait partie de notre patrimoine national.

IMPRIMERIE NATIONALE – 20 1271 – D'après documents fournis

CORRIGÉ

Selon le classement mondial de la liberté de la presse établi en 2019 par *Reporters Sans Frontières*, la France se place à la 32e place ; la censure pour cause de blasphème pouvant être une des explications selon ledit rapport **(doc. 9)**.

Défini par Jacques de Saint Victor, comme la parole ou le discours outrageant ou injuriant la divinité, la religion ou ce qui est considéré comme respectable ou sacré, le blasphème, infraction religieuse essentiellement politique, est aujourd'hui un corollaire de la liberté d'expression **(docs. 6 et 9)**.

Le retour du religieux dans la société contemporaine puis, notamment, les attaques menées à l'encontre du journal *Charlie Hebdo* en janvier 2015 ont remis sur le devant de la scène les débats entourant le blasphème et les limites pouvant être posées à la liberté d'expression. La notion fait couler beaucoup d'encre et s'élevent de nombreuses voix dès lors qu'elle interroge un pilier des sociétés démocratiques, à savoir la liberté d'expression **(docs. 3, 4 et 10)**.

Le blasphème se révèle être une notion évolutive (I) toujours sujette à débat (II).

I - Le blasphème, une notion évolutive tributaire du contexte politico-historique

Historiquement envisagé comme un délit, le blasphème est devenu un droit (A). Il n'est pas pour autant sans limites (B).

A - DU DÉLIT DE BLASPHÈME AU DROIT AU BLASPHÈME

Si le droit canonique faisait du blasphème, entendu comme une injure publique contre la religion ou l'église, un interdit puni d'une juste peine **(doc. 1)**, le siècle des Lumières marque une rupture avec cette conception. La conception médiévale selon laquelle il est nécessaire de condamner une offense à Dieu est repoussée au nom de la préservation du bon ordre en société et le délit de blasphème aboli dans le premier Code pénal de 1791 **(doc. 3)**.

Cette libéralisation trouve son principal fondement dans la liberté d'expression ; cette dernière constituant une liberté fondamentale garantie par les articles 10 et 11 de la Déclaration des droits de l'homme et du citoyen de 1789 **(docs. 9 et 11)**. Pourtant, la loi de Serre, en 1819, crée l'infraction « d'outrage à la morale publique et religieuse », rétablissant ainsi le délit de blasphème tel qu'entendu au XVIIIe siècle soit comme un trouble à l'ordre public pour des propos blessant la religion **(doc. 3)**. La loi du 21 juillet 1881 sur la liberté de la presse marque une nouvelle étape et supprime l'outrage à la morale religieuse de sorte qu'il est désormais possible de critiquer librement les religions **(docs. 3 et 9)**. Enfin, la loi de 1905 comme l'article premier de la Constitution de 1958 posant le principe de laïcité de l'État traduisent une vision française particulière garantissant la liberté de croyance ou d'incroyance des citoyens et non pas les cultes et les idéologies. Le blasphème est alors sécularisé **(docs. 5, 9 et 10)**.

B - LES LIMITES DU DROIT AU BLASPHÈME OU LES AVATARS DU DÉLIT DE BLASPHÈME

Bien que l'opposition à une religion soit devenue un droit et bien que la liberté d'expression soit une liberté fondamentale, celle-ci n'est pas absolue **(doc. 10)**. En premier lieu, la loi de 1881 sur la liberté de la presse reconnaît la diffamation envers une personne ou un groupe de personnes en rapport à leur appartenance ou non à une religion déterminée comme une infraction pénale **(doc. 4)**. En second lieu, la loi *Pleven* de 1972 créa le délit de provocation à la discrimination, à la haine raciale ou à la violence commise envers une personne non seulement à raison de sa race mais aussi de son appartenance à une religion déterminée **(docs. 3 et 11)**. Dès lors, s'il est possible d'insulter une religion il reste interdit de mépriser les adeptes d'une croyance **(docs. 9 et 11)**. Ainsi, une distinction doit être faite entre l'affaire *Dieudonné* pour laquelle fût condamné l'antisémitisme et le procès Charlie Hebdo de 2007 dans le cadre duquel était protégé le blasphème au nom de la liberté d'expression **(docs. 10 et 11)**.

Aussi, selon certains auteurs, si le délit de blasphème a officiellement disparu de la loi pénale, il reste présent sous d'autres formes. Notamment, de nombreux jugements, faisant référence aux concepts d'injure, de diffamation ou d'incitation à la haine raciale viendraient en réalité sanctionner le blasphème **(doc. 9)**. Du reste, la jurisprudence de la chambre criminelle a pu affirmer que le droit au blasphème pouvait être limité par la liberté d'expression d'autrui. Ainsi, il est toujours nécessaire de rechercher un équilibre lorsqu'est en jeu l'atteinte à l'exercice d'une même liberté **(doc. 2)**. Toutefois, s'il est toujours possible de faire valoir la liberté d'expression aux fins de s'opposer à l'injure faite à un symbole de la religion, cette opposition ne saurait être caractéristique d'une voie de fait, sauf à constituer le délit d'entrave à la liberté d'expression prévu par l'article 431-1 du Code pénal **(doc. 2)**.

II - L'appréhension contemporaine de la notion de blasphème sujette à débat

Entre une approche européenne qui interroge (A) et la mutation contemporaine qu'elle rencontre (B), la notion de blasphème est sujette à débat.

A - UNE APPROCHE EUROPÉENNE QUI INTERROGE

Si le blasphème est appréhendé dans toutes les cultures, il revêt diverses formes **(doc. 4)**. Cette diversité se traduit, en Europe, à travers différentes formes de protection : une première sanctuarisant une vérité sacrée aux yeux de la collectivité, une deuxième préservant les sentiments des croyants et une troisième condamnant l'hostilité envers un groupe ou un individu causée par leur affiliation religieuse **(doc. 11)**. Ces différentes approches sont autorisées par la marge d'appréciation que reconnaît la Cour européenne des droits de l'homme à chaque État en la matière, laquelle est justifiée par le fait qu'aucun consensus n'existe quant à la place de la religion dans la société **(docs. 6 et 11)**.

Conformément à cette marge d'appréciation reconnue aux États membres, la Cour européenne des droits de l'homme, dans sa décision « E.S c/ Autriche » du 25 octobre 2010 valide la condamnation pénale et l'amende infligées à l'auteure de propos accusant le prophète Mahomet de pédophilie **(doc. 7)**. Au soutien de sa décision, la Cour affirme qu'il est possible de limiter la liberté d'expression si le but poursuivi est légitime, ce qui est le cas de la défense de l'ordre public et de la préservation de la paix religieuse **(docs. 7 et 11)**. La décision de la Cour suscita de vives réactions et certains auteurs s'en saisirent pour affirmer qu'y était reconnu le retour d'un délit de blasphème, incompatible avec le régime démocratique qui, en outre, était à deux vitesses selon la religion concernée **(docs. 6 et 8)**.

B - LA NOTION DE BLASPHÈME EN MUTATION

Aujourd'hui, les contours de la notion semblent plus flous que jamais et se pose la question de savoir si insulter une religion en soi ou ses figures peut être assimilée à une offense des adeptes de cette religion **(docs. 9, 11 et 5)**. Est ainsi dénoncée par certains auteurs, une assimilation de la critique d'une religion à du racisme ; conception emportant une réelle menace pour la liberté d'expression. Le débat fût notamment posé avec acuité suite aux attentats de Charlie Hebdo **(docs. 6 et 10)**.

Cette approche traduit une évolution de la notion de blasphème qui intègre désormais une nouvelle entité : celle du « croyant offensé » **(docs. 4 et 5)**. L'exemple est pris de la notion d'islamophobie, laquelle signifie étymologiquement la peur de l'islam, et donc de la religion, mais qui est, aujourd'hui, utilisée pour désigner la crainte, voire la haine, des musulmans **(docs. 5 et 10)**. Or, l'islam n'étant ni une origine, ni une ethnie mais une religion elle doit pouvoir être critiquée au nom de la liberté d'opinion et d'expression. *In fine*, une distinction fondamentale doit être préservée entre toute forme de racisme, détestable, et la critique d'une religion traduisant une position idéologique qui se doit d'être protégée dans un état démocratique **(docs. 5 et 10)**.

SUJETS COMPLÉMENTAIRES

CULTURE GÉNÉRALE
DISSERTATION : LA SOCIÉTÉ NUMÉRIQUE

Le président de la première puissance mondiale gouverne et communique par « tweets » interposés tandis que les différents secteurs économiques sont, les uns après les autres, hantés par le spectre de l'ubérisation. Le « numérique », terme quasi inconnu il y a quinze ans, n'est plus synonyme de gadget ou d'un lointain avenir. Il s'est bien installé au cœur de nos sociétés.

Créé en 1967, dans le giron de l'appareil de recherche militaire américain, Internet ne s'est pourtant internationalisé et ouvert aux utilisateurs privés qu'au début des années 1990. Investissements privés et rythme soutenu d'innovation ont provoqué la croissance fulgurante du réseau, devenu le siège de nombreuses activités informationnelles, au point d'apparaître comme la fondation d'une nouvelle forme de société. Pour les États, les entreprises et les particuliers, les enjeux de sa régulation concernent l'ensemble des activités humaines, qu'elles soient économiques, politiques, culturelles, ou encore sécuritaires. Ainsi, certains auteurs, comme Paul Mathias, voient dans cet essor l'accomplissement du fameux « village global » de Marshall McLuhan où la communication tend à se propager, par-delà les frontières en bousculant les repères sociétaux traditionnels. Mais si ces nouvelles technologies de l'information, dans la continuité de l'Internet, comme le livre numérique ou la multiplication des réseaux sociaux, ont d'ores et déjà bouleversé nos sociétés, peut-on légitimement parler de nouvelle société numérique ? Cette dernière conduit-elle à l'instauration d'un ordre virtuel susceptible d'entrer, sinon en opposition, du moins en concurrence avec les cadres de nos vies tant individuelles que collectives ?

L'internet n'est plus seulement une innovation technologique mais le numérique affecte en profondeur nombre d'activités humaines (I). Proclamer l'établissement d'une société numérique supposerait toutefois que celle-ci dispose de règles. Or, le besoin le plus urgent est précisément celui d'une régulation (II).

I - Le numérique : une innovation technologique supplantée par une révolution de la société

Il s'est fallu de peu de temps pour que les innovations technologiques liées au numérique (A) révolutionnent nombre de domaines de nos vies, de l'intime à la politique (B).

A - D'UNE INNOVATION TECHNIQUE À LA RÉVOLUTION NUMÉRIQUE

Dès ses origines, l'informatique a consisté en la décomposition des informations en une combinaison de nombre (de 1 et de 0). Ce n'est qu'à partir des années 1990 que nombre d'activités vont véritablement s'engager dans un processus de numérisation. Il en sera ainsi des sons et des images, permettant en quelques années aux CD et autres DVD de remplacer l'ensemble des supports analogiques et magnétiques. Outre une profonde mutation de l'ensemble des industries culturelles, on assistera, aussi à travers le concept de « multimédia », à une entrée définitive des ordinateurs dans nos vies quotidiennes, du travail aux loisirs. L'autre innovation majeure a concerné le développement des télécommunications mobiles et le développement au milieu des années 2000 de terminaux plus proches de micro-ordinateurs que de téléphones portables, les smartphones.

Mais surtout, l'élément central de cette révolution permettant la diffusion quasiment sans limites de ces informations numérisées fut l'avènement d'Internet. C'est en 1989 que Tim Berners-Lee, informaticien du Cern, a défini les contours du World Wide Web, dont la base technologique était militaire et datait de 1967, afin de répondre au besoin de partage automatique d'informations entre des scientifiques travaillant dans différentes universités et instituts aux quatre coins du monde.

La participation au réseau Internet relève d'une forme de dialogue entre l'homme et la machine. De ce point de vue, Internet représente un ensemble de normes, d'interfaçage et d'interopérabilité et il relève d'un système d'administration décentralisé qui repose sur un protocole de communication permettant à chacune des machines connectées d'être à la fois un client et un serveur. Le protocole est associé à un système d'adressage qui permet à chacune des machines connectées d'être identifiée avec précision. Cette décentralisation de l'administration constitue l'innovation majeure d'Internet. Elle assure une connectivité continue : une fois une machine intégrée dans Internet, elle peut interagir avec toutes les autres machines du réseau, sans aucun intermédiaire. Cela permet une décentralisation de la production de services en réseau, car chaque machine connectée peut piloter les autres de manière à gérer l'information ou les communications de telle ou telle façon. Ce principe est à l'origine du dynamisme d'Internet. Pour augmenter la palette des services disponibles sur le réseau, il suffit d'y connecter des systèmes offrant de nouvelles fonctionnalités.

Il convient toutefois de rappeler que si Internet est bien un réseau décentralisé au sein duquel les interventions étatiques se voient remises en cause dans leur efficacité et leur légitimité, il n'en reste pas moins un espace où existent des éléments de centralisation et où l'État, en particulier l'État américain, joue un rôle clé. Le réseau a un cœur : son système normatif et son système d'adressage. Il est le produit des efforts de recherche et de défense de l'État fédéral américain. À la fin des années 1980, ce dernier décida d'ouvrir Internet aux applications commerciales afin d'inciter le secteur privé à contribuer à son développement, et de transférer au système productif américain cet outil de développement. Un processus de transfert du public au privé s'ensuivit et n'a eu de cesse de se poursuivre jusqu'à présent.

L'essor de cette technologie s'apparente ainsi à une révolution épistémologique, analogue à la Révolution copernicienne qui a provoqué un « changement de paradigme », au sens qu'en définit Thomas Samuel Kuhn, c'est-à-dire comme un bouleversement radical de la méthode d'acquisition et d'exploitation de l'ensemble des connaissances possibles. Ainsi, le pouvoir normatif du monde virtuel issu du réseau Internet déborde sur le monde réel. Les règles, dont la mise en œuvre peut être garantie par le contrôle d'espaces virtuels, peuvent concerner des éléments tout à fait tangibles du monde réel. Ainsi, des marchés de biens – que ce soient des marchés de l'occasion entre particuliers comme ceux qu'on observe sur eBay, ou des marchés de fournitures professionnelles comme les places de marché qui se développent dans l'industrie – peuvent être organisés sur les réseaux numériques.

Les applications de ces innovations vont se multiplier en quelques années et vont bouleverser les activités les plus diverses.

B - LA DIVERSITÉ DES EFFETS DE LA RÉVOLUTION NUMÉRIQUE : DE LA SPHÈRE PUBLIQUE À L'INTIME

Élément central de la révolution numérique, le réseau Internet a très vite suscité toute sorte de réflexions prospectives, dont les plus remarquées relevaient, dans les années 1990, de l'utopie collective positive pour

Pierre Levy qui y voyait l'annonce d'une sorte d'immense cerveau dématérialisé à venir, une « intelligence collective » capable d'introduire une rupture de la civilisation par l'accès de tous au savoir ainsi qu'à une expression politique directe.

Indignés, Anonymous, militants du Printemps arabe, dissidents chinois, russes ou cubains... Il est difficile d'énumérer tous les mouvements politiques nés ou développés grâce au réseau Internet au cours des dernières années. Selon le sociologue Dominique Cardon, le cyberespace est un formidable « laboratoire, à l'échelle planétaire, des alternatives à la démocratie représentative ». En instaurant une égalité de principe entre tous les internautes, le Web permet à tous ceux qui n'avaient pas accès à la parole publique de s'adresser potentiellement à des millions de personnes et de mobiliser les foules. Dans les sociétés autoritaires, le masque numérique permet d'échapper à la censure et aux pouvoirs de coercition des gouvernements.

Internet a bouleversé l'économie du savoir en permettant son accès à l'échelle planétaire. Ainsi, les philosophes des Lumières, notamment Condorcet et son ami Thomas Jefferson, envisageaient une République des lettres ouverte à tout le monde. Il est ainsi possible de réaliser ce grand rêve du XVIIIe siècle grâce à Internet. L'idée est de transformer une bibliothèque réservée à une élite d'étudiants et de professeurs en une bibliothèque ouverte à tous, à l'instar de la « Digital Public Library of America » créée au début des années 2010. Cette bibliothèque virtuelle totalise déjà près de 7 millions d'objets mis à la disposition du public américain et international. Comme le souligne l'historien Robert Darnton, dans un avenir proche, tout le monde aura accès à cette bibliothèque, gratuitement, et de chez soi.

Enfin, cette mutation technologique va bien au-delà des modes de communication en favorisant l'émergence de nouveaux comportements. Ainsi, en quelques années, les technologies numériques ont bouleversé notre vie publique, nos habitudes familiales et même notre intimité. Les très jeunes enfants acquièrent rapidement avec les tablettes tactiles une habileté qui étonne les adultes, les plus grands sont scotchés à des jeux auxquels les adultes ne comprennent rien et les adolescents semblent gérer leur vie entière depuis leur smartphone. Un tel mouvement ne fait que commencer, plus rien ne sera comme avant. Les technologies numériques ne sont pourtant que des outils, et il y a loin de leur utilisation à la modification de notre fonctionnement cérébral que certains appréhendent.

Ces outils ont changé les habitudes. L'essor du virtuel, comme nouvelle catégorie rectrice de l'agir, est ainsi mis en avant par le sociologue Serge Tisseron, qui met au jour la diversité des expériences nouvelles, comme l'accompagnement constant à distance, que le réseau Internet permet d'assurer. Rêveries, imagination, représentations personnelles sont redevenues essentielles dans la construction des mondes intérieurs d'une nouvelle classe d'âge. Avec les écrans, notre pouvoir de virtualisation, assisté par ordinateur, se retrouve amplifié et facilité.

Mais, à côté de ces sources de progrès et d'opportunités, les changements introduits par la révolution numérique justifient aussi nombre d'inquiétudes nouvelles. N'ont-ils pas davantage remis en cause l'existant qu'ils n'ont construit une société nouvelle ?

II - L'émergence d'une véritable société numérique appelle la mise en place de nouvelles régulations

Concurrençant le « monde réel », le numérique apparaît comme une source de menaces pour la société, tant au plan individuel que collectif (A). Ces dernières sont d'autant plus inquiétantes en l'absence d'une gouvernance, qui devra nécessairement dépasser les frontières (B).

A - LE NUMÉRIQUE CONSTITUE AUSSI UN RISQUE POUR L'ÉQUILIBRE DE NOS SOCIÉTÉS

Le recours au réseau Internet et à ses diverses applications permet à ceux et celles qui s'y adonnent de fuir le quotidien et son lot de responsabilités. Ainsi, au Japon où le développement des nouvelles technologies de l'information et de la communication est l'un des plus poussés, on constate l'émergence d'une sorte de « cyberautisme ». Désignés comme des «pasokon otaku», c'est-à-dire les « murés de l'ordinateur personnel », certains individus, dont le comportement a été analysé par le sociologue Antonio Casilli, se coupent du monde extérieur pour se consacrer entièrement à leur passion » en l'occurrence les jeux vidéo et la communication en ligne. On parle ainsi d'une « génération Otaku », tant de telles situations individuelles s'avèrent fréquentes. Ce phénomène n'est nullement limité au Japon, mais concerne tous les pays où le rapport au réel tend à être supplanté par la prévalence du virtuel. Des personnalités blessées ont ainsi toujours tenté de trouver refuge dans des sortes de rêveries éveillées qui satisfont un désir de toute-puissance irréaliste pour faire écran à une réalité amère qu'elles cherchent à fuir. C'est ce que le psychanalyste Donald Winnicott appelait, dans Jeu et Réalité (1971), la « fantasmatisation compulsive ». En 2018, l'hôpital Cochin à Paris a créé une unité spécialisée pour les adolescents adeptes du jeu vidéo Fornite.

Alors que l'évolution, sur ces trente dernières années, met à jour un processus de concentration des industries de la communication entre les mains de quelques conglomérats, les NTIC font peser de réelles menaces sur la vie privée des individus et de nouvelles possibilités de contrôle des moindres faits et gestes des consommateurs. Facebook n'est nullement un réseau de relations et d'amitiés s'apparentant à un service public, mais, à l'aune de son cours boursier, une puissante société de métadonnées aux implications commerciales réelles.

Cette dualité des effets du réseau Internet se retrouve également dans la sphère politique. Ainsi, Internet est souvent présenté comme une arme. En permettant aux dissidents politiques de se rencontrer, d'échanger des informations et d'organiser la lutte, Internet a donné naissance aux révolutions arabes, aux manifestations en Iran, aux Indignés et au mouvement Occupy. Une telle affirmation relève, cependant, d'après Evgeni Morozov (« Facebook et Twitter ne font pas les révolutions », 2011), d'une sorte d'aveuglement. En effet, dans son livre de 2011, « The Net Delusion », ce chercheur américain d'origine biélorusse critique sévèrement l'optimisme aveugle que nous avons placé dans ce réseau et ses applications.

Ainsi, le rôle de Twitter et du réseau Facebook dans les révolutions arabes relève, tout au plus, de l'anecdote. Toutes les révolutions ont utilisé les outils technologiques mis à leur disposition pour s'organiser. Comme la révolution bolchevique de 1917 utilisa le télégraphe, l'occupation en 2011 de la place Tahrir nécessita l'aide de Twitter. Mais ce que la dissidence a gagné en utilisant le Web, elle l'a perdu en fournissant à ses adversaires de précieuses informations. Les activistes ne sont pas les seuls à avoir appris à se servir d'Internet, les régimes autoritaires y ont également recours.

Loin de devenir un facteur de libération, les médias sociaux ont permis de créer un panoptique numérique qui contrecarrait la révolution : ses réseaux, qui relayaient la peur publique, ont été infiltrés et complètement écrasés par l'État, comme en Syrie. De ce fait, les gouvernements ont, avec Internet, à la fois « gagné et perdu du pouvoir ». Ils en ont certes perdu parce que des médias tels que WikiLeaks leur imposaient une transparence dans leurs actions, ou parce que les photos qui pouvaient témoigner de la répression policière font le tour du monde en quelques secondes. Mais ils en ont gagné par la surveillance qu'ils peuvent exercer sur les citoyens. Plusieurs campagnes électorales récentes ont aussi révélé que loin d'enrichir les débats sur l'agora démocratique, les réseaux sociaux aboutissaient à ne faire dialoguer entre eux que des citoyens partageant les mêmes idées. Ceci aboutit à une radicalisation de la pensée et encourage même la propagation de rumeurs et des fausses informations, faute de débat contradictoire. Face à ce discours essentiellement pessimiste diffusé depuis l'élection présidentielle américaine de 2016, la crise des « Gilets jaunes » a toutefois constitué une nouveauté. Des premières mobilisations sur les ronds-points, jusqu'aux manifestations des samedis, les réseaux sociaux ont joué un rôle essentiel qui ne sera sans doute pas sans suite, comme l'ont démontré les événements de Hong-Kong. Pour nombre d'observateurs, il s'est même agi du premier mouvement 2.0, supplantant les « « nouveaux mouvements sociaux », expression forgée par le philosophe Gilles Deleuze pour Mai 68.

Le même constat prévaut en matière d'effets sur le débat démocratique lui-même. Le cyber-espace ne saurait fournir la solution pour « réenchanter la démocratie ». Il ne faut certes pas limiter l'apport d'Internet à des outils. Les structures politiques traditionnelles, les partis, ont tous leur vitrine sur Internet, plus ou moins sophistiquée, plus ou moins interactive. Mais cet investissement sur Internet ne renouvelle pas en lui-même la démocratie comme le constate Olivier Blondeau et Laurence Allard (« Devenir Media, l'activisme sur Internet, entre défection et expérimentation », 2007). Le concept « approche-outil » de la politique manque l'essentiel : l'enjeu est plutôt d'élaborer à travers la technique des manières et des formes d'agir ensemble, de produire du commun en tenant compte de la singularité de chacun.

Qui plus est, l'usage du réseau Internet peut être dévoyé et peut servir les intérêts des groupes qui visent à abattre la démocratie représentative. Selon l'Organisation des Nations unies, les mouvements terroristes utilisent eux aussi le Web pour recruter, diffuser des supports d'endoctrinement, appeler à la sédition et aux armes. Cette stratégie est d'autant plus efficace qu'elle leur permet de tisser des liens transfrontaliers, notamment dans des pays cibles, et d'échapper aux législations locales au besoin. Le constat vaut plus généralement pour toute activité déviante ou criminelle – appel à la haine, trafic d'armes, blanchiment d'argent, partage de contenus pédopornographiques. Ces dérives trouvent sur la Toile un terreau favorable à l'impunité, surtout si les auteurs savent masquer leur identité et leur mode opératoire.

La révolution numérique se présente donc surtout comme une remise en cause de la société actuelle pour laquelle elle constitue tant de nouvelles opportunités que des menaces inédites. Jeter les bases d'une société numérique exigerait l'adoption d'un cadre lui garantissant, comme à toute société, des limites et des mécanismes de préservation de son équilibre. Or, ceci est rendu particulièrement difficile s'agissant d'un phénomène qui échappe aux frontières nationales.

B - DÉPASSER L'INCAPACITÉ STRUCTURELLE DES ÉTATS À METTRE EN PLACE UNE RÉGULATION EFFICACE

Alors que l'utopie du village planétaire de McLuhan s'inscrit d'emblée dans un cadre mondial, la question demeure sur le point de savoir si la société numérique sera d'emblée globale, à l'image de l'Internet, ou s'il s'agira pour chaque société nationale de se redéfinir à l'heure numérique.

Dans tous les cas, force est de constater que les États sont aujourd'hui confrontés à une question nouvelle, celle de leur souveraineté numérique. Pour y répondre, ils mettent en place, selon des degrés divers, des outils de contrôle, de filtrage ou encore d'identification des internautes, au risque de porter atteinte à des principes fondamentaux. Dans chaque pays et à l'échelle mondiale, les débats font rage sur la légitimité, l'opportunité et l'efficacité de ces mesures, au regard de préoccupations essentielles sur la garantie de la liberté d'expression, la protection des données personnelles ou le respect de l'État de droit. En France, la loi n° 2014-1353 du 13 novembre 2014 renforçant les dispositions relatives à la lutte contre le terrorisme a permis un contrôle accru du Web, au point d'avoir été dénoncée comme liberticide par la Commission consultative des droits de l'homme.

Cette question renvoie ainsi à la difficulté de dresser une distinction autre que formelle entre terrorisme et résistance : d'une part, les outils servant à traquer les criminels pourraient aussi aider des dictatures à débusquer les dissidents ; d'autre part, les sociétés démocratiques sont loin d'être protégées contre les dérives de l'utilisation de l'Internet : espionnage hors du cadre juridique, ingérence de puissances étrangères, manipulation de l'opinion en ligne, censure arbitraire. Les scandales se sont multipliés, en France, en Angleterre ou aux États-Unis, nourrissant la méfiance d'une partie des internautes à l'égard d'une régulation d'État. Chaque fois qu'une plateforme commence à être modérée ou bridée, une autre est aussitôt créée pour échapper à tout contrôle, et basée au besoin dans un pays doté d'une législation plus souple.

En outre, le caractère global de ces activités en ligne génère des conflits de juridiction, entravant la capacité d'influence des États et rendant difficile l'application des lois. La question de la gouvernance du réseau Internet est bel et bien géopolitique. Au niveau technique, une régulation se fait jour cependant. Elle est le fait de trois organismes mandatés par le Gouvernement des États-Unis, à savoir : l'Internet Corporation for Assigned Names and Numbers (ICann) qui a pour mission de gérer le système d'adressage, l'Internet Engineering Task Force (IETF) qui assure la normalisation des protocoles de communication et enfin le World Wide Web Consortium (W3C) qui assure la normalisation des langages multimédia. Un tel dispositif n'est ni totalement légitime – il n'a été validé ni par l'ensemble des utilisateurs, ni par les citoyens, ni par la communauté internationale – ni complet puisque, même s'il influence les usages, il n'assure pas leur régulation. Les États se sont donc progressivement immiscés dans la régulation technique, économique et sociale du réseau. Ce mouvement s'est heurté à deux difficultés majeures : le débordement, déjà signalé, des États par les capacités d'autorégulation des communautés globalisées ainsi que la prééminence de l'État américain. C'est pourquoi, la régulation de l'Internet – épine dorsale de la société numérique –, pose problème. L'ensemble des autorités administratives indépendantes dans ce domaine a souligné la nécessité d'agir au niveau européen pour avoir une chance de peser dans l'environnement concurrentiel mondialisé. Il importe de prendre en compte le caractère horizontal et la dimension internationale d'Internet tout en reconnaissant que l'objectif d'édicter des règles a priori demeure utopique. La difficulté réside ainsi dans la territorialisation du droit qui rend impossible toute régulation efficace d'un phénomène, par essence, transfrontalier. De ce fait, la problématique de la régulation de l'Internet restera sans issue si l'on s'en tient à deux conceptions générales antagoniques : l'Internet nouvel espace de liberté ou nouvel instrument de contrôle. Il s'agit plutôt de trouver des modes de gestion appropriés pour accompagner le développement du monde numérique dont la régulation demeure utopique.

La régulation des activités numérique s'impose aussi pour la pérennité de nos modèles économiques et sociaux. Il s'agit en particulier d'obtenir que les GAFA s'acquittent de leurs impôts dans des conditions plus satisfaisantes et que nos modèles de protection sociale ne soient pas minés par une ubérisation généralisée. Les avancées marquées par l'Union européenne en matière de lutte contre cette évasion fiscale au cours de l'année 2018 sont encourageantes, puisque Apple a effectivement réglé, en septembre, les 13 milliards d'arriérés d'impôts en application de la décision de la Commission européenne. De même, un règlement communautaire devrait être adopté avant la fin de cette même année pour rééquilibrer les rapports entre les grandes plateformes internet (telles que Booking) et les entreprises dont elles commercialisent les services.

Finalement, la numérisation des informations et leurs diffusions se présentent comme un phénomène technique aux conséquences sans précédent qui, tel un nouveau paradigme, implique de repenser non seulement le rapport des citoyens aux institutions, mais aussi celui des individus à leur quotidien modifié par l'irruption triomphante de la virtualité. Comme tout changement de paradigme, celui-ci demande du temps pour être compris, dans la totalité de ses conséquences. Si le numérique a d'ores et déjà changé nos vies, l'émergence d'une société numérique n'est pas stabilisée. D'ailleurs, le sera-t-elle un jour, tant les innovations numériques se diffusent à une vitesse difficilement compatible avec les modes actuels de régulation de notre vie collective ? La coexistence persistante d'une société organisée et d'un monde virtuel, insaisissable, le complétant ou le concurrençant, constituerait alors un défi de taille lancé à notre vivre-ensemble.

CULTURE GÉNÉRALE

DISSERTATION : OÙ EST LE POUVOIR ?

Le pouvoir est traditionnellement désigné comme la capacité de décider et ainsi de faire. Par extension, ce terme renvoie également à la capacité de déléguer, c'est-à-dire de faire réaliser, par d'autres, ce qui est décidé. Cette définition générale peut ainsi être considérée comme générique : chaque groupe humain, voire chaque individu, se trouve ainsi dans une situation complexe par rapport au pouvoir lui-même qui est aussi protéiforme, puisque son exercice dépend du contexte dans lequel on se trouve.

Qu'il s'agisse du pouvoir politique, économique, judiciaire, familial, administratif voire religieux ou encore culturel, sa perception comme puissance de contraindre peut différer ; l'exemple de la situation du citoyen dans une démocratie le démontre. En effet, bien que le pouvoir procède de l'assentiment du citoyen – qui se donne à lire à travers son suffrage –, ce dernier est soumis au pouvoir des autorités politiques reconnues légitimes par le truchement de l'élection.

La question du pouvoir – entendue comme légitimité et soumission – a donc toujours été complexe. Ainsi, Marcel Gauchet, dans la *Condition politique*, remarquait que le passage de la société traditionnelle à la société politique impliquait la localisation d'un « foyer de pouvoir » depuis l'extérieur vers le sein même de la société en devenir. De ce fait, le pouvoir implique une capacité de commandement, au sein de la société dont il est l'émanation historique et dont il assure le gouvernement, et conditionne une relation d'obéissance avec les membres de cette société qui deviennent les gouvernés.

Dès lors, la localisation du pouvoir pose problème et ce, tout particulièrement, dans nos sociétés contemporaines, suite à deux phénomènes historiques cumulatifs de notre modernité : d'une part, le transfert du pouvoir religieux vers le pouvoir politique que Georges Dumézil, dans son ouvrage *Jupiter Mars Quirinus*, évoque comme initialement distincts l'un de l'autre – avec la primauté du pouvoir religieux sur les pouvoirs politiques et guerriers – et que la Révolution française va, en quelques années, avec la nouvelle constitution civile du Clergé, puis l'instauration de la République, fusionner au profit du pouvoir politique qui en retire une légitimité renforcée. D'autre part, le primat du pouvoir politique est, du moins dans nos sociétés, exercé grâce à une organisation démocratique selon lequel les États souverains sont contrôlés par les peuples souverains auprès desquels ils tirent leur légitimité.

Aujourd'hui, un tel paradigme est-il encore d'actualité ? Les événements de l'hiver et du printemps dernier – le mouvement de contestation dit des « gilets jaunes » – ne démontrent-ils pas la difficulté de situer le pouvoir dans nos sociétés contemporaines ?

Dès lors, la localisation de la souveraineté politique semble toujours primer (I.A), mais sans doute davantage comme principe que réalité (I.B). Cependant, face aux menaces déjà perceptibles (II.A), il est nécessaire de mieux localiser les pouvoirs (II.B).

I - La localisation de la souveraineté politique semble toujours primer (A), mais sans doute davantage comme principe que réalité (B)

A - LA LOCALISATION DU POUVOIR DANS L'ÉTAT : UN HÉRITAGE QUI SEMBLE PERDURER

Si le paradigme de la localisation du pouvoir dans l'État souverain, lui-même émanation de l'État souverain, semble toujours d'actualité, cette existence semble davantage de l'ordre du principe que de celui de la réalité factuelle.

En effet, cette primauté est un legs de l'histoire moderne : cette consécration de l'État comme lieu d'exercice et de légitimation du pouvoir se retrouve tout d'abord au niveau international. Les relations qui s'y déploient sont ainsi héritières de la conception de l'État définie lors du Traité de Westphalie de 1648, dont Henry Kissinger, dans son ouvrage *Diplomatie*, a souligné la remarquable résilience dans le monde de l'après-45 marqué par l'émergence de l'Organisation des Nations unies. La « communauté internationale », thématisée notamment par Raymond Aron, dans *Paix et Guerre entre les Nations*, comme élaboration d'un système de sécurité collectif destiné à remédier aux errements de la Société des Nations créée au sortir du premier conflit mondial, accorde également une place essentielle aux États, comme en témoigne notamment l'application du droit international public aux espaces, qu'il s'agisse des mers ou des espaces.

En outre, les États – suite à la définition de leurs conditions de possibilité par les penseurs de l'âge classique, comme Thomas Hobbes dans son *Léviathan* – se sont vu reconnaître le monopole de la violence légitime, grâce auxquels ils ont comme fonction d'assurer la sécurité de leurs administrés. Ce « *monopole de la violence légitime* », également évoqué par le sociologue Max Weber, dans son ouvrage *Économie* et société, désigne l'attribut essentiel de l'État entendu comme puissance nécessairement coercitive.

Cependant, pour que la coercition étatique soit légitime, il importe qu'elle soit exercée au profit – par et pour – le peuple souverain. Cette légitimité résulte de l'histoire : la souveraineté appartient au peuple, comme le rappelle l'article 3 de la Constitution du 4 octobre 1958 selon lequel : « *La souveraineté nationale appartient au peuple qui l'exerce par ses représentants et par la voie du référendum. Aucune section du peuple ni aucun individu ne peuvent s'en attribuer l'exercice* ».

D'ailleurs, ce principe, posé dès le début de la Révolution française dans la Déclaration des droits de l'homme et du citoyen du 26 août 1789, a entraîné la diffusion de l'idée démocratique dans nos sociétés ; cette affirmation bénéficiant de la protection des droits du peuple des éventuelles atteintes de l'État suite à la création d'institutions spécifiques, comme les juridictions administratives en France, mais aussi, à l'échelle européenne, de juridictions spécialisées comme la Cour européenne des droits de l'homme ; ces dernières permettant, à la fois, de constitutionnaliser les droits fondamentaux et de protéger ces droits des atteintes de l'État, fût-il démocratique. Le renforcement de l'État de droit – destiné, finalement, à protéger les droits des citoyens, trouve encore à s'appliquer avec la création de cours constitutionnelles dont les prérogatives – comme en témoigne la création en France de la question prioritaire de constitutionnalité – participent de cette reconnaissance du peuple comme souverain.

B - LA CONCURRENCE PAR DE NOUVEAUX LIEUX DE POUVOIR

Si l'État souverain demeure, en principe, l'incarnation reconnue du pouvoir, il n'en demeure pas moins que la souveraineté des États, ou du moins sa compréhension traditionnelle, apparaît comme relativisée, sinon mise à mal, par l'émergence de nouveaux lieux de pouvoir.

L'État se voit concurrencé à deux niveaux : d'une part, le pouvoir politique qui s'y exerce est remis en cause par d'autres pouvoirs émergents, notamment ceux de la société civile et de ses organes – comme les organisations non gouvernementales – et des instances économiques, à savoir les marchés financiers et les entreprises, notamment de dimensions multinationales ; ces derniers étant de plus en plus perçus comme titulaires d'un pouvoir réel s'exerçant au détriment de celui de l'État, considéré davantage comme formel et ainsi comme illusoire.

Cette critique n'est pas nouvelle : si les partisans du Front populaire dénonçaient déjà « *le Mur de l'argent* » ou les « *Deux cent familles* », l'internationalisation des flux financiers – déjà amorcée au sortir de la Seconde Guerre mondiale avant que la fin de la Guerre froide n'en accentue l'impact – suite à la mondialisation a consacré le modèle du libre-échange et l'ouverture des marchés nationaux dans les marchés et des services.

Dès lors, la prévalence des grands acteurs financiers et des investisseurs internationaux est perçue par les populations comme s'exerçant au détriment du pouvoir étatique. Pour preuve, la capitalisation boursière des GAFAM (Google, Amazon, Facebook, Apple et Microsoft) – qui échappent globalement aux normes notamment fiscales auxquelles doivent se plier les entreprises domestiques – s'avère, en 2019, supérieure à celle d'un État comme la France, pourtant sixième puissance économique mondiale.

De telles sociétés internationales peuvent également exercer une pression vis-à-vis des États, appuyées par les marchés financiers qui détiennent la dette publique et maintiennent sous leur influence les gouvernements légitimement désignés par leur peuple. En outre, les entreprises industrielles et de services sont en mesure de mettre les différents États en concurrence, pour l'accueil des investissements et la création de nouveaux emplois.

Ainsi, la mondialisation a accentué un travers inhérent au capitalisme : loin que les entreprises obéissent à la loi des États, ce sont ces derniers qui ont progressivement été tenus de respecter la loi du marché, c'est-à-dire les décisions des acteurs économiques. Ce changement de paradigme avait d'ailleurs été anticipé par Karl Marx, dans *le Capital*, où il prévoyait que l'influence du marché capitaliste, faute d'une révolution permettant aux peuples de reprendre leur destin en main, viendrait contrecarrer, au point de l'annihiler, l'influence des États eux-mêmes considérés comme des émanations de la sphère des échanges et de la classe bourgeoise, bénéficiaire des transferts du pouvoir issu de la féodalité.

D'autre part, le pouvoir de l'État est également remis en cause par rapport à celui d'autres acteurs également politiques à plusieurs niveaux. Ainsi, à l'échelle internationale, le caractère essentiel de l'État semble relativisé, qu'il s'agisse de l'Organisation des Nations unies, dont le conseil de sécurité est l'institution essentielle, ou d'instances plus informelles, comme le G-7 ou le G-20, ou encore d'instances régionales, à l'instar de l'Union européenne aux pouvoirs grandissants dont celui de seigneuriage défini, par Jean Bodin au XVIe siècle, comme l'attribut essentiel des États.

Par ailleurs, à l'intérieur des États eux-mêmes, l'affirmation du processus dit de décentralisation en Europe – fût-ce dans des États traditionnellement centralisés comme la France à partir de 1981, ou encore en Italie avec la régionalisation une décennie plus tôt, ou encore l'autonomisation de l'Écosse en 1996 et la fédéralisation de la Belgique en 1993 – démontre que le pouvoir politique peut être concurrencé à l'échelon infranational.

Enfin, une troisième forme de remise en cause du pouvoir de l'État résulte du peuple souverain lui-même. Celle-ci puise son origine dans la critique récurrente du pouvoir représentatif lui-même que rappelle notamment Bernard Manin dans sa *théorie du gouvernement représentatif* : toute représentation politique implique la désignation d'une minorité – assimilée par cet auteur à une forme d'aristocratie – qui se voit investie du pouvoir, en lieu et place du peuple lui-même.

D'ailleurs, le modèle inclusif de la démocratie athénienne ne résiste pas à l'analyse historique elle-même : Claude Mossé, dans son ouvrage la Démocratie athénienne, démontrant que seule une minorité d'habitants détenait le pouvoir politique dans cette cité considérée comme l'origine de la démocratie directe et de l'appropriation, par les citoyens eux-mêmes, du pouvoir de décision sur les affaires de la communauté. La question est donc celle de l'effectivité de l'exercice de la souveraineté du peuple dès lors qu'elle implique nécessairement la désignation de représentants, comme le rappelle d'ailleurs l'article 3 de la Constitution du 4 octobre 1958 précité.

Cependant, à cette tension rémanente entre le peuple entre ses représentants vient s'ajouter l'interposition de forces nouvelles qui peuvent parfois aller jusqu'à capter l'ensemble du pouvoir, à l'instar des experts qui peuvent d'ailleurs être officiellement placés sous la supervision du pouvoir politique. Les élites technocratiques – que ce soit à Paris, pour la France, ou à Bruxelles, pour l'Europe – constituent ce gouvernement d'experts qui viennent nécessairement en concurrence avec le pouvoir du peuple, comme l'avait anticipé, dès les Années 1920-1930, par Walter Lippmann dans la *Fabrique du consentement*.

II - Face aux menaces déjà perceptibles (A), il est nécessaire de mieux localiser les pouvoirs (B)

A - DES RISQUES OPPOSÉS LIÉS AU SPECTRE DE L'IMPUISSANCE

Le pouvoir est aujourd'hui confronté à trois types d'écueil.

Premier écueil : Une forme de dissolution perceptible du pouvoir affecte sa légitimité. Loin de sombrer dans une forme d'anarchie refusant en bloc toute forme de règle sociétale, elle se caractérise plutôt par une contestation de l'organisation sociale, telle qu'elle est, sur fond de rappel des droits de l'individu. En d'autres termes, c'est sur le fondement de la déclaration des droits de l'homme, interprétée de manière libérale, en faisant prévaloir « *l'utilité commune* », que la primauté des individus est rappelée, au détriment du pouvoir étatique.

A cette première forme de critique correspond une remise en cause de la société telle qu'elle est, s'inscrivant dans la continuité de la remise en cause des institutions durant les années 1960, en phase avec les écrits d'Herbert Marcuse. Une telle remise en cause du pouvoir a ainsi conduit à la création d'une sorte d'« *ère du vide* » que décrit Gilles Lipovetsky comme « *la fin des grands idéaux collectifs* ».

Davantage, cette remise en cause du pouvoir conduit à une sorte d'entre-deux entre sécurité et liberté qui ne bénéficie nullement aux individus, comme l'a démontré Zygmunt Bauman à travers son concept de « *modernité liquide* » désignant notre mode d'existence insaisissable et atomisé, au sein duquel la logique consumériste constitue le seul horizon de nos propres existences.

En effet, la perte de sens liée à l'effritement des repères sociaux pousse les individus à se réfugier dans une consommation généralisée afin de « s'acheter une vie », donnant ainsi une dimension volatile et éphémère à tous les domaines de la vie en société. L'identité devient aussi fluctuante que le profil Facebook, les relations sentimentales ne sont nouées que «jusqu'à nouvel ordre» et le monde du travail se plie à l'impératif de flexibilité. Ainsi, pour Bauman, nous vivons dans une société qui exige de ses membres de s'adapter au monde contemporain – d'où le caractère incertain de leur liberté - sans jamais leur en fournir les moyens, via une sécurité rassurante.

Deuxième écueil : l'émergence des nouvelles technologies issues de l'internet tend à faire prévaloir – faussement, du fait des exigences économiques que l'évolution de ce modèle d'abord libertarien a fait émerger – l'idée d'une société sans hiérarchie ni censure. Comme le déclarait, en 1992, le scientifique David Clark, considéré comme le père du protocole IP sur lequel repose le réseau internet : « Nous refusons les rois, les présidents et les votations. Nous croyons au consensus approximatif et au code qui fonctionne. »

Ainsi, l'extension du réseau internet devait conduire à l'émergence d'une société sans pouvoir et reposant sur des réseaux horizontaux. Cette vision devait également conduire à l'élévation générale du niveau éducatif des populations, grâce au libre accès aux connaissances que la technologie de l'internet rendait possible, comme le soulignait à son tour Bill Gates, le fondateur de Microsoft, au moment de la création de sa fondation pour l'éducation. En ce sens, Michel Serres, dans son essai *Petite poucette*, rappelle que le numérique était à l'origine d'une mutation anthropologique majeure, s'agissant de l'organisation des savoirs.

Dès lors, notre postmodernité connaît une crise de l'autorité sans précédent, si l'on entend cette dernière comme la « subordination consentie » qu'identifiait Hannah Arendt dans son essai *Qu'est-ce que l'autorité* de 1958.

C'est sans doute la raison pour laquelle les peuples succombent à la tentation de se donner des pouvoirs forts, suivant en cela la pente du populisme. Face à la peur de pertes de repères, il peut apparaître tentant de promouvoir – tel un renversement des valeurs, suite à la « liquéfaction des sociétés » thématisée par Bauman – des hiérarchies protectrices. Le retour de l'autorité dans certains pays peut d'ailleurs impliquer la remise en cause de l'organisation des pouvoirs lesquels constituaient la source d'un équilibre nécessaire au bon fonctionnement des démocraties.

L'émergence de gouvernement à visée populiste et remettant en cause l'équilibre des pouvoirs, comme en Hongrie, en Pologne, voire en Grande-Bretagne – où le premier ministre Boris Johnson, en suspendant le Parlement afin d'assurer le « *Brexit* » au plus tôt, s'est inscrit dans les pas d'Oliver Cromwell et de sa dictature républicaine du milieu du XVIIe siècle – illustre également cette montée du souverainisme qui désigne un nationalisme assumé comme rempart contre un multilatéralisme dépossédant les peuples de leur pouvoir originel. Une telle tendance ne touche pas seulement les États de taille moyenne, mais aussi les hyperpuissances, comme les États-Unis dont le président, Donald Trump, se revendiquant de la politique de James Monroe du XIXe siècle, privilégie l'unilatéralisme, au nom d'une réaffirmation du pouvoir américain.

Enfin, troisième écueil que l'on peut qualifier de plus paroxystique : la difficulté à localiser le pouvoir a ainsi suscité un sentiment de défiance qui alimente la théorie du complot. En effet, faute d'être localisé, le véritable pouvoir serait alors occulte et caché, alimentant la crainte des populations d'être intégralement spoliées de la souveraineté dont elles sont pourtant les dépositaires officielles. L'idée que des groupes d'influence – comme les Bidelberg – régissent les affaires mondiales participe de cette théorie du complot à laquelle 40 % des Français, d'après un sondage, adhéraient en 2018.

Dès lors, ce sentiment est renforcé par le doute sur la fiabilité des informations diffusées, comme le phénomène des fausses nouvelles (« *Fake News* »), tend à le propager. Cet ensemble de circonstances présente de réelles similitudes avec le contexte qui a favorisé la montée des extrémistes et des totalitarismes et l'éclatement, notamment, de la Seconde guerre mondiale, avec la mise en exergue du *Protocole des Sages de Sion* et l'affirmation, au cours des heures les plus sombres de notre histoire, d'un complot judéo-maçonnique. De tels phénomènes ont ainsi favorisé le populisme à l'origine de la Seconde guerre mondiale.

B - L'URGENCE DE MIEUX LOCALISER LE POUVOIR POLITIQUE

Si cette question de la localisation du pouvoir exprime la peur de la disparition de la forme traditionnelle du pouvoir, elle avive l'urgence d'une relocalisation du pouvoir redevenant tangible pour nos contemporains.

Adapter le principe de la primauté du pouvoir politique est une nécessité. Une telle démarche implique de renforcer la position de cette forme originelle de pouvoir face à ses concurrents en veillant à leur inscription, à l'échelle nationale, dans les lois et, au niveau global, dans la régulation internationale. À cet égard, les dernières prises de position, en matière environnementale et tout particulièrement sur la lutte contre la déforestation amazonienne, du G7 de Biarritz, en août 2019, illustrent cet impératif de relocalisation du pouvoir à l'échelle internationale qui permet de restaurer la confiance pour les citoyens en identifiant un centre de décision reconnu globalement.

La question demeure cependant quant non seulement à la légitimité, mais aussi à l'efficacité de telles instances nationales dans l'exercice d'un pouvoir s'imposant aux autres États ; l'exemple des différentes COP, dont celui de la COP 21 qui a eu lieu à Paris en et dont la portée du principal accord s'est avérée ruinée du fait du retrait des États-Unis sous la présidence de Donald Trump, est révélateur des difficultés d'inscrire dans la durée les décisions prises par de tels organes. Certes, l'ampleur globale des problèmes auxquels la communauté internationale est désormais confrontée implique la reconnaissance d'un pouvoir ad hoc, c'est-à-dire proportionnel aux problèmes qu'il s'agit de résoudre.

Cette restauration du pouvoir politique implique également de prévenir toute dérogation des grandes puissances économiques à la norme, notamment fiscale d'assujettir les plus grandes entreprises aux activités mondiales à l'impôt. Une telle démarche – que promeut une commission d'enquête en cours du Sénat sur la souveraineté numérique, marquerait ainsi l'assujettissement des GAFAM et autres NATU aux principes mêmes de la citoyenneté ainsi qu'au pouvoir politique, expression de la souveraineté des peuples.

La question de la légitimité et de l'efficacité du pouvoir politique est ainsi cruciale et ce, à l'échelle tant globale que nationale. À cet égard, la crise dite des gilets jaunes a avivé la confrontation entre la Représentation politique – censée exercer le pouvoir légitimement au nom du peuple souverain avec le pouvoir exécutif – et le sentiment de certains citoyens d'être laissés pour compte des politiques conduites. Face à des difficultés économiques et sociales, cette crise a permis d'identifier la défiance dont les Pouvoirs publics, accusés d'abandonner certaines populations, dont le quotidien est notamment décrit par Florence Aubenas dans son ouvrage *Le Quai de Ouistreham*.

Au-delà du pouvoir politique qui demeure le plus frappé, sous toutes ses formes, par la question de la localisation du pouvoir, d'autres pouvoirs pourraient bénéficier d'une meilleure identification, y compris dans le secteur privé. Ainsi, il conviendrait d'évaluer l'influence exacte de ces pouvoirs privés auprès des Pouvoirs publics, en assurant une meilleure transparence des méthodes des groupes de pression et d'influence (lobbying), afin d'infirmer les principes des différentes théories du complot.

Certes, des registres où sont consignés les représentants des groupes de pression existent notamment auprès des principales judicatures, comme les Parlements français ou européen. Cette régulation implique également de recourir à la législation, comme en France, par la loi n° 2013-907 du 11 octobre 2013 relative à la transparence de la vie publique régissant les conflits d'intérêts ou portant création de la Haute Autorité pour la transparence de la vie publique (HATVP). Une telle démarche permet ainsi de suivre la participation de ces groupes de pression à la prise de décision publique, quitte à identifier, au sein des grands groupes internationaux dont la gouvernance va en se complexifiant, des interlocuteurs spécifiques auprès des Pouvoirs publics. Ainsi, les grands groupes économiques – en particulier les GAFAM – et les producteurs, de taille plus modeste, présents dans l'économie circulaire – que vise notamment le projet de loi relatif à la lutte contre le gaspillage et à l'économie circulaire transmise au Parlement à l'été 2019 - seront en mesure d'exercer leur responsabilité, tant sociale qu'environnementale, vis-à-vis de la société.

En outre, afin de remédier à cet affaiblissement du pouvoir, y compris dans la sphère plus intime qu'est celle de la famille, il est essentiel de restaurer l'autorité parentale, qui fait souvent défaut et génère des problèmes éducatifs et sociaux. Afin d'éviter l'explosion de la délinquance, l'identification de figures tutélaires – avec, en premier lieu, le pouvoir parental – est une obligation et permet de répondre efficacement à la dilution décrite par Bauman.

La question de la localisation du pouvoir résulte de la difficulté du pouvoir politique, pourtant traditionnellement reconnu, comme le garant de la cohésion sociale, à imprimer sa marque face à d'autres pouvoirs émergents et concurrents.

Cette question recoupe celle de sa légitimité auprès de la population, dont il est l'émanation légitime, mais qui peut être remis en cause ouvertement, à l'instar de ce que la crise des « gilets jaunes » a illustré l'année dernière. Dès lors, la localisation du pouvoir implique ainsi de redéfinir les critères de sa reconnaissance au premier rang desquels se trouvent l'efficacité et la dimension politique. Dans cette relation s'impose ainsi une forme de « principe responsabilité », initialement thématisé par Hans Jonas, qui rend légitime tout exercice du pouvoir respectant l'intérêt général.

En ce sens, le renforcement de l'État de droit, qui implique la prévalence du politique, constitue une réponse ferme et adaptée laquelle, en circonscrivant le pouvoir pour mieux le contrôler, lui permet de s'exercer, tant dans le cadre national qu'à l'échelle internationale, tout en préservant les libertés fondamentales ; gage de la reconnaissance de la souveraineté populaire.

DROIT CIVIL ET PROCÉDURE CIVILE

DISSERTATION : LA PROTECTION DES PERSONNES

Au temps de la loi des Douze Tables, celui atteint de troubles mentaux graves, qui était qualifié de furiosus, était placé sous l'autorité des membres les plus proches de sa famille, de façon justement à ce qu'il ne puisse agir d'une façon déraisonnable. Un tel mécanisme de protection devait se poursuivre sous l'empire du droit romain. C'est ainsi que sous Justinien, un système de représentation du « fou », qui était appelé curatelle, devait permettre la sauvegarde des intérêts de cette personne. Désormais, la protection des personnes est plus étendue et dépasse largement le régime des incapacités.

Afin de la préserver du mal, la personne doit être protégée. La personne est un sujet de droit doté de la personnalité juridique, c'est-à-dire de l'aptitude à être titulaire de droits et assujetti à des obligations. Seule une personne peut acquérir un droit et toutes les personnes sont des sujets de droit. L'expression sujet de droit est donc dédiée aux personnes, pour désigner leur faculté théorique à être titulaires de droits, à les exercer en exprimant leur volonté, à les défendre au moyen d'une action en justice, mais aussi à être tenues par des obligations. L'intérêt attaché à la reconnaissance de la personnalité explique qu'elle ait été accordée non seulement aux êtres faits de chair et de sang que sont les personnes physiques, mais aussi parfois à des entités abstraites n'ayant aucune réalité biologique : les groupements reconnus par la loi que sont les personnes morales. Ainsi, la notion de personne dépasse celle de personne humaine et caractérise également certaines collectivités, certains groupements de personnes, tels que les sociétés, voire des groupements de biens, comme les fondations. Néanmoins, la grande diversité des personnes morales rejaillit sur le plan de leur régime juridique. Aussi, il existe un droit des personnes morales qui dépasse en ampleur et en richesse le droit des personnes physiques. Il demeure largement étranger au droit civil, car nombre de ses éléments naissent plus ou moins du droit administratif, du droit commercial et des sociétés et du droit du travail. Pour les sociétés civiles, les associations et les fondations, si elles pénètrent le champ civil, elles relèvent d'autres parties du droit civil : des contrats spéciaux ou des libéralités, selon l'acte juridique qui en est la source.

Dans la lettre du Code civil de 1804, la protection de la personne est circonscrite aux incapacités. La personnalité juridique est limitée afin de protéger le sujet de droit contre sa propre faiblesse, quelle que soit la source de celle-ci : l'âge, la maladie, les difficultés de l'existence. Toutefois, les atteintes contemporaines à la personne humaine ont rendu nécessaire l'instauration d'une protection de l'intégrité de la personne conçue en elle-même dans la complétude et l'indissociabilité des éléments qui la composent. Le juge a alors édifié l'essentiel des principes de protection de la personne sur le fondement des textes du droit commun.

Aussi convient-il d'envisager d'une part, la protection spécifique de la personne incapable (I) et, d'autre part, la protection généralisée de l'intégrité étendue à toutes les personnes (II).

I - La protection spécifique de la personne incapable

Le Code civil n'a pas consacré une partie distincte aux incapacités. Toutefois, les titres IX, X et XI de son Livre Des personnes sont consacrés aux principales institutions en rapport avec les incapacités. Cette notion d'incapacité est à adapter en fonction de la minorité (A) ou de la majorité (B).

A - LA PROTECTION NATURELLE DU MINEUR

1. La protection traditionnelle par les père et mère

Selon les termes de l'article 388 du Code civil, « Le mineur est l'individu de l'un ou de l'autre sexe qui n'a point encore l'âge de dix-huit ans ». Il est considéré comme un être faible et dépendant qui doit être représenté dans la vie civile, mais aussi éduqué, élevé et protégé dans sa personne. Ses protecteurs naturels sont ses parents, qui sont titulaires de l'autorité parentale. Cette dernière est définie par l'article 371-1 du Code civil, comme « un ensemble de droits et de devoirs ayant pour finalité l'intérêt de l'enfant ». Il s'agit d'une véritable fonction de protection de l'enfant dans sa sécurité, sa santé et sa moralité, « pour assurer son éducation et permettre son développement, dans le respect dû à sa personne » et en associant « l'enfant aux décisions qui le concernent, selon son âge et son degré de maturité ». Il s'agit là d'une véritable fonction parentale, des droits pour les parents, mais aussi des devoirs. Afin d'atteindre les objectifs définis par l'article 371-1 du Code civil, les parents doivent se respecter mutuellement et accomplir chacun les efforts nécessaires pour traduire leurs responsabilités de façon positive dans la vie de leur enfant, notamment en respectant la place de l'autre parent et en maintenant un nécessaire dialogue entre eux (Paris, 11 sept. 2002).

Afin de remédier à l'incapacité juridique du mineur, la technique de la représentation permet l'accomplissement des actes de la vie civile au nom et pour le compte du mineur par une personne désignée à cet effet. Il s'agit soit de l'administration légale, soit de la tutelle. La première s'applique au mineur dont l'un des parents au moins a l'exercice de l'autorité parentale (C. civ., art. 382). La seconde s'applique au mineur dont aucun des parents n'est apte à exercer l'autorité parentale, comme en cas de décès des père et mère (C. civ., art. 390). Malgré un principe d'incapacité générale, l'étendue de l'incapacité juridique dépend en partie de l'âge du mineur concerné. Seul l'*infans*, c'est-à-dire l'enfant en bas âge, est entièrement dépendant de ses représentants pour l'accomplissement des actes de la vie civile. Le mineur capable de discernement se voit reconnaître une certaine autonomie juridique. L'article 12 de la Convention de New York sur les droits de l'enfant prévoit d'ailleurs que « Les États garantissent à l'enfant qui est capable de discernement le droit d'exprimer librement son opinion sur toute question l'intéressant ». Ainsi, le mineur non émancipé peut accomplir tous les actes de la vie courante. Il appartient au juge, en cas de litige, de vérifier au regard des circonstances de l'espèce, si la qualification d'« acte de la vie courante » est justifiée (Cass. 1re civ., 12 nov. 1998). Également sous l'angle procédural, la loi n° 93-22 du 8 janvier 1993 a assoupli le régime des incapacités par l'insertion des articles 388-1 et 388-2 du Code civil prévoyant respectivement l'audition et la représentation de l'enfant en justice. Le mineur ne peut être auditionné par le juge que s'il est doué de discernement, sans que la jurisprudence ne fixe un âge précis (Cass. 1re civ., 18 mars 2015).

Le mineur non émancipé peut accomplir tous les actes de la vie courante ou les actes spécialement énumérés par la loi. En revanche, seul le mineur émancipé a la pleine capacité civile, il peut, comme un majeur, effectuer tous les actes de la vie civile (C. civ., art. 413-6, al. 1er). L'émancipation d'un mineur résulte de plein droit du mariage (C. civ., art. 413-1) ou, à certaines conditions, d'une décision du juge des tutelles. Il n'est donc plus sous l'autorité parentale de ses parents (C. civ., art. 413-7). Les effets de l'émancipation sont importants puisque « le mineur émancipé est capable, comme un majeur, de tous les actes de la vie civile » (C. civ., art. 413-6). Ainsi, le mineur n'a pas à être représenté dans le cadre d'une action en justice (Cass. 2e civ., 23 oct. 1985). Trois limites demeurent cependant jusqu'à la majorité légale (dix-huit ans), le consentement des parents est requis s'il veut se marier ou être adopté (C. civ., art. 413-6, al. 2), il ne peut être commerçant et il ne peut exercer de droits civiques.

2. La protection exceptionnelle par l'administration et le juge

Au-delà de la protection par l'incapacité et l'administration légale ou la tutelle, il existe une protection générale de l'enfant, judiciaire et extra-judiciaire qui lui permet d'être protégé. Dans le cadre de cette dernière, le Code de l'action sociale et des familles charge le service de l'aide sociale à l'enfance, placé sous l'autorité du président du conseil départemental, de la protection administrative des mineurs en danger. Elle peut prendre différentes formes, avec l'accord des parents qui est toujours nécessaire : aides matérielles ou financières, placement de l'enfant dans une famille d'accueil ou un établissement, suivi de l'enfant. Ce champ de la protection sociale de l'enfance n'est pas sans lien avec la protection judiciaire, notamment parce que les travailleurs sociaux travaillent aussi en relation avec le juge des enfants. Enfin, la loi du 14 mars 2016, relative à la protection de l'enfant, ne modifie pas le principe selon lequel la protection administrative consiste à aider et accompagner les familles. Toutefois, elle élargit le rôle de la prévention et le contrôle des parents défaillants.

La protection judiciaire de l'enfance en danger est confiée par l'article 375-1 du Code civil au juge des enfants, juge civil de l'assistance éducative et juge pénal du mineur délinquant. Il est compétent chaque fois que la santé, la sécurité ou la moralité d'un mineur sont en danger, ou quand les conditions de son éducation ou de son développement physique, affectif, intellectuel et social sont gravement compromises. Il peut en être ainsi des enfants appartenant à une secte (Cass. 1re civ., 28 mars 1995). Cette protection ne constitue pas une sanction à l'égard des parents, comme peut l'être une mesure de retrait de l'autorité parentale. Le contrôle de la fonction parentale ne peut déboucher que sur des mesures encadrant l'exercice de l'autorité parentale et le limitant éventuellement, mais qui ne privent jamais en elles-mêmes les parents du droit ni même de l'exercice de ce droit. Ce maintien de l'exercice de l'autorité parentale est si clair que l'article 378-1 du Code civil prévoit que si les parents s'abstenaient d'exercer les droits et devoirs qui leur sont laissés par l'article 375-7 pendant deux ans, ils pourraient se voir retirer l'autorité parentale. L'action en retrait est portée devant le tribunal judiciaire soit par le ministère public, soit par un membre de la famille ou le tuteur de l'enfant.

B - LA PROTECTION PROPORTIONNÉE DU MAJEUR

1. Les mesures indépendantes de toute protection

Une personne peut souffrir d'une atteinte passagère à ses facultés, sans pour autant avoir besoin d'une protection organisée pour tous les actes de la vie civile. Il est inutile d'ouvrir un régime de protection, mais il est nécessaire de protéger ponctuellement la personne pour l'accomplissement de tel ou tel acte. Aussi l'article 414-1 du Code civil précise que « pour faire un acte valable, il faut être sain d'esprit ». L'article 414-1 du Code civil érige la santé mentale en condition de validité des actes juridiques et en précise immédiatement la conséquence : la nullité des actes passés sous l'empire d'un trouble mental, sanction qui constitue le seuil minimal de protection des personnes insanes indépendamment de la mise en œuvre éventuelle d'un régime de protection. L'existence et la gravité du trouble mental relèvent de l'appréciation souveraine des juges du fond (Cass. 2e civ., 23 oct. 1985). De cette règle générale, le Code civil en fait une application particulière à l'article 901 du Code civil, qui dispose que « pour faire une libéralité, il faut être sain d'esprit ». Ainsi, la libéralité consentie par un disposant non sain d'esprit est entachée d'une nullité relative comme il en est pour la nullité procédant d'un vice du consentement. En principe, la protection du majeur prend effet à compter de la publicité du jugement ouvrant la sauvegarde de justice, la curatelle ou la tutelle. Ainsi, afin de protéger la personne vulnérable, les actes antérieurs à l'ouverture d'une curatelle ou d'une tutelle peuvent faire l'objet d'une action en réduction ou d'une action en nullité à condition de rapporter la preuve d'un préjudice (C. civ., art. 464).

Indépendamment de l'état mental, il est prévu un dispositif particulier pour les personnes victimes de violence. En effet, le Code civil contient, depuis 2010, un titre XIV au Livre I « Des personnes », « Des mesures de protection des victimes de violences ». Aux termes de l'article 515-9 du Code civil « lorsque les violences exercées au sein du couple ou par un ancien conjoint, un ancien partenaire lié par un pacte civil de solidarité ou un ancien concubin mettent en danger la personne qui en est victime, un ou plusieurs enfants, le juge aux affaires familiales peut délivrer en urgence à cette dernière une ordonnance de protection ». Cette ordonnance de protection délivrée par le juge aux affaires familiales sur requête permet de fixer diverses mesures provisoires énumérées à l'article 515-11 du Code civil, parmi lesquelles la résidence de la famille, l'éloignement de la personne violente ou les modalités d'exercice de l'autorité parentale.

2. Les mesures dépendantes du régime de protection

La personne est au cœur de la protection juridique mise en place par la loi du 5 mars 2007. Aussi, « cette protection est instaurée et assurée dans le respect des libertés individuelles, des droits fondamentaux et de la dignité de la personne » (C. civ., art. 415, al. 2). Lorsque le majeur est placé sous régime de protection, la protection de sa personne est essentielle, et le droit prend en compte l'autonomie réelle du majeur en l'informant et en le faisant participer aux décisions le concernant autant qu'il est possible. L'ouverture d'un régime de protection peut être justifiée dès qu'il y a altération des facultés mentales ou corporelles du majeur (C. civ., art. 425). Ainsi, le juge ne peut placer une personne sous le régime de la tutelle ou de la curatelle, pour altération de ses facultés mentales ou corporelles, que si cette altération a été médicalement constatée (Cass. 1re civ., 8 juill. 2015). Néanmoins, la mise en place d'un régime protecteur spécifique ne doit intervenir qu'à condition qu'il ne puisse être suffisamment pourvu aux intérêts de la personne par d'autres techniques, au rang desquelles la loi (C. civ., art. 428) mentionne notamment l'application des règles de la représentation ou des régimes matrimoniaux. De surcroît, la loi du 5 mars 2007 a inscrit expressément dans le Code civil les principes de nécessité, de subsidiarité et de proportionnalité qui sont ensuite mis en œuvre dans le cadre de chaque mesure (C. civ., art. 428).

Sauvegarde de justice, curatelle et tutelle sont, eu égard à la sévérité des règles applicables, les trois régimes prévus par la loi pour protéger le majeur. La curatelle est un régime de protection intermédiaire entre les deux autres et emprunte nombre de ses règles à la tutelle. « Le majeur placé sous sauvegarde de justice conserve l'exercice de ses droits » (C. civ., art. 435). Il n'est donc pas atteint par une incapacité générale d'exercice. L'ouverture d'une tutelle suppose que le majeur ait besoin d'être assisté pour tous les actes de la vie civile, sauf dérogation légale ou judiciaire. Lorsque le majeur est sous tutelle ou curatelle renforcée, le législateur a élaboré un régime très précis applicable à la gestion de son patrimoine. Enfin, l'ordonnance du 15 octobre 2015 a créé une nouvelle mesure : l'habilitation familiale (C. civ., art. 494-1 et s.). Elle vise à donner à l'entourage de la personne vulnérable un rôle déterminant dans la mise en œuvre de sa protection. Par là même est réalisé un allégement des procédures jusqu'alors applicables. L'habilitation d'une personne de confiance, choisie parmi les proches de la personne à protéger, peut être générale ou restreinte à certains actes déterminés. En cas de difficultés dans la mise en œuvre de la mesure, il revient au juge des tutelles de statuer.

Si la personne bénéficie notamment d'une protection de son patrimoine par le régime des incapacités, la personne bénéficiera d'une protection des droits extrapatrimoniaux par les droits de la personnalité. On peut regrouper les droits de la personnalité autour de deux axes, l'intégrité physique et morale et le respect de la vie privée et familiale de la personne.

II - La protection généralisée de l'intégrité étendue à toutes les personnes

L'intégrité est l'état d'une chose qui est entière, qui a toutes ses parties. La protection de l'intégrité de la personne est une protection de la personne conçue en elle-même, dans la complétude et l'indissociabilité des éléments qui la composent. Elle sera celle de sa personnalité, sous son double aspect, physique (A) et moral (B).

A - LA PROTECTION DE L'INTÉGRITÉ PHYSIQUE

1. La consécration du principe jurisprudentiel d'indisponibilité du corps humain

L'indisponibilité du corps humain doit être entendue, non pas au sens large, comme l'interdiction de disposer librement de son corps, mais dans un sens strict comme l'interdiction d'en faire un objet de commerce. La jurisprudence (Cass. 1re civ., 16 déc. 1975 ; Cass. 1re civ., 13 déc. 1989), en dégageant le principe d'indisponibilité du corps humain, l'avait d'ailleurs fondé sur l'ancien article 1128 du Code civil selon lequel « il n'y a que les choses dans le commerce qui peuvent être l'objet de conventions ». La même solution peut être retenue au titre du nouvel article 1162 du code. Aussi, l'indisponibilité du corps humain interdit à la personne d'effectuer des actes juridiques de disposition par lesquels s'opère une transmission d'un droit ayant pour objet son corps humain, par la voie de la cession, à titre onéreux ou gratuit, ou d'un abandon. En matière de gestation pour autrui, la Cour de cassation a ainsi affirmé que « la convention par laquelle une femme s'engage, fût-ce à titre gratuit, à concevoir et à porter un enfant pour l'abandonner à sa naissance contrevient tant au principe d'ordre public de l'indisponibilité du corps humain qu'à celui de l'indisponibilité de l'état des personnes » (Cass. ass. plén., 31 mai 1991). Elle s'applique au corps humain en son entier tant qu'il fait la personne et non aux éléments détachés du corps qui, s'ils ne peuvent, en principe, être vendus, peuvent être donnés (don de sang, d'organes).

Selon l'article 16-1 du Code civil, le corps humain est inviolable et l'article 16-3 du Code civil précise « qu'il ne peut être porté atteinte à l'intégrité du corps humain qu'en cas de nécessité médicale pour la personne ou, à titre exceptionnel, dans l'intérêt thérapeutique d'autrui ». Cela signifie qu'un individu est en droit d'exiger qu'aucune atteinte ne soit portée à son corps, à sa santé ou à sa vie, du moins tant que l'ordre public n'est pas en jeu. Ainsi, en principe, il n'est pas possible d'imposer à l'individu une opération, une expertise ou un prélèvement. Toutefois, au nom de l'ordre public, il faut subir certaines vaccinations obligatoires, une prise de sang peut être exigée en cas d'accident automobile, l'analyse comparative de sangs, l'identification d'une personne par ses empreintes génétiques sont parfois ordonnées par les tribunaux en cas d'action en recherche de filiation (C. civ., art. 16-10 et 16-11). La constitutionnalité de l'obligation vaccinale a été confirmée par le Conseil constitutionnel dans une décision du 20 mars 2015, rendue sur question prioritaire de constitutionnalité (Cons. const., 20 mars 2015, n° 2015-458 QPC). De la même façon, la nécessité « médicale » justifie qu'il soit porté atteinte à l'intégrité du corps humain, mais le consentement de l'intéressé doit être recueilli chaque fois que cela est possible et qu'il est à même de consentir.

2. La concurrence du principe législatif de non-patrimonialité

Le législateur, en 1994, a choisi de ne pas inscrire dans le Code civil le principe d'indisponibilité du corps humain, dégagé par la jurisprudence. Il lui a préféré celui de non-patrimonialité (C. civ., art. 16-1 et 16-5). La substitution par le législateur de la non-patrimonialité du corps humain à son indisponibilité s'explique par la crainte du contresens dont l'indisponibilité aurait pu être l'objet. La règle de non-patrimonialité du corps humain est posée par l'article 16-1, alinéa 3, du Code civil, aux termes duquel « le corps humain, ses éléments et ses produits ne peuvent faire l'objet d'un droit patrimonial ». Le principe d'indisponibilité du corps humain conduit, en effet, à interdire toute convention portant sur le corps humain, quelle que soit sa nature, gratuite aussi bien qu'onéreuse. Le principe de non-commercialité conduit à frapper de nullité les seules conventions ayant pour effet de conférer une valeur patrimoniale (autrement dit : pécuniaire) au corps humain, à ses éléments ou à ses produits (C. civ., art. 16-5), c'est-à-dire les conventions à titre onéreux ayant un tel objet. Le principe de non-patrimonialité ne serait donc qu'un des composants du principe plus général de l'indisponibilité du corps humain.

La loi n° 94-653 du 29 juillet 1994 a inséré un chapitre dans le Code civil (C. civ., art. 16 à 16-9) consacré au respect du corps humain : « Chacun a droit au respect de son corps. Le corps humain est inviolable. Le corps humain, ses éléments et ses produits ne peuvent faire l'objet d'un droit patrimonial » (C. civ., art. 16-1). Le corps humain, ses éléments et ses produits ne peuvent faire l'objet d'un droit patrimonial. Ils ne sont pas « dans le commerce » et ne peuvent faire l'objet que de dons (C. civ., art. 16-6) et toujours avec le consentement de l'intéressé (C. civ., art. 16-3, al. 2), sachant qu'en cas de prélèvement d'organes sur une personne décédée, elle est présumée avoir consenti au prélèvement si elle n'a pas fait connaître son refus de son vivant. Depuis les lois du 29 juillet 1994, les conditions dans lesquelles les dons peuvent être effectués sont très minutieusement précisées par le Code de la santé publique. On distingue les prélèvements d'organes et le prélèvement de tissus, de cellules ou de produits du corps. Le prélèvement de gamètes et le prélèvement de sang (qui sont des produits du corps) font l'objet de règles particulières. Les mêmes règles de gratuité et de consentement du donneur s'appliquent en toutes circonstances. Enfin, la règle de l'anonymat s'applique à toutes ces situations (C. civ., art. 16-8).

B - LA PROTECTION DE L'INTÉGRITÉ MORALE

1. La protection de la vie privée et de l'honneur

Si le corps vivant est la personne, la personne ne se réduit pas à celui-ci. La protection de l'intégrité de la personne, pour se réaliser pleinement, doit saisir la personne au-delà son corps. Ainsi, l'article 9 du Code civil affirme que « chacun a droit au respect de sa vie privée » et l'article 8 de la Convention européenne de sauvegarde des droits de l'homme et des libertés fondamentales que « toute personne a droit au respect de sa vie privée et familiale, de son domicile et de sa correspondance ». La Cour de cassation consacra l'autonomie de l'article 9 du Code civil par rapport à l' ancien article 1382 du Code civil (art. 1240 nouv.), en affirmant que « la seule constatation de l'atteinte à la vie privée ouvre droit à réparation » (Cass. 1re civ., 5 nov. 1996). Toute personne, quels que soient son rang, sa naissance, sa fortune, ses fonctions présentes ou à venir, a droit au respect de sa vie privée. La Cour de cassation a eu plusieurs fois l'occasion de rappeler cette règle fondamentale, concernant notamment les personnages publics dont l'intimité est souvent violée au titre de la liberté d'expression (Cass. 1re civ., 27 févr. 2007). Toutefois, lorsqu'est en cause une question utile à un débat d'intérêt général, la CEDH rappelle que « l'article 10, § 2, ne laisse guère de place pour des restrictions à la liberté d'expression » (CEDH, 10 nov. 2015, req. n° 40454/07, Couderc et Hachette Filipacchi Associés c/France). Néanmoins, la jurisprudence récente a précisé que seules les personnes physiques peuvent se prévaloir d'une atteinte à la vie privée au sens de l'article 9 du Code civil, excluant les personnes morales (Cass. 1re civ., 17 mars 2016).

Si le droit au respect de la vie privée a été consacré par le législateur et trône dans le Code civil, en son article 9, le droit sur l'image est une création de la jurisprudence. Elle rappelle régulièrement « qu'en principe, toute personne a sur son image un droit exclusif et absolu et peut s'opposer à sa fixation, à sa reproduction ou à son utilisation sans autorisation préalable » (Cass. 2e civ., 24 avr. 2003). Néanmoins, elle précise aussi que ce droit doit se combiner avec l'exercice de la liberté de communication des informations, ce dont il résulte qu'une personne ne peut s'opposer à la réalisation et à la divulgation de son image chaque fois que le public a un intérêt légitime à être informé (Cass. 2e civ., 30 juin 2004).

2. La protection contre les atteintes à la dignité de la personne

L'article 16 du Code civil consacre le principe de dignité de la personne humaine, principe moral ancien, progressivement juridicisé à partir des années 1980. En dehors des atteintes au corps humain, la dignité a permis de protéger les personnes contre les spectacles dégradants. En effet, ont été jugés contraires au principe de respect de la dignité de la personne humaine les spectacles de « lancers de nains » (CE, ass., 27 oct. 1995, Cne de Morsang-sur-Orge). Cette solution a été reconduite par le Conseil d'État dans une série d'ordonnances de référé rendues les 9 et 10 janvier 2014 pour confirmer l'interdiction des spectacles publics de M. D. M'Bala M'Bala pour les atteintes portées à la dignité de la personne humaine résultant de propos relatifs à la Shoa (CE, ord. réf., n° 374528, 10 janv. 2014, SARL Les Productions de la Plume et M. D. M'Bala M'Bala).

La dignité humaine intervient également pour protéger la personne contre les atteintes au corps humain. Ainsi, dans un arrêt du 27 juin 1913, la Cour d'appel de Lyon a retenu la responsabilité d'un médecin qui avait, moyennant rémunération, utilisé une femme comme cobaye dans une expérimentation de chirurgie esthétique (CA Lyon, 27 juin 1913). Cette dignité doit être respectée en tout état de cause, ce qui implique de ne pas imposer au regard « en des lieux de passage public forcé ou dans certains organes de presse, l'image fractionnée et tatouée du corps humain », ce qui est « une symbolique de stigmatisation dégradante pour la dignité des personnes atteintes de manière implacable en leur chair et en leur être, de nature à provoquer à leur détriment un phénomène de rejet ou de l'accentuer » (CA Paris, 28 mai 1996). De plus, le respect dû au corps humain ne cessa pas avec la mort (Cass. 1re civ., 29 oct. 2014). Enfin, le principe de dignité est fréquemment invoqué au soutien de la revendication d'un droit à mourir dans la dignité par les partisans d'une légalisation de l'euthanasie.

Le droit protège aussi bien de manière spécifique la personne vulnérable, par le régime des incapacités, que de manière générale, toute personne voit son intégrité protégée. Cette protection est, d'une part, nécessaire, comme le souligne le rapport sur la protection juridique des majeurs vulnérables de septembre 2015, en raison de l'allongement de l'espérance de vie et de l'apparition de troubles liés à l'âge et, d'autre part, les progrès scientifiques et techniques ont accru les risques d'atteintes aux corps humain et à la vie privée.

CAS PRATIQUE : CAS TOM

SUJET

Pour ses 50 ans, Tom décide d'acheter un bateau à moteur pour aller à la pêche aux maquereaux. Après avoir vu une annonce dans le journal Ouest-France, il se rend chez le courtier maritime, la SARL Ouest Marine située à Saint-Malo, qui a publié l'annonce d'un Boston Whaler 320 Outrage de 2007 au prix de 90 000 euros, qui appartient à Monsieur Romain Thomas. L'annonce précisait que le bateau avait été « entièrement révisé » et que la motorisation était « en très bon état ». Sans hésiter, Tom achète le bateau à Romain Thomas. Le 30 avril 2017, partant du port de Dinard, il fait sa première sortie en mer et éprouve de sérieuses difficultés à naviguer. Aussi, il dépose son bateau au chantier naval de Saint-Malo, le mécanicien l'informe que les silentblocs du moteur sont vétustes, il a ainsi établi un devis, d'un montant de 3 456 euros, prévoyant leur remplacement. Toutefois, le lendemain, le mécanicien constate que le pont est rempli d'eau et que les moteurs sont affaissés endommageant la coque du bateau. Tom est abattu, jamais il ne retrouvera ce bateau à ce prix. En effet, il y a très peu de Boston Whaler en France et il y est très attaché.

Vous répondrez aux questions suivantes.

1. Quelles actions judiciaires Tom peut-il intenter ? Vous détaillerez les fondements et le tribunal compétent.

2. Avant que le bateau ne coule, Tom souhaiterait se ménager rapidement la preuve, comment peut-il procéder ?

3. Tom a assigné, par acte du 12 mai 2017, la société Ouest Marine et Romain Thomas, lesquels soulèvent l'article 12 du contrat de vente qui précise que « pour tous les litiges pouvant survenir dans l'application du présent contrat, les parties s'engagent à solliciter l'avis d'un arbitre choisi d'un commun accord avant tout recours à une autre juridiction ». Ont-ils des chances d'être entendus par le tribunal ?

4. Finalement le tribunal a, entre autres, condamné Romain Thomas à indemniser Tom, en se fondant sur le rapport d'expertise qui a chiffré le coût des réparations à la somme de 17 895 euros. Il est particulièrement étonné que le tribunal se fonde sur une expertise à laquelle il n'a pas participé. Qu'en pensez-vous ?

Tom est confronté à plusieurs difficultés à la suite de l'achat d'un bateau, qui sont relatives à la responsabilité (I), à la preuve (II), à une clause d'arbitrage (III) et à une expertise (IV).

I - Sur les responsabilités

Après avoir acheté un bateau auprès d'un courtier maritime, Tom éprouve des difficultés à naviguer. Il confie donc le bateau à un mécanicien qui l'informe que les supports moteurs sont défectueux. Le lendemain, le moteur s'est affaissé endommageant la coque et le pont.

Tom souhaiterait donc intenter diverses actions en justice, aussi convient-il de déterminer les différents fondements (A) et le tribunal compétent (B).

A - SUR LES FONDEMENTS

L'achat du bateau implique diverses relations qu'il faut qualifier (1), afin d'appliquer le régime approprié (2).

1. La qualification

Sur le fondement des articles 1101 et 1103 du Code civil, le contrat se forme par la rencontre des volontés. En l'espèce, plusieurs situations contractuelles sont à distinguer.

D'abord, Tom et Romain Thomas se sont accordés sur la vente du bateau. Dès lors, il s'agit d'un contrat de vente.

Ensuite, le mécanicien a pris en charge le bateau. Si le devis n'a pas été signé et ne permet pas de retenir un contrat d'entreprise, un contrat de dépôt a en revanche été conclu entre Tom et le mécanicien du chantier naval de Saint-Malo.

Enfin, un contrat a été conclu entre Romain Thomas et le courtier maritime qui est en charge de la vente du bateau, il s'agit d'un contrat de mandat, par lequel il représente Romain Thomas auprès d'un acquéreur.

L'article 1154 du Code civil reprend la distinction classique entre la représentation dite parfaite lorsque le représentant agit au nom et pour le compte du représenté, et la représentation dite imparfaite, lorsque le représentant dit agir pour le compte d'autrui, mais contracte en son nom.

En l'espèce, le courtier maritime agit au nom et pour le compte de Romain Thomas. En effet, le premier a représenté le second, mais le contrat a été conclu par le propriétaire initial.

Dès lors, le représentant est un tiers absolu qui ne peut être tenu des obligations issues du contrat pour lequel il exerce son pouvoir de représentation (C. civ., art. 1154). En conséquence, il n'y a pas de relation contractuelle entre Tom et le courtier maritime.

2. Le régime

[N. B : À la suite du décret du 13 février 2019, le programme de l'ENM a été modifié. Désormais, les contrats spéciaux (la vente et le prêt) sont au programme. Dès lors, les règles spécifiques à la vente sont appliquées au présent cas, alors que pour le mandat et le dépôt, il convient d'appliquer le droit commun des contrats.]

a. Sur la vente

La vente est le contrat par lequel une personne, le vendeur, transfère ou s'engage à transférer un bien à une autre personne, l'acheteur, qui a l'obligation d'en verser le prix en argent (C. civ., art. 1582 et s.).

En l'occurrence, un contrat de vente a été conclu entre Tom et Romain Thomas. Toutefois, le bateau a coulé à la suite de la vente, en raison du mauvais état des silentblocs.

Aux termes de l'article 1603 du Code civil, « le vendeur a deux obligations principales, celle de délivrer et de garantir ce qu'il vend ». Il convient d'ajouter que selon l'article 1602 du Code civil, « le vendeur est tenu d'expliquer clairement ce à quoi il s'oblige ».

Dans les contrats qui ont pour objet le transfert de propriété ou d'un autre droit, la délivrance désigne l'obligation de mettre la chose à disposition de l'acquéreur. L'obligation de délivrer la chose emporte alors obligation de la conserver jusqu'à la délivrance, en y apportant tous les soins d'une personne raisonnable (C. civ., art. 1604 et s.).

L'obligation de délivrance est le transfert « en la puissance et possession » de l'acheteur. Il s'agit, après que le transfert de propriété ait eu lieu, de donner à l'acheteur la maîtrise véritable de la chose, selon les termes du contrat.

Or, en l'espèce le vendeur a satisfait à son obligation de délivrance, puisqu'il a délivré le bateau tel que défini dans le contrat. Néanmoins, les silentblocs du moteur étaient défectueux.

À la conception matérielle de la conformité se superpose une conception fonctionnelle dans laquelle le défaut de conformité s'apprécie par référence, non plus seulement aux spécifications contractuelles, mais aux conséquences du défaut sur l'usage de la chose de la même façon que le vice caché.

Toutefois, opérant un revirement de jurisprudence, la première chambre civile de la Cour de cassation a décidé que « le défaut de conformité de la chose vendue à sa destination normale constitue le vice prévu par les articles 1641 et suivants du Code civil » (Cass. 1re civ., 8 déc. 1993).

Dès lors, il convient en l'espèce d'écarter le manquement à l'obligation de délivrance pour s'attacher à la garantie des vices cachés.

Selon les termes de l'article 1641 du Code civil, « le vendeur est tenu de la garantie à raison des défauts cachés de la chose vendue qui la rendent impropre à l'usage auquel on la destine, ou qui diminuent tellement cet usage, que l'acheteur ne l'aurait pas acquise, ou n'en aurait donné qu'un moindre prix, s'il les avait connus ».

Plusieurs conditions sont posées. Il doit s'agir d'un défaut de la chose vendue qui ne se révèle pas à premier examen et qui la rend impropre à l'usage auquel elle est destinée, ou qui diminue tellement cet usage que l'acheteur ne l'aurait pas acquise, ou n'en aurait donné qu'un moindre prix, s'il l'avait connu.

En l'espèce, il y a bien un vice qui tient à l'usure des silentblocs. De plus, il est caché, car l'acquéreur ne pouvait pas le déceler. Enfin, il rend impropre l'usage du bateau.

Dès lors, la garantie des vices cachés aura vocation à s'appliquer.

L'action résultant des vices rédhibitoires doit être intentée par l'acquéreur dans un délai de deux ans à compter de la découverte du vice (C. civ., art. 1648).

En l'espèce, l'action ne semble donc pas prescrite.

L'article 1644 du Code civil prévoit deux actions pour l'acheteur : « l'acheteur a le choix de rendre la chose et de se faire restituer le prix, ou de garder la chose et de se faire rendre une partie du prix » c'est-à-dire qu'il a le choix entre exercer une action rédhibitoire ou une action estimatoire.

En revanche, l'acheteur ne peut, en principe, obtenir la réparation ou le remplacement de la chose (Cass. civ., 11 avr. 1933).

L'action rédhibitoire est une forme particulière d'action en résolution judiciaire puisqu'elle assure la destruction rétroactive de la vente. Le vendeur doit alors restituer la chose et l'acheteur le prix qu'il a reçu. L'action estimatoire est une sorte de réfaction judiciaire de la vente. L'acheteur conservera la chose, mais obtiendra une réduction du prix.

Cette option est en principe totalement libre pour l'acheteur : le juge ne peut contrarier ce choix pas plus qu'une clause de la vente qui interdirait par exemple une action rédhibitoire contre un remplacement ou la réparation de la chose (Cass. 3e civ., 20 oct. 2010).

En l'espèce, il est mentionné que l'acquéreur souhaite conserver le bateau, dès lors il convient de se diriger vers l'action estimatoire.

Toutefois, l'acheteur peut solliciter d'autres dommages-intérêts. L'article 1645 du Code civil prévoit, en effet, que « si le vendeur connaissait les vices de la chose, il est tenu, outre la restitution du prix, qu'il en a reçu, de tous les dommages et intérêts envers l'acheteur ». Et l'article 1646 du Code civil précise que « si le vendeur ignorait les vices de la chose, il ne sera tenu qu'à la restitution du prix, et à rembourser à l'acquéreur les frais occasionnés par la vente ».

Ici, le vendeur ne semblait pas connaître les vices de la chose. D'autant plus, qu'il a sollicité l'aide d'un courtier maritime.

Aussi, la Cour de cassation a rappelé que le vendeur ayant ignoré les vices cachés ne peut être tenu envers l'acheteur qui garde la chose vendue qu'à la seule restitution partielle du prix (Cass. 1re civ., 6 avr. 2016).

En conséquence, à l'égard du vendeur, l'acquéreur ne pourra solliciter qu'une restitution partielle du prix et non la réparation de tous les dommages. Toutefois, il pourra se tourner contre le mandataire et éventuellement le dépositaire.

b. Sur le dépôt et le mandat

Sur le fondement de l'article 1231-1 du Code civil, un contractant engage sa responsabilité en cas de manquement contractuel se trouvant à l'origine d'un préjudice.

En l'espèce, lorsque le mécanicien a examiné le moteur et a préconisé le changement des silentblocs, il n'y avait pas d'eau sur le pont et il n'y en avait pas non plus au moment où le navire lui a été déposé. C'est le lendemain du dépôt que le mécanicien a constaté que le pont était rempli d'eau, avec les dommages qui s'en sont suivis.

Or, pèse sur le mécanicien une obligation de moyens de conserver la chose dans l'état et de restituer la chose dans l'état où elle se trouvait.

En conséquence, le mécanicien engage sa responsabilité contractuelle.

Enfin, le courtier maritime et l'acquéreur, n'étant pas liés par un contrat, sa responsabilité est engagée sur le fondement de l'article 1240 du Code civil. La responsabilité délictuelle pour faute personnelle est engagée lorsque trois conditions sont réunies : une faute, un préjudice et un lien de causalité.

En l'espèce, le préjudice avancé par Tom est la destruction partielle du bateau.

Sur le fondement de l'article 1240 du Code civil, la faute se définit comme l'acte de commission ou d'omission. Cette dernière est caractérisée lorsque le fait doit être accompli en vertu d'une obligation légale ou réglementaire (Cass. 1re civ., 27 févr. 1951, Branly).

En l'espèce, l'information fournie par le courtier maritime est erronée. En effet, l'annonce précisait que le moteur avait été « entièrement révisé » et que la motorisation était « en très bon état ». Or, les supports moteurs étaient en mauvais état.

Le mandataire du vendeur, en sa qualité de professionnel, a donc commis une double faute à l'égard de l'acquéreur. D'une part, il n'a pas informé le vendeur et l'acquéreur du mauvais état des silentblocs. D'autre part, c'est lui qui a fait paraître l'annonce vantant le très bon état du navire et de sa motorisation, une publicité qu'il serait possible de qualifier de trompeuse.

En conséquence, le courtier maritime engage sa responsabilité sur le terrain délictuel.

En conclusion, la responsabilité contractuelle de Romain Thomas et du mécanicien sera engagée, tandis qu'à l'égard du courtier maritime la responsabilité sera délictuelle.

L'acquéreur étant attaché à son bateau, et face à la rareté de ce dernier, réclamera la réparation du bateau auprès des trois protagonistes.

B - LE TRIBUNAL COMPÉTENT

Il convient d'appliquer les anciennes dispositions au regard de la date de l'assignation : 12 mai 2017.

1. La compétence matérielle

Pour la compétence matérielle, le tribunal de grande instance est la juridiction de droit commun. En effet, « Le TGI connaît de toutes les affaires civiles et commerciales pour lesquelles compétence n'est pas attribuée, en raison de la nature de l'affaire ou du montant de la demande à une autre juridiction » (COJ, anc. art. L. 211-3).

La compétence du tribunal de grande instance vaut pour toutes les actions personnelles ou mobilières, mais la réserve des textes quant à la valeur du litige lui fait partager sa compétence, pour ce type d'actions, avec d'autres juridictions.

En l'espèce, il s'agit d'une demande en justice visant à une réparation en nature, donc d'une action personnelle.

Le tribunal de grande instance ne peut en connaître qu'au-delà de 10 000 euros (COJ, anc. art. L. 211-3). En deçà, on trouve le tribunal d'instance jusqu'à 10 000 euros (COJ, anc. art. L. 221-4).

Ici, la demande principale est supérieure à 10 000 euros puisqu'un rapport d'expertise a chiffré le montant des réparations à la somme de 17 895 euros.

En conséquence, le tribunal de grande instance est compétent pour connaître de ce litige.

2. La compétence territoriale

Pour la compétence territoriale, les règles sont posées aux articles 42 et suivants du Code de procédure civile qui concernent toutes les juridictions de l'ordre judiciaire, sauf disposition contraire.

La règle est ici que le demandeur doit porter son action devant le tribunal du lieu où demeure le défendeur (CPC, art. 42, *actor sequitur forum rei*).

Tom devra donc porter son action au lieu du tribunal du défendeur. Toutefois, en l'espèce, il y a plusieurs défendeurs : le courtier maritime, le vendeur et le mécanicien.

Pour une personne morale, il s'agit du lieu où elle est établie (CPC, art. 43), le siège social pour les sociétés. Le lieu est fixé dans les statuts. Pour le courtier, il s'agit d'une SARL qui est domiciliée à Saint-Malo. Néanmoins, à l'égard du courtier maritime, la relation étant délictuelle, il est possible de faire application de l'article 46 du Code de procédure civile, qui ouvre une option : la demande pourra être portée devant la juridiction où demeure le défendeur, devant le tribunal du lieu où le fait dommageable s'est produit ou devant celui dans le ressort duquel le dommage « a été subi ».

En tout état de cause, le défendeur est domicilié à Saint-Malo et le dommage s'est produit et a été subi également dans le ressort du tribunal de grande instance de Saint-Malo.

Ainsi, à l'égard du courtier maritime, le tribunal de grande instance compétent est celui de Saint-Malo. À l'égard du vendeur et du mécanicien, il est question de relations contractuelles.

Ainsi, en matière contractuelle, le demandeur a la faculté de porter le litige, selon la nature du contrat, soit devant la juridiction du lieu de la livraison effective de la chose, soit devant celle du lieu de l'exécution de la prestation de services (CPC, art. 46, al. 2).

En l'espèce, il s'agit d'un contrat portant sur une chose. On peut supposer que le lieu de livraison était Saint-Malo.

Enfin, en cas de pluralité de défendeurs, le demandeur assignera tous les défendeurs devant la juridiction du lieu où demeure l'un d'eux, à son choix (CPC, art. 42, al. 2).

En conclusion, le tribunal compétent est le tribunal de grande instance de Saint-Malo.

II - Sur la preuve

Avant que le bateau ne coule, l'acquéreur souhaiterait se préconstituer rapidement la preuve des manquements.

Sur le fondement de l'article 145 du Code de procédure civile, « s'il existe un motif légitime de conserver ou d'établir avant tout procès la preuve de faits dont pourrait dépendre la solution d'un litige, les mesures d'instruction légalement admissibles peuvent être ordonnées à la demande de tout intéressé, sur requête ou en référé ».

Ce texte permet à tout intéressé de demander sur requête (sans contradictoire) ou en référé (dans le respect du contradictoire) une mesure d'instruction dite in futurum ou préventive, c'est-à-dire avant tout procès à condition de démontrer un motif légitime d'établir la preuve de faits dont pourrait dépendre la solution d'un éventuel litige.

En l'espèce, il est nécessaire de recourir à une telle mesure d'instruction avant que le bateau ne coule par voie de référé. De plus, une telle expertise permettra de déterminer l'incidence des diverses fautes des protagonistes.

Par ailleurs, la clause instituant, en cas de litige, un recours préalable n'est pas applicable à l'action exercée sur le fondement de l'article 145 du Code de procédure civile (Cass. 3e civ., 28 mars 2007).

Ainsi, l'article 12 du contrat de vente ne fera pas obstacle à une demande d'expertise sur le fondement de l'article 145 du Code de procédure civile.

En conclusion, Tom pourra obtenir en référé, sur le fondement de l'article 145 du Code de procédure civile, une expertise.

III - Sur la clause préalable à la saisine

L'article 12 du contrat de vente précise que « pour tous les litiges pouvant survenir dans l'application du présent contrat, les parties s'engagent à solliciter l'avis d'un arbitre choisi d'un commun accord avant tout recours à une autre juridiction ».

L'avis d'un arbitre est-il un préalable à la saisine du juge ?

Selon l'article 122 du Code de procédure civile, constitue une fin de non-recevoir tout moyen qui tend à faire déclarer l'adversaire irrecevable en sa demande sans examen du fond pour défaut de droit d'agir, tels le défaut de qualité, le défaut d'intérêt, la prescription, le délai préfix, la chose jugée.

Si l'article 122 du Code de procédure civile énonce un certain nombre de fins de non-recevoir, la Cour de cassation a reconnu qu'il ne s'agissait que d'une liste indicative.

Des fins de non-recevoir peuvent provenir d'une source conventionnelle. C'est le cas des clauses par lesquelles les parties conviennent d'instaurer un préalable à la saisine du juge, en particulier lorsqu'il s'agit d'instituer une tentative de règlement amiable d'un litige qui les opposerait (Cass. ch. mixte, 14 févr. 2003).

Or en l'espèce, la clause prévoit qu'en cas de litige, il convient de solliciter l'avis d'un arbitre.

Concrètement, le demandeur devra préalablement mettre en œuvre la clause, avant toute saisine du juge. À défaut, cela constituera une fin de non-recevoir.

Toutefois, la Haute juridiction a précisé que, lorsque les parties n'ont pas pris soin d'assortir la clause des conditions particulières de sa mise en œuvre, la demande introduite en méconnaissance du préalable prévu ne peut donner lieu à une fin de non-recevoir (Cass. com., 29 avril 2014).

En d'autres termes, il faut stipuler les modalités de sa mise en œuvre, qui permettent notamment de déterminer le moment à partir duquel les parties retrouvent leur liberté procédurale.

Or, l'article 12 du contrat de vente est elliptique et devrait rester sans effet, dès lors qu'elle ne prévoyait pas les conditions particulières de conciliation.

Néanmoins, la troisième chambre civile de la Cour de cassation s'est départie de la solution de la chambre commerciale (Cass. 3e civ., 19 mai 2016). En effet, elle a considéré que la clause précisant que « pour tous les litiges pouvant survenir dans l'application du présent contrat, les parties s'engagent à solliciter l'avis d'un arbitre choisi d'un commun accord avant tout recours à une autre juridiction », est un préalable à la saisine du juge. Plus récemment, la Cour de cassation a retenu que la clause imposant la saisine pour «avis» de l'ordre des architectes préalablement à toute action judiciaire institue une procédure de conciliation préalable obligatoire dont la méconnaissance constitue une fin de non-recevoir insusceptible de régularisation (Cass. 3e civ., 16 nov. 2017).

Concrètement, en dépit de la formulation évasive de la clause, Tom devra respecter l'article 12 du contrat avant toute saisine du juge.

IV - Sur l'expertise

Le tribunal, se fondant sur un rapport d'expert, a condamné le vendeur. Toutefois, ce dernier n'a pas participé à l'expertise.

Les vérifications et opérations diverses réalisées par un technicien exigent la présence ou du moins la convocation des parties (CPC, art. 160 et 161). L'expert doit en effet veiller à ce que soit respecté le caractère contradictoire de l'expertise (CPC, art. 16).

En l'espèce, le vendeur n'a pas participé à l'expertise.

Toutefois, la Cour de cassation a jugé en chambre mixte (Cass. ch. mixte, 28 sept. 2012) que les irrégularités affectant le déroulement des opérations d'expertise sont sanctionnées sur le fondement de l'article 175 du Code de procédure civile, ce qui conduit à appliquer le régime des nullités de forme supposant la preuve d'un grief.

D'ailleurs, la chambre commerciale (Cass. com., 10 déc. 2013) a admis que le défaut de convocation d'une partie aux opérations d'expertise ne rendait pas le rapport inopposable à cette partie, dès lors que le rapport a été versé aux débats et soumis à une discussion contradictoire.

Or, ici il est précisé que Romain Thomas n'a pas été convoqué à l'expertise. Toutefois, s'agissant d'une procédure au fond devant le tribunal de grande instance, l'on peut supposer que les débats se sont déroulés de manière contradictoire.

En conséquence, Romain Thomas ne pourra pas soulever la nullité de l'expertise.

DISSERTATION : LE STATUT DU MINISTÈRE PUBLIC

Si les récentes critiques attribuées au sommet du pouvoir exécutif et portant sur l'institution judiciaire et plus précisément sur les magistrats du parquet ont sans doute fragilisé les relations entre la sphère politique et le monde judiciaire, elles ont surtout mis en évidence la relativité d'un lien de subordination entre le ministère public et l'autorité régalienne autrefois absolu.

En effet, historiquement le ministère public a été créé par le pouvoir politique central désireux de se doter d'une partie poursuivante complètement acquise à sa cause et assurant la défense de l'intérêt général devant les juridictions royales. Ainsi, dès le XIIIe siècle, les « procureurs du Roi » représentaient les intérêts du souverain dont ils recevaient directement leurs instructions. La loi des 16-24 août 1790 a, par la suite, institué des accusateurs publics chargés de diriger l'action publique, l'institution étant cependant amenée à connaître de graves excès à l'occasion de la période révolutionnaire. Après la Révolution française, la Constitution de 1795 vint réaffirmer l'institution des magistrats spécialisés du ministère public, étroitement soumis à l'autorité hiérarchique et connaissant par la suite plusieurs ajustements jusqu'à prendre sa forme finale en 1804.

Ainsi, le statut du ministère public actuel se dessine au travers de l'héritage Napoléonien où le parquet était intégré dans un corps unique avec les juges du siège, alors même que l'adage selon lequel « la justice est rendue au nom du peuple français par les magistrats du siège et du parquet », évoquait l'idée d'un statut équivalent à tous les magistrats. Cette confusion a été réaffirmée par l'ordonnance du 22 décembre 1958, portant loi organique relative au statut de la magistrature, qui ne distingue pas statutairement entre les magistrats du siège et du parquet et qui demeure aujourd'hui encore la principale source normative régissant le statut du ministère public en droit français.

Or, depuis une décennie, cette appartenance conjointe du parquet et du siège à l'autorité judiciaire a été formellement remise en cause par les juges européens de la Cour de Strasbourg qui, en soulevant l'absence d'indépendance – et d'impartialité – du ministère public français, ont menacé l'organigramme juridictionnel tout entier. Cette défiance européenne à l'encontre du modèle français semblait avoir sonné le glas de son statut si particulier en enjoignant au législateur de le doter de gages d'indépendance à l'égard du pouvoir exécutif afin de répondre aux exigences posées par la Cour européenne des droits de l'Homme (CEDH).

Cependant, à rebours des constats de violation prononcés par ladite Cour européenne, suivis par une jurisprudence audacieuse de la chambre criminelle de la Cour de cassation, il apparaît que le législateur, indirectement soutenu en cela par le Conseil constitutionnel, n'a pas souhaité procéder à une telle réforme posant dès lors la question de savoir comment se justifie l'appartenance du ministère public à l'autorité judiciaire, si ardemment défendue en droit interne.

En effet, malgré les critiques, il est apparu que, pour le législateur français, l'orientation du ministère public vers une indépendance totale n'est, à l'heure actuelle, ni souhaitable, ni même nécessaire. Ainsi, dénoncé comme participant d'une institution impartiale cumulant les rôles de « juge et partie », le statut du ministère public, s'il a été indéniablement fragilisé par ces critiques (I), n'en demeure pas moins, pour le moment, conforté dans sa forme si atypique (II).

I - Une spécificité contestée

La place particulière accordée au ministère public au sein de la procédure pénale française a posé plusieurs difficultés au regard, en particulier, des principes issus de la Convention européenne de sauvegarde des droits de l'Homme et des libertés fondamentales (CESDH). Ces difficultés ont, d'abord, favorisé une limitation des prérogatives du parquet (A) et, ensuite, remis en cause sa qualité d'autorité judiciaire (B).

A - LES LIMITATIONS SUR LA FORME DES PRÉROGATIVES DU MINISTÈRE PUBLIC

Engageant une critique sévère des modèles procéduraux consacrant une confusion des rôles ou une trop grande proximité entre le ministère public et les magistrats du siège, les juges européens de la Cour de Strasbourg ont censuré de nombreuses attributions avantageant auparavant le parquet sur les autres parties.

Ainsi, en premier lieu, alors qu'il était d'usage au sein de la Cour de cassation belge que le ministère public assiste au délibéré sans prendre la parole ni voter, cette pratique a été définitivement condamnée par la Cour européenne (CEDH, 30 oct. 1991, Borgers c/ Belgique). En ce sens, la France a d'ailleurs connu une condamnation similaire dans deux arrêts Reinhardt et Slimane-Kaïd contre France du 31 mars 1998 puis Slimane-Kaïd contre France du 25 janvier 2000 à l'occasion desquels la Cour européenne des droits de l'Homme a considéré que la communication à l'avocat général et non au requérant du rapport et du projet d'arrêt rédigés par le conseiller rapporteur constituait une violation des garanties du procès équitable telles que consacrées par l'article 6§1 de la CEDH. Ce constat de violation a conduit la Cour de cassation française à modifier sa pratique en scindant le rapport du conseiller rapporteur en deux parties : une partie reprenant l'exposé des faits et des moyens avancés, transmise tant aux parties qu'au ministère public, et une partie relative au projet d'arrêt du rapporteur, qui n'est plus communiquée aux parties et au ministère public en la personne de l'avocat général. Cette nouvelle pratique a dès lors été validée par la CEDH comme conforme aux garanties du procès équitable (CEDH, 2 nov. 2004, Fabre c/ France).

En second lieu, c'est le législateur lui-même qui, à la suite de décisions européennes, s'est attaché à limiter certaines prérogatives particulières reconnues au ministère public. À ce propos, par exemple, en vertu du principe de l'équilibre entre les parties, la Cour européenne a constaté une violation de l'article 6§1 de la Convention s'agissant du délai plus long dont disposait le procureur général – deux mois, au lieu de dix jours pour la partie privée (CPP, art. 505) – pour interjeter appel d'un jugement correctionnel et l'impossibilité pour la partie mise en cause de former un appel incident dans le même délai (CEDH, 3 oct. 2006, Ben Naceur c/ France ; 22 mai 2008, Gacon c/ France). C'est la raison pour laquelle, la chambre criminelle de la Cour de cassation a déclaré irrecevables les appels formés par les parquets généraux au-delà du délai de dix jours (Cass. crim., 17 sept. 2008 ; 10 févr. 2009). Par la suite, la loi du 24 novembre 2009 a modifié l'article 505 du Code de procédure pénale qui dispose désormais qu'« en cas de jugement de condamnation, le procureur général peut également former son appel dans le délai de vingt jours à compter du jour du prononcé de la décision ». L'alinéa 2 de l'article 505 prévoit lui que, « sans préjudice de l'application des articles 498 à 500, les autres parties ont alors un délai de cinq jours pour interjeter appel incident. Même en l'absence d'appel incident, la cour d'appel peut en cas d'appel formé par le seul procureur général en application du présent article, prononcer une peine moins importante que celle prononcée par le tribunal correctionnel ».

B - LA REMISE EN CAUSE SUR LE FOND DE L'APPARTENANCE DU MINISTÈRE PUBLIC À L'AUTORITÉ JUDICIAIRE

Outre ces limitations, c'est surtout l'appartenance du ministère public à l'autorité judiciaire, avec les garanties que cela suppose au regard des principes consacrés en droit européen des droits de l'Homme, qui a été mise en cause par la Cour de Strasbourg à l'occasion de décisions relatives à la possibilité pour le parquet de contrôler la légalité des conditions de privation de liberté avant jugement. Ainsi, de manière annonciatrice, la CEDH avait dénié au parquet roumain la qualité d'autorité judiciaire alors même qu'il présente, dans son organisation et son statut, de très grandes similitudes avec le ministère public français en termes de subordination hiérarchique au ministre de la Justice. Sur le fondement de l'article 5§3 de la CESDH, aux termes duquel « Toute personne arrêtée ou détenue (...) doit être aussitôt traduite devant un juge ou un autre magistrat habilité par la loi à exercer des fonctions judiciaires (...) », la CEDH a ainsi condamné la pratique confiant au ministère public le contrôle de la légalité d'une mesure privative de liberté au stade des poursuites (CEDH, 3 juin 2003, Pantea c/ Roumanie). De manière prévisible, la sanction du statut du ministère public français n'a pas tardé, à l'occasion d'un contentieux lié au contrôle de la garde à vue. Les juges européens ont mis en évidence l'ambiguïté des attributions du ministère public français au stade de l'enquête. En effet, alors que l'article 41 du Code de procédure pénale dispose qu'« il dirige l'activité des officiers de police judiciaire et des agents de police judiciaire » de son ressort, l'alinéa 3 de ce même article ajoute que le procureur de la République « contrôle les mesures de garde à vue ». Ainsi, si la décision de placement en garde à vue constitue un pouvoir propre de l'officier de police judiciaire, il appartient au ministère public de contrôler la régularité de la mesure, étant d'ailleurs le seul à pouvoir la prolonger. Son rôle actif dans la poursuite des investigations, jugé incompatible avec la neutralité attendue de l'autorité judiciaire, lui a donc valu de se voir réfuter la qualité de magistrat habilité à exercer des fonctions judiciaires par la CEDH, considérant que « le magistrat doit présenter les garanties d'indépendances à l'égard de l'exécutif et des parties, ce qui exclut notamment qu'il puisse agir par la suite contre le requérant dans la procédure pénale, à l'instar du ministère public » (CEDH, gde ch., 29 mars 2010, Medvedyev et autres c/ France – CEDH, 23 nov. 2010, Moulin c/ France).

S'agissant d'une jurisprudence susceptible de mettre en péril l'organisation judiciaire, les juridictions françaises, invitées à se prononcer sur cette question, ont exprimé davantage de réserves. Saisi d'une question prioritaire de constitutionnalité sur le régime de la garde à vue, le Conseil constitutionnel a ainsi réaffirmé l'appartenance des magistrats du parquet à l'autorité judiciaire, en rappelant classiquement que l'autorité judiciaire comprend à la fois les magistrats du siège et ceux du parquet (Cons. const., 30 juill. 2010). Par ailleurs, plus récemment, à propos d'une question prioritaire de constitutionnalité relative à l'article 5 de l'ordonnance n° 58-1270 du 22 décembre 1958 portant loi organique relative au statut de la magistrature, les Sages ont estimé que, si la Constitution consacre l'indépendance des magistrats du parquet, dont découle le libre exercice de leur action devant les juridictions, cette indépendance doit être conciliée avec les prérogatives du gouvernement, de sorte qu'elle n'est pas assurée par les mêmes garanties que celles applicables aux magistrats du siège. En particulier, le Conseil a souligné que, si l'article 16 de la Déclaration des droits de l'Homme et du citoyen de 1789 dispose que « toute société dans laquelle la garantie des droits n'est pas assurée, ni la séparation des pouvoirs déterminée, n'a point de Constitution », l'article 20 de la Constitution précise que le gouvernement détermine et conduit la politique de la Nation, notamment en ce qui concerne les domaines d'action du ministère public, ce qui justifie l'organisation hiérarchique du parquet sous l'autorité du garde des Sceaux (Cons. const., 8 déc. 2017). La chambre criminelle de la Cour de cassation s'est, en revanche, alignée, sur le principe, sur la position des juges européens en nuançant toutefois sa justification et en estimant que le contrôle de la garde à vue par le parquet demeurait justifié dans certaines limites temporelles (Cass. crim., 15 déc. 2010 ; 18 janv. 2011). Pour autant, la Cour de Strasbourg a maintenu sa position. Ainsi, dans son arrêt *Vassis contre France* du 27 juin 2013, portant sur une contestation relative à une garde à vue placée sous le seul contrôle du procureur de la République durant ses quarante-huit premières heures, la Cour européenne a constaté, au regard de la non-appartenance du ministère public français à l'autorité judiciaire, une violation de l'article 5§3 de la CESDH (CEDH, 4 déc. 2014, Ali Samatar c/ France et Hassan c/ France).

Toutefois, ces incitations nombreuses à modifier le statut du parquet en améliorant son indépendance et son impartialité n'ont que modérément impacté les réformes finalement intervenues, de sorte que le statut particulier du ministère public demeure.

II - Un particularisme préservé

Malgré les vives critiques européennes du modèle français, le ministère public a conservé son statut particulier d'acteur prépondérant de la procédure pénale française (B), au prix d'efforts destinés à accroître son indépendance et son impartialité (A).

A - L'AMÉLIORATION DES GARANTIES D'INDÉPENDANCE ET D'IMPARTIALITÉ DU MINISTÈRE PUBLIC

Le ministère public demeure soumis à une subordination exercée par le pouvoir exécutif et consacrée par l'article 5 de l'ordonnance du 22 décembre 1958, portant loi organique relative au statut de la magistrature, qui dispose que « les magistrats du parquet sont placés sous la direction et le contrôle de leurs chefs hiérarchiques et sous l'autorité du garde des Sceaux, ministre de la Justice ». Ainsi, le ministère public est organisé en une structure pyramidale permettant la diffusion des instructions du sommet vers la base. Surtout, ce niveau sommital, constitué par le garde des Sceaux, présente la particularité de relever du pouvoir exécutif tout en ayant autorité sur les procureurs généraux près les cours d'appel qui ont eux-mêmes autorité sur l'ensemble des procureurs de la République du ressort de leur cour. De la sorte, le garde des Sceaux dispose de la possibilité d'adresser aux magistrats du ministère public des instructions générales d'action publique par l'intermédiaire de circulaires ayant une valeur interprétative. La subordination exercée par le pouvoir exécutif sur le ministère public se manifeste également au regard des conditions de nomination des magistrats du parquet qui sont désignés par décret du président de la République sur proposition du ministre de la Justice, après avis simple du Conseil supérieur de la magistrature. À cela vient s'ajouter le fait que les membres du ministère public ne bénéficient pas des garanties d'inamovibilité et d'irrévocabilité octroyées aux juges du siège. Surtout, la désobéissance d'un membre du parquet constitue une faute disciplinaire à l'égard de laquelle le ministre de la Justice a compétence pour exercer son pouvoir disciplinaire. Cette faute disciplinaire peut relever notamment d'un défaut d'exécution des instructions hiérarchiques, ainsi que le permet l'article 30 du Code de procédure pénale aux termes duquel « Le ministre de la Justice conduit la politique d'action publique déterminée par le gouvernement. Il veille à la cohérence de son application sur le territoire de la République ».

Pour autant, le ministère public français peut s'appuyer sur un socle de règles tendant à lui conférer une certaine indépendance, voire une certaine impartialité. Ainsi, si la loi du 9 mars 2004 avait consacré la possibilité pour le ministre de la Justice d'adresser des instructions individuelles aux membres du ministère public afin de leur enjoindre d'engager ou de faire engager des poursuites (CPP, art. 30 anc.), le législateur, prenant en compte les critiques européennes sur le manque d'indépendance du ministère public à l'égard du pouvoir exécutif, a mis fin à cette prérogative avec la loi du 25 juillet 2013 qui a modifié l'article 30 du Code de procédure pénale de sorte que celui-ci dispose désormais que le ministre de la Justice « adresse aux magistrats du ministère public des instructions générales. Il ne peut leur adresser aucune instruction dans des affaires individuelles ». Par ailleurs, les articles 40 et 41 du Code de procédure pénale dotent le procureur de la République d'un pouvoir propre qui en fait le seul intervenant légitime dans le ressort de sa juridiction d'affectation : ainsi, nul ne peut se substituer à lui et agir à sa place tandis que les actes qu'il réalise en violation des instructions hiérarchiques reçues demeurent valables. En outre, les membres du ministère public bénéficient de l'adage en vertu duquel « la plume est serve mais la parole est libre », qui signifie que si le parquetier est tenu, dans ses réquisitions écrites, de se conformer aux instructions hiérarchiques reçues, il peut néanmoins, lors de ses réquisitions orales, « développer librement les observations qu'il croit convenables au bien de la justice » (CPP, art. 33). Enfin, la loi du 25 juillet 2013 a modifié l'article 31 du Code de procédure pénale qui dispose désormais que le ministère public exerce l'action publique et requiert l'application de la loi, « dans le respect du principe d'impartialité auquel il est tenu », ce qui constitue un écho à l'obligation déontologique des magistrats.

B - LE MAINTIEN DU STATUT DU MINISTERE PUBLIC COMME ACTEUR MAJEUR DE LA PROCÉDURE PÉNALE

Le ministère public a vu ses prérogatives maintenues, voire accrues, à l'occasion des dernières réformes. Ainsi, son rôle de directeur d'enquête a été renforcé, notamment par la loi du 3 juin 2016, renforçant la lutte contre le crime organisé, le terrorisme et leur financement et améliorant l'efficacité et les garanties de la procédure pénale, qui a inséré dans le Code de procédure pénale un article 39-3 aux termes duquel, « en tant que directeur d'enquête, le procureur de la République peut adresser des instructions générales et particulières aux enquêteurs ». La loi lui confère ainsi le pouvoir de contrôler la légalité des moyens mis en œuvre par les enquêteurs, la proportionnalité des investigations au regard de la nature et de la gravité des faits, l'orientation donnée à l'enquête et la qualité de celle-ci. Par ailleurs, aux termes du même article, le procureur de la République « veille à ce que les investigations tendent à la manifestation de la vérité et qu'elles soient accomplies à charge et à décharge, dans le respect des droits de la victime, du plaignant et de la personne suspectée », ce qui revient à confier au magistrat du parquet des prérogatives qui ne sont pas sans rappeler celles dévolues au juge d'instruction.

Ce rapprochement du rôle du parquet par rapport à celui du juge d'instruction, magistrat du siège, se manifeste également par l'accroissement des pouvoirs d'investigation dont le ministère public dispose, notamment en matière de géolocalisation dynamique, d'interceptions de télécommunications et de sonorisations de lieu et fixations d'images. En outre, la loi précitée du 3 juin 2016, a modifié les dispositions de l'article 77-2 du Code de procédure pénale aux termes duquel les personnes ayant fait l'objet d'une garde à vue, mais également celles qui ont fait l'objet d'une audition libre, peuvent désormais demander à consulter le dossier de la procédure et formuler des demandes d'actes utiles à la manifestation de la vérité, ce qui, là aussi, rappelle fortement les règles relatives à l'information judiciaire. Enfin, au stade de l'exercice des poursuites, le ministère public a acquis de plus en plus de prérogatives si bien que certains évoquent son statut de « quasi-juge » s'agissant, par exemple, de son pouvoir d'initier la sanction dans le cadre de procédures de composition pénale et de procédures de comparution sur reconnaissance préalable de culpabilité.

Le ministère public demeure un acteur majeur, voire l'acteur majeur, de la procédure pénale si l'on se réfère aux réformes successives qui ont accru ses prérogatives. À cet égard, la protection des droits et libertés appelle une évolution statutaire afin de garantir l'indépendance et l'impartialité du parquet. À ce propos, dans la continuité du projet de loi constitutionnelle pour une démocratie plus représentative, responsable et efficace, finalement retiré, le projet de loi constitutionnelle pour un renouveau de la vie démocratique, présenté en Conseil des ministres le 28 août 2019, prévoit que les magistrats du parquet seront désormais nommés sur l'avis conforme de la formation compétente du Conseil supérieur de la magistrature et non plus sur avis simple, et que cette formation statuera à leur égard comme conseil de discipline. Sur ce point, dans son avis du 20 juin 2019, le Conseil d'État a estimé qu'en rapprochant le régime de nomination et de sanction des magistrats du Parquet de celui des magistrats du Siège, les « mesures envisagées contribueront à renforcer l'indépendance des magistrats du Parquet, sans pour autant que ne soit remise en cause l'autorité que le garde des Sceaux tient de l'article 20 de la Constitution ».

DROIT PÉNAL ET PROCÉDURE PÉNALE

CAS PRATIQUE : CAS CAUCHEMAR À BALI

SUJET

Sophie est ravie, elle a gagné une semaine de vacances sur l'île des Dieux à Bali, elle part avec sa meilleure amie Émilie. Dès leur arrivée à l'hôtel, elles sentent l'euphorie les emparer, plage, eau turquoise, soleil, le paradis sur terre ! Le soir, elles font la rencontre de Mike et Andy, deux étudiants australiens en vacances. Tout de suite, Sophie remarque Mike, et les deux nouveaux amis ne tardent pas à faire une promenade sous le ciel étoilé. Malheureusement, la nuit romantique tourne au cauchemar, Mike attrape violemment Sophie, la caresse et se munit d'un préservatif mais n'arrive pas à la pénétrer. De son côté, Émilie, pendant l'absence de Sophie, sympathise avec Nyoman, le barman de l'hôtel. Les vacances se passent, Sophie se morfond dans sa chambre suite à la mésaventure avec Mike, tandis qu'Émilie va de fêtes en fêtes avec Nyoman. Le jour du départ approche, Nyoman offre une magnifique statue représentant un Dieu balinais.

À leur retour en France, Émilie, la statue dans les bras, est interceptée après son passage en douanes par les forces de l'ordre, puis placée en garde à vue, il est 16 heures. En effet, l'OPJ Hubert a été prévenu que deux kilos de cocaïne arrivaient en provenance de Bali transportés dans une statue par une fille dont la description ressemble étrangement à celle d'Émilie. À l'arrivée dans les locaux à 17 heures, ses droits lui sont notifiés, et elle demande à voir Me Schum, l'avocat de la famille. Malgré le message laissé par l'OPJ Hubert sur le répondeur de Me Schum, ce dernier, en raison de la grève des avocats, ne se déplace pas. Son interrogatoire commence à 18 h 45, et elle essaye en vain d'expliquer la situation. Quant à Sophie, quelques jours après leur retour, elle porte plainte pour viol.

Vous examinerez la situation de Sophie et d'Émilie.

Question 1 - Les faits subis par Sophie

La situation de Sophie soulève deux difficultés. La première relève du droit pénal spécial et concerne la caractérisation de l'infraction commise par Mike. La seconde relève du droit pénal général et a trait à la possibilité juridique de poursuivre cet individu devant les juridictions pénales françaises. Deux points à examiner tour à tour.

I - La qualification de tentative de viol

L'article 222-22 du Code pénal exige que l'atteinte sexuelle ait été commise « avec violence, contrainte, menace ou surprise », ce qui tend à démontrer l'absence de consentement de la victime. Ici, le défaut de consentement est évident : l'acte sexuel n'a été possible qu'en raison de la contrainte dont Sophie, qui avait été attrapée violemment par Mike, a été l'objet et dont le caractère irrésistible n'a pu qu'abolir le consentement.

L'élément moral de l'infraction ne pose ici encore aucune difficulté particulière. Le viol ou l'agression sexuelle sont des infractions intentionnelles qui supposent toutes les deux que l'auteur ait conscience d'imposer à la victime une relation sexuelle à laquelle celle-ci n'a nullement consenti. En l'espèce, la preuve de l'intention coupable procède naturellement des moyens employés (usage de la violence) par Mike pour assouvir ses pulsions sexuelles, la passivité de la victime ne pouvant, compte tenu des circonstances de l'espèce, être considérée comme une forme d'adhésion aux actes dont Sophie a été victime.

Les deux qualifications se distinguent en revanche d'un point de vue matériel. La loi définit le délit d'agression sexuelle (C. pén., art. 222-27) par opposition au crime de viol qui est constitué par « tout acte de pénétration sexuelle, de quelque nature qu'il soit, commis sur la personne d'autrui » (C. pén., art. 222-23). Or, il est précisé que Mike n'a pas pénétré Sophie. L'élément matériel n'est donc pas constitué. Partant, ces faits ne peuvent être appréhendés sous la qualification de viol. En revanche, les faits peuvent être qualifiés de tentative de viol. En effet, bien que Mike ait dans un premier temps caressé Sophie, ce qui constitue le délit d'agression sexuelle au sens de l'article 222-27 du Code pénal (Cass. crim., 31 mai 2000), il convient d'exclure la qualification d'agression sexuelle dès lors qu'il est précisé par la suite qu'il voulait en réalité pénétrer Sophie puisqu'il s'est muni d'un préservatif, mais qu'il n'y parviendra pas.

Il faut d'abord s'assurer que la tentative de viol est légalement punissable. Ce point ne soulève aucune difficulté dès lors que, selon l'article 121-4 du Code pénal, la tentative de crime est toujours punissable et que le viol constitue en toutes circonstances un crime eu égard à la peine encourue : 15 ans de réclusion (C. pén., art. 222-23, al. 2).

Aux termes de l'article 121-5 du Code pénal, « La tentative est constituée dès lors que, manifestée par un commencement d'exécution, elle n'a été suspendue ou n'a manqué son effet que par des circonstances indépendantes de la volonté de son auteur ». La tentative n'est donc punissable que si deux conditions sont établies, à savoir un commencement d'exécution et une absence de désistement volontaire.

Le commencement d'exécution est notamment défini par la jurisprudence comme « des actes qui tendent directement au crime avec intention de le commettre » (Cass. crim., 29 déc. 1970 – Cass. crim., 11 juin 1975). Concrètement, cela suppose de constater des actes matériels qui, d'une part, révèlent l'intention irrévocable de l'auteur de commettre une infraction et, d'autre part, établissent un lien de causalité certain entre le comportement de l'auteur et l'infraction projetée, ce qui implique que le commencement d'exécution se situe dans un temps assez proche de celui de la consommation proprement dite. Tel est le cas en l'espèce puisque le fait pour Mike d'agresser Sophie, physiquement puis sexuellement (il la caresse), puis de sortir un préservatif ne peut s'expliquer que par la volonté de celui-ci d'avoir un rapport sexuel, ce qui constituerait un acte de pénétration sexuelle sur autrui au sens de l'article 222-23 du Code pénal, quelle que soit la nature de ce rapport, y compris des actes de pénétration buccale (Cass. crim., 22 févr. 1984) ou anale (Cass. crim., 24 juin 1987).

Concernant ensuite le désistement, celui-ci est volontaire – et la tentative est alors exclue – si la suspension ou l'interruption de l'acte est provoquée par un sentiment purement personnel à l'auteur, tel que la peur ou le remords (Cass. crim., 20 mars 1974) ; il est en revanche involontaire – ce qui caractérise le second élément constitutif de la tentative d'infraction – chaque fois qu'il apparaît que l'absence de résultat est due à une cause externe à l'auteur (Cass. crim., 19 juin 1979, intervention de la police. – Cass. crim., 5 juill. 1951, intervention d'un témoin). En l'espèce, il est indiqué que Mike a dû suspendre son action en raison d'une défaillance physique après s'être muni d'un préservatif. C'est donc un facteur externe qui est seul à l'origine de l'échec, ce qui caractérise la tentative de viol (en ce sens, Cass. crim., 10 janv. 1996).

Dès lors que la tentative d'infraction est punie comme l'infraction consommée (C. pén., art. 121-4), Mike encourt, comme indiqué précédemment, une peine de 15 ans de réclusion criminelle.

II - La compétence des juridictions françaises

La plainte déposée par Sophie n'aboutira cependant à la condamnation de Mike que pour autant que les faits commis relèvent de la compétence des juridictions françaises. Or, à cet égard, force est de constater que l'action s'est déroulée à Bali, ce qui exclut la compétence territoriale (C. pén., art. 113-2). De même, la compétence personnelle active ne pourrait être retenue dans la mesure où Mike a la nationalité australienne (C. pén., art. 113-6). Cependant, il est possible d'envisager la compétence des juridictions françaises au regard du système de la compétence personnelle passive consacré à l'article 113-7 du Code pénal, aux termes duquel « la loi française est applicable à tout crime (...) commis par un Français ou par un étranger hors du territoire de la République lorsque la victime est de nationalité française au moment de l'infraction ». En effet, il est précisé dans l'énoncé « à leur retour en France », ce qui laisse entendre que Sophie a la nationalité française.

Pour être complet, on précisera enfin que les faits constituant un crime, leur poursuite pourra intervenir non seulement à la requête du ministère public, mais pourra aussi être exercée directement par la victime qui aura tout loisir de porter plainte avec constitution de partie civile en cas d'inertie du parquet, les dispositions de l'article 113-8 du Code pénal étant limitées aux seuls délits. Par ailleurs, il faut encore préciser que Mike soit mis à la disposition de la justice française, ce qui suppose que l'État français sollicite et obtienne de l'Australie son extradition.

Question 2 - La procédure à l'encontre d'Émilie

Émilie est placée en garde à vue à son retour en France par l'OPJ Hubert, et demande à être assistée de l'avocat de la famille Me Schum.

I - Le cadre de l'enquête

Selon l'article 67 du Code de procédure pénale, les policiers ne peuvent recourir à la contrainte que si les faits poursuivis constituent un crime ou un délit puni d'une peine d'emprisonnement. Cette condition ne soulève en l'espèce aucune difficulté. Les faits peuvent en effet être qualifiés d'importation illicite de stupéfiants punis de 10 ans d'emprisonnement et de 7 500 000 € d'amende selon l'article 222-36 du Code pénal.

Il importe ensuite que les faits répondent à la définition de la flagrance au sens de l'article 53 du Code de procédure pénale. Selon ce texte, est qualifié de crime ou de délit flagrant, le crime ou le délit « qui se commet actuellement, ou qui vient de se commettre ». Il y a aussi crime ou délit flagrant lorsque, « dans un temps très voisin de l'action, la personne soupçonnée est poursuivie par la clameur publique, ou est trouvée en possession d'objets, ou présente des traces ou indices, laissant penser qu'elle a participé au crime ou au délit ». Il convient donc, pour relever l'existence d'une infraction flagrante, d'établir deux conditions cumulatives.

La flagrance suppose tout d'abord un critère temporel, la loi faisant référence à un crime ou un délit « qui se commet actuellement, ou qui vient de se commettre », ou se plaçant « dans un temps très voisin de l'action ». En l'espèce, cette condition ne saurait être discutée puisque l'infraction est en train de se commettre lorsque les policiers sont appelés et au moment de l'interpellation d'Émilie.

Mais cette condition n'est pas suffisante. La jurisprudence se réfère en outre à un autre critère, celui de l'apparence. En effet, selon la Cour de cassation, « pour pouvoir agir en enquête de flagrance, les officiers de police judiciaire doivent avoir eu connaissance au préalable, d'indices apparents d'un comportement révélant l'existence d'une infraction en train de se commettre ou qui vient d'être commise » (Cass. crim., 12 mai 1992). À cet égard, il ressort de l'énoncé que les policiers ont été prévenus que deux kilos de cocaïne arrivaient en provenance de Bali apparemment transportés par Émilie dans une statue, mais on ignore si la dénonciation a été ou non anonyme. Ce détail est primordial car si la dénonciation non anonyme constitue un indice apparent d'agissements délictueux déjà commis ou en train de se commettre caractérisant la flagrance (Cass. crim., 1er oct. 2003), il est constant qu'une dénonciation anonyme ne répond pas de cette définition et ne permet d'ouvrir qu'une enquête préliminaire (Cass. crim., 2 févr. 1988). Il n'en va différemment que si l'information obtenue anonymement est confortée par des indices précis et concordants obtenus préalablement à l'opération policière (Cass. crim., 23 oct. 1991). Tel est le cas en l'espèce. On peut en effet légitimement penser que les forces de police ayant aperçu la statue dans les bras d'Émilie, elles ont pu constater par elles-mêmes des indices de l'infraction qui était encore en train de se commettre.

Il apparaît dans ces conditions que les policiers ont agi selon les règles de l'enquête de flagrance. À ce titre, au vu des éléments d'ores et déjà recueillis, ils étaient fondés à interpeller Émilie et à la placer en garde à vue.

II - Le placement en garde à vue d'Émilie

En vertu de l'article 62-2 du Code de procédure pénale, la « garde à vue est une mesure de contrainte décidée par un officier de police judiciaire, sous le contrôle de l'autorité judiciaire, par laquelle une personne à l'encontre de laquelle il existe une ou plusieurs raisons plausibles de soupçonner qu'elle a commis ou tenté de commettre un crime ou un délit puni d'une peine d'emprisonnement est maintenue à la disposition des enquêteurs ». Le placement en garde à vue est soumis à trois conditions cumulatives :

– d'une part, la mesure de garde à vue doit être décidée par un officier de police judiciaire, ce qui est le cas de l'OPJ Hubert ainsi qu'il est précisé dans l'énoncé ;

– d'autre part, il doit exister des raisons plausibles de soupçonner qu'Émilie a commis ou tenté de commettre une infraction punie d'une peine d'emprisonnement. Les indices apparents qui ont été décrits pour justifier l'état de flagrance peuvent être envisagés comme des raisons plausibles de soupçonner qu'elle a pris part au transport et à la détention illicites de stupéfiants ;

– enfin, la garde à vue doit constituer « l'unique moyen » de parvenir à l'un au moins des objectifs suivants : 1° permettre l'exécution des investigations impliquant la présence ou la participation de la personne ; 2° garantir la présentation de la personne devant le procureur de la République afin que ce magistrat puisse apprécier la suite à donner à l'enquête ; 3° empêcher que la personne ne modifie les preuves ou indices matériels ; 4° Empêcher que la personne ne fasse pression sur les témoins ou les victimes ainsi que sur leur famille ou leurs proches ; 5° Empêcher que la personne ne se concerte avec d'autres personnes susceptibles d'être ses coauteurs ou complices ; 6° Garantir la mise en œuvre des mesures destinées à faire cesser le crime ou le délit. En l'espèce, la garde à vue est justifiée, notamment, par les investigations impliquant la participation d'Émilie.

La décision de placer Émilie en garde à vue est ainsi parfaitement régulière.

Si la mesure est régulière dans son principe, il convient à présent d'en étudier le déroulement.

III - La notification des droits

Il convient de vérifier qu'Émilie a reçu notification de ses droits, et ce « immédiatement » ainsi que la loi en fait l'obligation (CPP, art. 63-1), étant précisé que, selon une jurisprudence constante, « tout retard dans la mise en œuvre de cette obligation, non justifié par une circonstance insurmontable, porte nécessairement atteinte aux intérêts de la personne concernée » (Cass. crim., 31 mai 2007). Or, en l'espèce, force est de constater que plusieurs minutes se sont écoulées entre le placement en garde à vue d'Émilie (à 16 heures) et la notification de ses droits afférents (à 17 heures). La Cour de cassation considère toutefois qu'il est possible de déroger au principe d'immédiateté pour des considérations tenant au délai de route, matérialisé par le temps nécessaire pour conduire un individu du lieu de son arrestation au lieu de la garde à vue. Elle a ainsi eu l'occasion de juger que n'est pas tardive, la notification, avec ses droits, du placement en garde à vue, intervenue dès l'arrivée de la personne dans les services de police, dix minutes après son interpellation (Cass. 1re civ., 27 mai 2010). La Haute juridiction a de même dit justifié un retard de 45 minutes dans la notification des droits motivé par le délai de route entre le lieu d'une rétention douanière et le service de police chargé de la garde à vue subséquente (Cass. crim., 26 nov. 2008) ou décidé que le délai d'1 heure 25 entre l'interpellation et la notification de droits ne constitue pas une cause de nullité dès lors que cette dernière a eu lieu dès l'arrivée au service de police (Cass. 1re civ., 9 janv. 2008). Encore faut-il cependant s'assurer de deux choses : d'une part, que le temps qui s'est écoulé entre le placement en garde à vue (matérialisé par le pouvoir de contrainte des forces de police) et la notification des droits soit strictement nécessaire au transport, et, d'autre part, que le gardé à vue a été informé de ses droits « immédiatement » à compter de son arrivée au poste de police. En l'espèce, il est constant que les policiers se sont transportés sans délai au commissariat en suite de l'arrestation d'Émilie (rien dans l'énoncé ne permettant d'affirmer le contraire) et que celle-ci a été informée de ses droits une fois « arrivée dans les locaux ». La procédure est donc régulière de ce point de vue.

IV - L'information du procureur de la République

Il importe que le procureur de la République soit informé « dès le début de la garde à vue » (CPP, art. 63, al. 2), la Cour de cassation considérant là encore que « tout retard dans la mise en œuvre de cette obligation, non justifié par des circonstances insurmontables, fait nécessairement grief aux intérêts de la personne concernée » (Cass. crim., 29 févr. 2000). Or, au cas présent, l'information au procureur de la République n'est intervenue qu'à 17 h 05, soit 1 heure et 5 minutes après le placement en garde à vue. Il est possible de justifier ce délai au titre du délai de route.

V - L'assistance d'un avocat

Concernant le droit à l'assistance d'un avocat, prévu par les articles 63-3-1 et s. du Code de procédure pénale, il est indiqué que, à la suite de la demande formulée par Émilie, un policier a immédiatement pris contact avec Me Schum, ainsi que la loi en fait l'obligation. Mais, celui-ci étant absent, le policier se contentait de laisser un message sur son répondeur. Une telle démarche est-elle suffisante ? À l'évidence, oui. Il incombe en effet seulement à l'officier de police judiciaire d'accomplir les diligences nécessaires pour que l'intéressé puisse exercer son droit dans les délais prévus par la loi.

Ainsi que l'a énoncé la Cour de cassation à plusieurs reprises, si la nullité est encourue lorsque, en dépit de la demande de la personne retenue, celle-ci n'a pu s'entretenir avec un avocat et qu'aucun élément de la procédure ne justifie des diligences effectuées par l'officier de police judiciaire afin de lui permettre l'exercice de ce droit (Cass. crim., 10 mai 2001), la procédure est régulière dès lors qu'il ressort du procès-verbal de garde à vue que l'avocat (ou le bâtonnier de l'Ordre) a été immédiatement informé de la demande d'un gardé à vue de s'entretenir avec un avocat (Cass. crim., 17 mai 2000). Dans ces conditions, seul importe le point de savoir si, une fois que la personne gardée à vue a sollicité la présence de son avocat (ou celle d'un avocat commis d'office), l'officier de police judiciaire a mis en œuvre les mesures nécessaires pour contacter ce dernier (ou le bâtonnier). Or, au cas particulier, il est avéré que le policier a immédiatement pris contact avec l'avocat désigné par Émilie. Celui-ci a donc effectué les diligences requises et satisfait à ses obligations, quand bien même il n'a fait que laisser un message sur le répondeur de l'avocat, sans avoir pu communiquer avec ce dernier (en ce sens, Cass. crim., 29 oct. 2008).

De même, la circonstance qu'Émilie n'ait pas vu le moindre avocat durant sa garde à vue est sans effet sur la régularité de la procédure dès lors que la loi ne fait aucune obligation à l'officier de police judiciaire de rendre effectif l'entretien avec cet avocat (Cass. crim., 13 févr. 1996). Aucune nullité ne saurait en effet être prononcée lorsque l'impossibilité pour le gardé à vue de s'entretenir avec un avocat est le résultat de circonstances insurmontables, extérieures aux forces de police, telles que la décision prise collectivement par un barreau de suspendre toute participation des avocats au service des commissions d'office (Cass. crim., 9 mai 1994) ou, comme le refus de l'avocat de se déplacer (Cass. 1re civ., 26 oct. 2011). Aussi, le fait qu'Émilie n'ait pu s'entretenir avec son avocat durant sa garde à vue est exclusivement imputable à ce dernier. Si celui-ci n'avait pas l'envie de se rendre au commissariat, pour cause de grève, pour y assister Émilie, il lui appartenait d'en informer les policiers. Émilie aurait alors pu solliciter du policier de contacter un autre avocat, désigné ou commis d'office, demande à laquelle le policier aurait dû satisfaire.

Pour être complet, on indiquera enfin que, conformément à l'article 63-4-2 du Code de procédure pénale, les policiers, avant d'entendre Émilie (à l'exception de l'interrogatoire d'identité), auraient impérativement dû attendre l'expiration d'un délai de 2 heures. En l'espèce, ce délai n'a pas été respecté dans la mesure où l'interrogatoire a commencé à 18 heures 45 avant l'expiration de ce délai légal de carence, ce qui vicie l'audition réalisée, étant rappelé que la violation d'un tel droit de la défense constitue une cause de nullité assimilée à une nullité d'ordre public, donc dispensée de la preuve d'un grief pour celui qui l'invoque. Dès lors, les procès-verbaux d'audition d'Émilie devront être retirés du dossier.

DROIT PUBLIC

QRC : ORGANISATION DE L'ÉTAT ET DE LA JUSTICE, LIBERTÉS PUBLIQUES ET DROIT PUBLIC

SUJET

Question 1 : L'élection du président de la République sous la Ve République (7 points)

Question 2 : Enseignement public et principe de laïcité (7 points)

Question 3 : La réunion des deux chambres sous la Ve République (6 points)

Question 1 : L'élection du président de la République sous la Ve République (7 points)

« Le suffrage universel est un sacre bien autrement divin que l'huile de Reims ou le sang de Saint Louis. Il ne faut pas tenter Dieu, encore moins l'homme. Le président pourra dire à l'Assemblée : vous n'êtes que les neuf centièmes du peuple. Je suis à moi seul le peuple entier ». Les propos du député Piat lors des débats à l'Assemblée constituante de 1848 traduisent une méfiance à l'égard de l'élection du président de la République au suffrage universel direct. Ils devaient s'avérer prémonitoires puisque le premier chef de l'État directement élu par le peuple fut Louis Napoléon Bonaparte qui, faute d'avoir pu obtenir le droit d'exercer un second mandat, procéda à un coup d'État en 1852. Ce précédent va conduire à un rejet de l'élection populaire du président de la République. Sous la IIIe comme sous la IVe République, ce dernier sera simplement élu par le Parlement.

I - La consécration de l'élection du président au suffrage universel direct

Dans son discours de Bayeux du 16 juin 1946, Charles de Gaulle a souligné la nécessité de renforcer la fonction présidentielle. Cela implique, notamment, de conférer au chef de l'État une légitimité démocratique propre. C'est ainsi fort logiquement que les constituants de 1958 ont modifié son mode d'élection. Toutefois, en 1958, l'élection du chef de l'État au suffrage universel direct est écartée. Elle se heurte, en effet, à d'importantes difficultés théoriques et pratiques. La question se pose, tout d'abord, de l'éventuelle participation des populations des territoires d'Outre-Mer à cette élection. Par ailleurs, l'hypothèse de l'élection d'un chef de l'État communiste présente un risque important en plein contexte de « guerre froide ». Enfin, dans son discours devant le Conseil d'État du 27 août 1958, Michel Debré rejette le régime présidentiel auquel l'élection du chef de l'État par le peuple conduirait nécessairement. Par conséquent, c'est le principe d'une élection par un collège de grands électeurs (environ 80 000) qui est retenu. L'année 1962 va néanmoins marquer un tournant s'agissant de l'élection présidentielle. Soucieux de pérenniser une pratique présidentialiste qui a conduit à faire du chef de l'État un véritable gouvernant, de Gaulle souhaite donner de façon durable à ce dernier une légitimité incontestable. C'est pourquoi il fait adopter par référendum l'élection du chef de l'État au suffrage universel direct. Le principe de l'élection du président de la République au suffrage universel direct est désormais inscrit à l'article 6 de la Constitution et ses modalités sont précisées par l'article 7 ainsi que par la loi du 6 novembre 1962 modifiée à plusieurs reprises.

S'agissant des effets de l'élection présidentielle au suffrage universel direct sur le fonctionnement des institutions, ils se sont révélés considérables. Le président apparaît désormais clairement comme « l'homme de la Nation » (de Gaulle). Elu sur programme, en général avant les députés, il est devenu l'homme fort de l'Exécutif devant lequel le premier ministre et le Gouvernement sont responsables en pratique, alors même que la Constitution ne prévoit pas une telle responsabilité. Après avoir critiqué cette présidentialisation, F. Mitterrand lui-même s'y est conformé suite à son élection en 1981. Toutefois, la puissance du chef de l'État demeure subordonnée à l'existence d'une majorité présidentielle au Parlement. À l'inverse, en cas de cohabitation, le Gouvernement est en mesure de déterminer et de conduire la politique de la Nation et le Premier ministre d'en diriger l'action, conformément à la lettre de la Constitution. Le passage au quinquennat ainsi que l'inversion du calendrier électoral, qui résultent, respectivement, de la révision constitutionnelle du 2 octobre 2000 et de la loi organique du 15 mai 2001, ont néanmoins conduit à limiter les hypothèses de cohabitation et à faire de l'élection présidentielle l'« élection reine », à savoir celle qui structure le jeu politique. Les législatives apparaissant alors comme des élections de « ratification ».

II - Les modalités de l'élection présidentielle au suffrage universel direct

S'agissant des modalités de l'élection, celle-ci se déroule en deux tours, sauf si un candidat a obtenu la majorité absolue des suffrages dès le premier tour. Ne peuvent se maintenir au second tour que les deux candidats arrivés en tête au premier. Depuis la loi organique du 14 avril 2011, tout citoyen âgé de plus de 18 ans (au lieu de 23 ans auparavant) et jouissant de la totalité de ses droits civils et politiques est éligible. Cette condition nécessaire n'est cependant pas suffisante pour se porter candidat à l'élection. Un système de sélection a été instauré visant à limiter le nombre des candidatures pour éviter la multiplication des candidatures dites « fantaisistes ». Ce système repose sur la nécessité d'obtenir le parrainage d'un certain nombre d'élus. Lors des trois premières élections présidentielles faites au suffrage universel (1965, 1969 et 1974) le parrainage de 100 élus était exigé. Cette règle n'ayant pas empêché la multiplication des candidatures, la loi organique du 18 juin 1976 a porté ce nombre à 500. Les parrainages doivent émaner des parlementaires ou des élus locaux. En outre, les parrainages doivent provenir d'au moins 30 départements ou collectivités d'outre-mer différents ce qui vise à éviter les candidatures liées à la défense d'intérêts purement locaux. De plus il ne faut pas que plus d'un dixième d'entre eux provienne du même département ou de la même collectivité d'outre-mer. Enfin, la réforme de 1976 impose que les noms des élus parrainant un candidat soient rendus publics huit jours au moins avant le premier tour de scrutin, dans la limite du nombre requis pour la validité de la candidature. Cette exigence a été jugée conforme à la Constitution par le Conseil constitutionnel (décision n° 2012-233 QPC, 21 févr. 2012, M. Le Pen). La règle des 500 parrainages n'en demeure pas moins controversée : elle ne permet toujours pas d'éviter la multiplication des candidatures mais est à l'inverse susceptible de faire obstacle à la candidature de certaines personnalités. La « Commission Jospin » a proposé dans son rapport de 2012 que le parrainage des candidats par 500 élus au moins soit remplacé par « un parrainage citoyen » d'au moins 150 000 signatures. Cette proposition n'a pour le moment pas été suivie.

L'élection doit se dérouler 20 jours au moins et 35 jours au plus avant l'expiration des pouvoirs du président de la République sortant. Le déroulement de la campagne électorale est prévu par la loi organique du 6 novembre 1962 relative à l'élection du président de la République et par le décret du 8 mars 2001, également modifié par le décret du 21 avril 2006. La campagne électorale officielle s'ouvre le deuxième lundi précédant le premier tour de scrutin et s'interrompt la veille du scrutin, à zéro heure. Elle reprend le jour de la publication au Journal officiel des noms des deux candidats restants et s'achève la veille du second tour, à zéro heure. L'article 7 de la Constitution prévoit que si, dans les sept jours précédant la date limite du dépôt des présentations de candidatures, une des personnes ayant, moins de trente jours avant cette date, annoncé publiquement sa décision d'être candidate décède ou se trouve empêchée, le Conseil constitutionnel peut décider de reporter l'élection. Par ailleurs, si, avant le premier tour, un des candidats décède ou se trouve empêché, le Conseil constitutionnel prononce le report de l'élection. Enfin, en cas de décès ou d'empêchement de l'un des deux candidats les plus favorisés au premier tour avant les retraits éventuels, le Conseil constitutionnel déclare qu'il doit être procédé de nouveau à l'ensemble des opérations électorales. Il en est de même en cas de décès ou d'empêchement de l'un des deux candidats restés en présence en vue du second tour.

Afin de respecter le principe de pluralisme, les différents candidats doivent recevoir les mêmes conditions de traitement de la part des pouvoirs publics. La Commission nationale de contrôle de l'élection présidentielle (CNC) veille au respect de cette égalité de traitement entre candidats. Dans le domaine audiovisuel, il appartiendra au Conseil supérieur de l'audiovisuel (CSA) de comptabiliser les temps de paroles des différents candidats. Une stricte égalité devra être respectée pendant la durée de la campagne officielle. Il est à noter que si, initialement, les sondages d'opinion ne pouvaient plus être publiés pendant la semaine précédant chaque tour afin de préserver la liberté de choix des électeurs, la loi du 19 février 2002 a modifié ce point pour tirer les conséquences de la jurisprudence de la Cour de cassation qui avait jugé cette interdiction contraire à la liberté d'expression (Cass. crim., 4 sept. 2001, Amaury). Aux termes de la loi, les sondages peuvent désormais être publiés jusqu'à la veille de chaque tour de scrutin.

Un autre enjeu essentiel de l'élection présidentielle réside dans l'encadrement juridique du financement de la campagne électorale. Ce financement s'effectue selon deux modalités : d'une part, un financement public, organisé par la loi organique ; d'autre part, un financement privé, provenant en majorité des partis (cotisations), mais aussi de personnes privées. Les candidats doivent respecter un certain nombre de règles. Ils doivent, notamment, tenir un compte de campagne qui retrace très précisément l'origine des recettes et la nature des dépenses engagées étant précisé que le candidat ne peut pas le gérer personnellement et doit nommer un mandataire. Depuis la loi organique du 5 avril 2006, le compte doit être déposé à la Commission nationale des comptes de campagne et des financements politiques (CNCCFP) – et non plus au Conseil constitutionnel – au plus tard le neuvième vendredi suivant le second tour de scrutin, afin qu'en soit vérifiée la régularité. Un plafonnement des dépenses est prévu. Un remboursement des frais de campagne est prévu dont l'importance varie selon les résultats obtenus par le/la candidat(e). Enfin, il a été procédé à la limitation des dons des personnes privées à 4 600 euros, tout don égal ou supérieur à 150 euros ne pouvant être effectué en espèces. Depuis la loi du 19 janvier 1995, les dons et avantages en nature des entreprises privées ont été interdits. Des sanctions pécuniaires et pénales sont prévues en cas d'infraction. Ainsi, un candidat ayant dépassé le plafond des dépenses doit verser au Trésor public le montant du dépassement.

Question 2 : Enseignement public et principe de laïcité (7 points)

Consacré par les lois « Ferry » du 16 juin 1881 et du 28 mars 1882, le droit à une instruction laïque, gratuite et obligatoire, fait aujourd'hui l'objet d'une protection constitutionnelle sur le fondement du Préambule de 1946 dont le 13e alinéa dispose : « L'organisation de l'enseignement public gratuit et laïque à tous les degrés est un devoir de l'État ». Le principe de laïcité de l'enseignement public implique une neutralité religieuse de l'État qui doit se traduire tant du point de vue du contenu de l'enseignement que du comportement des agents publics. S'agissant des usagers, s'ils sont principalement les bénéficiaires de cette neutralité, ils sont également susceptibles de voir leur liberté religieuse restreinte sur le fondement de la laïcité.

I - La nécessaire neutralité du service

En premier lieu, l'État a le devoir d'organiser le service public de l'enseignement dans un souci de neutralité religieuse. Notons d'ailleurs que si cette exigence trouve ses sources dans le bloc de constitutionnalité, elle découle également de l'article 2 du Protocole n° 1 de la Convention européenne des droits de l'Homme (droit à l'instruction) combiné avec l'article 9 de ladite Convention (liberté de conscience et de religion). Il est ainsi interdit aux enseignants des écoles, collèges et lycées publics d'exprimer leurs convictions religieuses, notamment en arborant un signe religieux. Déjà, dans l'arrêt « abbé Bouteyre » le Conseil d'État avait admis le refus opposé à un prêtre de se présenter à l'agrégation de philosophie en se fondant sur les exigences du service public de l'enseignement (CE, 10 mai 1912). En second lieu, d'une façon plus générale, l'État ne saurait faire de l'enseignement un instrument de propagande religieuse en imposant, par exemple, des cours de religion obligatoire ou en apposant des signes religieux sur les bâtiments publics d'enseignement. Diverses atténuations à cette exigence de neutralité peuvent toutefois être relevées. Tout d'abord, il faut rappeler le régime dérogatoire en vigueur en Alsace-Moselle où s'applique encore le concordat de 1801. Le Conseil constitutionnel a tiré argument de l'intention des constituants de 1946 et de 1958 pour admettre que cette spécificité n'était pas contraire au principe de laïcité (décision QPC, 21 févr. 2013, Association pour la promotion et l'expansion de la laïcité). Quant à la présence de crucifix dans les écoles publiques, la CEDH a estimé qu'elle ne violait pas, par elle-même, l'exigence de neutralité dès lors qu'elle ne s'accompagnait pas d'une forme d'endoctrinement religieux, en soulignant que l'État dispose en la matière d'une « large marge d'appréciation » (CEDH, Gde. ch., 18 mars 2011, Lautsi c/ Italie). Ensuite, l'exigence de neutralité ne s'applique pas avec la même rigueur à l'enseignement supérieur dès lors que « les auditeurs sont en âge de juger » (Helbronner, conclusions sur l'arrêt Bouteyre précité).

II - La promotion relative de la neutralité dans le service

Le principe de laïcité produit certaines conséquences à l'égard des usagers du service public de l'enseignement. Dans un avis rendu le 27 novembre 1989, le Conseil d'État avait considéré que le port d'un signe religieux n'était pas « par lui-même » contraire au principe de laïcité, tout en admettant des restrictions possibles de la liberté religieuse des élèves sur le fondement de l'ordre public ou des exigences liées au bon fonctionnement du service public. La loi du 15 mars 2004 a remis en cause cette jurisprudence en insérant un article L. 141-5-1 dans le Code de l'éducation qui interdit aux élèves des écoles, collèges et lycées publics de porter des signes manifestant ostensiblement leur appartenance à une religion. Le Conseil d'État a précisé ultérieurement que cette interdiction s'appliquait également aux signes et tenues démontrant une affiliation religieuse par le simple comportement de l'élève (CE, 5 déc. 2007). En revanche, le port de signes religieux discrets reste autorisé. Il convient de préciser que la loi de 2004 a été jugée compatible avec l'article 9 de la Convention EDH (CEDH, 30 juin 2009, Aktas, Ghazal, Singh et autres).

En guise de conclusion, il sera relevé que deux débats ont trait, actuellement, à la portée du principe de laïcité à l'égard de l'enseignement public. La première porte sur une éventuelle extension du champ d'application de la loi du 15 mars 2004 à l'Université, étant rappelé que la CEDH a admis que l'interdiction du port du voile dans les universités turques était compatible avec l'article 9 de la Convention EDH (CEDH, Gde ch., 10 nov. 2005, Leyla Sahin). La seconde concerne la situation des accompagnateurs et accompagnatrices de sorties scolaires. Dans une étude rendue en décembre 2013, suite à une saisine du Défenseur des droits, le Conseil d'État a estimé que la neutralité ne leur était pas applicable puisqu'ils ne sont ni des agents de l'État, ni des collaborateurs du service public. Néanmoins, il a estimé que les directeurs d'établissements pouvaient les inviter à ne pas manifester leurs convictions religieuses au nom des exigences de bon fonctionnement du service public.

Question 3 : La réunion des deux chambres sous la Ve République (6 points)

L'article 24 de la Constitution du 4 octobre 1958 prévoit que le Parlement est composé de deux chambres : l'Assemblée nationale et le Sénat qui participent toutes deux à l'exercice de la souveraineté nationale (Cons. const., 9 avril 1992, Maastricht). Si elles siègent en principe séparément, ces deux chambres peuvent être exceptionnellement réunies pour exercer certaines attributions définies par la Constitution.

I - La réunion du Congrès

En premier lieu, les deux chambres peuvent être réunies en « Congrès » dans trois hypothèses. Tout d'abord, lorsque le chef de l'État exerce son droit de message sur le fondement de l'article 18 alinéa 2 de la Constitution. Le discours donne lieu à un débat mais non à un vote ce qui traduit le principe de l'indépendance et de l'irresponsabilité du Président devant le Parlement. Ce mécanisme largement inspiré du « discours sur l'état de l'Union » pratiqué aux États-Unis, a été introduit dans la Constitution par la révision constitutionnelle du 23 juillet 2008. Il permet ainsi d'établir un rapport direct entre le président de la République et les élus de la Nation, tirant les conséquences de la présidentialisation du régime. C'est précisément parce qu'il tendrait à exacerber le présidentialisme que le droit de message a été fortement critiqué, notamment par la gauche, en 2008. L'ironie du sort a voulu que ce soit dans le cadre de l'article 18, al. 2 de la Constitution que F. Hollande s'adresse au Congrès, au lendemain des attentats du 13 novembre 2015. Quant au Président Emmanuel Macron, il a annoncé sa volonté de réunir le Congrès chaque année pour préciser les grands axes de sa politique, sur le modèle du discours sur l'état de l'Union prononcé annuellement par le Président des États-Unis.

Ensuite, le Congrès peut être réuni à Versailles, sur le fondement de l'article 89 de la Constitution, afin d'approuver une révision constitutionnelle. En effet, si, en principe, les propositions et les projets de loi constitutionnelle doivent être soumis à référendum ; par exception, le président de la République a la faculté, pour les seuls projets de révision, de les faire approuver par le Congrès à la majorité des trois-cinquième des suffrages exprimés. En pratique, seules deux révisions sur vingt-quatre ont été approuvées par un référendum depuis 1958 : en 1962 pour l'élection du président au suffrage universel direct et en 2000 pour le quinquennat. C'est dire si la procédure, théoriquement exceptionnelle, est devenue, en pratique, la procédure de droit commun. Enfin, le Congrès peut, depuis 2008, approuver dans les mêmes conditions de majorité l'entrée d'un nouvel État dans l'Union européenne, ce qui permet là encore d'éviter l'organisation d'un référendum, lequel était systématiquement exigé depuis la révision constitutionnelle du 1er mars 2005.

II - La réunion de la Haute Cour

En second lieu, les deux chambres peuvent être réunies en « Haute Cour » afin de se prononcer sur une éventuelle destitution du chef de l'État sur le fondement de l'article 68 de la Constitution en cas de manquement grave à ses devoirs manifestement incompatible avec l'exercice du mandat. La destitution est prononcée dans le respect des règles procédurales fixées par ce même article ainsi que par la loi organique du 24 novembre 2014. La réunion de la Haute Cour résulte de l'adoption par chacune des deux chambres statuant séparément de propositions de résolutions ayant cet objet, dans un délai de quinze jours à la majorité qualifiée des deux-tiers. La Haute Cour dispose alors d'un délai de un mois pour se prononcer sur la destitution. Cette dernière ne peut être prononcée par la Haute Cour qu'à la majorité qualifiée des deux-tiers. Le vote a lieu à bulletins secrets et les votes blancs, nuls ainsi que les abstentions comptent automatiquement contre la destitution. Il est à noter qu'afin de mieux affirmer le caractère exclusivement politique de la responsabilité du chef de l'État devant la Haute Cour, la Commission de réflexion présidée par Lionel Jospin a proposé, dans son rapport remis à François Hollande en 2012, de remplacer le terme de « Haute Cour » par celui de « Congrès ».

PEFC
10-31-3532
Certifié PEFC
Ce produit est issu de forêts gérées durablement et de sources contrôlées
www.pefc-france.org

IMPRIM'VERT®

Imprimé en France sur des papiers provenant
majoritairement de l'Union européenne
et issus de forêts gérées durablement
par Sepec numérique
1, rue de Prony - ZA des Bruyères
01960 Peronnas

Imprimeur certifié

Achevé d'imprimer en novembre 2022
Numéro d'impression : N21275221004
Dépôt légal : novembre 2022